COLIN THUBRON

SIBIRIEN

SCHLAFENDE ERDE,
ERWACHENDES LAND

Aus dem Englisch
von Hans-Ulrich Möhring

Knaur

Die englische Originalausgabe erschien unter dem Titel
»In Siberia« bei Chatto & Windus, London

Besuchen Sie uns im Internet:
www.knaur.de

Vollständige Taschenbuchausgabe 2003
Droemersche Verlagsanstalt Th. Knaur Nachf., München

Umschlaggestaltung: ZERO Werbeagentur, München
Umschlagfotos: Corbis / Picture Press / Getty Images Germany
Druck und Bindung: Clausen & Bosse, Leck
Printed in Germany
ISBN 3-426-77638-3

2 4 5 3 1

Für Margreta

INHALT

1
GESPENSTER DER VERGANGENHEIT

Ewig stapft ein Mann in Ketten über die Eisfelder. Weiter weg zieht vielleicht eine Rentierherde vorbei, oder ein Jäger gibt einen dunklen Punkt im Schnee. Aber das ist alles. Sibirien: es nimmt ein Zwölftel der Landmasse der Erde ein, doch wenn man daran zurückdenkt, drängt sich einem immer wieder dasselbe auf. Eine karge Schönheit und eine unauslöschliche Furcht.

Die Leere wirkt wie ein Sog. Bis vor wenigen Jahren durften Ausländer nur fünf weit auseinanderliegende Städte entlang der Transsibirischen Eisenbahn unter strengen Auflagen besuchen, über Sibirien selbst dagegen gab es nur Geschichten und Gerüchte. Noch heute werden beim Anblick der weißen Weiten Phantasien aller Art wach. Es gibt einen Ort, wo weiße Kraniche auf dem Dauerfrostboden tanzen, wo eine große Stadt unter den Eisschollen begraben liegt, wo Mammute in Gletscherspalten schlafen. Und es gibt Orte (könnte man befürchten), wo die Schrecken des Gulag heimlich fortdauern und wo die Kernwaffenanlagen weiter produzieren …

Bei der Fahrt über den Ural flattern die Zugräder wie alte Männer, denen die Puste ausgeht. Dabei kommt einem das Gebirge ziemlich flach vor, zumal für die Grenze zwischen Europa und Asien: nur eine sanfte Aufwölbung dunkler Kiefernhänge.

Draußen vor meinem Fenster brechen die Palisadenwände der Nadelbäume und Birken gelegentlich auf und geben den Blick auf verschlafene Dörfer und Kleinstädte an veralgten Teichen frei. Die sommerlichen Bahndämme sind mit Blumen bunt lasiert. Zu beiden Seiten klicken die Lichtungen an und aus wie Dias: Holzhäuser und von Lattenzäunen eingefaßte Gemüsebeete und im Gras schlafende Kühe.

Der Abend kommt plötzlich, als ob dies auch die Grenze zwischen Licht und Dunkelheit wäre. Bis Sibirien sind es nur noch wenige Kilometer. Das löst ein Alarmkribbeln aus. Ich rolle aus dem europäischen Rußland hinüber in eine Region, die mir mehr in der Vorstellungswelt als auf dem Erdball angesiedelt zu sein scheint, und noch in diesem letzten Moment fühlt sich alles, was vor mir liegt, die geographischen und zeitlichen Extreme, ein wenig übersteigert an, zu kalt oder zu riesig, um richtig wirklich zu sein. Es baut sich in der Dunkelheit als die äußerste Fremde auf, nicht mehr von dieser Welt. Der Ort, von dem du nicht wiederkehrst.

Die Entscheidung dafür fiel, ohne daß ich es wollte. Es ließ mir einfach keine Ruhe, daß ein ungeheuer großes Gebiet der verbotenen Welt mit einemmal frei zugänglich war. Die Unermeßlichkeit Sibiriens hatte meine sämtlichen Asienreisen überschattet. So kam es, daß die spielerischen Anfänge – der flüchtige Blick in den Atlas – mit der Zeit ernster und gründlicher wurden, bis mir die Wildnis schließlich weniger leer erschien als nicht wahrgenommen oder mit unsichtbarer Tinte beschrieben. Eine schleichende Anziehung ging von ihr aus.

Der aserbaidschanische Händler, der mit mir im Abteil sitzt, guckt nie aus dem Fenster. Sibirien ist langweilig, sagt er, und arm. Er handelt zwischen Moskau und Omsk mit Textilien und tippt ständig auf einem Taschenrechner herum. »Ich würde hier nicht lange bleiben«, sagt er. »Hier geht alles zu Bruch. Ich würde nach China fahren, wenn ich Sie wäre. China ist groß im Kommen.« Er ist feist und stark behaart, irgendwas über dreißig und schon verlebt. Nach dem Aufwachen prüft er sein Gesicht im Rasierspiegel und stöhnt, als hätte er jemand anders erwartet.

Urplötzlich taucht vor unserm Fenster der gespenstische Obelisk auf, den Zar Alexander I. vor fast zwei Jahrhunderten aufstellen ließ. Er steht auf einer niedrigen Böschung, und die Lichter unseres Zuges flackern darüber hin. Hier fängt Sibirien geographisch an. Auf der Westseite vermeldet der Sockel »Asien«, auf der Ostseite »Europa«. Er huscht an uns vorbei, und schon ist es wieder dunkel. Und natürlich gibt es keine Veränderung. Denn die Grenze zwischen Europa und Asien ist rein imaginär. Physikalisch trennt nichts die Kontinente. Alte Geographen im Westen (auch dies nichts weiter als ein Konstrukt) beschlossen vielleicht eines Tages, hier sei Europa, das Bekannte, und dort drüben das Andere, Asien.

Also warte ich auf die Veränderung, von der ich weiß, daß sie nicht kommen wird. Im Dunkeln scheinen die Eisenbahndurchstiche tiefer zu schneiden und die waldigen Hänge steiler in die Höhe zu schießen. In den schmalen Himmelsausschnitten leuchten Sterne auf. Hin und wieder öffnen sich Täler, gesäumt von Ketten schwacher Lichter, und einmal sehe ich vom Speisewagen aus den weißen Schein einer größeren Stadt über dem Horizont.

Ich schlafe nicht. Die Schnarchtöne des Aserbaidschaners donnern einen Meter neben meinem Kopf. Statt dessen überkommen mich beim Studieren der Landkarten abwechselnd Jubel und Verzagtheit, so daß ich mich immer wieder mit Blicken vergewissern muß, wo ich bin. Von hier aus – den Bergen westlich von Jekaterinburg – erstreckt sich Sibirien 7000 Kilometer nach Osten, und meine Reise greift danach aus, über sieben Zeitzonen und ein Drittel der nördlichen Hemisphäre hinweg. Der Wagen schaukelt und ächzt. Zum letztenmal wirkt die Zukunft überschaubar und rund, so wie die einfache Welt der Landkarten sie suggeriert. Ich weiß, alles mögliche kann sie verändern: der Zusammenbruch der Verkehrsverbindungen, das Eingreifen der Polizei oder Schikane der Mafia. Aber fürs erste weidet sich mein Auge an dem durchgehenden Riegel der Gebirge im Süden, fährt dann drei der größten Flüsse der Erde ab – den Ob, den Jenissei, die Lena –, die sich von den Grenzen der Mongolei zum Nordpolarmeer wälzen. Jedes ihrer Einzugsgebiete ist größer als ganz Westeuropa. Dann kommt der Baikalsee, das tiefste und älteste aller Binnengewässer; der die Grenze zu China bildende Amur; die Schneefelder von Kolyma, wo die Temperaturen auf unvorstellbare –71 °C absinken ... Solche Superlative reihen sich verlockend und erschreckend bis zum Pazifik einer an den andern – und plötzlich erscheinen die Entfernungen menschenunmöglich, und ich frage mich, wo ich die Fahrt werde abbrechen müssen.

Denn dies ist das russische Niemandsland. Lange bevor der Kommunismus die Zukunft in einem urbanen Paradies ansiedelte, war Sibirien eine unzivilisierte Wüste, in die man die Bazillen abschob, die den Staatskörper infizierten: die Kriminellen, die Sektierer, die Oppositionellen. Gleichzeitig galt es paradoxerweise über die Jahrhunderte auch als eine Heimstatt der urtümlichen Unschuld und des Heils und verlegten die Bauern ihr Belowodje hierher, ihr Gelobtes Land. Manchmal schlug daher die Kritik an der Barbarei Sibiriens in das Lob seiner Freiheit um, und dann wurden seine Bewohner als übermenschliche Pioniere verklärt, unverdorben von der Knochenfäule Europas. Heute, wo Moskau der Ansteckung des Westens erliegt, wird Sibirien zu einem Hort der Reinheit und des echten »Russentums«. Ich hatte Gerüchte gehört, es werde sich unter Umständen ganz von Westrußland lossagen oder in unabhängige Provinzen zersplittern. Was, hatte ich mich gefragt, war an die Stelle seines zerschlagenen kommunistischen Glaubens getreten?

Über den unteren Teil meiner Landkarte spannt sich die Transsibirische Eisenbahn wie eine Hängematte, in der nur ein ungeheures Nichts liegt. Vielleicht ist es das Schneckentempo des Zuges – er fährt konstante 80 km/h –, was mich einen Moment lang mutlos macht. Die statistischen Zahlen, die ich von meinem rollenden Standort aus projiziere, erschlagen mich schier. Alles kommt mir unerreichbar fern vor. Wenn Sibirien von Rußland abgespalten wäre, bliebe es dennoch das mit Abstand größte Land der Welt. Mit ungefähr 13 Millionen Quadratkilometern ist es größer als die USA (mit Alaska) und Westeuropa zusammen. Wenn die Sonne über dem Ural aufgeht, geht sie über dem Beringmeer unter. Meine Reise, befürchte ich, wird sich darin verlieren.

Das ruhige, ordentliche Jekaterinburg ist eine kalte Dusche. Es hat eine ernste, geradezu strenge Ausstrahlung. Doch die Stadt, gegründet 1723 von Peter dem Großen als Eisenhüttenzentrum und benannt nach der buhlerischen Bauernmagd, die er zu seiner Kaiserin krönte, ist mit zu blutigen Erinnerungen belastet, als daß man dem Frieden trauen möchte. 1918 wurde der letzte Zar mit seiner Familie hier ermordet. Im Zweiten Weltkrieg wurden Hunderte von Fabriken in Westrußland vor den anrückenden Deutschen demontiert und hier wieder aufgebaut, und seine Industrie- und Rüstungsbetriebe wuchsen (und leckten), bis der Zusammenbruch der Sowjetunion für viele das Ende bedeutete.

Ich spazierte beklommen umher. Ich war siebzehn Jahre nicht mehr in Rußland gereist (und noch nie in Sibirien), und jetzt blickte ich mich um, als hätten sich meine Augen verschlechtert, wartete darauf, das wiederzuerleben, woran ich mich erinnerte. Es war sehr still. In die breiten Straßen ergoß sich ein mildes Mittsommerlicht. Es gab öffentliche Gebäude mit den beige-weißen Stuckfassaden von St. Petersburg, und ungarische Gelenkbusse zuckelten von einer Straßenecke zur nächsten.

Ich war wie aufgeputscht. Ich rechnete ständig damit, daß etwas passierte. Eine hartnäckige Unruhe plagte mich, fast ein Schuldgefühl. Es stammte, wie ich wußte, aus einer andern Zeit: aus den Breschnewjahren, als mir in der westlichen Sowjetunion die ganze Zeit der KGB an den Fersen geklebt hatte. Meine Schritte klangen hell und verrieten mich. Jetzt aber wurden sie weder angehalten noch verfolgt. Leute führten ihre Hunde aus – es war Sonntag. Zwei jungenhafte Soldaten fegten in ihrer Kaserne Laub, und ein paar herausgeputzte Pferdekutschen fuhren straßauf und straßab wie im 19. Jahrhundert. Auf dem Zentralprospekt (früher Leninstraße) wirkten die Menschenmassen anonym und mit sich selbst beschäftigt: helläugige Männer in Trainingsanzügen oder Jeans, Frauen in locker sitzenden Kleidern. Niemand blickte mich an. Mir war, als wäre ich unter die Haut der Stadt geschlüpft: in die gleiche unterschiedslose Schmuddelkluft gekleidet wie alle andern – schwarze Hosen, graues Hemd –, die Haare zum proletarischen Igel gestutzt, mit meinem großen Rucksack unter den vielen kleinen Rucksäcken um mich herum durchaus im Rahmen des Normalen. Mit meinem schlechten Russisch hoffte ich, für einen Esten durchzugehen.

Im Stadtzentrum war die Hälfte der Straßen umbenannt worden. Alte bolschewistische Favoriten – Lunatscharski, Kuibyschew,

Rosa Luxemburg – hatten Dichtern und Schriftstellern oder unverfänglichen Leerformeln wie Zentral- und Sibirienprospekt weichen müssen. Aber wenn ich nach dem Weg fragte, kamen immer die alten, kommunistischen Namen über die Lippen der Leute. Und auf einer Insel in der ehemaligen Leninstraße hatte die Statue von Jakow Swerdlow sich noch gehalten, dem Mann, der den Zarenmord organisiert und nach dem die Stadt siebzig Jahre lang geheißen hatte. Dünn und jung stand er auf einem künstlichen Felsen. Sein Körper schien sich in einem Wutanfall zu verrenken. Einst hatte sein Standbild die Kraft einer leidenschaftlichen Idee verkörpert; jetzt aber, wo diese Kraft vergangen war, schien es nur noch einen fanatisierten Studenten darzustellen. Über die Beine hatte jemand einen Eimer rote Farbe gekippt, und sie war in Streifen über den ganzen Felsklotz gelaufen.

Hin und wieder zog ein greller Farbtupfer oder ein modisches Detail meine Aufmerksamkeit auf sich. Straßenkioske und Läden waren bunt geworden, und überall schoben sich einst verbotene Namen in den Vordergrund: Lancôme, Levis, Proctor & Gamble … Passanten trugen Feldmützen der US Army oder Baseballmützen, auf denen »Montana« oder »Chicago Bulls« stand. Rudel junger Frauen in Miniröcken – schläfrige, weitstehende Augen, lange, gertenschlanke Beine – klapperten auf Plateauschuhen übers Pflaster. Wo waren in der Breschnewzeit ihre Eltern gewesen? fragte ich mich. Ich konnte mich nicht an solche wie sie erinnern. Die Sprüche auf den Dächern, die einst den Ruhm der Partei gekündet hatten, warben jetzt für Versicherungsgesellschaften (»Ihr zuverlässiger Partner«). Die vorbeifahrenden Straßenbahnen waren mit »Pepsi« oder »Enjoy Coca-Cola« bemalt. Diese Stadt, das Zentrum einer an Bodenschätzen reichen Region, wollte offensichtlich im Neuen Rußland mitmischen. Ihr Gouverneur war ein glühender Reformer. Ihre ermordeten Mafiabosse wurden erst teuer in Moskau einbalsamiert, bevor sie zur Beisetzung rücküberführt wurden.

Ich fragte mich, ob ich mir die ausdruckslosen Mienen vor zwanzig Jahren, als niemand einen auf der Straße zur Kenntnis nahm, nur eingebildet hatte. Meine Erinnerungen waren verschwommen und lückenhaft. Doch von den Gesichtern um mich herum, da war ich mir sicher, war irgendein Schleier abgefallen. Sie waren schläfrig, aber nicht mehr verschlossen. Manchmal stritten Leute oder sangen. Andere trugen unverhohlen ihre Armut zur Schau. Sie saßen regungslos da, die Köpfe über die aufgehaltenen Hände gebeugt, und mitunter hatten sie Schilder zur Erklärung ihrer Obdachlosigkeit umhängen, die anfingen mit: »Liebe Leute …« Ein Typ Mann, den ich in der alten Sowjetunion überall gesehen hatte – betrunken, verlottert, im mittleren Alter –, war auffälliger geworden. Er hieß bei mir schlicht Iwan. Seine Augen waren verklebt, und in den tiefen Furchen stand ihm die Hoffnungslosigkeit ins Gesicht geschrieben. Er sah sowohl bitterer als auch abgehalfterter aus, als ich ihn in Erinnerung hatte. Jetzt war er arbeitslos und bettelte mich gelegentlich an.

Doch meine alte Unsicherheit ließ langsam nach. Einmal blieb ich halb aus Gewohnheit unter Parkbäumen stehen, um mich zu vergewissern, ob mir jemand folgte. Mein Atem, fiel mir auf, hatte sich in der schwülen Stille beschleunigt. Nach fünf Minuten kam eine hübsche Frau mit einem dicken Terrier vorbei. Danach niemand mehr. Es ist ihnen egal, dachte ich: sie sind mit Industriespionage beschäftigt, oder sie sind jetzt bei der Mafia. Oder Iwans.

Ich begab mich zurück in die verwirrenden Straßen. Ich wußte, ich suchte nach Orientierungspunkten. Ich konnte mir ein Rußland ohne Zukunftsperspektive nicht vorstellen. Deshalb hielt ich Ausschau nach Symptomen für einen neuen Glauben, eine neue Identität, und ich tat dies mit der Ungeduld eines Reisenden, der sich in einer neuen Umgebung zunächst einmal Talismane erhofft, einfache Erklärungen. Hunderte von selbstfabrizierten Werbezetteln und Anschlägen hingen an Mauern und Bäumen, und ich las sie wie Rätselrunen. Sie offerierten Schlankheitskurse, transzendentale Meditation, Englischunterricht. Psychologen versprachen den Abbau von Kommunikationsproblemen. Andere boten Arbeit an. »Kommen Sie zu uns … Nehmen Sie 30 Kilo ab … Finden Sie Ihre Zukunft … Sie können alles schaffen …«

Ich spazierte in eine Ausstellung über »Bedeutende Persönlichkeiten«: eine Runde von zwanzig Wachsfiguren in einem großen

Saal. Auf Sokrates und Leonardo da Vinci folgten Dschingis Khan in der Tracht eines chinesischen Mandarins und der schlaksige Hüne Peter der Große. Aber danach kamen nicht Marx, nicht Lenin. Statt dessen betrachtete die Ballerina Plissezkaja nachdenklich ihre Fessel, stand Elvis Presley einträchtig mit Freddie Mercury zusammen und ließ Arnold Schwarzenegger neben Dracula die Muskeln spielen.

Jetzt hielt ich alles für möglich. In meinem leeren Hotel, einst Absteige von Parteimitgliedern, erkundigte ich mich nach der vielbeschrienen Unabhängigkeit der Region von Moskau, als handelte es sich um einen andern Gast. Jekaterinburg habe schließlich seine eigene Flagge – eine weiß-grün-schwarze Trikolore – und wolle doch (hatte ich gelesen) eine eigene Währung einführen, den uralischen Franken. Doch alle drei Gesichter hinter der Rezeption blickten mich mit gleicher Verwunderung an. »Ach was! Jede Region hat heute ihre eigene Flagge, das hat nichts zu besagen! Hat je einer schon mal einen uralischen Franken gesehen?« Die Gesichter grinsten und kicherten. »Die Unabhängigkeit ist bloß eine Marotte des Gouverneurs.«

Und sie brachen in Gelächter aus.

Nur ein Fleck ist wie ausradiert. Er liegt in einem alten Viertel gegenüber dem cremefarbenen und hellblauen Turm der Mariä-Himmelfahrts-Kathedrale, dessen Kreuz die gefangene Zarenfamilie von ihren Fenstern aus sehen konnte. Wo das Haus des Ingenieurs Ipatjew stand, blickt man heute auf Ziegelbruch und dichtes Gestrüpp. Damit kein Wallfahrtsort daraus werde, wurde es 1977 auf Breschnews Anweisung vom örtlichen Parteichef Boris Jelzin (der dies später als »unsinnigen Beschluß« bezeichnete) abgerissen.

Eine provisorische Überdachung wurde dort errichtet, wo die Gedenkkirche hinkommen soll, und ein weißes Kreuz steht an der Stelle, wo Zar Nikolaus II., seine Frau, seine Kinder und seine letzten Getreuen im Souterrain des Ipatjewhauses abgeschlachtet wurden. Zwei Wochen davor waren die unbedarften Bauernjungen der bolschewistischen Wachmannschaft von einer Einheit der Geheimpolizei abgelöst worden, und sie bekamen es mit der Angst zu tun. Weiße Truppen rückten auf Jekaterinburg vor, und sie hatten einen Kassiber zugesteckt bekommen, der ihnen die Befreiung durch kaisertreue Offiziere verhieß. Aber der Brief war gefälscht. Und am 16. Juli 1918 wurde die Familie gegen Mitternacht geweckt und bekam Anweisung, sich anzukleiden und sich nach unten zu begeben. Nikolaus trug seinen hämophilen Sohn, der die Arme um seinen Hals schlang. Anastasia trug ihren Hund.

Jetzt floß ein dünner Pilgerstrom hier durch, und hin und wieder verweilten einige etwas länger unter der Überdachung, gebärdeten sich hysterisch oder zerknirscht. Ein altes Ehepaar stellte sich Seite an Seite, schlug Gebetbücher auf und sang über eine Stunde lang, sie in weinerlichen Tönen, er erschüttert flüsternd, und bekreuzigte sich mit zitternden Fingern. Ein trauriger Armenier kehrte immer wieder hierher zurück, erzählte er, zum Gedenken an seinen Vater. »Mein Vater wurde in die Lager von Kolyma deportiert, meine Mutter auch. Die Jahre in Kolyma haben ihn umgebracht. Stalin hat ihn umgebracht.« Seine feuchten Augen schweiften über das wüste Gelände voller Schotter und Gestrüpp, das nach Westen abfiel, wo das Souterrainfenster knapp über der Erde gelegen hatte. »Es war ein Verbrechen, es war schrecklich, was er leiden mußte«, rief er. Das Schicksal seines Vaters war ihm mit dem des Zaren verschwommen. Er komme hierher, sagte er, weil er todunglücklich sei. »Ich fühle mich hier einfach krank.« An Hals und Kinn hatte er einen dunklen Ausschlag. Er wollte sich krank fühlen, denke ich. Es ging ihm besser, wenn er sich krank fühlen konnte. »Meine Familie war adelig, wie die Romanows, deshalb wurde sie vernichtet. Jetzt, wo Rußland den Kommunismus über Bord geworfen hat, wird es wieder so, wie es vorher war. Das ist die Zukunft. Sie werden sehen, alles kehrt wieder …«

Die Familie wartet wie bei einem Fototermin. Die an Ischias leidende Zarin sitzt neben ihrem dreizehnjährigen Sohn. Die übrigen stehen – der Zar vorne und die vier Prinzessinnen in der ersten Reihe, der Leibarzt und die drei Bediensteten hinten. Das Zimmer ist knapp 18 Quadratmeter groß. Am Eingang steht das Exekutionskommando mit schweren Revolvern dichtgedrängt in drei Reihen und feuert auf der Stelle dermaßen wild los, daß das Pulver die Handgelenke der Männer verbrennt. Der Zar ist sofort tot, und die Zarin und ihre älteste Tochter trifft es, während sie sich noch bekreuzigen. Von den heimlich in die Mieder der Prinzessinnen eingenähten Brillanten prallen die Kugeln ab und flitzen als Querschläger durch den Raum. Einen Moment lang entsteht der gespenstische Eindruck der Unverwundbarkeit. Die entsetzten Soldaten schießen ihre Trommeln auf sie leer und hauen und stechen dann auf jeden ein, der sich noch rührt. Als der Rauch abzieht, klammert sich der Zarewitsch immer noch an die Feldbluse seines Vaters, und als ihr Körper auf einem Laken weggeschleift wird, kommt eine der Prinzessinnen noch einmal zu sich und schreit. Vielleicht glaubt sie an einen Albtraum. Sie durchbohren sie mit Bajonetten.

Über diesem leeren Fleck liegt die Stille des erzwungenen Vergessens. In der kommunistischen Propaganda sank der tote Zar von einem blutdürstigen Tyrannen zu einem rückgratlosen Einfaltspinsel ab. Dann verschwand er aus der Geschichte. Am Standort des ehemaligen Ipatjewhauses scheint das Schicksal von Nikolaus II. (russisch Nikolai) heute die politische Dimension abzustreifen und die persönliche Tragödie eines sanften, aber standhaften Mannes, seiner eigenwilligen Frau und seiner behüteten Kinder zu werden.

Ich ging ein Weilchen in der von dem Ort ausgehenden Traurigkeit umher. Drei Beete mit Ringelblumen und Herbstastern sorgten für ein paar bunte Tupfer. Ein Touristenbus kam an, doch es stieg nur eine junge Frau aus. Sie stelzte auf Zehenspitzen über den Schutt und reichte mir ihre Kamera. »Würden Sie mich bitte knipsen?« Ich erwartete, daß sie sich lächelnd hinstellte, doch statt dessen warf sie ihre langen Haare über die Schultern zurück und kniete sich vor das weiße Kreuz auf den Boden. Dort verharrte sie minutenlang im Profil, betete und bekreuzigte sich, während ich mich fragte, wie viele Aufnahmen sie wohl haben wollte.

»Danke, danke.« Sie nahm die Kamera und dann meine Hand. »Olga.«

So hieß auch die älteste Tochter des Zaren. Vielleicht hatte sie für ihre Namensschwester gebetet. »Ich heiße Colin.«

»Colin, Nikolai!« Die Russen stellten diese Verbindung immer her, denn mein Name ist eine Kurzform des andern. Sie schenkte mir ein unmotiviertes Lächeln, dann blickte sie sich um. »Sehen Sie sich das an, sehen Sie sich das an!«

»Es ist zerstört worden.«

»Und zwar von unserm Präsidenten.« Aus Furcht oder Abscheu sprach sie den Namen Jelzin nicht aus.

»Aber jetzt wird alles anders«, sagte ich, weil ich sie aus irgendeinem Grund trösten wollte. »Hier wird einmal eine Kirche stehen, und man wird sie zu Heiligen erheben.« Die Heiligsprechung war meines Erachtens nur eine Frage der Zeit.

Sie reagierte beinahe wütend. »Sie sind schon Heilige! Sie führen im Himmelsdom die Heiligen an!« Sie sprach mit energischer, leidenschaftlicher Gewißheit. »Nur wir hier in Rußland wollen das noch nicht begreifen. Die russische Kirche im Ausland hat sie schon längst heiliggesprochen. Dort hat die Gottesmutter sie in den Himmel aufgenommen!«

Ich nickte höflich und fragte mich, woher sie das wußte.

»Und nicht nur Nikolai und seine Zarina, sondern die ganze Familie, alle hat sie aufgenommen, Alexei, Olga, Tatjana ... und die andern, Dr. Botkin und die Bediensteten, die aus Mitleid mit ihnen starben!«

»Ihr Patriarch in Moskau ...«

»Ich weiß nichts von unserm Patriarchen. Ich kenne ihn nicht. Ich habe gehört, daß jemand sogar die Echtheit ihrer Gebeine überprüft hat, aber ich weiß nicht ...« Sie hob die Augen himmelwärts. Sterbliche Überreste waren ihr gleichgültig. Die Familie lebte in dem Himmel, den sie ihr zudachte. »In der Kirche, wo ich zum Gottesdienst gehe, hat die Gottesmutter dem heiligen Johannes dem Täufer offenbart, daß sie ihre Hofdamen sind, ihre liebsten Kinder ... auch Olga, die mich beschützt und für mich betet ...«

Ich dachte zweifelnd an die scheue, launische Olga, aber die Frau überschüttete mich weiter mit einer Flut himmlischer Einzelheiten. Johannes der Täufer, der Zar, Olga, die Jungfrau Maria ... die Thronsäle und Vorzimmer des Himmelreiches füllten sich mit Günstlingen und Fürbittern, wie sie einst den Winterpalast bevölkert hatten. Ihre Stimme bekam einen eifernden, singenden Ton. Zweimal nannte sie mich Nikolai, und ich fühlte mich geschmeichelt. »Jetzt wohnen sie alle im Garten der Gottesmutter und stellen ihr unsere Gebete zu. *Direkt.*«

Am Rand der Wildnis war eine kleine Kapelle zu Ehren der Lieblingsschwester der Zarina errichtet worden, der frommen Elisabeth, die zur Märtyrerin wurde, als die Bolschewiki sie lebendig in einen Bergwerksschacht warfen. Jahre vorher hatte sie den französischen Gesandten mit ihrer Schönheit und ihrem unschuldigen Ernst bezaubert, und nachdem ihr Mann, der Großfürst Sergei, in der gescheiterten Revolution von 1905 von einer Bombe zerrissen worden war, hatte sie einen Nonnenorden zur Pflege der Sterbenden und Verlassenen gegründet. Jetzt war sie eine Heilige.

Wir betraten ihre Kapelle, deren Kuppel mit Holzschindeln gedeckt und von einem hohen Kreuz gekrönt war, und standen im feurigen Kerzenglanz des Innenraums. Olga betete vor einer Ikone der heiligen Elisabeth, die sie verherrlicht über ihrem Schacht schwebend darstellte.

»Diese ganze geschichtliche Vergangenheit war bis jetzt wie ausgelöscht«, sagte sie. »Viele Jahre lebten wir im finstern Tal – zwanzig Millionen Tote im letzten Krieg, vierzig Millionen von Stalin umgebracht. Für nichts und wieder nichts! Erst 1991 hat die Gottesmutter uns die Wahrheit wieder geschenkt, die der Kommunismus achtzig Jahre lang verdüstert hatte.«

Ihre Augen glänzten mich ungerichtet an, während sie den sowjetischen Mythos durch ihren eigenen ersetzte. Gleich darauf blickten wir erstaunt auf einen Leuchter voll flackernder Kerzen vor einer brandneuen Ikone der kaiserlichen Familie: Sie waren bereits zu Heiligen geworden. Olga steckte mit zitternden Händen ihre Kerze davor auf und rief: »Da sind sie ja!« Ihre Küsse behauchten zart die gemalten Säume und Schuhe. Ich betrachtete das Bild fasziniert. Auf ihrer Ikone hatte die Zarenfamilie die länglichen Leiber und Hofgewänder byzantinischer Heiliger erhalten, und ihre schlanken Hände hielten weiße Kreuze hoch. Von Kronen und Heiligenscheinen geschmückt schienen sie einen mit dem traurigen Vorherwissen ihres Endes anzublicken. Mit ihren einander stark angeähnelten Gesichtszügen sahen sie aus wie eine inzüchtige Sippe, und sie waren alle in dasselbe bernsteingelbe Licht getaucht. Die ganze Vitalität der Fotos in meiner Erinnerung – die Stimmungen und Spuren des wirklichen Lebens – war getilgt und gebannt. Für Heilige schickte sie sich nicht. Selbst die sich ausprägenden individuellen Charaktere der Prinzessinnen – der herrischen Schönheit Tatjana, des molligen Wildfangs Anastasia – wurden vom Dunst der Heiligkeit vernebelt.

Olga sagte: »Bald, Nikolai, wird es eine Wiedergeburt der Kirche geben.«

»Sie meinen, einen neuen Zaren?« Das war kaum vorstellbar. Zwei Jahre zuvor hatte ein junger Thronanwärter aus dem Hause Romanow zusammen mit seiner Mutter Rußland besucht und war von offizieller Seite mit Befremden und Distanz empfangen worden.

»Nein, kein Zar.« Das war selbst Olga zuviel. »Aber eine himmlische Vereinigung. Die Kirche auf Erden wird sich mit der Kirche im Himmel vereinigen! Bald, sehr bald schon!« Sie verfiel wieder in ihren hypnotischen Singsang. »Licht für die Zukunft der Menschheit!«

Ich fragte ohne großes Interesse: »Wann?«

»Jederzeit! Weil die Gottesmutter Rußland jetzt emporführen will. Rasch, ganz rasch wird Rußland zum Licht gelangen! Vielleicht wird es durch Leid geschehen. Dann wird Rußlands Herz sich öffnen! Ein neues, heiliges Rußland!«

Es war eine alte orthodoxe Vorstellung: daß aus Leiden Reinheit erblüht. Aus den Schmerzen der Geschichte – selbst aus den alltäglichen, Tschechowschen Kümmernissen – mußte eine neue

Welt entstehen. So erhielt das Unglück, die Mühsal einen Sinn. Das Leiden wurde gefährlich erstrebenswert. Es schien die Wunden der Zeit zu heilen.

In der Mordnacht wurden die Leichen 20 Kilometer aus der Stadt in den Wald geschafft. Sie wurden entkleidet – die Korsette der Mädchen quollen über von Brillanten – und in einem mit Wasser gefüllten Schacht versenkt. Doch am Abend darauf wurden sie wieder herausgefischt und an einen weiter entfernten Ort gebracht. Als der Lastwagen, der sie transportierte, steckenblieb, wurden zwei der Leichen umständlich verbrannt und die übrigen in eine flache Grube geworfen und mit Schwefelsäure übergossen. Eine Woche später wurde Jekaterinburg von der weißen Armee genommen.

Die Weißen fanden den Spaniel des Zarewitsch, der halbverhungert durch den Ipatjewschen Garten streunte. Doch nachdem sie den Schacht ausfindig gemacht hatten, entdeckten sie keine Leichen: kaum mehr als das künstliche Gebiß des Arztes, einen Finger der Kaiserin und Rasputins Heiligenbilder, die die Prinzessinnen um den Hals getragen hatten.

Erst 1991 wurde das Ad-hoc-Grab ganz exhumiert. Ein Gerichtsmediziner im Moskauer Gesundheitsministerium ordnete die Skelette, und mit DNS-Proben von lebenden Verwandten konnte ermittelt werden, um wessen Gebeine es sich handelte. Die fehlenden zwei waren Alexei und die dritte Tochter Maria.

Lange lagen die übrigen in Einzelteilen auf einem kleinen Tisch in einem Jekaterinburger Leichenschauhaus. Dann wurden sie zeremoniell in der kaiserlichen Gruft in St. Petersburg beigesetzt. Über die Trauerfeierlichkeiten entzweiten sich Kirche und Staat, sogar die Romanowerben. Beim Gottesdienst wurden ihre Namen nicht genannt, denn im Gegensatz zu den Russisch-Orthodoxen im Ausland weigerte sich die Kirche, sich darauf festzulegen, wen sie bestattete. Die Heiligsprechung ist ein politisches und kirchliches Minenfeld geworden. Es sind heute die Lebenden, die nicht in Frieden ruhen.

Hinter dem abgerissenen Ipatjewhaus liegt ein schon lange verwildertes Grundstück. Hierhin trug Nikolaus unter den Augen der Wächter den Zarewitsch und setzte ihn in einen Stuhl, um daraufhin mit seinen Töchtern eine halbe Stunde im Garten zu spazieren. In diesen letzten Wochen, schrieb er, sei der Duft von den Obstbäumen ringsumher überwältigend gewesen.

Ein Pfad führte zwischen den Bäumen hindurch, weniger ein von Menschen angelegter Fußweg, schien es, als ein Wildwechsel. Ich folgte ihm auf gut Glück und kam an eine kaputte Leiter, die zu einem Abfallberg hinüberführte. Ich stolperte über Drähte und Flaschen. Hier mußten sich auch Reste des Ipatjewhauses befinden, war es doch zum größten Teil auf der städtischen Müllkippe gelandet. Aber das Ganze machte einen unheimlich bewohnten Eindruck. Jemand hatte die Bäume mit Reisetaschen geschmückt, zwanzig oder dreißig, allesamt verrottet und zerschlissen. Sie hingen an den Ästen wie tote Fledermäuse. Im Krater des Müllberges war das eine oder andere Stück Gerümpel wieder seiner alten Verwendung zugeführt worden: ein verrosteter Herd mit zerbeulten Kesseln auf den Platten, ein durchnäßtes Sofa mit einem kaputten Stuhl gegenüber, zwei friedlich nebeneinander vergammelnde Schuhe. Und ein Lagerfeuer schwelte.

Zuerst hielt ich es für ein Kinderhaus, doch eine Stimme von oben brüllte: »He, verschwinde hier!«

Er wirkte sehr klein und krumm und alt. Vor Schwäche oder zuviel Alkohol plumpste er mehr durch die Äste zu mir herunter, als daß er kletterte, erholte sich aber gleich wieder. Sein Gesicht war unter einem Wust weißer Haare versteckt, und als er sich aufrichtete, wurden seine Augen plötzlich weit. »Ach, du bist's! Ich dachte, du wärst einer von den Polizisten. Aber« – und dabei wurde seine lallende Stimme richtig zärtlich – »du bist es. Du bist zurückgekommen.«

Meine Stimme hallte über den Müll, als ich höflich entgegnete: »Ich glaube nicht, daß wir uns kennen.«

Er verstand mich nicht. »Setz dich! … Nicht da, das ist naß … Such dir ein paar Lumpen.«

Ich hockte mich auf den Stuhl und er sich aufs Sofa. Sofort drang die Nässe durch meine Hosen. Es hatte die ganze Nacht hindurch gewittert und gegossen, und sein Unterschlupf aus Zeltplane und Ästen lag eingestürzt in der Nähe. »Das Wasser ist überall hingekommen. Ich hab das Feuer ausgemacht, nachdem du weg warst, und ich konnte nicht schlafen …« Da fixierten mich seine schwarzen Augen, und er merkte, daß ich ein Fremder war. Er sagte: »Der Mistkerl, ich wußte, er kommt nicht zurück.« Er zog die Schultern ein. »Im September geh ich auch weg. Im Winter ist es gräßlich hier. Der Frost macht dich fertig. Wenn du auf mich hörst, gehst du im Herbst nach Süden.« Er malte die Himmelsrichtungen in die Luft. »Ich geh nach Rostow, ans Schwarze Meer …«

»Allein?«

»Ja«, sagte er. »Du auch, allein?«

»Ja, irgendwie.«

»Meine Frau und mein Sohn sind oben in Archangelsk. Wir … na ja, sie …« Seine Worte klangen in ein privates Gemurmel aus. Dann fragte er feierlich: »Möchtest du mit mir essen?«

Da saßen wir nun, er auf den Sofasprungfedern, ich auf dem dreibeinigen Stuhl, während eine rostige Pfanne mit Kartoffeln über dem Feuer brutzelte. Ein Meer von Alteisen und Lumpen, zerbrochenen Möbeln, ausgeschlachteten Apparaten und Kochtöpfen umgab uns. Wir stellten einander Fragen. Er fand ein Glas Erbsen, in das es hineingeregnet hatte, und kratzte sie penibel mit der Gabel aus. Ich reichte ihm ein paar englische Bonbons. Einmal schüttelte er ein ausgefranstes Kissen für mich auf, langte dann in eine Kiste mit aufgeweichten Zeitschriften und hielt mir eine zehn Jahre alte Nummer der *Orthodoxen Nachrichten* hin. Zweimal stießen wir, recht förmlich, mit Wodka an.

Ich erkundigte mich nach seiner Familie und seinem Beruf. Er kam mir so alt vor, daß ich dachte, das alles müsse lange zurückliegen. Er antwortete in einer Geheimsprache von Anspielungen und Auslassungen. Unter seiner rauhen, verschlossenen Schale hatte sich ein städtisches Taktgefühl erhalten. Von Zeit zu Zeit gab er ein langes, kehliges *Örrrr* von sich, das ihm Ruhe und

Sicherheit zu geben schien. »Vielleicht hab ich während meiner Ehe Verfehlungen begangen, ja, vermutlich. Jetzt sei Gott mit ihr ... sie lebt allein.« Er stocherte mit einem leisen *Örrr, örrr* in den Kartoffeln herum. »So sieht's aus. Alle beide, allein.« Sein Ton verriet weder Bedauern noch Genugtuung: Einsamkeit war schlicht eine Tatsache, mit der man sich abzufinden hatte, vielleicht das Gesetz des Lebens.

Ich fragte: »Du hast dich daran gewöhnt?«

Er stierte vor sich hin. »Mein Vater ist im Krieg gefallen, ich hab ihn nie gesehen. Und meine Mutter ist in der Fabrik verunglückt, als ich dreizehn war. Ein Stromkabel ist auf sie gefallen. Meine Schwester hat mich großgezogen, und als sie gestorben ist, hab ich lange an ihrer Seite gesessen, so wie ich jetzt hier mit dir sitze. Ich war damals neunzehn, 1958 ... *Örrr.*«

Mit einem Schock wurde mir klar, daß er genauso alt war wie ich. Eine Sekunde lang starrte ich ungläubig auf seine Züge, dann auf seine vernarbten Hände mit den schwarzen, abgebrochenen Nägeln und wieder auf sein Gesicht, und einen Moment lang blickte mir aus dem wilden Haar- und Bartgestrüpp meine eigene Sterblichkeit entgegen. Dann kam ich durcheinander. Manchmal schien ich ein zotteliges, zitterndes Wrack vor mir zu haben. Doch seine Stimme war stark, und in andern Momenten sah es so aus, als hätte nicht Kummer, sondern Heiterkeit seine Wangen zerfurcht, und in seinen Augen glomm Fröhlichkeit oder sogar Verachtung.

Ich fragte: »Wie lange lebst du denn schon auf der Straße?«

Er antwortete prompt: »Vierunddreißig Jahre. Ich bin unter Chruschtschow los, in der harten Zeit.«

»Aber unter ihm war die Zeit besser als davor.«

»Nein, nicht besser. Unter Stalin war's besser! Ich hab seine Villa am Schwarzen Meer gesehen, wo er immer in seiner Uniform gesessen und Pfeife geraucht hat!« Er lehnte sich breit auf dem Sofa zurück und verbog seine billige Zigarette zu einer imaginären Pfeife. »Das war ein Mann, der das Volk nicht beleidigt hat. Es ist eine Lüge, daß er das russische Volk ins Elend gestoßen hätte. Zu seiner Zeit war ein Mann im Gefängnis besser dran als ein freier Mann jetzt. Und heute sind die Gefängnisse immer noch zum Bersten voll. Man kann wegen nichts verurteilt werden.« Er wedelte mit dem Daumen zwischen uns hin und her. »Du stiehlst meine Tasche, und du kommst ins Gefängnis! Fünf Jahre! … *Örrr* … Ich stehle jemand die Tasche und – Gefängnis!«

Ich hörte mich sagen: »Hast du das mal gemacht?«

»Ja.« Sein Ton änderte sich nicht. »Ich hab die Reisetasche von jemand mitgehen lassen. Fünf Jahre hab ich gekriegt. Und das ist das Minimum, ich hätte auch zehn kriegen können.«

Ich schaute unwillkürlich zu den Bäumen auf. Wind war aufgekommen, schaukelte die verrotteten Reisetaschen in den Zweigen und blies allerlei Papier über die Müllhalde. Ich sagte: »Und jetzt hast du so viele, wie du willst?«

»Ach die, ja.« Dann verstummte er, als müßte er selber überlegen, warum er sie dort aufgehängt hatte. Schließlich sagte er: »Im Gefängnis damals gab es Gemeinschaftszellen. Ich war mit Vergewaltigern und Mördern zusammen … Aber andere hatten gar nichts getan.« Er wischte einen gesprungenen Teller mit einem Lumpen ab und angelte mir zwei Kartoffeln. »Es war wie zuhause.«

»Zuhause?«

»Ein Platz, wo man schlafen konnte und zu essen bekam. Da drin war es besser.« Er wirkte plötzlich bedrückt. »Man konnte dort fernsehen. Und hier gibt es nichts. Hier muß man irgendwo was zu essen auftreiben.«

»Du hast im Gefängnis ferngesehen?«

»Manchmal die ganze Nacht durch, im Lager. Anschließend bin ich in ein Lager gekommen, wo ich an einer Drehbank gearbeitet hab, dann an einer Metallpresse. Danach bin ich tippeln gegangen. Ich hab öfter bei Leuten durchs Fenster ferngesehen. Manchmal hab ich gearbeitet, um was zum Leben zu haben. Aber auf der Walze sein, das ist es! Zentralasien, Lettland, die Ukraine … ich bin überall gewesen. Aber dann bin ich in die Jahre gekommen, und meine Beine sind dick geworden.«

Mich ergriff eine naive Verwunderung. Also war dieses Zigeunerleben selbst zu Breschnews Zeiten weitergegangen, das Leben von Leuten, die sich außerhalb der amtlichen Kontrolle bewegten, die mit den Jahreszeiten herumzogen, auf eigenen Wegen und mit eigenen Überlebensstrategien.

Er goß mir ein Glas Wodka ein. »Jemand hat mal geschrieben, wer zu Fuß durch das ländliche Rußland wandert, sieht ein Land voller Wunder. Genau wie zu Turgenjews Zeiten! Ich bin in solchen Gegenden gewesen, da gab's nicht mal Traktoren. Das war eine gute Zeit damals, vor hundert Jahren. Damals haben die Menschen noch einfach gelebt, Pilze und Beeren gesammelt ...«

Der Wodka ließ ihn in ein Paradies hinübergleiten, in einen bukolischen Sommer, den es nie gegeben hatte. Er schenkte mein Glas wieder voll. »Auf Turgenjew!« Dann rappelte er sich schwerfällig auf und wankte über eine Rampe aus Abfällen, um zwischen den Stöcken und Planen seiner umgekippten Hütte nach etwas zu wühlen. Schließlich zog er einen Bund Dahlien hervor und reichte ihn mir.

»Wo ihn aller Welt hast du die her?«

Seine Augen wichen mir aus. »Na ja, Leute züchten sie ... und dann ... bringen sie sie.«

Ich wußte, daß er sie von dem Gedenkkreuz weggenommen hatte. Pilger legten dort oft Blumen nieder; an Wochenenden, sagte er, kämen Hochzeitsgesellschaften mit Sträußen und ließen manchmal ihren Wodka herumgehen. Er, der wie eine Nemesis in dem zerstörten Garten hauste, stahl über Nacht die Blumen.

»Hier«, sagte er, »nimm. Stell sie in dein Zimmer.« Er stieß sie mir vor die Brust.

Ich sagte hölzern: »Sie waren für die Zarenfamilie bestimmt.«

Er blinzelte mich begriffsstutzig an. »Die Zarenfamilie ... die wurden alle erschossen, nicht wahr?« Er blickte die Dahlien an, als ob sie zu Asche verbrannt wären. Er war sehr betrunken. »Das hätten sie nicht tun sollen, die Schweine. Kinder sind die Blüte des Lebens!« Er warf mir starrsinnig den Strauß in den Schoß. »Wenn die Leute fragen: War der Zar ein guter Mann?, sage ich immer: Jawohl! Er hat den Leuten zu essen gegeben! Ein wunderbarer Mann war er, der Zar ...«

Der Wodka machte ihm die Lider schwer, und er wurde dankbar für alles. Der Zar kam vielleicht nicht an Stalin heran, aber er war zum Wohltäter der Armen und Obdachlosen geworden, und seine Dahlien erfüllten immer noch einen guten Zweck. Als ich mich schließlich zum Gehen erhob, war der Einsiedler auf seinem Sofa nach hinten gekippt, Bart und Zigarette steil himmelwärts gereckt.

Ich überlegte, was ich ihm dalassen sollte. Ich hatte aus England einige Souvenir-Schlüsselringe und zwei Solartaschenrechner mitgebracht. Aber dieser Mann hatte nichts, was er addieren, nichts, was er abschließen mußte. Ich legte ihm etwas Geld neben den Kopf und machte mich auf den Rückweg. Nach einer Weile hörte ich seine Stimme hallen: »Kommst du morgen wieder? Dann mache ich ein richtiges Lagerfeuer! Wirst du kommen?«

Während ich über das vermüllte Gelände stapfte und seine Rufe hinter mir herschallten – »Gott schenke dir Gesundheit! Gesundheit!« –, versuchte ich, seine Anwesenheit dort als Zeichen zu sehen, sie für etwas anderes als einen Zufall zu halten, doch ich hörte nur das sinnlose Zwitschern der Spatzen in den Zweigen zwischen den Reisetaschen und bildete mir irgendwo im Dickicht andere Schritte ein, die schon achtzig Jahre verklungen waren.

....

Auf der Pariser Weltausstellung von 1900 konnten die vielen Besucher, die sich in den russischen Pavillon drängten, einen luxuriösen Modellzug der halb fertiggestellten Transsibirischen Eisenbahn besteigen. Jedes Schlafwagenabteil hatte ein marmorverkleidetes Bad mit einer Wanne aus Porzellan, und Wagen, die ansonsten im Louis-seize- oder Empirestil gehalten waren, hatten maurisch oder chinesisch aufgemachte Rauchsalons. Während mehrsprachige Kellner im Speisewagen Kaviar und Borschtsch servierten, rollte draußen vor den Fenstern langsam ein von Bühnenmalern an der Pariser Oper geschaffenes Diorama von Sibirien mit idyllischen Dörfchen und ewigen Wäldern vorbei.

Viele von diesen Herrlichkeiten wurden nie in die Wirklichkeit umgesetzt. Der holzvertäfelte Frisiersalon und das moderne Luftkühlungssystem blieben ein Luxus, der nur in der Pariser Erinnerung fortlebte, und Reisende berichteten mehrfach von dem schlechten Essen und den tolpatschigen Kellnern, und daß die einzige Badewanne im Gepäckwagen zu finden war, wo man sie zur Fleischlagerung zweckentfremdet hatte. Im allgemeinen jedoch waren die De-Luxe-Wagen denkbar edel, und vierzehn Jahre nach dem Beginn des Eisenbahnbaus 1891 rumpelten sie schon bis zum Pazifik. Mit 7500 Kilometern vom Ural bis Wladiwostok legten sie die bei weitem längste Bahnstrecke der Welt zurück.

Diese vielgerühmten Züge mit ihrer erlesenen menschlichen Fracht von Kaufleuten, Diplomaten und Abenteurern wechselten sich mit anderen – wichtigeren – ab, die so gut wie unerwähnt blieben. Ketten von Viehwaggons, gezogen von primitiven, mit Holz heizenden Lokomotiven, krochen über den Ural und über die endlose Steppe. In ihnen fuhren Horden auswandernder Bauern, in drei Lagen gestapelt oder in Waggons mit der Aufschrift »40 Personen oder 8 Pferde« gequetscht. Manche Wagen wurden zu Ställen auf Rädern, wenn ganze Sippen von drei Generationen sich mit Sack und Pack, mit tief im Kot stehenden Kühen und mit Hühnern und wütenden Hunden auf die Suche nach einer neuen Heimat machten. Die wenigen Ausländer, die Zeugen des Schauspiels wurden, schilderten eine bleiche, verlauste Masse, in stinkende Schaffelle gehüllt, und ganze Waggons voll alleinstehender Männer, barfuß und halbwild.

Diese Aussiedlerwelle vor dem Ersten Weltkrieg war der Höhepunkt eines Zugs nach Osten, der dreihundert Jahre vorher als dünnes Rinnsal eingesetzt und Sibirien sein besonderes Gepräge gegeben hatte. Im Gefolge der mit dem »weichen Gold« der Pelze handelnden Kosakenhorden des 16. Jahrhunderts kamen Bauern und Jäger, Vagabunden und religiöse Sektierer, für die es im europäischen Rußland keine Freiheit oder keinen Platz gab. Von offizieller Seite mal ermuntert, mal behindert siedelten sich unternehmungslustige Bauern in dem grenzenlosen Kronland an. Viele waren aus der Leibeigenschaft geflohen, andere waren Verbannte, aber letztendlich war es der Landhunger, der die meisten aus den repressiven, mitunter hungerleidenden zentralen Gebieten im Westen vertrieb, und die Abschaffung der Leibeigenschaft 1861 machte aus dem Rinnsal einen stetigen Strom. Zu Fuß neben ihren Pferdewagen einhergehend, auf denen sich Hausrat und Erinnerungsstücke türmten, quälten sie sich monatelang immer weiter nach Osten vor, und viele starben unterwegs. Erst am Ende des Jahrhunderts erleichterte die Eisenbahn ihnen die Reise und führte zu einer solchen Schwemme armer Bauern, daß die Bevölkerung Sibiriens sich in weniger als zwanzig Jahren auf zehn Millionen verdoppelte.

Damit wurde Sibirien Rußlands Wilder Osten. Optimismus und Nonkonformismus waren seine prägenden Kräfte. Die Macht der adeligen Grundbesitzer und der Kirche verlor sich über die riesigen Entfernungen, und der Einwanderer nahm sich einfach so viel Grund und Boden, wie er brauchte, manchmal mit Unterstützung der Krone, und behauptete ihn als sein Eigentum. Leibeigenschaft war hier gegen das Gesetz. Der einzige Grundbesitzer, der sie einzuführen versuchte, schrieb ein Reisender, wurde sofort ermordet. »Der Himmel ist hoch, und der Zar ist weit«, sagten die Sibirier, und ihre einheimische Oberschicht bestand nicht aus den korrupten Bürokraten, die aus St. Petersburg geschickt wurden (von ihnen als Tintenseelen verachtet), sondern aus ihren eigenen hemdsärmeligen Kaufleuten und Glücksrittern, die aus eigener Kraft reich, mitunter ungeheuer reich geworden waren.

Die Einsamkeit befreite die Sibirier. Wie ihre amerikanischen Kollegen, deren mythische Aura sie teilten, waren sie hartgesottene, egalitär eingestellte Realisten, selbstbewußt und freigebig. Sie waren gewaltige Esser und hemmungslose Trinker, und falls sie zu Geld kamen, konnte es sein, daß sie alles in einer Reihe selbstmörderischer Saufgelage verpraßten, mit Armut oder Totschlag am Ende. Die Gesellschaft war flexibler als im Westen und gefährlicher. Das Land war von jeher ein Abladeplatz für Verbrecher gewesen, und Verbannte waren überall anzutreffen, Mitglieder der städtischen Oberschicht mit zwielichtiger Herkunft ebenso wie Banden entflohener Sträflinge, die Reisende überfielen und erdrosselten.

Am Anfang des 20. Jahrhunderts war dies das aufstrebende Sibirien, das dann später von rascheren Großumsiedlungen und Massendeportationen verwässert wurde. Seine rauhe demokratische Gesellschaft, warnte 1910 der Ministerpräsident Stolypin, könne eines Tages auf den Westen übergreifen und sie alle zermalmen.

Auf der gemächlichen Fahrt ostwärts Richtung Tjumen erinnern mich die billigeren Wagen der Transsib – offene Abteile mit Betten in den Gängen – an die chaotischen Auswanderungen der Vergangenheit. Die Bahn fährt mit einer ungewöhnlich breiten Spurweite, und die Waggons sind hoch und erinnern an lange, rollende Zimmer. Statt zu schwanken, ruckeln sie sanft und einlullend und versetzen die Passagiere in eine dumpfe Apathie. Die Sibirier belegen jeden Fleck mit Beschlag. Ihre Sachen hängen an jeder Strebe und jedem Haken. Sie überhäufen die Abteilstischchen mit Unmengen von Kompott, Dörrfisch und Tee.

Ich liege wie ein früher Auswanderer dicht unter der Decke auf einem Stockbett im Gang und blicke durch das schmierige Fenster. Der Ural bleibt hinter uns zurück, waldige Schatten am Horizont, schemenhaft. Der Regen webt einen Nieselschleier. Und nach und nach umgibt uns das Westsibirische Tiefland mit seiner unendlichen nassen Weite, die seit der letzten Eiszeit zwischen der Arktis und Zentralasien wie im Schlummerzustand liegt. Die frühen Sibirier stellten sich vor, daß Gott bei der Schöpfung vergessen hatte, dieses Einerlei von Erde und Wasser zu scheiden.

Aber darunter liegen die reichsten Ölfelder der Welt.

Ich sitze hoch über der Tura, einem Nebennebenfluß des Ob, und denke an Georg Steller, der hier starb. In ländlichem Stolz paradieren hinter mir am Ufer die hölzernen Häuser und Kirchen von Tjumen, der ältesten Stadt Sibiriens, gegründet 1586 von Kosaken. Ein paar Fischer stehen als schwarze Silhouetten unter der Brücke, und zu meinen Füßen befestigt eine Steinaufschüttung die Kurve des Flusses, in der die Strömung die Erde weggeschwemmt hat und mit ihr Stellers Grab.

Von den vielen Wunderkindern, die Sibirien angezogen hat, war dieser zu Lebzeiten unbekannt gebliebene deutsche Naturforscher eines der brillantesten. Als er nach jahrelangen Polarreisen im Dienste Rußlands starb, ein Fanatiker ohne Freunde, hatte er eine Unmenge neuer Pflanzen entdeckt und klassifiziert, dazu eine erstaunliche Zahl bis dahin unbekannter Säugetiere, Vögel und Fische. Der von ihm beschriebene Brillenkormoran – ein plumpes Schwergewicht mit fluguntauglichen Flügeln – ist mittlerweile ausgestorben, und der Stellersche Weiße Rabe ist niemals wieder gesehen worden. Aber Stellers Seelöwe, die Scheckente (Polysticta stelleri), der schöne Schwarzkopfhäher (Cyanocitta stelleri) und Stellers Grünling – ein schillernder Pazifikfisch – existieren alle noch und desgleichen der weißschultrige Stellersche Seeadler auf Kamtschatka, der größer als der Steinadler ist. Stellers Meeraffe allerdings, der sich im Wasser gerade aufrichtete und im Mondlicht die Schiffsmannschaft bei ihrer Fahrt über das Beringmeer betrachtete, war entweder eine einsame Pelzrobbe oder ein bis heute unbekannt gebliebenes Tier.

Im Jahre 1741, während Berings Großer Nordischer Expedition, betrat Steller als erster Weißer Alaska. Nachdem die halbe Mannschaft von Skorbut hinweggerafft und Bering selbst in der gefrorenen Erde einer Insel bestattet worden war, baute Steller sich einen Verschlag aus Treibholz und beschrieb in säuberlichem Latein eine Kolonie von Tieren, die später nach ihm den Namen Stellersche Seekuh bekamen. Diese riesigen Seekühe sind entfernt mit den Elefanten verwandt und gehören zur selben Ordnung wie Dugongs und Manatis. Doch das einzige von ihnen erhaltene Zeugnis sind Stellers gewissenhafte Aufzeichnungen, denn sie wurden binnen dreißig Jahren von Jägern ausgerottet. Wie Rinder weideten sie die Algen auf dem ufernahen Meeresgrund ab, wobei sie sich auf ihren Vorderflossen träumerisch vorwärtsbewegten und vor Gefräßigkeit nicht auf Gefahren achteten, so daß Steller sie manchmal streicheln konnte. Sie konnten bis zu zehn Meter lang und vier Tonnen schwer werden, und doch waren sie rührend menschenähnlich. Bei der Paarung, so schrieb er, umfingen sie sich wie Menschen, und wenn die hungernde

Mannschaft ein Tier harpunierte, eilten ihm die andern zur Hilfe und versuchten, das Seil durchzubeißen oder dem Verwundeten mit den Schwanzflossen die Harpune aus dem Leib zu schlagen.

Doch Steller sollte den Ruhm nicht mehr erleben, den ihm seine hinterlassenen anatomischen Analysen eintrugen. Von Beamten, die er beleidigt hatte, mit Klagen verfolgt, sich nach der »wilden jungen Frau« verzehrend, die er in St. Petersburg zurückgelassen hatte, und an Trunksucht leidend starb er im Alter von siebenunddreißig Jahren in Tjumen und wurde dort auf einer Anhöhe über dem Fluß beigesetzt. Aber Räuber gruben ihn aus und ließen die Leiche den Wölfen zum Fraß liegen, und ein paar Tage später beerdigten ihn Einheimische abermals und legten zur Sicherheit eine Felsplatte auf das Grab. Im Laufe vieler Jahre unterspülte der unter mir am Ufer schürfende Fluß die Grabstelle und riß Stellers Gebeine zuletzt mit ins Polarmeer, wo die Stellersche Seekuh bereits ausgestorben war.

Ich fuhr per Anhalter in das Dorf Pokrowskoje, 100 Kilometer nordöstlich. Der Lkw-Fahrer hatte noch nie einen Engländer gesehen und brüllte freundlich etwas von Big Ben und Sherlock Holmes. Pokrowskoje war der Geburtsort von Rasputin, doch es sah verlassen aus. Die Hauptstraße war eine breite zerfurchte Schlammpiste zwischen Holzhäusern mit ungepflegten Gärten. Es war typisch, rechnete ich mir aus, für die Hälfte der noch vor mir liegenden Dörfer: ein Haufen weit verstreuter Katen, der aussah, als wäre er aus der umgebenden Leere irgendwie auf die Steppe gepurzelt. Der nächste Windstoß konnte ihn von der Erde fegen.

Der Fahrer kannte das Dorf von früher und schwor, daß ein Verwandter von Rasputin noch hier lebte. Doch die einzigen Menschen, die wir sahen, waren alte Frauen, die sich strategisch auf Bänken an Straßenkreuzungen postiert hatten. Gefragt nach einem Mann, der Ähnlichkeit mit Rasputin habe, schickten sie uns hierhin und dorthin, bis wir zu einem baufälligen Haus mit geschlossenen Läden kamen. Eine Stimme drinnen rief: »Viktor!«

Vielleicht hatte man ihn über unser Kommen unterrichtet, denn er war für seinen Auftritt zurechtgemacht. Als er über das Gemüsebeet auf uns zusprang, blieb sogar dem Lkw-Fahrer die Spucke weg. Alle Fotografien von Rasputin, die ich je gesehen hatte, wurden in seinem Gesicht auf frappierende Art lebendig. Er war die gespenstische Quintessenz. Er trug den gegürteten Bauernkittel einer früheren Zeit und die locker sitzenden Stiefel, und sein schwarzer Bart war struppig und ungestutzt. Es war eine bewußt inszenierte Theaternummer. Fettige Haarlocken hingen ihm auf die Schultern und waren über der Stirn grob gescheitelt, und aus dieser schwarzen Umrahmung blickte uns das bekannte Gesicht mit der klobigen Nase an, naive Bauernschläue in den hellen Äuglein.

Der Lkw-Fahrer sagte: »Sind Sie sein Enkel?«

»Es leben keine Verwandten mehr, offiziell. Aber meine Urgroßmutter war Rasputins Magd. Sie hat im Haus geholfen.« Seine Stimme war wohlklingend und zynisch. »Ich nehme an, sie hat mit ihm gesündigt.« Er strich über seine Haare und seinen Bart. Rasputins Sünde war sein Stolz geworden. »Deshalb sehe ich so aus.«

Mit der gleichen verwirrenden Intimität, die von seinem mutmaßlichen Urgroßvater berichtet wird, nahm er meinen Arm und fragte, was er für mich tun könne. Ich antwortete automatisch: »Ich brauche ein Zimmer für die Nacht.« Innerlich zog ich von Viktors Gesicht die Maskerade ab – den Bart, die angeklatschten Strähnen –, und immer noch blieb ohne Zweifel eine außerordentliche Ähnlichkeit bestehen. Er strömte auch die Lüsternheit und Verschlagenheit seines Idols aus, kultivierte sie vielleicht sogar, dazu die gleiche sporadische Zärtlichkeit. Aber er besaß keinerlei innere Autorität.

Die Dorfbewohner schienen ihm aus dem Weg zu gehen. Der Lkw-Fahrer verabschiedete sich. Viktor wohnte bei seiner Schwester und seinem Schwager, weil sein eigenes Haus eine Ruine war. Als er sie bat, mich für die Nacht aufzunehmen, erspähte ich durch die Latten des Zauns einen unwirsch dreinblickenden Bauern, der hüfttief zwischen seinen Kohlköpfen kniete, und eine bitter aussehende Frau, und während Viktor noch bettelte und mit einemmal einen winselnden Ton anschlug, erklärte ihm eine harte Stimme, er solle sich zum Teufel scheren.

Er kam lächelnd an und richtete sein Gesuch an drei alte Frauen, die im warmen Licht der späten Sonne saßen. Ich stand neben ihm, als sollte ich versteigert werden. Es waren Babuschkas wie aus dem Bilderbuch: beleibte Matriarchinnen in geblümten Röcken und Filzpantoffeln, von einer vegetabilen Ruhe erfüllt. Sie beäugten mich kritisch. Eine wandte mir ein faltenloses, geradezu kindliches Gesicht zu und sagte: »Ich habe Angst vor Männern!« Aber die andern drei brachen in Gelächter aus, und so nahm sie mich auf.

Doch Viktor wollte mich noch nicht gehen lassen. Er führte mich in seinem Dorf herum, sonnte sich in der prestigeträchtigen Gesellschaft eines Ausländers. Die holperige Straße, die wir hinunterflanierten, war zwanzig Meter breit, zu groß für die weit auseinanderstehenden Häuschen. Schlammpisten gingen davon ab, und durch die Wiesen dahinter schlängelte sich die Tura. Ein paar Bauern waren am stillen Abend auf die Straße getreten oder bestellten ihre Gemüsebeete. Sie sahen bettelarm aus: vom Mangel gezeichnete Männer mit angegrauten Bärten, die Gesichter düster und ausgemergelt, und schwergewichtige, duldsame Frauen. Sie grüßten Viktor widerwillig oder gar nicht. In seiner halb ironischen Rasputinverkörperung schien er die zeitlose Rolle des dörflichen Jurodiwy zu bekleiden, des »Narren in Christo«. Er verunsicherte die Leute. Zu Rasputins Zeit hatte in der Siedlung mehr Leben geherrscht als heute, sommerlicher Schiffsverkehr auf dem Fluß und ein bescheidener Wohlstand.

»Damals wimmelte es hier von Rasputins«, sagte Viktor. »Dreiunddreißig Familien. Aber mit der Kollektivierung 1929 verschwanden sie. Sie waren reich, wissen Sie, Kulaken, und so wurden sie in Konvois in die Verbannung verschleppt, oder sie starben. Irgendwo im Norden gibt es noch Rasputins … aber die richtigen Verwandten, die sind alle weg.« Hin und wieder faßte er mich am Arm und blieb stehen, und sein Atem strich mir warm übers Gesicht. Sein öliges Lächeln sagte: *Nur ich bin übrig.* »Und sehen Sie den Erdhügel da? Da stand die Kirche, das höchste Gebäude hier. Sie wurde nach dem Krieg zerstört. Das Mauerwerk war so solide, daß sie über drei Monate dazu brauchten. Dort hätte Rasputin gerne gesungen.« Mit weihevoller Baßstimme brummte er leise:

»Gesehen haben wir das wahre Licht,
Geist vom Himmel empfangen …

Aber die Geistlichkeit hat ihn gehaßt.«

Ich fragte: »Ist noch jemand am Leben, der sich an ihn erinnert?«

»Es gab eine alte Frau, die in seinem Garten das Gras gemäht hat, aber sie ist voriges Jahr gestorben. Sie hat immer gesagt, daß er freundlich war. So erinnert man sich hier an ihn. Wenn er aus St. Petersburg heimkehrte, feierte das ganze Dorf. Er kam meistens im Frühling, zur Getreideaussaat, und im Herbst zur Ernte.« Viktors Stimme wurde zunehmend honigsüß, je weiter er den Traum ausspann. »Er verteilte Geschenke, Süßigkeiten für die Kinder und Gebäck und Gutscheine, mit denen die Leute im Laden einkaufen konnten. Es heißt, er hätte alles weggegeben …«

Er war also als ein Mann in Erinnerung geblieben, der sein Glück in der Welt gemacht hatte und nun zu Besuch kam, um sich wohltätig zu zeigen und bewundern zu lassen und vielleicht inneren Frieden zu fühlen. Doch er war nirgends zuhause. Er war als wandernder heiliger Mann nach St. Petersburg gekommen, an einen Hof mit einer Schwäche für den volkstümlichen Mystizismus und das Okkulte, und weil eine hypnotische Autorität in ihm allem Anschein nach die inneren Blutungen des hämophilen Zarensohnes stillen konnte, gewann er einen übermächtigen Einfluß auf das Kaiserpaar, der bis zu seiner Ermordung im Jahre 1916 kaum nachließ.

Wer war er? Bei näherer Betrachtung verschwimmt seine Gestalt. Er verkörpert die alte russische Nähe von Heiligkeit und Sünde. Er war ein Wüstling und ein Trunkenbold, machtgierig, egozentrisch. Er prahlte damit, mit der Kaiserin im Bett gewesen zu sein. Durch die Sünde gelange man zu Gott. Er konnte kaum schreiben, aber er predigte mit bäuerlicher Urgewalt. Vorstellungen von Aufrichtigkeit und Frömmigkeit lösen sich im Umkreis seiner Person auf, genau wie bei seinem mutmaßlichen Nachfahren an meiner Seite. Doch seine Wirkung auf die kaiserliche Familie war verhängnisvoll. Er bestärkte sie gerade in ihren weltfremden Tendenzen. Nicht zuletzt seinetwegen sank sie immer mehr in der Achtung des Volkes. Mehr als sonst jemanden, meinte der Erzieher des Thronfolgers bitter, treffe Rasputin die Schuld an ihrem Ende. Noch heute findet die Sehnsucht nach einem verlorenen kaiserlichen Paradies im letzten Zaren keinen Anknüpfungspunkt.

»Dort drüben war sein Haus. Dort.« Viktor deutete über die Straße. Ich hatte alte Fotos von einem hübschen zweigeschossigen Haus mit Garten und einem hohen Lattenzaun zur Straße hin gesehen. Dort stand jetzt bloß noch ein Blockhaus. »Kurz nach der Zerstörung des Todeshauses in Jekaterinburg hat die Partei auch dies hier einreißen lassen. Aus Angst, es könnte Interesse erregen. Ich erinnere mich noch gut an die Zeit. Sie wollten das Dach abschlagen – ein besonders schönes Dach war das –, aber die Leute hier erhoben Protest, und so kam eine Brigade mit sieben Traktoren und hob es in einem Stück ab. Es wurde für 40 000 Rubel nach Kasachstan verkauft. Die Ruine stand noch lange, dann wiesen die Behörden unsere Leute an, sie zu beseitigen. Ein Rudel Freiwilliger kam zusammen, Burschen, die keinen Parteiausschluß riskieren wollten, und die haben sie dann ganz abgerissen. Aus den Resten hat jemand einen Schweinestall gebaut.«

Sein Ton triefte jetzt von Selbstmitleid, echtem oder gespieltem, so als ob sie ihm sein eigenes Haus genommen hätten, sein rechtmäßiges Erbe. Er sagte: »Aber das war noch nicht alles. Vor ein paar Jahren wollten wir dort im Garten ein Gewächshaus bauen, und dabei kam ein unterirdischer Gang zum Vorschein, mit Balken gestützt, der zum Fluß hinunterführte. Rasputin hatte Feinde, und er muß ihn benutzt haben, um unbemerkt zu seinem Boot zu kommen. Er hatte weiter flußaufwärts eine Datscha mit einem See und einem Badehaus, wo er *Frauen* hinbrachte.« Er ließ das Wort auf der Zunge zergehen. Es klang wie ein süßes Gift. Er legte die Hand aufs Herz, unheimlicherweise mit der gleichen Geste, die man auf Bildern von Rasputin sieht. Ich stellte mir vor, daß er das tat, wenn er log. Sein Vorbild vielleicht auch. »Rasputin hatte *Hunderte*.«

Ich ging zu dem verschwundenen Haus hinüber und drehte mich um. Ein Posthaus hatte einst gegenüber gestanden, wo direkt vor Rasputins Fenstern die Pferde gewechselt worden waren, aber es war ebenfalls nicht mehr da. Im April 1918 hatten der Zar und die Zarina auf ihrem Weg nach Jekaterinburg und in den Tod hier unter Bewachung Halt gemacht und sich während des Pferdewechsels das Haus des Propheten betrachtet. Die Kaiserin vermerkte in ihrem knappen Tagebuch, sie habe die verängstigte Familie durch die Vorhänge gucken sehen. Rasputins Tochter schrieb, die Kaiserin habe geweint.

Wir spazierten durch aufgeweichte Straßen an andern Häusern vorbei. Einige waren eingestürzt oder vollkommen überwuchert; andere waren zwar verwittert, aber recht hübsch mit ihren blau und grün gestrichenen Dachkanten und Fensterläden, und zuletzt standen wir vor üppigen Wiesen unter einem weiten Himmel. Die Tura war bereits ein Stück vom Dorf abgerückt, und der alte Landungssteg lag nur noch an einem schilfigen Altwasserarm. Jenseits des Schwemmlandes waren die Ufer des Flusses so niedrig, daß ein Dampfer durchs Gras zu schwimmen schien. In diesem August sah die Strömung träge und ungefährlich aus, aber Rasputins älterer Bruder war darin umgekommen, aller Rettungsversuche des Jüngeren zum Trotz, und seine epileptische Schwester war mitgerissen worden, als sie am Ufer die Wäsche wusch. Danach hatte Rasputin nur noch seinen verwitweten und immer betrunkenen Vater gehabt.

Viktor war natürlich auch ein Trinker. Nach dem Zusammenbruch der Kolchose zwei Jahre zuvor war das Land aufgeteilt worden, elf Hektar für jeden Arbeiter, und er verpachtete seines gegen Wodka. Er verkaufte Kartoffeln zum Leben. Als wir zum Dorf zurückschlenderten, blieb er vor einem andern Haus stehen.

»Da habe ich früher gewohnt. Ich war fünf Jahre lang verheiratet – und eines Tages bin ich früher als angekündigt aus Tjumen nach Hause gekommen und habe sie mit einem andern Mann erwischt. Richtig erwischt habe ich sie ...« Er strich mit den Händen lasziv über ein vorgestelltes Bett.

»Und jetzt bin ich schon Großvater! Ich bin sechsundvierzig – und Rasputin ist mit siebenundvierzig gestorben!« Plötzlich trat eine zaghafte, Mitleid heischende Frage in seine Augen, vielleicht auch ein wenig Angst. Jahrelang war er mit Rasputin älter geworden; aber was würde geschehen, wenn er dessen Todesalter erreichte? Würde er sich selbst überleben? Würde er sterben?

Dann rief er: »Haben Sie mal Rasputin-Wodka getrunken? Rasputins Todesdatum ist auf dem Etikett. Da steht, er wäre 1869 geboren, aber das stimmt nicht, das stimmt nicht! Er war älter, er ist vier Jahre früher geboren, am 12. Januar 1865. Nicht wahr? Nicht wahr?« Wenn Viktor recht hatte, blieben ihm noch vier Jahre mehr bis zum Tod seines Schattens. Aber er hatte nicht recht. Er hatte nur noch ein paar Monate. Und jede Flasche Rasputin-Wodka, die er leerte, hatte dieses drohende Datum aufgedruckt.

Doch im nächsten Moment blickte er schon wieder unbekümmert und verschmitzt. »Egal, wer braucht schon eine Ehefrau? Wo doch die Frauen von Tjumen die schönsten in ganz Rußland sind!«

»Haben Sie dort eine Freundin?«

Sein Atem blies heiß in mein Ohr. »Viele! Ich fahre jede Woche nach Tjumen. Und wissen Sie, warum sie so schön sind?« Seine Hand knetete meinen Arm mit lüsternem Verschwörergehabe. »Weil nach der Revolution alle Prostituierten von St. Petersburg und Moskau erst in den Ural und dann nach Tjumen abgeschoben wurden. Und das sind ihre Töchter. Ein ganzes Paradies voll! Man kann die ganze Nacht sündigen ...« Er blickte mich an, stolz auf sich und zugleich entrüstet. »Viele jede Woche ... ein Paradies!«

Wir waren vor der Tür von Anfissa angekommen, der alten Frau, die mir ein Nachtquartier zugesagt hatte. Ihr Häuschen war frisch gestrichen, ihr Garten tipptopp, ihre Spitzengardinen zugezogen. Als ich ihr Gartentor aufdrückte, verschwand Viktor wie ein Geist beim ersten Hahnenschrei. Erst hinter ihren ordentlich gestapelten Brennholzwällen verwilderte der Garten und bedrängte der Wiesenkerbel die Abortwände.

Anfissa: ihr Gesicht ist an drei Seiten von kurzen grauen Lokken eingerahmt, und an der vierten fließen ihre Kinne kaum abgesetzt in den Hals über. Wenn sie lacht, blitzt ihr der Stahl aus dem Mund, was ihr eine eigentümliche Trautheit verleiht. Auf ihre vorsichtige Art ist sie freundlich, und recht einsam ist sie. Ihre Beine machen ihr Beschwerden. »Es ist das Herz. Das Herz ist schuld, daß sie geschwollen sind, sagen die Ärzte.«

Sie setzt mir Gemüsesuppe mit Fleischbröckchen unterschiedlichen Alters vor, und das hellbraune Brot hat sie selbst gebacken, aus hiesigem Mehl. »Dieser Viktor«, sagt sie, während sie neben mir sitzt (aber nicht mitißt). »Ich dachte, er wäre mit Ihnen trinken gegangen. Was anderes tut er ja nicht. Sein Bruder trinkt noch mehr, und seine Schwester, die trinkt auch ... So welche sind das. Seine Eltern haben ihm ein Haus hinterlassen, als sie starben, und er kann nicht mal den Zaun in Ordnung halten. Jetzt verfällt alles, und er tut trotzdem nichts.«

Von außen sehen diese Blockhäuser so unwohnlich aus wie primitive Trapperhütten, aber innen waren Anfissas Wände dick verputzt und tapeziert, und ein gemauerter Ofen trennte die beiden Stuben und heizte beide. Sie holte ihr Wasser von einer Pumpe auf der Straße, und manchmal kam keines. Aber Stromkabel liefen vielfach verzweigt über Wände und Decke, der Fernseher funktionierte, und eine ätherische weiße Katze huschte ein und aus. Alles war in Papier eingewickelt, festgeschnürt oder in Gläsern verwahrt. Sie schien den Veränderungen vorbeugen zu wollen, die draußen alles ins Wanken brachten.

»In den Städten hat die Hälfte der Fabriken dichtgemacht«, erzählte sie, »und trotzdem finden die Leute irgendwie Arbeit. Aber hier bei uns ist die Kolchose eingegangen, und es gibt nichts. Die Leute, die dort beschäftigt waren, sind weg, und die Chefs haben sie einfach aufgelöst und sich alles selber genommen. Fast sämtliche Kühe wurden verkauft, sogar Butter ist kaum mehr zu kriegen. Es ist ein einziges Chaos.«

Ich fragte: »Warum? Warum?«, doch es gab keine simple Antwort.

»Ich weiß nicht, warum. Wer weiß das schon? Wir brauchen Geld für Maschinen – die Hälfte der Traktoren liegt still –, und der Kolchosleiter hat den ganzen Treibstoff gestohlen.« Sie richtete ihre großen Kinderaugen auf mich. Es war ein Blick, den ich noch oft sehen sollte: die Fassungslosigkeit eines verratenen Volkes, dessen Sicherheiten sich in Nichts aufgelöst hatten. »In England, wieviel Land bekommt man da als Ehepaar vom Staat? ... Tatsächlich? ... Aber wenn ihr so wenig Land habt, wieso lebt ihr dann besser als wir?« Nach einigen glücklosen Erklärungsversuchen wurde ihre Verwunderung ein resignierter Klagegesang: »Wir haben hier früher erstklassiges Getreide angebaut, aber jetzt ist nichts mehr davon da. Früher gab es Flachs und Hanf, aber sie sind verschwunden. Überall gab es Gemüse und Obst, aber jetzt sieht man gar nichts mehr.« Sie zog ihre Röcke hoch und zeigte mir ihre prallen, aufgedunsenen Beine. »Wenn die nicht wären, könnte ich arbeiten. Heute arbeitet niemand mehr. Mein Mann ist früher im Sommer um vier Uhr aufgestanden und im Dunkeln nach Hause gekommen.«

»Zu Breschnews Zeiten?«

»Vor langer Zeit. Er ist mit siebenundvierzig gestorben, ich weiß nicht, woran. Er ist einfach eingeschlafen und nicht mehr aufgewacht.«

Sie lebte zunehmend in der Vergangenheit. Zuerst hatte sie ihre Familienfotos in Alben geklebt und weggelegt. Eines Tages hatte es ihr dann nicht mehr gereicht, sie nur gelegentlich durchzublättern, wie zu Besuch. Sie wollte sie immer um sich haben. Also riß sie sie heraus und stellte sie gerahmt auf ein Bord im Wohnzimmer, über die Kommode und das Bett. Sie erhob sich mühsam. »Wenn niemand hier ist und das Leben mir schwer wird, schaue ich sie an.«

Es war eine Galerie der Jugend – hoffnungsfrohe Eltern, blonde Kinder –, aber alle sahen längst vergangen aus. Ich fragte pflichtschuldigst: »Wie viele Kinder haben Sie?«

»Vier. Aber drei sind tot.« Eine graue Locke hatte sich unter ihrem Kopftuch hervorgestohlen und wippte ihr an die Stirn. Sie sah wie ein greises Mädchen aus. »Ich hatte eine Tochter; sie wurde krank und starb mit sechs Monaten. Und mein ältester Sohn – das ist der da, mit seinem Auto und seiner Frau –, der ist vor vier Jahren gestorben, erst vierundvierzig, an einem Blutgerinnsel im Kopf. Er war in Tobolsk und hat ihre neue Wohnung renoviert, und eine Woche lag er dort, bevor er gefunden wurde.«

Nur ein Sohn war noch am Leben. Doch Anfissas Enkel waren in einer langen Parade von kecken Gesichtern und Sommerkleidchen an der Wand aufgereiht. Ihre Augen überflogen die Schar und blieben an einem vergilbenden Bild am Ende hängen. »Das ist mein jüngster Sohn.« Ein grimmiger Jugendlicher starrte ohne den Anflug eines Lächelns in die Kamera. »Er war sechzehn. Er hat sich mit dem Motorrad zu Tode gefahren.« In ihren Ton gewohnheitsmäßiger Wehleidigkeit trat ein scharfer, lebendiger Schmerz. »Er hatte so eine gute Zukunft.« Sein Schnappschuß stand etwas abgesetzt von den andern, heilig. Ihre Finger zitterten, als sie darauf zeigte. Darüber hatte sie ein süßliches Bild der Jungfrau Maria geklebt, und darunter stand eine von Kerzenruß geschwärzte Ikone der Gottesmutter mit dem Sohn im Arm.

»Da«, sagte sie, »da.« Es war der Ton, mit dem eine Mutter ihr Kind in den Schlaf lullt.

Ich ging in die Nacht hinaus, durch den hohen Wiesenkerbel hindurch, und als ich wieder hereinkam, hatte sie eine Kerze unter der Ikone angezündet und betrachtete ihre Galerie aufs neue. Ich fragte mich, welchen Trost es ihr gab, sich diese vom Tod dezimierte Schar anzuschauen. Vielleicht bewohnten in ihrer Vorstellung die Lebenden und die Toten dieselbe alltagsferne Hemisphäre, denn keiner kam sie je besuchen, sagte sie, sie wohnten alle zu weit weg. Oder vielleicht sank sie dabei automatisch in die vortragischen Zeiten zurück, als ihr Mann noch den ganzen Tag über einen Mähdrescher gefahren und es Flachs auf den Feldern gegeben hatte und Kinder.

Vor dem Zubettgehen erkundigte ich mich, ob ich die Liege in die Küche ziehen und dort schlafen solle. Doch sie sagte bloß:

»Wie Sie wollen. Ich bin eine alte Frau. Niemand wird reden.« Sie lachte rauh. »Das ist alles vorbei.«

Ihr Bett stand unter einem bunten Wandteppich, und bevor ich das Licht ausknipste, lag ihr fülliger Körper einen Moment lang von persischem Zauber verklärt unter seiner gestreiften Bettdecke. Bald darauf ging in dem düsteren Raum die Kerze unter der Jungfrau und ihrem griesgrämigen Sohn nach kurzem Flakkern aus, und nur die Spitzengardinen malten noch zarte, helle Muster in die Fenster. Anfissas Worte kamen leise und körperlos aus dem Dunkeln. »Lebt Ihre Mutter noch? Wie alt ist sie? ... Dann ist sie älter als ich ... Sieht sie älter aus?« Eine abgestorben geglaubte Eitelkeit kam zum Vorschein.

Ich log. »Ja, natürlich.«

Schweigen. Dann: »Wo Sie in London wohnen, ist es ein Holzhaus? ... Und haben Sie Kühe oder Schweine? ... Aha ... aha ...« Eine Uhr tickte an der Wand über meiner Liege. Zeit wurde hörbar. »Aber Sie haben keine Kinder. Wie kann das sein? Denken Sie nur, wie rasch die sterben!« Sie wälzte sich herum und stöhnte. »In England, ist da jetzt Krieg oder nicht? ... Nicht? Hier in diesem Land ist immer Krieg. Und Sie, wenn Sie hier so allein reisen, haben Sie da keine Angst? In den Städten ist es schrecklich geworden. Überall gibt es Mord und Totschlag. In Tobolsk auch. Vorige Woche wurde ein Mafiaboß aus seinem Wagen gezerrt und ermordet. Ich hab's im Radio gehört. Es ist nicht gut, wenn Sie da hinfahren, gar nicht gut. Sie sollten sich vorsehen ...«

Ihre schläfrige Stimme wurde unheilraunend. Nach ihrer Erfahrung starben Männer jung. Ihre Sätze lösten sich in zusammenhanglose Worte auf – »allein ... Mafia ...« –, bis die Muster ihrer Gardinen über mir verschwammen und sie verstummte oder ich nichts mehr mitbekam.

An der Bushaltestelle nach Tobolsk bettelten mich mit Quengeln und Drohen zwei Betrunkene an, die sich mir im Dorf an die Fersen geheftet hatten, und befühlten meinen Rucksack. Niemand wußte, wann der Bus kommen mochte. Als sie aufdringlicher wurden, verlor ich ein wenig die Beherrschung, und sie verzogen sich murrend und Pläne schmiedend in ein nahegelegenes Feld. Eine Stunde verging. Da hörte ich auf einmal dicht neben mir eine bekannte schmeichelnde Stimme, und als ich mich umdrehte, sah ich Viktor, der zersaust und mit trübem Blick zu mir die Straßenböschung hochgekraxelt kam. »Es ist noch früh ... Sie fahren früh.«

Ich setzte mich auf den Boden. Die Konkurrenz witternden Bettler umkreisten mich, und neben mir huschte Viktors Blick die Straße auf und ab, während seine Stimme einen kriechenden Flüsterton annahm. »Geben Sie mir Geld. Nur ein wenig ... Geben Sie mir Geld ...«

Aber Rubel würden sich ihm nur in der Kehle verflüssigen, das wußte ich. Ich hatte Anfissa bereits Geld gegeben, und sie hatte den Schein lange verwundert in der Hand gehalten – 15 Dollar waren ein Drittel ihrer monatlichen Rente – und sich dann zum Waschbecken umgedreht, um etwas zu spülen, das schon gespült war. »Das ist viel«, hatte sie gemurmelt. »Damit hatte ich nicht gerechnet.«

Jetzt reichte Viktor mir ein wertloses sowjetisches Geldstück. »Für Ihre Reise. Nehmen Sie ...« Und der Kühnere der beiden Betrunkenen pirschte sich ebenfalls an und drückte mir eine goldene Münze in die Hand. Ich betrachtete sie skeptisch. Sie stellte sich als ein sowjetischer Mutterschaftsorden heraus, eine Auszeichnung für Frauen, die fünf Kinder und mehr geboren hatten. Aber der Mann lachte nicht. Er sagte: »Was geben Sie mir dafür? Na?« Viktor bedrängte mich von der andern Seite. »Ich bin krank«, schnaufte er.

Ich sagte: »Gehen Sie ins Krankenhaus.«

»Im Krankenhaus kann man mich nicht heilen.«

»Ich weiß.«

Er versuchte, den Arm um mich zu legen und die andern Männer auszuschließen. »Wodka ist jetzt unsere Medizin.«

»Ich habe keinen.«

»Dann geben Sie mir Geld ...«

Jeder konnte jeden gut verstehen, und doch flüsterten alle. »Nur ein wenig ... Na? Na? ... Geben Sie mir Geld ...«

Da tauchte weit hinten auf der zerlöcherten Straße ein klappriger Bus auf, der Richtung Tobolsk fuhr. Als ich einstieg, legte sich Viktors Gesicht in Lachfalten. Er war mir nicht böse. »Behalten Sie mich in Erinnerung«, sein theatralisches Flüstern streichelte mein Ohr, »Ihren Rasputin.«

»Das werde ich.«

Die Straße schnitt durch matschiges, formloses Gelände, den Rohstoff der Schöpfung, und weiter durch Grünland, wo das Heu wie Bettzeug zusammengerollt war und Nebenflüsse des Tobol in dem lehmigen Boden weitschweifige Schleifen beschrieben. Wald begrenzte alle Horizonte und tauchte manchmal die Straße in immergrünes Dunkel, in dem nur ein paar Birken hell schimmerten. Hin und wieder legten wir eine Zigarettenpause ein, in der die Fahrgäste stirnrunzelnd am Straßenrand hockten und pafften, und zweimal passierten wir Straßenkontrollen, bei denen die Polizei Lastwagen regelrecht auseinandernahm. »Sie suchen Drogen«, sagte ein Mann. »Sowas gab's früher nicht.«

Drei Stunden später kurvten wir durch ein Labyrinth aus Holzhäusern und verfallenen Steinkirchen, überragt von dem alten Kreml mit den Kuppeln und glatten weißen Mauern der Kathedrale und des Glockenturms. Bald nach Beginn der russischen Kolonisierung im 16. Jahrhundert bis zum Jahre 1824 war Tobolsk die Hauptstadt Sibiriens. Ganz in der Nähe war 1582 das Zentrum des tatarischen Khanats Sibir von einer kleinen Streitmacht von Kosaken zerstört worden, die ihre Schiffe über den Ural getragen und die Eroberung des ganzen Subkontinents eingeleitet hatten.

Der Kosakenführer Jermak lebt als urwüchsige Idealgestalt in der Sage fort. Er war ein Flußpirat, der von der mächtigen Kaufmannsdynastie der Stroganows angeheuert wurde, um ihnen den Weg nach Osten zu bahnen. Weil er und seine Kosaken Freie waren, wurde er von der kommunistischen Propaganda später als Held des Volkes gefeiert, der kleinere Stämme vom Tatarenjoch befreit habe. In Wirklichkeit war Jermak ein brutaler Söldner und seine Kosaken ein bunt zusammengewürfelter Haufen von Freibeutern, Tagelöhnern und Verbrechern, und überdies unterstützte der Zar das Unternehmen. Im Laufe von drei Jahren zerschlug er mit weniger als tausend Männern das tatarische Khanat, dessen Krieger – ein Überrest der mongolischen Goldenen Horde – die russische Expansion am nachhaltigsten behindert hatten. Auf der Höhe seines Erfolges belohnte Iwan der Schreckliche ihn mit einem prunkvollen Kettenpanzer, geschmückt mit dem kaiserlichen Wappen. Aber in vielen Scharmützeln rieb der vertriebene Khan Kutschum die Kosaken nach und nach auf. In einer stürmischen und regnerischen Nacht, in der sie auf einer Insel im Irtysch kampierten, wurden sie überrascht und fast bis auf den letzten Mann niedergemetzelt. Jermak soll sich zum Flußufer durchgeschlagen und sich in die Strömung gestürzt haben, doch das Gewicht seines kaiserlichen Panzers zog ihn in die Tiefe.

Sogleich rankten sich Legenden um ihn. Die Tataren behaupteten, sie hätten seine Leiche aus dem Wasser geborgen, und sein unverwestes Fleisch wirke Wunder. Über seinem Grab am Fluß habe sich eine überirdische Feuersäule erhoben, und jedes Jahr zu Mittwinter recke sich an der Stelle, wo er ertrunken war, ein goldgepanzerter Arm aus dem Wasser, ähnlich dem Schwert Excalibur. In Balladen und Geschichten, die an den Lagerfeuern Sibiriens die Runde machten, wurde er zu einem slawischen Parsifal oder Robin Hood verklärt. Die Kirche sprach ihn selig.

Der Tatarenkhan Kutschum, eine bedeutendere Persönlichkeit, setzte den Russen von seinem Exil aus weiter zu, obwohl fast seine ganze Sippe gefangen oder tot war. Die läppischen Amnestieangebote des Zaren schlug er aus. Er wollte sein Reich wiederhaben. Als blinder alter Mann, aber in seinem Mut ungebrochen, wurde er von feindlichen Angehörigen eines andern tatarischen Stammes ermordet, aber wie Jermak eroberte er sich einen Platz im Herzen seines Volkes, und hundert Jahre später loderten in seinem Namen immer noch Revolten auf.

Das Vordringen der Russen nach Osten kannte kein Erbarmen. Sie zogen über den Kontinent wie andere Völker übers Meer, und wie Gewürze oder Silber Lockmittel für die Entstehung großer europäischer Reiche waren, so nahm diese Stelle bei der Kolonisierung des russischen Sibirien der Zobel ein. Ein paar Pelze von diesem Baummarder mit dem glänzenden Fell konnten einen Mann reich machen. Am meisten verdiente der Zar daran. Die einfallenden Kosaken erhoben von den einheimischen Völkern, die sie mit ihren Feuerwaffen niedergeworfen hatten, einen Pelztribut und breiteten sich wie eine Seuche entlang der Flüsse aus, wo sie an strategisch wichtigen Punkten Palisadenfestungen errichteten. Sobald der Zobel in einem Gebiet ausgerottet war, rückten die Russen ins nächste vor. Auf altbewährte Fremdherrscherart machten sie sich die Uneinigkeit der Stämme zunutze, und sechzig Jahre nach Jermaks Tod hatten sie ganz Asien durchquert und standen am Pazifik.

Tobolsk war das Sprungbrett für diese Eroberung. In seiner Unterstadt wimmelt es heute noch von Tataren. Die leeren Hülsen großer Kirchen beherrschen die alten Straßen. Im Innern sind sie von Kuhmist und ausrangierten landwirtschaftlichen Geräten verschandelt. Von hier aus wandert der Blick zu den Mauern des Kremls auf der Anhöhe, über die prall wie überreife Gemüse die Kathedralenkuppeln hinauswachsen. Der Felsenwall ragt über 30 Meter hoch auf, so daß es unmöglich erscheint, hier eine Bresche zu schlagen. Von unten sieht man nichts als zinnenbewehrte Mauern. Wenn man dann näher herankommt, klafft ein tiefer künstlicher Einschnitt im Hügel, der vor dreihundert Jahren von schwedischen Kriegsgefangenen gebrochen wurde. Man steigt zwischen tarnenden Bäumen empor. Viereckige und runde Türme, abgeschlossen von viel kleineren Türmchen mit fliegenden eisernen Fahnen, unterbrechen die Mauern. Man geht unter einem wuchtigen Bogen hindurch, in dem noch die Angeln verschwundener Tore stecken, und kommt sich auf dem abgesunkenen Pfad, den man entlangschleicht, wie eine Katze vor. Über einem steigen blaue und spinatgrüne Kuppeln in die Höhe, mit goldenen Sternen besprengt und gekrönt von den kleinen Kuppeln der Laternen und von filigranen Kreuzen. Nichts ist zu hören als das Kratzen und Klirren vereinzelter Reparaturarbeiten vom Kremlhof. Es fängt an zu nieseln. Man betritt den Hof über verwilderte Rasenflächen: das Herz des alten Sibirien, weiträumig und heruntergekommen. Die Kathedrale aus dem

17. Jahrhundert kündet noch vom ersten Bistum in Sibirien, gegründet 1621. Ein gewaltiger Glockenturm steht ganz in der Nähe. Alles ist weiß getüncht.

Beharrlich, auf krummen Wegen, kehrt die Vergangenheit zurück. Tobolsk ist wieder Sitz eines Erzbischofs. Studenten aus dem wiedereröffneten Priesterseminar spazieren in ihren dunklen Jacken auf den zugewucherten Wegen. Doch wenn man sie fragt, ob sie die Rückkehr zur Theokratie oder die Einsetzung eines konstitutionellen Zaren befürworten, wirken sie uninteressiert. Und ihr Priester deutet auf einen kleinen Turm, wo einst das erste Opfer aufgehängt wurde, das ein Zar nach Sibirien in die Verbannung schickte. Es war kein Mensch, sondern die 700 Pfund schwere Stadtglocke von Uglitsch, die nach der Ermordung des Thronfolgers 1591 Aufstandsalarm geläutet hatte. Der Usurpator Boris Godunow ließ die Glocke öffentlich auspeitschen und ihr die »Zunge« (den Klöppel) herausreißen, dann befahl er den Bürgern von Uglitsch, sie über den Ural nach Tobolsk zu schaffen, wo sie nie wieder läuten sollte. Bei den Zaren gab es viel Wahnsinn, sagt der Priester.

Mit der Zeit verabschiedete sich Tobolsk aus der Geschichte. Erst führte die große Überlandstraße, der sogenannte Sibirische Trakt, dann die Transsibirische Eisenbahn südlich daran vorbei. Wenn man oben auf den Befestigungsanlagen entlanggeht, breitet sich unter einem das Häusermeer aus, durchsetzt mit Birken und von Verfall gezeichnet. Die Farben sind dezent und dunkel: verwittertes Holz und Rost, regenstille Straßen, ein Hauch von Gold, wo Kirchen neu erstehen.

Aber es ist keine gesunde Stadt, sagt der Priester: Der über die Ufer tretende Fluß nagt an allem, und die alten Häuser stehen zur Hälfte leer. Die Vergangenheit vermodert. Man kann darin nicht leben.

2
HERZVERSAGEN

Als die zweimotorige Antonow 1000 Kilometer nördlich von Tobolsk den Polarkreis überflog, veränderte sich das Land. Der Wald verschwand, und an seiner Stelle schimmerte eine baumlose Tundra, überzogen mit einem silbrigen Schleier von Flechten und Moosen. Weder Straßen noch Gleise unterbrachen sie. Über viele Tausende von Quadratkilometern war die Wildnis das reinste Mosaik von Tümpeln und Wasserläufen und sah aus, als ob der ganze Kontinent zu einer schwammigen Masse verlaufen wäre, wo die Flüsse sich unter abenteuerlichem Geschlängel in zehn oder zwanzig Arme aufspalteten.

Doch ein kleines Stück darunter war der Boden steinhart vereist. Acht Monate im Jahr deckt der Schnee alles zu. Dann quillt im Frühling schmelzendes Wasser an die Oberfläche, und die eigentümlichen temporären Teiche und Rinnsale kehren wieder. Durch die jahreszeitliche Bewegung der Erde – das rhythmische Schwellen und Schrumpfen – lagern sich Steine in konzentrischen Ringen ab, wie von einem pedantischen Hirn sorgfältig arrangiert, und bilden sich kreisrunde Seen. Doch die Region ist so gut wie unbewohnbar. Die Erde breitet sich aus wie das Protoplasma einer noch entstehenden oder bereits zerstörten Natur. Im Westen ragt der nackte Fels des Uralgebirges empor.

Ein leises, ständiges Vibrieren des Flugzeugs machte mich nervös (schließlich war dies eine Aeroflotmaschine, und wir hatten nur zwei Propeller). Eine Stewardeß teilte Sprudel und ältliche Süßigkeiten aus. Auf dem Sitz neben mir flocht eine Frau ihrer Tochter die Haare. Plötzlich stiegen unter uns aus der Tundra Schornsteine und eine schwarze Masse aus Fabriken und Ruinen empor. Es war wie ein Schlag: Workuta. Viele Jahre lang hatte der

Name Tod und Vernichtung bedeutet. Anfang der zwanziger Jahre war hier Kohle entdeckt worden, und von 1934 an verschlangen die Bergwerke ganze Heerscharen von unschuldigen Strafgefangenen. Schon bald war der Ort ein häßlicher Edelstein in der Krone des Gulag. Die Zahlen der Toten gingen in die Hunderttausende. Vierzigtausend starben allein beim Bau der Eisenbahn nach Westen. Die letzten Opfer, krank und verbraucht, wurden erst 1959 freigelassen.

Nördlich von Workuta verbindet eine Ringstraße alle seine dreißig Schächte, aber nur in elf wird noch gearbeitet. An dem Abend durchstreifte ich die Stadt mit faszinierter Beklommenheit. Die Wohnblocks und Bürogebäude vergammelten unbenutzt, von den Wänden fiel der Putz, die Hälfte der Fenster war eingeschlagen. Ein Fluß plätscherte über Schlacke. Ich kam an Fabriken vorbei, deren Stacheldrahtzäune und Suchscheinwerfer aussahen, als könnte sich niemand hier an Gebäude ohne sie erinnern, und am Ende jeder zweiten Straße zeichneten sich die Gerippe von Rutschen und Fördertürmen draußen in der Tundra ab.

Das einzige, was es hier im Überfluß gibt, ist Kohle. Sie liegt in Haufen am Straßenrand und großzügig verteilt auf jedem freien Gelände. Die Straßen sind mit Kohlenstaub belegt. Wenn es regnet, schimmern die Pfützen schwarz. Kohlenstaub vernebelt die Luft und kriecht unter die Fingernägel. Irgendwann frißt er deine Lungen auf.

Die Autos kurven auf der Leninstraße um die Schlaglöcher herum. Mit der Mütze in der Faust blickt die Statue Lenins immer noch über den Leninplatz auf den Kulturpalast der Bergarbeiter. Im Teich davor schwimmen leere Wodkaflaschen. Überall an den Amtsgebäuden prangen die alten Insignien: Sowjetsterne und gekreuzte Hämmer, Fackeln und an Lanzen hängende Fahnen. Auf den Dächern lebt die Vergangenheit in Form marktschreierischer Parolen fort. »Auf die Massen von Workuta!« »Die Kumpel sind die Wächter der Arbeiterklasse!« Niemand hat den Antrieb, sie zu entfernen oder zu erneuern. Einer nach dem andern fallen die Buchstaben herunter.

Ich stieß auf Zwangsarbeiterbaracken, für deren Beseitigung sich nie jemand zuständig gefühlt hatte. Die verwilderte Erde hatte sich an den hölzernen Wänden halb hochgeschoben, und in den Durchgängen zwischen den früheren Schlafstellen häufte sich der Schutt. Manchmal mußten die Gefangenen so dichtgedrängt schlafen, daß sie sich kaum umdrehen konnten. Am Ende jeder Baracke waren die einst lebensrettenden Öfen nur noch eingestürzte Backsteinhaufen, und die Wände aus einer späteren Zeit waren mit Graffiti in falschem Englisch vollgekleckst. »Lucky Streik«, »Kiss my Ais« ...

Ein junges Mädchen steht auf dem Leninplatz. Er ist beinahe menschenleer. Sie sieht aus wie fünfzehn, aber ihr schwarzer Rock geht ihr kaum über die Hüften, und ihre Strümpfe lassen die Schenkel mit den blauen Flecken zur Hälfte frei. Wie viele Tage im Jahr kann sie sich in Workuta so aufmachen? Sie wirkt erschreckend müde und jung; vielleicht ist es ihr erstes Mal. Arbeit ist knapp in Workuta. Aber sie hält eine Hand an die Backe gepreßt, als wollte sie sich dahinter verstecken. Dann kommt ein Mann mittleren Alters angeschlendert und sagt etwas. Stockend folgt sie ihm über den Platz. Ihre Finger gleiten immer wieder nach hinten, um den Rock herunterzuziehen, doch es hilft nichts. Vor der Leninstatue winkt der Mann einen Wagen herbei, und sie steigt zögernd ein. Mittlerweile bedeckt die Hand das halbe Gesicht.

Mein Hotel war riesig, halb verfallen und das einzige, das es noch gab: ein Monument an Stalin, in dem meine Schritte vernehmlich hallten. Vier Polizisten blickten steinern aus einem Büro auf der andern Seite des Foyers, und die Etagenfrauen hingen weiterhin auf den Fluren hinter ihren Tischen. In dem kolossalen Speisesaal lief Tanzmusik für niemanden.

Ich spazierte ziellos durch die Straßen. Mitunter fragte ich mich, ob ich verfolgt wurde. Den fahlen Passanten konnte man alle möglichen Gedanken und Absichten zuschreiben. Es war eigenartig still. Scharen alter Männer saßen mit verschlossenen

Mienen auf den öden Plätzen und antworteten mir mit kryptischen Bemerkungen und sparsamem Lächeln. Es waren Letten und Ukrainer, vor langer Zeit hierhin verbannt, die mit schweigsamer Verwunderung frische Luft schöpften.

Denn es war warm, ein drückendes, stilles Mittsommerwetter. Um acht Uhr abends stand die Sonne immer noch hoch, und um elf war der Himmel in ein mildes, gebrochenes Licht getaucht, das aussah, als würde die Stadt durch schwarze Gaze beschienen. Doch kaum eines von zehn Fenstern war erleuchtet. Am Stadtrand verirrt malte ich mir aus, daß die Vergangenheit zäh und unversöhnt hier wieder einsickerte, leere Räume besetzte, sich der Fabriken bemächtigte. Die Toten dieses Ortes waren gegenüber den Lebenden bei weitem in der Überzahl. Sie hatten die Stadt in Ketten gebaut und lagen jetzt darunter begraben. Doch um Mitternacht führten Leute immer noch ihre Promenadenmischungen aus und lasen die Zeitung.

Am nächsten Morgen fand ich einen jovialen Ukrainer, der bereit war, mich die 30 Kilometer lange Rundstraße zu den Bergwerken zu chauffieren. Workuta sei eine wunderbare Stadt, sagte Wassil, weil es nahe am Ural liege und man auf die Jagd gehen könne. Er lebe seit dreißig Jahren hier, und es gehe ihm großartig. »Sie sollten mal die Flüsse und Seen dort sehen. *Hunderte!* Und randvoll mit Fischen! Gegen ein kleines Entgelt nehmen einen Geologen oder Soldaten im Jeep mit, und sie setzen einen ab, wo man will. Na ja, und das hier«, er tat Workuta mit einer Handbewegung ab, »das wird alles besser werden. Im Moment ist die schlimmste Zeit. Bald …«

Die Stadt blieb hinter uns zurück, und vor uns entbreitete sich ein gespenstisches Niemandsland. Meilenweit trug die grasbedeckte, wellige Erde die Narben verschwundener Gebäude, und ein vergessener Krieg, schien es, hatte die Oberfläche mit Alteisen und Trümmern übersät. Alle Farbe war verblichen, auch der mit niedrigen Gewitterwolken drohende Himmel war rein schwarzweiß. Hochspannungsmasten und Telegrafenstangen schraffierten das halbe Land, und über den Boden krochen gewaltige

Warmwasserleitungen, deren Isolierummantelung über das farblose Gras schlappte.

Unser Wagen rumpelte durch Schlaglöcher. Wir waren völlig allein. Wassil fing an, mir Geschichten vom Fischen und Jagen zu erzählen, und fuhr immer leichtsinniger, je mehr er von Lachsen und Polarfüchsen träumte. Vor uns am Horizont erhoben sich Abraumhalden und Schornsteine. Verseuchte Zuläufer des Flusses Workuta wanden sich durch die Landschaft. Manchmal konnte ich nicht erkennen, ob ein Schacht in Betrieb oder stillgelegt war. Wir fuhren an einer Ruine vorbei, kein Mensch und kein Laster in Sicht, die Rutschen abgebrochen und die Schornsteine erloschen; da drehte sich auf einmal das Förderrad. Das mußte der Wind sein. Aber keineswegs! Tief unter diesen Anlagen wimmelte die Erde von Männern.

Über der Erde jedoch fuhren wir durch ein Geisterland. Über jedem Schacht lag der Schatten eines Gefangenenlagers oder eines Friedhofs. Ihre Spuren – Fundamente, eingestürzte Baracken, vermoderte Wachtürme – störten die Linien des Landes. Manchmal ließ ich Wassil zurück und stapfte alleine los. Meine Vorstellungskraft versagte. Ich wollte unbedingt Mitleid empfinden, doch statt dessen beschlich mich ein vages Schaudern und Befremden. Der Boden unter meinen Füßen kam mir krank vor. Ich hatte Angst, worauf ich treten mochte. Mit vorsichtigen Schritten ging ich über die Unebenheiten. Ich versuchte mich an irgendwen zu erinnern, der hier gestorben war – an einen Mandelstam, einen Babel. Er hätte vielleicht ein scharfes, konkretes Verlustgefühl ausgelöst. Aber mir fiel keiner ein. Nur eine namenlose Nation von Toten, die ich von ihren Peinigern nicht recht auseinanderhalten konnte.

Diese Lager waren Staaten für sich. Sie verdoppelten die Außenwelt wie in einem grotesken Zerrspiegel. Nach Stalins Pakt mit Hitler im Jahre 1939 kamen zu der Masse von russischen und ukrainischen Sträflingen Zehntausende von Polen hinzu, und von 1940 an wurden russische Soldaten, die man aus deutscher Gefangenschaft befreit hatte, hier als Verräter inhaftiert. Mit der Annexion der baltischen Staaten gab es einen

Zustrom von Letten, Litauern und Esten – die Hitler wie Stalin gleichermaßen bekämpft hatten –, und bei Kriegsende umfaßte Workutas Völkergemisch Deutsche, Japaner, Nationalchinesen, jüdische Überlebende des Holocaust, Perser, ein paar Franzosen und Amerikaner, sogar einen tibetischen Hirten, der sich über die mongolische Grenze verirrt hatte.

In den Lagern wurde die Schar der schuldlosen »Politischen« von der verschworenen Gemeinschaft der Kriminellen tyrannisiert, die mit ihnen einsaßen. Diese Blatnyje hatten ihre eigenen barbarischen Gesetze, führten ihre eigenen Hinrichtungen durch, rissen alle zu habenden Privilegien an sich. Die Lagerverwaltung ignorierte sie oder bediente sich ihrer. Die Wächter konnten ihnen ebenso ausgeliefert sein wie die Gefangenen. Eine Nachlässigkeit, eine unangebrachte Milde, und sie konnten erschossen werden. Die Grundstimmung war weniger Sadismus als brutale Gleichgültigkeit. Durch Arbeitsüberlastung, Hunger und schneidende Kälte verrohten die Sträflinge zu einer tierischen Masse. Bei einer Tagesration von Grütze, knapp hundert Gramm Fisch und ein paar Tropfen Öl schufteten sie nach einem festen Plan, dessen Normen häufig unmöglich zu erfüllen waren. Sie starben an Typhus, Tuberkulose, Lungenentzündung oder kippten an Herzversagen um, wenn sie die mit Kohle beladenen Loren aus der Grube schoben. Manchmal versteckten ihre Kameraden die Leichen, damit sie ihre Rationen einstreichen konnten; aber spätestens nach drei Tagen verriet der Verwesungsgestank sie.

»... Und im Winter hackt man einfach ein Loch ins Eis, hängt eine Angel rein, und schon kommen sie an – Äschen zu Dutzenden!« Wassil plante bereits seine nächste Tour. »Und später kommen die großen, die Lachse. Letztes Jahr im Juli war ich auf der Usa, dachte an nichts Böses, und auf einmal wird mir die Angel aus den Händen gerissen. Der Bursche hat bestimmt fünfzig Kilo gewogen – so schwer ist meine Frau! – und hat um sich geschlagen und mich angeguckt ...«

Auf beiden Seite ging es immer so weiter: Schacht – Friedhof – Lager – Schacht – Friedhof – alle in Trümmern. Manchmal umgab ein Dorf die Baracken, in denen noch ein paar ehemalige

Gefangene oder ihre Nachkommen hausten, da sie nirgendwo anders hinkonnten. Doch die meisten Orte lebten nur in der Erinnerung fort, so etwa die Ziegelei, wo der grausame Kommandant Kaschketin 1937 1300 Politische hatte hinrichten lassen. (Er wurde mit dem Leninorden ausgezeichnet und später erschossen.) Aber ein grauer Obelisk erinnert an sie. Das Straflager Zementny Sawod war auf einen Haufen verödeter Mietshäuser und einen Rauch speienden Schornstein geschrumpft. Blasse Frauen standen vor Geschäften an oder saßen um ein leeres Korbballfeld herum. Noch fünf Jahre vorher hatten Bergarbeiterstreiks den Kreml erschüttern können; aber jetzt hatten sie seit sechs Monaten keinen Lohn mehr bekommen, erzählte Wassil, und dennoch gingen die gelichteten Scharen weiter zur Arbeit.

Dann erreichten wir den verlassenen Schacht 17. Hier entstand 1943 das erste der Katorga-Todeslager von Workuta. Binnen eines Jahres hatten dreizehn von insgesamt dreißig Zechen in Workuta das vorrangige Ziel, die Insassen durch Zwangsarbeit zu töten. Wenn im Winter die Temperatur auf –40 °C fiel und die »Purga« heulte, wie man hier die Schneestürme nennt, hausten die »Katorschane« in leicht verbretterten und dünn mit Sägespänen gedämmten Zelten auf Böden, die ganz moosig waren vom Permafrost. Sie schoben zwölf Stunden am Tag ohne Pause Kipploren, und spätestens nach drei Wochen waren sie fertig. Die wenigen Überlebenden beschrieben sie als wandelnde Roboter, die graugelben Gesichter eisverkrustet und kalte Tränen blutend. Sie aßen in schweigend zusammengedrängten Rudeln, ohne einander zu sehen. Einige Arbeitsbrigaden zwangen sich zu Höchstleistungen, weil sie auf Extrarationen spekulierten, aber die Anstrengung war zu groß, die Extraration zu wenig. Nach einem Jahr waren die ersten 28 000 tot. Ein Gefangener in milderen Zeiten traf noch einen Rest der Hunderttausende an, die zwischen 1943 und 1947 verurteilt worden waren. Sie hatten überlebt, sagte er, weil sie die Zähesten waren, eine biologische Elite, aber inzwischen brutalisiert und halb wahnsinnig.

Unter dem kahlen Förderturm des Schachtes stöberten Vagabunden in den Abraum- und Abfallhalden nach Metall. Eine

Meute bösartiger Hunde trieb sich frei herum. Ich ging die Gleisstrecke entlang, durch Buschwerk und Sumpf und Trümmer aller Art. Die Schienen an der Trasse waren samt und sonders herausgerissen. Ich stiefelte an Müllbergen vorbei, die ganz weiß waren von Möwenschwärmen. Dann kam ich an ein einsames Backsteingebäude, das eine Reihe winzig kleiner Räume enthielt. Das Dach war fort, aber die mit Eisen verkleideten Balken der Türrahmen standen noch, und die Wände waren fensterlos. Es waren Isolationszellen. Solschenizyn schrieb, daß ein Gefangener nach zehn Tagen Haft, möglicherweise sogar seiner Kleidung beraubt, körperlich am Ende und nach fünfzehn Tagen tot war. Jetzt zerbröckelten die Betonböden. Vor jeder Zelle hing noch eine kahle Tür in den Angeln. Draußen klatschte wilde Kamille an die Mauern.

Ich tappte in einen von Sträuchern verdeckten Morast und watete wieder hinaus. Vor mir schnauften und schepperten die Kohlenzüge über die Tundra. Ich stellte mir vor, fünfzig Jahre früher hier gewesen zu sein. *Was hätte ich getan?* Aber aus der Erkenntnis, wie sehr körperliche Erschöpfung den Willen beugt, kam die Antwort: *Du wärst nicht anders gewesen als alle andern.*

Ich stieß auf eine Botschaft, die jemand auf einen Stein gekratzt hatte: »Ich wurde 1949 in die Verbannung geschickt, und mein Vater starb hier 1942. Gedenke unser.«

»Sie kommen zu Tausenden! Sie fliegen im Herbst nach Süden, und dann erwischt man sie. Gänse, Enten! Und es gibt einen roten Lachs, der aus dem Polarmeer die Petschora herunter in die Workuta schwimmt ...« Wassil fuhr hinter Schacht 29 an die Seite, und wir stiegen aus. Die Fördertürme stachen als nackte Silhouetten gegen den Himmel ab. Ein niedriger, aufgeweichter Hügel, von Gräsern und Moosen überwachsen, hatte hier das Lager verschluckt. »Dieser Lachs hat eine bestimmte Art Kaviar. Eines Tages im letzten Juni ...« Aber er brachte den Satz nicht zu Ende. Als wir in das feuchte Gesträuch eindrangen, stob eine Wolke von Mücken auf. Sie waren riesig. Sie waren die Nachhut der gefräßigen Trillionen – ein Miasma von Gnitzen,

Kriebelmücken, Bremsen, Stechmücken, zusammengefaßt unter dem Oberbegriff »Gnus« –, die im Sommer in den Tundratümpeln schlüpfen. Sie schwirrten uns an wie Hubschrauber. In der Tundra können sie Rentiere und Rinder in die Flucht schlagen, und sie haben schon Fohlen (manche sagen, auch Rentiere und Menschen) erstickt, indem sie ihnen die Atemwege verstopften. Sie leben nur wenige Tage und ernähren sich praktisch von nichts. Manche Arten haben überhaupt keine entwickelten Verdauungsorgane. Dennoch kamen sie in blinder Wut angesaust – Mitte August so gut wie harmlos – und stachen und bissen uns aus purer Gewohnheit oder Bosheit. In jener Nacht entdeckte ich an Hand- und Fußgelenken breite, feurige Striemen – tausend winzige Einstiche –, die am Morgen verschwunden waren.

Aber Wassil wollte sich nicht als Futter hergeben. Beim Jagen, brüllte er, trage er immer ein Schutznetz, und er habe nicht vor, sich in so einem Grubenloch lebendigen Leibes auffressen zu lassen. Also stieg ich alleine zwischen Fundamenten aus vermoderndem Holz, verkohlten Pfählen und rostigen Fördergefäßen und Ketten herum. Ein ins Dickicht führendes Spinnennetz von Zäunen endete an den Überbleibseln eines Tores. Ein eisenbeschlagenes Fenster war komplett in die Büsche geworfen worden. Und in Baracken, die gerade noch genug Halt hatten, daß sie nicht umfielen, strömte das Licht durch die Dächer auf jene scheußlichen Gänge, wo die Holzpritschen der einst wie Batteriehühner übereinandergeschichteten Männer eingebrochen waren, und Mörtel und Kohlenstaub rieselten von den Wänden.

Gegenüber vom Schacht lagen die Gräber. In der Gegend von Workuta stolpert man überall darüber, doch sie bergen nur einen Bruchteil der Gestorbenen. Im Winter wurden die Leichen in offenen Verschlägen gestapelt, bis genug für ein Begräbnis beisammen waren, dann schlug ihnen ein NKWD-Offizier mit einem schweren Hammer den Schädel ein, und sie wurden in einen im Sommer ausgehobenen Graben gekippt. Aber hier, hinter Gedenksteinen für die deutschen und lettischen Toten, reckten sich Hunderte von ausgebleichten Kreuzen aus dem Gestrüpp. Alle waren namenlos. Die Querhölzer trugen Nummern –

»A-41 … A-87« –, und viele waren verrottet oder einfach weg. (Leute nahmen sie als Andenken mit, sagte Wassil.) Ein Leichenschlitten, eine Kreuzhacke und ein einzelner Gummistiefel lagen unter einem Strauch, vom letzten Beerdigungstrupp vierzig Jahre zuvor zurückgelassen.

Der Schacht 29 hat eine besonders tragische Geschichte. Ein paar Monate nach Stalins Tod 1953 brachen in Arbeitslagern überall in Sibirien Streiks aus, und dieser Schacht hatte sich an die Spitze gestellt. Seine Insassen stellten Forderungen im Namen des ganzen Gulag: Freilassung der ganz Alten und der zu Jungen, Rückführung der Ausländer in ihre Heimat. Sie forderten das Verbot willkürlicher Erschießungen durch Wachposten. Sie wollten eine Verkürzung der Arbeitszeit. Sie wollten Menschlichkeit. Eins nach dem andern gingen die übrigen Lager von Workuta vor den Drohungen oder Lügen aus Moskau in die Knie; aber der Schacht 29 blieb standhaft. Unterdessen war er von zwei NKWD-Divisionen mit Panzern umstellt worden. Ich stand jetzt zwischen unenträtselbaren Fundamenten dort, wo einst das Haupttor gewesen war. Als es eingedrückt wurde, sahen die Soldaten die Gefangenen in einer geschlossenen Phalanx dahinterstehen, untergehakt und singend. Es gab drei oder vier Salven der leichten Handfeuerwaffen, dann eröffneten die Maschinenpistolen das Feuer. Einen Moment lang blieben die Streikenden geschlossen und aufrecht stehen, die Toten von den Lebenden gestützt, dann brachen sie zusammen.

Die Gefallenen wurden in ein Massengrab geworfen, ein »Brüdergrab«, wie die Russen sagen. Zu Chruschtschows Zeit pflanzte jemand ein Kreuz wie einen Telegrafenmast auf die Abraumhügel, unter denen sie lagen. Es ist fort; doch im Studio des Chefarchitekten von Workuta hängen Zeichnungen für andere Monumente. Niemand weiß, wer sie bezahlen wird – die Regierung stellt keinerlei Unterstützung in Aussicht –, doch der Architekt träumt weiter. Auf einer Anhöhe über der Workuta wird man einst die Form eines mächtigen Kreuzes ausheben, hofft er, und in die mit Marmor ausgekleideten Wände die Namen der Toten einmeißeln. Auf einem andern Hügel wird eine Masse steinerner

Gesichter aus der Erde hervorstarren, als wollten sie ihr entsteigen. Und über dem Brüdergrab des Schachtes 29 wird eine Granitfigur von Mutter Rußland stehen, mit herausgeschlagenen Stücken in Gesicht, Schultern und Herz.

Sie ist heute eine alte Frau. Auf der Straße rudert sie rhythmisch mit den Armen, um ihre Leibesfülle vorwärtszubewegen, und ihre Wangen röten sich dabei vor Anstrengung. Aber in ihrer Wohnung werden ihre Augen klar. Sie sitzt aufrecht, abgelenkt von der mexikanischen Fernsehserie, die seit einem Jahr täglich läuft. Sie sagt, es sei Blödsinn, aber sie guckt trotzdem. Ihr Gesicht wirkt eigentümlich fein auf dem dicken Hals, ihre Augen sind kornblumenblau. Obwohl sie siebenundachtzig ist, sieht man ihr zwischendurch noch an, daß sie einmal hübsch war, und in ihrer Jugend war ihre Schönheit ein gefährlicher Segen.

Sie war in der russischen Botschaft in Berlin tätig, erzählt sie, und schloß sich einer losen Gruppierung an, der Opposition gegen Stalin vorgeworfen wurde. Anfang 1938 wurde sie verhaftet und von Moskau nach Workuta deportiert: eine stramme Kommunistin, die offenbar an Recht und Gesetz glaubte. Von diesem Glauben hat sie sich niemals losgesagt. Sie engagiert sich heute bei »Memorial«, wo ich sie kennengelernt habe, einer Organisation, die das Andenken der verschwundenen Millionen wachhalten will, der Toten, die sie niemals vergessen wird.

»Wir haben anfangs halb unter der Erde gelebt, dann in Zelthütten, bis wir Baracken gebaut haben. Was einen fertigmachte, war nicht die Temperatur, sondern der Wind. Der Wind ging durch und durch.« Sie schlingt die Arme um den Leib. »Zuerst habe ich im Schacht gearbeitet, dann wurden wir zum Straßenbau abkommandiert. Als die Straße fertig war, mußte ich wieder in den Schacht.« Bei ihrem Bericht kommt ihr manchmal ein Lachen dazwischen, als ob sie es immer noch nicht recht glauben könnte; dann scheinen ihre blauen Augen fern von alledem zu sein, Zeugen der Überlebenskunst.

»Weil ich – wie soll ich sagen? – als gefährliche Verbrecherin galt, durfte ich nicht in den normalen Baracken schlafen. Ich kam in eine gesonderte Hütte, zusammen mit vier andern und zwei Wachen. Wir schliefen auf zwei Gestellen. Aber das Schlimmste war, keine Briefe zu bekommen. Mein Mann war Arzt bei der Armee, aber er verstieß mich, um unsere Kinder zu schützen. Auch so, was hätte ich ihm schon schreiben können? ›Mir geht's gut!‹ Aber er verstieß mich, und ich habe nicht geschrieben. Und natürlich hat der Zensor alles gelesen …«

Ich fragte: »Wurden Sie nicht krank?«

»Nein, nie.« Dann besinnt sie sich und sagt: »Ah, doch, einmal. 1941 hatte ich Typhus.« Ich starre sie an. In den Lagern von Workuta starben Tausende an einer von Läusen übertragenen Fleckfieberepidemie. »Ich wartete darauf, diesen Ausschlag am ganzen Leib zu bekommen, aber er kam nicht. Statt dessen schoß meine Temperatur in die Höhe. Dann fielen mir die Haare aus, und da war ihnen klar, daß ich Unterleibstyphus hatte. Ich kam in eine Isolationszelle. Dort blieb ich lange, sehr lange.« Sie versucht anscheinend, sich an etwas zu erinnern. Sie kriegt es nicht zu fassen. »Das war ganz gut. Ich war allein.«

Ich fühle mich wie ein Voyeur, schäme mich, aber frage doch: »Wie war das, die Arbeit?« Ich denke: Vielleicht war es im Alltag nicht ganz so, wie es meistens beschrieben wird, vielleicht erinnern sich die Leute nur an das Schlimmste, das Außergewöhnliche.

Schwerfällig schaukelt sie ein wenig auf dem Sofa vor und zurück. Ihr Kopf dreht sich zum Fernseher hin, wo die Seifenoper zwischen Jachten und Smokings ihren Gang nimmt. »Am härtesten war es, als wir die Straßen gebaut haben. So viele Tote! Das Schwere war die Erschöpfung, vor allem für die Männer. Irgendwie waren die Frauen widerstandsfähiger, stärker. Die zuerst kamen, Akademiker und Beamte, die waren körperliche Arbeit nicht gewöhnt, und sie sind schnell gestorben. Aber die schlimmste Zeit war im Krieg. Bis 1941 gab es zu essen, wenn auch nur trockene Kartoffeln. Aber 1941 brach in ganz Rußland die Hungersnot aus, und sehr viele starben an der harten Arbeit und am Hunger.« Ihre Stimme hat sich auf einen ruhigen Ton eingependelt. »Neben der Straße verlief der Bahndamm, und wenn jemand starb, haben wir ein Loch ausgehoben und ihm den Kopf mit der Jacke zugedeckt und Schotter über ihn geschaufelt.« Sie beugt sich vor und streicht behutsam über den Teppich. Sie lacht, wie gänzlich unberührt davon. »Und später haben wir Schienen darüber gelegt, und schon bald sind die Züge über ihre Gräber hinweggefahren. Da fahren die Züge heute noch, über die Gräber hinweg.« Sie berührt meine Hand, als wäre ich es, der Trost bräuchte. »Häufig war der Boden härter als Stein, und wir mußten bis zum Sommer warten. Dann hat ein Arbeitstrupp einen langen Graben ausgehoben, und wir haben die Leichen hineingeworfen, und das war's. Auch nach Hinrichtungen wurde ein Brüdergrab ausgehoben.« Ihr Körper fängt wieder an zu schaukeln. »Wir dachten uns, daß der Krieg zu Ende sein muß, als wir richtige Begräbnisse und Särge bekamen. Und nach 1945 kamen ganze Einheiten von Ukrainern, Weißrussen und Deutschen an. Da wußten wir, daß er aus war.«

Ihr Atem neben mir auf dem Sofa geht schneller, und ich frage mich, ob ich zu aufdringlich war. Ich sage: »Tut mir leid, daß ich gefragt habe.«

»Viele haben mehr gelitten als ich. Natürlich gab es dort alle möglichen Leute, auch Blatnyje, und es ist allerlei vorgefallen ...«

Es ist nicht zu sagen, woran sie sich erinnert. Die Frauen hatten besonders zu leiden. Die politischen Frauen, die »Röschen«, wurden von den kriminellen »Veilchen« gequält, von denen einige regelrecht geistesgestört waren; und gegen die Männer waren sie alle machtlos. Einmal wurden zwei Brigaden rekonvaleszenter Frauen von Blatnyje vergewaltigt.

Aber sie sagt: »Ich habe einfach hart gearbeitet und mich still gehalten, und niemand war sehr brutal zu mir, nicht sehr.« Wenn sie lebhafter wird, sehe ich das Mädchen in ihr aufblitzen und frage mich, ob sie, wie andere junge Frauen auch, von einem Funktionär oder einem Soldaten für Gegenleistungen beschützt wurde. Und waren die Wächter grausam, frage ich, oder bloß roh?

»Sie haben einfach getan, was man ihnen sagte«, antwortet sie. »Wenn wir entkommen wären, hätten sie schließlich das gleiche Schicksal erlitten wie wir.«

Mir gefällt dieses eilfertige Verständnis nicht. Ich möchte, daß sie wütend ist. »Hielten die Sie für schuldig?«

»Ja, ja, in deren Augen waren wir alle schuldig.« Sie blickt auf ihre Hände. Dünne silberne Locken ringeln sich an ihrem Hals. »Na ja, vielleicht haben sie tief in der Seele daran gezweifelt. Oder vielleicht kam ihnen später der Gedanke, daß so viele nicht schuldig sein können. Aber sie haben Abstand von uns gewahrt.«

Mit was für Gefühlen, sinnierte ich, war wohl dieser Abstand befrachtet? War die Furcht vor einer möglichen Ansteckung schuld daran, davor, daß der Verrat sich ausbreitete wie der Lagertyphus? Oder die lebensgefährliche Zwickmühle des Mitleids? Ein Wächter, der fraternisierte, verurteilte sich damit selbst. Und die riesengroße Befürchtung wurde natürlich unterdrückt, war undenkbar: daß diese Leute alle unschuldig waren.

»Vielleicht haben sie uns ein bißchen bedauert«, sagt sie und fügt dann zur allgemeinen wie zur eigenen Verteidigung trotzig hinzu: »Aber Arbeit ist Arbeit. Du tust, was du tun mußt.«

Ich protestiere im stillen und sage nichts.

Doch es ist leicht, diese Zeiten falsch zu beurteilen, zu vergessen, wie abgeschnitten die Menschen in einer Welt voller Denunzianten waren und in welchem Maße alle staatlichen Machtorgane, die gesamte Obrigkeit, Stalins Paranoia teilten: die Zwangsvorstellung von der überall lauernden Verschwörung, den Massenwahn drohender Sabotage – so daß nachweisliche Wahrheit schließlich eine gefährliche Seltenheit war. Die Befragung oder Folter jedes Verdächtigen erbrachte selbstverständlich eine Menge neuer Namen. Häufig waren die Vorwürfe grotesk. Leute wurden beschuldigt, Brücken sprengen zu wollen, die es gar nicht gab, für Länder zu spionieren, von denen sie kaum je gehört hatten. Die schiere Ungereimtheit der Anklagen sagte: *Du hast keine Rechte, keine Vernunft. Die Logik ist auf unserer Seite*. Und jedes Geständnis, einerlei wie absurd, rechtfertigte den Untersuchungsrichter, bestärkte ihn in der irrsinnigen Illusion, richtig zu handeln. Es schien das Leiden eines ganzen Volkes zu sanktionieren.

»Und Sie«, bohre ich nach, »haben Sie sich jemals für schuldig gehalten?«

»Nein, absolut nicht. Die andern mit mir auch nicht. Aber ich hätte 1948 freigelassen werden sollen, und dann wurde ich doch nicht. Ich mußte noch zwei Jahre im Lager bleiben. Als ich nach meiner Freilassung an die Staatsanwaltschaft schrieb, erhielt ich die Auskunft, ich hätte nicht früher freikommen können, weil ich gegen die Sowjetmacht gewesen war. Und das stimmt, ich war gegen die Sowjetmacht, weil sie gegen das Volk war. Dann wurde mir erklärt, daß *ich* gegen das Volk war. Aber ich war in der Partei, und die Partei war für das Volk, und die Sowjetmacht …«

Sie verirrt sich in einem großen Labyrinth, in das ich ihr nicht folgen kann. Ich kann ihre Schatten nicht entwirren. Schließlich sagt sie: »Die Partei hatte keine Schuld, absolut nicht. Ich klage … bestimmte Leute an … bestimmte Leute …« Sie wird vage. In irgendeiner nebulösen Hierarchie hat sie einen Sündenbock ausfindig gemacht. Sie hat die Schuld nach oben verschoben, bis sie so gut wie ungreifbar ist. Sie will nicht dem ganzen System den Prozeß machen. Nein. Nur irgendwo, weiß sie, ist etwas schrecklich falsch gelaufen. Ein tragisches Mißgeschick, wie es scheint. Sie ächzt heiser. Ohne diesen unglücklichen Zufall wäre alles wunderbar gewesen. Statt dessen hat sich das Paradies verflüchtigt …

Sie versucht zu erklären, schlägt unwillig auf das Sofa. Ich bemerke ihre dicken Arbeiterhandgelenke. Die Hände daran sind wie zarte Anhängsel, genau wie ihre Gesichtszüge auf dem breiten Hals zierlich wirken. Es ist, als ob eine einst grazilere, empfindlichere Frau durch die jahrelange Zwangsarbeit eine unnatürliche Körpermasse bekommen hätte, unter der sie so gut wie verschwunden ist.

Schließlich sage ich: »Sie sind nicht wieder in die Partei eingetreten?«

Sie sagt energisch: »Ich bin niemals ausgetreten.«

Nein, nicht in ihrem Herzen. Und bei der Rehabilitierung ließ man ihre Mitgliedschaft wieder aufleben. Der Zorn, den sie nicht aufbringen kann, kocht jetzt in mir. »*Die* sollten *Sie* um Rehabilitierung bitten.«

Aber sie blickt mich verständnislos an. Vielleicht meint sie, sich verhört zu haben. In ihrem offenen Mund hat sie nur noch drei oder vier Zähne, und einer davon hängt an einem Wurzelfädchen. Dann schaut sie wieder auf den Fernseher, wo eine mondäne Mexikanerin gerade einen Flunsch zieht und mit einem Cocktailspieß klimpert. »Diese Dulcinea«, sagt sie. »Sie geht vor die Hunde ... und ihr José unternimmt nichts, er guckt nur zu ...« Sie kichert leise. Dann sagt sie: »Warum kann nicht einmal jemand die guten Seiten aufschreiben, die alltäglichen Seiten? Wenn es ganz normale Schilderungen der Lager gäbe, würden die Menschen verstehen, daß wir nicht immer weinen konnten, daß wir auch mal singend aus dem Schacht ins Waschhaus zogen. Sie sind Schriftsteller, nicht wahr, warum schreiben Sie das nicht? Daß wir auch ein wenig lachten, ein wenig tanzten und sangen. Weil Menschen Hoffnung zum Leben brauchen ...«

Ihre Stimme war ein rhythmisches Gurren geworden, und nach einer Weile schien der Rhythmus ihr die Worte zu diktieren. »Einmal bekam ich ein illegales Paket – drei Kilo Zucker! –, und ich war gerade dabei, heimlich Bier zu brauen, da kommt plötzlich ein Offizier in den Schlafsaal, und huch! alles explodiert und spritzt über ihn drüber. Ich hatte schreckliche Angst, sie würden mich in den Isolator stecken, doch statt dessen hat er mich beim Appell von da an immer als die Bierspritzerin aufgerufen, und alle haben gelacht. Also, schreiben Sie das auch! Daß es nicht nur Tränen gab. Schreiben Sie das auch!«

»Mach ich.«

Aber etwas läßt mir keine Ruhe. Ich kann ihre Duldsamkeit nicht ertragen. Ich sage brutal: »Aber was war letztendlich der Sinn? Von soviel Leiden ...«

Sie erwidert meinen Blick, und plötzlich werden ihre Augen feucht. Sie schaut wieder weg. Zum erstenmal scheint sie nicht antworten zu können. Sie wiederholt: »Der Sinn?«

Und vielleicht ist gerade dies am schwersten zu tragen, der Gedanke, daß das ganze Leiden und Mühen, das ganze Sterben umsonst waren. Es gab eine Zeit, da wußte man, wofür man litt. »Der Sinn?« Das Wort scheint sie zu peinigen. Ihre Augen fließen über, und ich schäme mich meiner Frage. Ihre Hand legt sich auf meine. »Es macht mich bitter, wie umsonst mein Leben gewesen ist. Wir hatten so hohe Hoffnungen. Schauen Sie, was für eine Stadt hier gegründet wurde! – und jetzt ist sie kaputt. Schulen werden abgerissen, Bibliotheken geschlossen, Arbeiter bekommen monatelang, jahrelang keinen Lohn. Kann man einer Regierung trauen, die das zuläßt? Jetzt wollen die Leute bloß noch Geld verdienen. Sie haben allen Glauben verloren … Daß es so weit kommen konnte!«

»Aber damit ist das letzte Wort noch nicht gesprochen.«

Sie scheint mich kaum zu hören. »Diese Jahre damals können nie vergessen werden. Nie. Es ist wie eine Krankheit. Ich habe Ihnen nicht alles erzählt, was geschehen ist, aber Sie können sich vorstellen …«

»Ja.« (Manchmal denke ich, ich kann es tatsächlich.)

»Sie wissen, wie viele gestorben sind!« Ihre Stimme hat einen furchtbaren Klang angenommen. »Sie starben an Schwäche, an Entbehrung. Ob ein Schneesturm war, ob es kalt war, wir mußten trotzdem arbeiten. Nicht allein, daß wir die Kohle aus der Felswand hauen mußten, wir mußten sie auf Loren laden und rausschaffen. Wir hatten keine Zugvorrichtung, und erst 1942 wurden Zugpferde eingesetzt. Es war sehr schwer, sehr. Und die Erinnerung daran, wie viele beim Schieben der Loren umgekippt sind, wie sie einfach nicht mehr konnten und wie wir sie dann an den Beinen rausgeschleift haben …«

Ihre Stimme wird fern und ferner, als ob sie träumte. Ich denke: Vielleicht haben die Toten das Gefühl für die Wirklichkeit all dessen mitgenommen. Nichts derart Eindrückliches, derart Trauriges ist seitdem geschehen. Der Sinn ist vor ihr gestorben.

Und doch steht sie auf und surft mit unzufriedenem Brummen durch die Fernsehprogramme, bevor sie abschaltet. Sie sagt: »Ich bin siebenundachtzig, aber ich möchte die Zukunft noch erleben.«

3
FLUCHT VOR DER WISSENSCHAFT

Beiderseits der Bahnstrecke nach Omsk schimmerten die Weizenfelder in riesigen Rechtecken und breitete das Schwingelgras einen rosigen Glanz über die Wiesen. In diesem endlosen Einerlei entfalteten einzelne Kleinigkeiten – ein Ententeich, ein Brunnen, ein Pferdewagen – einen ungestörten Zauber. Ich blickte erleichtert auf eine Landschaft ohne Kohle und Ruinen, deren Anhöhen natürlichen Ursprungs waren. Ein überschwengliches Freiheitsgefühl stieg in mir auf. Denn zum erstenmal in der Geschichte Rußlands konnte man als Ausländer nach Belieben Sibirien durchstreifen. In jedem Städtchen, wo ich haltmachte, konnte ich aussteigen und mich absetzen, gegen polizeiliche Willkür durch mein Geschäftsvisum gefeit, ein schmuddeliges Stück Papier, auf dem pro forma irgendwelche Zielorte aufgeführt waren.

Der Rausch dieser Freiheit wich nie ganz von mir. Wenn ich meine Landkarte hervorholte und mir ausmalte, die Gebirge an der Grenze zur Mongolei zu erkunden oder mit dem Schiff den Jenissei hinunter zum Nordpolarmeer zu fahren, überkam mich jedesmal erst Euphorie, dann Ungläubigkeit. Irgend etwas, irgend jemand würde mich bestimmt daran hindern. So war es immer in Rußland gewesen. Ich war durch eine kurze Lücke in der uralten Fremdenfeindlichkeit des Landes geschlüpft.

Mein Zug bewegte sich durch einen wechselnd breiten Gürtel schwarzerdiger Steppe Richtung Omsk. Vom Fenster aus konnte man dem anhaltenden Zurückweichen der letzten Eiszeit förmlich zuschauen. Mit einem Tempo von einer Meile im Jahr schob sich die Steppe nach Norden in die Taiga vor, die sich ihrerseits im gleichen Tempo Richtung Arktis bewegte.

Vom ersten Spatenstich im Jahre 1891 an wurde die Transsibirische Eisenbahn hier in großer Hast gebaut, mit schlechtem Stahl und nicht abgelagerten Schwellenhölzern. In diesen westlichen Bauabschnitten wurden Sümpfe und Torfmoore mit einer Geschwindigkeit von anderthalb Kilometer am Tag überwunden, wozu notdürftige Kanäle gegraben und artesische Brunnen gebohrt werden mußten. Binnen weniger Jahre war die Strecke durch wegrutschenden Schotter und sich verziehenden Stahl zu einer Achterbahn geworden, auf der die Passagierzüge nie schneller als 20 km/h fuhren.

Eine eigentümlich russische Mischung aus Furcht und Unerschrockenheit trieb die Arbeit an: Die Transsib, so hoffte man, werde Rußlands Stellung am Pazifik festigen und Sibirien ein für allemal ans Mutterland binden. Als weitere Triebkraft kam noch das alte Gefühl historischer Besonderheit und Erwählung hinzu: Die Eisenbahn sollte einen zivilisatorischen Strang durch das Herz Asiens ziehen.

Der leicht komisch klingende Name Omsk weckt vor Erreichen der Stadt fröhliche Erwartungen. Die Bahn überquert hier den Irtysch auf einer wuchtigen Stahlbrücke, und man blickt auf die von Verladekränen gesäumte Kurve des Flusses, der zwischen sandigen Inselchen und Auen dahinströmt und die Stadt in einem trügerischen Frieden erscheinen läßt. Doch dahinter starren die Randbezirke von petrochemischen Werken, Textilkombinaten und Erdölraffinerien, und die Luftverschmutzung ist so hoch, daß nächtliches Autofahren mitunter verboten ist. Meilenweit umgibt Industrie den Fluß. Und auch die altgedienten Namen – Marxprospekt, Leninplatz, Partisanenstraße – folgen gnadenlos einer auf den andern.

Doch die Stadt hat sich eine bescheidene Eleganz bewahrt. Während viele Städte Westrußlands im Zweiten Weltkrieg dem Erdboden gleichgemacht wurden, schwingen sie sich hier in Sibirien, vom Krieg verschont, häufig zu einer strengen Erhabenheit oder ländlichen Opulenz auf und wirken älter, als sie sind. Ich schlenderte verwundert durch die Straßen. Die städtischen

Blumenbeete blühten alle, und Fontänen spielten zwischen den Gebietsministerien. Lange, geschlossene Straßenzüge mit Zuckergußfassaden aus dem 19. Jahrhundert verliefen dicht am Fluß. Die Parks hallten von Popmusik wider. Horden miniberockter Mädchen trugen ihre ungebührliche Schönheit zur Schau, und Kinder gingen brav neben ihren Eltern her – ihre Jeans und T-Shirts jedoch waren mit dem Sternenbanner oder Donald Duck bedruckt. Auf jedem zweiten Paar Schuhe oder Hosen prunkte ein gefälschtes westliches Logo. Fast-food-Restaurants waren entstanden, in denen es lieblose Pelmeni – die sibirischen Ravioli – oder Steaks zweifelhafter Herkunft mit pappigem Kartoffelbrei gab, und zudem hatte sich eine Unmenge kleiner Stuben und Buden mit dem gleichen Angebot breitgemacht.

Dennoch lag ein Gefühl der Langeweile oder des Wartens über der Stadt. Mode und Musik, die neuen Wege ins Paradies, wirkten synthetisch, abgeguckt. Das wirkliche Leben lag auf Eis. Die Popsongs klangen überstürzt und gehetzt. Die nach Urin stinkenden Bushäuschen und Unterführungen waren mit Graffiti vollgeschmiert: »Pomponius Nautilus – ich liebe dich! … Agatha Christie! Sepulchre! The Prodigy!« Es dauerte eine Weile, bis ich begriff, daß es sich um Popgruppen handelte; andere Graffiti schlossen sich an, manche davon in Englisch gekritzelt, der Lingua franca der Jugend. »Jim Morrison lives! No! … I fucked the bitch! … Communists are all buggers …« Dann auf russisch die rätselhaften Worte: »Warum sich mit einer Leiche abschleppen? … Leben heißt, das Kreuz auf deinem Grab bedenken …«

Eine durchgängige Gedrücktheit zeugte davon, daß die Freiheit sich wieder einmal als illusorisch erwiesen hatte. Wenig Arbeit und hohe Preise waren die neuen Sklaventreiber. Die Straßen waren voll von den neuen Armen. Doch in der warmen Augustsonne wehte mich die Versuchung des Reisenden an, der einen Ort nur besucht, nicht bewohnt. Eine reizvolle Kulisse, ein günstiges Licht konnte die Armut anderer Menschen in einen interessanten Schnappschuß verwandeln. Die Luft war verführerisch still. Nackte Kinder planschten in dem verschmutzten Fluß.

Ich spazierte über die Landspitze, wo einst die Neue Festung gestanden hatte, aber Bäume und Grünanlagen hatten den Grundriß des Palisadenzauns verwischt, und nur ein massives, weiß getünchtes Tor war noch übrig. Vier Jahre lang hatte Dostojewski hier in einer hölzernen Gefängnisbaracke geschmachtet, wegen Mitwirkung an einem Kreis naiver Revolutionäre in St. Petersburg zu Zwangsarbeit verurteilt. Manchmal blickte er sehnsüchtig über den Irtysch zu den nomadisierenden Hirten hinüber, und allabendlich machte er im Hof am Zaun die Runde und zählte die Tage, die er noch abzubüßen hatte. Aus seinem Leben hier schöpfte er den Stoff für die *Aufzeichnungen aus einem Totenhaus*, und hier, unter Sträflingen, die ihn zuerst mit Abscheu, später aber mit Ehrfurcht erfüllten, erlebte er seine halb mystische Versöhnung mit dem bäuerlichen russischen Volk.

An der Stelle des verschwundenen Gefängnisses entstand fünfzig Jahre später ein prunkvolles, heute weißgrün gestrichenes Theater. Jetzt lief dort *Die lustigen Weiber von Windsor*, Alan Ayckbourns *Schöne Bescherungen* und Shelagh Delaneys *Bitterer Honig*. Das einzige noch erhaltene Gefängnisgebäude war das Haus des Gouverneurs, zu Dostojewskis Zeit ein rotgesichtiger Trunkenbold und Sadist, der die Häftlinge wegen des kleinsten oder auch gar keinen Vergehens auspeitschen ließ. Seine Villa ist heute ein Museum zu Ehren des Schriftstellers, den er haßte.

Ein Jahrhundert nach Dostojewskis Zeit als Zuchthäusler kam Solschenizyn auf seinem Weg in ein Arbeitslager in Kasachstan durch Omsk. Er und seine Mitgefangenen wurden in einem Gewölbekeller eingekerkert, der nur ein einziges Fenster hoch oben am Ende eines langen, schrägen Schachtes hatte. Er vergaß nie, wie sich plötzlich ein alter Kirchenvorsteher mit versagenden Kräften unter die unerreichbare Öffnung des hohen Schachtes stellte, während sie zusammengekauert unter einer 15-Watt-Birne saßen, und wie da der Greis, die Todesnähe fühlend, mit zuckendem Adamsapfel und schwacher Stimme ein altes Revolutionslied sang:

Mag es drinnen still sein,
das Gefängnis ist kein Grab.
Du, Wachsoldat, sei auf der Hut!

Mein Hotel kostet mich fünf Dollar die Nacht. Der Putz fällt in Brocken von den Korridorwänden und von der stalinistischen Stuckverzierung an der Decke. Die Nacht ist drückend und schwül. Es ist über 30 °C. Ich liege auf dem Bett und sehe zu, wie der Vollmond durch ein zartes Blumenmuster in den Spitzengardinen scheint. Ich kann nicht schlafen. Der Schweiß läuft mir über Brust und Stirn. Und dabei bin ich in Sibirien.

Am nächsten Morgen stieß ich vor der großen, unschönen Kathedrale, die zu Stalins Zeit ein Kino gewesen war, auf einen Bus voller Pilger, die gerade zu einem Kloster auf dem Land aufbrechen wollten. Sie luden mich ein mitzufahren. Die Grundsteinlegung des Klosters werde in allernächster Zeit erfolgen, erklärten sie, und sie wollten jetzt der Segnung seines Wassers beiwohnen. 1987 hatte ein Ausgräber auf dem Gelände – nahe der Sowchose Retschnoi – ein Massengrab entdeckt, und das Ganze stellte sich als ein Komplex von Arbeitslagern heraus, die nach Stalins Tod aufgegeben worden waren. Die Insassen, größtenteils der Intelligenzija zugehörig, waren bei der harten Feldarbeit an Lungenentzündung und Ruhr gestorben, und ihre Gräber füllten hier immer noch die Erde.

Während unser Bus durch ärmliche Dörfer rollte, erzählten die Pilgerinnen, die gegenüber den Männern bei weitem in der Mehrzahl waren, mit Lauten mütterlichen Mitleids abwechselnd die Geschichte. Es waren überwiegend ältere Frauen, unverwüstliche Babuschkas in geblümten Kleidern und Stoffschuhen, deren knorrige Hände Gebetbücher und Rosenkränze hielten und deren Kopftücher Gesichter von gutmütiger Robustheit umschlossen. Als ein vergleichsweise jugendlich wirkender Kantor vorn im Bus mit einem Kirchenlied begann, stiegen aus ihren schweren Leibern die Stimmen eine nach der andern auf wie alte Erinnerungen, hoch und melodiös, bis schließlich der ganze Bus sang.

Wir hielten an einem Birkenhain auf der Sowchose Retschnoi. Es war einer der vielen normal wirkenden ländlichen Flecken, deren dunkle Geschichte man niemals vermuten würde. Als die

Frauen immer noch singend ausstiegen, schallten aus einer Kapelle hinter den Bäumen andere Weisen herüber. Sie war das erste von vier Heiligtümern, die eines Tages die Eckpunkte der riesigen Anlage bilden sollten. Im Innern intonierte ein weiß verschleierter Chor die traurigen Melismen der Liturgie. Als die Pilger sich zu ihren Lieblingsikonen begaben, flammte ein regelrechter Waldbrand von Votivkerzen unter der Ikonostase auf, und zwei oder drei Babuschkas sanken andächtig auf die Knie.

Im südlichen Querschiff, das von einem Gerüst verbaut war, zog ein unvollendetes Fresko der Kreuzabnahme die Blicke auf sich. Es war fast fertig; allerdings fehlten die Fleischtöne noch, als ob der Künstler von theologischen Skrupeln geplagt würde, und Farbtöpfe standen auf dem Gerüst aufgereiht. Nur die ausgemalten Gewänder verliehen dem Kummer der Jünger Gestalt, Hände und Köpfe dagegen waren leere Silhouetten auf dem Gips: hier ein bestürzt erhobenes Gesicht, dort eine schemenhafte Zärtlichkeit am Körper Jesu, der in seiner gespenstischen Farblosigkeit aussah, als existierte er nur in der Vorstellung der Betrachter.

Hin und wieder hatte ich das Gefühl, daß diese Szene sich direkt neben mir im Mittelschiff wiederholte, wo die Gläubigen rings um die von Gott hinterlassene große Stille Häupter und Hände aufhoben, sich bekreuzigten und ein wenig weinten.

Von außen drang das Kreischen von Bulldozern auf einem fernen Feld herein. Sie planierten die Erde der Arbeitslager, machten sie tauglich für die Klosterfundamente. Ich versuchte, genauer hinzulauschen, aber der Chorgesang übertönte die Geräusche mit den klagenden Decrescendos des russischen Ritus. Und aus den Mündern dieser alten Frauen – deren Sünden nach meinem Dafürhalten kaum über ein bißchen boshaften Klatsch hinausgehen konnten – stieg wieder und wieder das ewige Erbsündenbekenntnis *»Herr, erbarme dich!«* wie aus einem tiefen Winkel in der Volksseele auf, einem eingewurzelten Ohnmachtsbedürfnis.

Der Vorhang wurde vor einem weihrauhbewölkten Altarraum zurückgezogen, in dem ein sehr kleiner Priester zugange war. Seine Haare wallten ihm in unglaublich wirrer Fülle über die violettgewandeten hängenden Schultern wie eine Allongeperücke.

Ab und zu schwenkte er zaghaft ein Räucherfaß; in der Stille zwischen den Antwortstrophen machten die Kohlen ein Geräusch wie unterdrücktes Lachen. Beim Absingen der Gebete vergaß er ständig den Einsatz oder verhaspelte sich, und sein Stammeln wurde immer konfuser, so daß ihm schließlich drei Diakone in himbeerroten Gewändern Zettelchen mit dem Text hinhielten. Er starrte durch eine riesige Brille darauf, die in seinem Haarwust an die Augen eines Koboldmakis erinnerte, und setzte noch einmal neu an. Doch die Ursache seiner Unsicherheit war offensichtlich. Neben ihm thronte, hünenhaft und regungslos, Fjodossi, der Erzbischof von Omsk.

Gegen Mittag setzte sich eine Prozession von der Kirche aus in Marsch und zog über die Felder zu dem noch ungesegneten Wasser. Sie bewegte sich mit feierlicher Gemessenheit voran. Hinter dem hoch erhobenen Kreuz schritt der Erzbischof in hellblauer und roter Pracht, die halbkugelige Mitra von Juwelen glänzend. Bei jedem Schritt stieß er mit einem drachenköpfigen Stab auf den Boden, und vor seiner Brust funkelten ein purpurner und goldener Tuchstreifen und schlenkernde emaillierte Kreuze und Medaillons. Er sah gewaltig aus. Neben ihm ging der wunderliche zersauste Zelebrant, gefolgt von einem Häuflein junger malvenfarbener Priester und den drei Diakonen in himbeerfarbener Seide.

Ich gesellte mich zu den hinterhergehenden Pilgern. Es war eigentümlich wohltuend. Trotz meines Agnostikertums fühlte ich mich den Gläubigen nahe. Auch ich wollte, daß ihr Wasser gesegnet wurde. Ich wollte, daß diese gequälte Erde befriedet wurde, daß man der Vergangenheit die Beichte abnahm und ihr die Absolution erteilte. Ich half der alten Frau neben mir ihre Flaschen tragen. Mein Gefühl, zu heucheln, mich mit dem Glauben anderer Leute zu maskieren, verging. Als ich die Alte bei den Pfützen stützend am Arm nahm und unsere Prozession dann das feuchte Gras durchquerte, war Rußlands atheistische Vergangenheit nur noch ein Wolkentag im langen orthodoxen Sommer und schien das ganze Land instinktiv, schmerzlos zu seiner alten Natur zurückzukehren. Dieser festliche Bummelzug, dachte ich, bedeutete keine religiöse Revolution, sondern schlicht einen kulturellen Rückfall in das zeitlose Wesen des Mutterlandes – in das hierarchische, halb magische Gottvertrauen seiner Ahnen, in die natürliche Seinsweise.

Das war mir schon vorher aufgefallen. Vor Kaufhäusern, in Flughäfen oder Busbahnhöfen, überall hatte eine Babuschka ihr Revier, wo sie Drucke von Ikonen und religiöse Pamphlete verkaufte und Spenden für die Restaurierung der örtlichen Kirche oder Kathedrale sammelte. Heilige Bildchen baumelten an den Armaturenbrettern von Taxis, schmückten viele Zimmer. Gott war auf einmal wieder gegenwärtig: im Wortschatz, im Haus, in den Gesten sich auf der Straße bekreuzigender Bettler. Weit weg in Moskau wurde die Kirche mit Einfuhrlizenzen für steuerfreie Alkoholika und Zigaretten dick und fett, während hier im traditionell unabhängigen, aber konservativen Sibirien diese korrumpierende Verquickung von Kirche und Staat (stellte ich mir vor) die Finanzierung unseres Klosters sicherte. Aber das Kreuz schwankte und glitzerte zuversichtlich zwischen den Birken. Wie immer hier war die Obrigkeit das Heil. Statt Gedankenfreiheit spendete sie Frieden.

Doch was war in der kommunistischen Zwischenzeit aus Gott geworden? War er mittlerweile nicht sehr alt? Und hatte er nicht zu viele Kinder verloren? Auf einer Straße hinter den Bäumen beobachtete uns eine Schar junger Burschen und Mädchen aus parkenden Autos mit ausdruckslosen Gesichtern, so wie Touristen ein fremdartiges Schauspiel angaffen.

Wie hatten diese Frommen überlebt? Sechzig Jahre lang hatte es in Sibirien kaum eine offene Kirche gegeben; die Priester waren enteignet, verbannt, erschossen worden. Selbst die ältesten Pilger, die jetzt hier über die Wiesen stapften, konnten die Liturgie schwerlich noch aus Kindertagen im Gedächtnis haben. Wie hatten sie sich ihren Glauben bewahrt?

»Wir hatten bei uns zuhause Ikonen, unterm Dach versteckt.« Der junge Priester war käsig und schüchtern und sah mich nicht an. Er war erst später zu der Prozession gestoßen. »Mein Vater hat in Kasachstan im Steinbruch gearbeitet, und wir haben weit weg von allem gewohnt. Aber Eltern geben diese Ikonen an ihre Kinder weiter, nicht wahr, und die Familie meiner Großmutter hatte ihre behalten. So bin ich zu Gott gekommen, über die Ikonen, über meine Großmutter. Nicht urplötzlich, sondern aus dem Herzen heraus«, er berührte seine Brust, »nach und nach. Gott ruft einen zu sich.«

Wir kamen an eine Stelle, wo aus einem silbernen Rohr, das auf einem alten Lkw-Reifen ruhte, warmes Wasser in einen Teich floß. Ein blonder Diakon, der wie ein nordischer Christus aussah, pflanzte das Prozessionskreuz an der gegenüberliegenden Seite auf, und der Erzbischof, die Priester, Akolythen und Pilger, die Babuschkas mit ihren Taschen und Flaschen, ein paar Kriegsveteranen und ein völlig gebannter Ausländer stellten sich ungefähr im Halbkreis am Rand des Wassers auf.

Dem ungekämmten Zelebranten, der ein juwelenbesetztes Kreuz umklammert hielt, wurde bedeutet, hineinzuwaten. Hin und wieder blickte er mitleidheischend zu Fjodossi empor, aber der gab ihm kein Zeichen, stehenzubleiben. Immer tiefer ging er hinein, und seine Gewänder, deren zartes Violett immer satter und blauer wurde, je mehr sie sich mit Wasser vollsaugten, breiteten sich an der Oberfläche aus, bis er unter uns wie ein exotischer Vogel auf dem Teich zu schwimmen schien. Zuletzt hob Fjodossi einen Finger. Der Priester wankte, blickte erschrocken zu uns – oder zum Himmel – auf, fing sich wieder und blieb ganz still stehen. Dann machte er mit theatralisch gerunzelter Stirn ein zittriges Kreuz im Wasser.

Die Pilger stießen einen tiefen kollektiven Seufzer aus. Der Erzbischof besprengte noch den Teich mit seinem eigenen Wasser aus einem silbernen Pokal, dann formierte sich der Zug neu und trat hinter dem wackelnden Kreuz den Rückweg zu den lärmenden Bulldozern an.

Doch die Babuschkas blieben da. Während die Prozession zwischen den dunklen Bäumen davonglitzerte und der Erzbischof den Blicken entschwand, kam eine neue Erregung auf. Sie fingen an, ihre dicken Wollstrümpfe herunterzuschieben und die Schuhe von sich zu schleudern. Sie hatten darauf gewartet. Sie zogen leere Fanta- und Coca-Cola-Flaschen aus ihren Beuteln. Dann kraxelten und rutschten sie das schlammige Ufer hinunter und wateten in das frisch gesegnete Wasser. Zuerst schöpften sie nur am flachen Rand davon. Es war Mineralwasser, trübe und warm. Sie nahmen tiefe Schlucke aus den gewölbten Händen und hievten sich zurück, um die gefüllten Flaschen am Ufer zu verstauen.

Dann kamen sie richtig in Fahrt. Sechs oder sieben alte Frauen warfen zuerst ihre Strickjacken von sich, dann ihre Kopftücher und Röcke, und schließlich eilten sie, ausgezogen bis auf die geblümten Unterhosen und BHs, Hals über Kopf zum Wasser. Alle Hemmungen waren dahin. Ihre massigen, krampfaderigen Beine wabbelten beim Laufen. Ihre Schenkel liefen in unerwartet feine Füßchen aus. Kleine goldene Kreuze versanken zwischen ihren Brüsten. Sie stürzten sich klatschend in den Teich. Ich stand betreten oben am Rand und fragte mich, ob ich recht am Platz war. Sie aber kreischten und jubilierten. Sie nahmen das Wasser in die Hände und schwappten es sich ins Gesicht. Das Heilige war zum greifbaren Naß geworden. Man konnte es trinken, darin baden, es wie Blumen für die Kranken nach Hause bringen.

Zwei der kühnsten Frauen – ausgelassene, breitbrüstige Greisinnen – tappten zu dem sprudelnden silbernen Rohr und hielten die Köpfe darunter. Sie bespritzten sich übermütig mit dem Schwall, tauchten dann unter und tranken gleich so. Sie schrien ihren Freundinnen an Land zu, bis selbst ein oder zwei der jungen Mädchen die Röcke hoben und sich vorsichtig hineinwagten. Flasche um Flasche wurde gefüllt und ans Ufer befördert. Es waren die Jungen, die zögerten, nicht die Alten. Die Alten waren in Hochstimmung. Eine von ihnen rief mir zu, doch auch zu kommen, aber ich war zwischen Lachen und Weinen hin- und hergerissen. Dies waren Frauen, die die ganze Stalinzeit durchlitten hatten, die Not, die Unterdrückung, und jetzt kärglichste Witwenrenten bezogen, und ihr Jubel machte mich sprachlos. Vielleicht bekam in diesem heiligen und chaotischen Wasserloch die Welt endlich einen Sinn für sie, und ihr geplagtes, müdes Fleisch wurde reingewaschen.

Die Prozession hatte unterdessen das offene Gelände erreicht, wo die Bulldozer arbeiteten. Auf dem ganzen Weg zur zukünftigen Kathedrale, die in der Mitte des Anwesens stehen sollte, lagen die geteerten Rohre neben den Gräben bereit, und der Kanal wurde gesegnet. Ich holte die verbliebenen Pilger ein, als sie zusammengeschart auf der weiten Wiese standen, am Bauplatz der Kathedrale. Zum einsamen Wedeln eines Räucherfasses segnete Fjodossi die Stätte, »wo namenlose Tausende arbeiteten und starben«, und wir blickten auf blau und weiß blühende Felder, über denen sich langsam der Weihrauch verzog. Mir kam die Frage, ob die Vergangenheit vielleicht zu umstandslos schlafen gelegt, vergessen wurde. Das Kloster werde dem entgegenwirken, sagte der schüchterne Priester. In künftigen Jahren würden die Leute fragen: Warum steht es gerade hier? und erkennen, daß es zur Reinigung und zum Gedenken errichtet worden sei. Es geschehe für die Toten.

Die Prozession zog weiter. Ich gesellte mich zu einem am Stock humpelnden Kriegsveteranen am Ende des Zuges und mußte auch ihm die Warumfrage stellen: Warum war dieser Glaube aus dem Nichts wiederauferstanden, so als ob man einen abgehauenen Kopf erneut auf seinen Körper gesetzt hätte? Eine lebensspendende Arterie hatte ihn erhalten. Und als ich die Pilgerinnen nach und nach vom Teich zu uns herüberkommen sah, dachte ich: Es waren die Frauen. »Ja«, antwortete der alte Soldat. »Bei mir war es meine Mutter. Wir lebten in einer abgelegenen Gegend bei Woronesch, nicht in einer Stadt, wissen Sie, bloß in einem Dorf auf dem flachen Land. Im Umkreis von vielen hundert Kilometern gab es keine Kirche. Meine Mutter konnte nicht lesen und schreiben, aber sie kannte noch alle Gebete aus der alten Zeit auswendig und hat sie mir beigebracht.«

Ich versuchte, mir sein altes Gesicht jung vorzustellen, und sah einen kleinen Schlingel vor mir. Die dünnen Härchen über seiner Kopfhaut waren noch braun. Er sagte: »Und im Krieg, als ich an der Front war, hat meine Mutter für mich gebetet, und ich heimlich auch für sie. Sie hat mir so eine gegeben.« Er zog eine kleine Ikone aus der Brieftasche. »Marschall Schukow hatte den ganzen

Krieg über eine in der Tasche – und andere Generäle auch. Aber das durfte niemand wissen.«

Der Schmerz im Fuß zwang ihn anzuhalten. Weder seine Ikone noch die Gebete seiner Mutter hatten ihn vor einem deutschen Heckenschützen bewahrt. Die Kugel hatte eine 25 Zentimeter große Wunde gerissen, und heute war er gehbehindert. »Solche Geschosse hatten wir nicht in Rußland, es war eine Art Schrapnell. Als es mich traf, ist es explodiert und hat mir die Beinknochen zerschmettert. Jetzt versuche ich so zu gehen ... oder so ... aber nichts hilft.« Er sagte: »Gott muß gerade weggeschaut haben.«

Als wir zu der Kapelle zurückkamen, stand dort im Schatten ein langer Tisch, mit Salaten und Konfitüren beladen. Die Babuschkas waren wieder da. Ihre Hände lagen neben ihren Suppentellern bereit, zwei Reihen rissiger Knöchel und abgebrochener Fingernägel. Der am Kopfende präsidierende Erzbischof befahl mir, mich neben ihn zu setzen. »Wir haben einen Gast aus England!« donnerte er. »Er soll sich bei uns wohlfühlen!« Ich blickte eine lange Bahn nickender Köpfe hinunter, die sich mir gleichzeitig zudrehten und murmelten: »England ... England ...« Sie bekamen knubbelige Lachbäckchen, und lückenhafte Zahnreihen bleckten mich freundlich an.

Fjodossi stampfte mit einer Flasche auf den Tisch. »Das ist für Sie!« erklärte er. »Das ist unser Klosterwasser! Es heilt alles!« Er las das Etikett vor. »Chronische Kolitis und Enterokolitis! Leberleiden! Magenbeschwerden aller Art! Zystitis! Nicht krebsartige Magengeschwüre! Zwölffingerdarmgeschwüre ...«

Die Babuschkas bekreuzigten sich und befahlen mich Gott. Sie sahen höchst ehrwürdig aus. Niemand hätte vermutet, daß sie eine halbe Stunde zuvor noch halbnackt in einem Wasserloch herumgebalgt hatten. Doch unter den Bänken waren ihre Beutel prall von Flaschen mit heiligem Wasser, und befriedigt, geradezu selbstgefällig genossen sie das warme Gefühl ihres Sieges.

Um mich herum am Kopfende des Tisches wirkten die Priester in der entheiligenden Helligkeit blaß und farblos. Nur noch mit schlichten Röcken bekleidet hantierten sie neben dem Erzbischof nervös mit den Bestecken. Gegenüber von ihm schien der Zelebrant sicherheitshalber eingeschlafen zu sein. Sein Bart, fiel mir auf, war an den Spitzen weiß, aber an den Wurzeln kastanienbraun, als ob er nach einem Schock weiß geworden wäre und sich jetzt wieder erholte. Nur Fjodossi sah auch bei näherem Hinschauen noch stattlich aus. Seine schwarzen Augen und seine Adlernase stachen gebieterisch durch die graue Haar- und Bartfülle, die über seinen Brustschmuck wallte und ihm lang in den Nacken hing. Er bombardierte die Nonnen, die zu unserer Bedienung aus dem Nichts aufgetaucht waren, mit Kommandos und schrie über den ganzen Tisch hinweg. »Brüder und Schwestern! Gebt das Mineralwasser herum! ... Schwestern, bringt die Kascha!« Die Gemüsesuppe war im Nu verzehrt, und alsbald stopfte er sich den Reis mit riesigen Stücken Brot in den Mund. »Und kein Wasser! Schwestern ...« Ich fragte mich, ob er es wegen seines Aussehens so weit gebracht hatte. Pechschwarze buschige Augenbrauen gaben ihm die Ausstrahlung eines konvertierten Mephisto. Niemand wagte ihm Fragen zu stellen. Er überschüttete mich mit Ausbrüchen in deutsch, von denen ich die wenigsten verstand. »Der Mann, der das erste Massengrab hier fand – das war die Hand Gottes! –, war der hiesige Parteisekretär! Und jetzt ist er Priester geworden, jawohl! Er ist Militärgeistlicher bei einem Kosakenregiment in Omsk. Schwestern! Wo ist das Brot? ...«

Er klatschte einen Schlag Erdbeermarmelade auf meine Schale mit Reis. Es war wie zu Schulzeiten. »Und im Frühling fangen wir mit dem Bau der Kathedrale an, jawohl, Gott wohnt an dieser Stätte des Leids!« Er deutete in die Richtung der Felder. »Die Toten sind dort draußen.« Seine Miene wurde düster. »Und überall. Das Kloster wird Informationen über sie sammeln, und die Mönche werden für ihre Seelen beten.«

»Und was werden Sie mit soviel Platz machen?«

»Machen?« bellte er. »Wir pflanzen Rosen! Nichts als Rosen!« Die emaillierten Brustkreuze und Medaillons wackelten über seinem wohlgenährten Bauch. »Ein Meer von Rosen!«

Am ganzen Tisch erschien das Lachen wieder auf den Gesichtern, und vorwitzige Haarsträhnen stahlen sich unter den

Kopftüchern hervor. Als das Mahl aufgehoben wurde, tupfte mich eine der Frauen am Arm und hielt mir eine dünne blaue Schärpe hin, bedruckt mit Gebetsworten. »Die ist für Sie«, sagte sie. »Zum Anziehen auf Ihrer Fahrt.« Dann wünschte sie mir Gottes Segen und ging zu ihren Freundinnen zurück.

Ich breitete die Schärpe in den Händen aus und las: »Denn seine Engel wird er für dich entbieten, dich zu behüten auf all deinen Wegen. Sie werden dich auf den Händen tragen …«

Ja, dachte ich, ich werde sie als Gürtel nehmen. Ich mußte abgenommen haben, denn mein Hosenbund war weiter. Also band ich sie mir um die Taille.

Ein leichtes Rauschgefühl, willkommen und unerwartet (denn wir hatten nur Wasser getrunken), floß aus dem halb geheilten Land auf mich über. Auf einer provisorischen Bühne bei der Kapelle läutete ein Priester ein Glockenspiel, allerdings leise (vielleicht übte er), als wollte er die Geister zur Ruhe betten, und die Pilger gingen zu zweit und zu dritt zum Bus zurück. Ich setzte mich zwischen sie. In dem Moment wollte ich glauben, daß alles so war, wie sie es glaubten. Ich war dankbar für ihre hartnäckigen Sehnsüchte und Leidenschaften. Ich saß eingequetscht zwischen zwei Babuschkas (die Plätze waren knapp), und sie fingen zu singen an. »Singen Sie! Singen Sie!« riefen sie. Ich lupfte meine Schärpe ein wenig. »Mit seinem Fittig bedeckt er dich«, ging der Text weiter, »und unter seinen Flügeln findest du Zuflucht …« Ja, dachte ich, alles wird besser werden. Wir werden der Vernunft abschwören und uns alle lieben. Vielleicht wird das Klosterwasser uns beinahe unsterblich machen. Die Vergangenheit wird uns vergeben, und die Erde wird Rosen tragen …

………………………

Eine Flickenlandschaft von Erde und Wasser, verfließend, beinahe farblos – sich wiegendes Schwingelgras über den Feuchtgebieten, das ausgelaugte Platingelb des Winterweizens –, erstreckte sich vor dem Zugfenster unter einem verbleichten Himmel. Die Barabasteppe zwischen Omsk und Nowosibirsk war einst ein

Land der Verbannten und der tatarischen Nomaden, durchsetzt mit Kosakenfestungen. Jetzt stiegen Wildgänse und Bläßhühner aus den Sümpfen auf und flogen über schillernde Seen mit versalzten Ufern. Hier und da erblickte man die langen weißen Hofgebäude der alten Kollektive, doch sie sahen unbenutzt aus. Auch die Ortschaften waren leer. Aus der Ferne verwandelten sie sich in die Dörfer der russischen Märchen, wo jeden Moment die Hexe Babajaga erscheinen oder ein Geschwader Schwanenprinzessinnen angeflogen kommen konnte.

Auf 630 Kilometern hielten wir nur dreimal an. Ich blickte auf einen flirrenden Horizont, vor dem der Wald wie mit Holzkohle dunkle Linien zog. Hin und wieder hütete ein Reiter sein Vieh oder stand ein Rübsenfeld in buttergelber Blüte. Aber häufiger wirkte das Land unter dem spätsommerlichen Hitzeschleier wie verspiegelt. Die Erde war wassergesättigt und aufgequollen. Alle Materie sah aus, als wollte sie sich gleich auflösen, alles Naß war vor Schlamm schon halb zu Erde geworden. Doch ein Bauer neben mir erzählte, daß es den Sommer über zu wenig geregnet hatte, und mir fiel auf, wie niedrig die Flüsse in ihren Betten dahinschlichen und daß die Sträucher bereits herbstliche Töne bekamen.

Wir fuhren östlich des Sibirischen Traktes, der alten Poststraße, die vor der Transsib bereits im 18. Jahrhundert den Ural mit dem Pazifik verband. Damals konnte die zermarternde Reise – im Pferdewagen oder Schlitten – ein Jahr dauern. Als Tschechow Blut spuckend und immer tiefer in Depressionen versinkend seine lange Fahrt im Tarantas nach Sachalin unternahm, regnete es Tag und Nacht, führten die Flüsse Hochwasser, kämpften sich die Fähren im heulenden Wind von einem Ufer zum andern und trieben Eisschollen auf dem Wasser. Als wir jetzt Richtung Nowosibirsk rumpelten, der größten Stadt Sibiriens, kam uns auf der meistbefahrenen Güterverkehrsstrecke der Welt alle drei Minuten ein Zug entgegen, der Kohle aus dem Kusbass zu den Schmelzöfen im Ural transportierte.

Man steigt im größten Bahnhof Sibiriens aus und fährt mit dem Taxi in die flächenmäßig drittgrößte Stadt Rußlands. Platz ist der sterile Luxus von Nowosibirsk. Im Sommer meint man, die leere Luft still über den geraden, ebenen Prospekten hängen zu sehen. Im Winter kommt sie in Bewegung, wenn der Wind zwischen den Gebäudeinseln und über die großen Plätze heult. Die Stadt ist der Traum eines jeden, der an Klaustrophobie leidet. Die Straßen ziehen sich endlos zwischen Mietskasernen und stalinistischen Klötzen dahin, die von stereotypen Wandpfeilern und Kranzgesimsen strotzen. Menschen gibt es hier anderthalb Millionen, doch sie verlieren sich in der Weite. Sie tröpfeln über die Bürgersteige zur Arbeit. Man wird einer von ihnen, klein und unbedeutend. Auch der Verkehr kommt einem dünn und weit weg vor, wie er sich da durch ein Delta aus Stein und Asphalt schlängelt.

Der Wunsch nach Überschaubarkeit bewegt einen, das Hotel Nowosibirsk mit seinen 888 Zimmern zu meiden. Doch dafür findet man sich in der Leere des Leninplatzes wieder, wo die größte Oper Rußlands, größer noch als das Bolschoi, wie eine Schildkröte mit einem quadratischen Kopf und einer silbern geschuppten Flachkuppel als Panzer liegt. Um dorthin zu kommen, muß man 200 Meter durch den Verkehr sprinten. Doch man steht vor verschlossenen Türen. Im August ist Sommerpause.

Man schämt sich ein wenig seiner Gleichgültigkeit – immerhin ist dies der Industriegigant Sibiriens, sein Zentrum der Metallurgie und des Maschinenbaus, der internationalen Handelstagungen und der Joint Ventures. Dabei steht man auf einer Verkehrsinsel, die eine Kapelle mit goldener Kuppel ziert, weil nämlich hier, so wurde errechnet, das geographische Zentrum Rußlands liegt. Und wie ein Besucher am Times Square oder am Piccadilly Circus wartet man darauf, daß etwas passiert. Aber es passiert natürlich nichts. Und man ist allein. Die Straßen verlaufen sich nach allen Seiten. Von den Granitstufen der Treppe blickt man meilenweit die Hauptstraße hinunter auf den Schatten einer Brücke über den Ob und weiter bis ans andere Ufer, wo am Stadtrand smogverhangene Fabrikschornsteine und Plattenbauten aus Chruschtschows Zeit flimmern. Hier schiebt sich der Ob, der viertlängste Fluß der Welt, unmerklich dem Eismeer entgegen, mit einem

Gefälle von nur drei Zentimetern auf einem Kilometer. Weiter stromabwärts ist er dermaßen von Industrieabwässern und giftigem Öl verschmutzt, daß er im Winter manchmal nicht zufriert.

Vielleicht ist die Weite letztlich das einzige, was man von Nowosibirsk in Erinnerung behält. Sie ist die Mitgift Sibiriens. Die Leere des Landes durchweht jede Stadt oder gibt ihr den Freibrief, sich hemmungslos auszudehnen. Monoton gehen die Wohnblocks Kilometer für Kilometer einfach immer so fort. Bahnhöfe mit zehn oder vierzehn Bahnsteigen und Nebengleisen liegen weit von den Innenstädten entfernt. Und die Flüsse winden sich aus dem Nichts heran wie himmelfarbene Seen und kurven wieder ins Nichts hinaus. Wenn man auf der Landkarte nach ihnen sucht, findet man nur blaue Fäden, Nebenflüsse eines Nebenflusses eines fernen Riesenstromes. Dem Auge begegnet ewige Gleichheit. Der Blick verschleiert sich.

....

Mitte der fünfziger Jahre, als die Sowjetunion ins fortgeschrittene Alter kam, wurde mit dem Aufstieg Chruschtschows die Vision einer allein der Wissenschaft geweihten Stadt wieder lebendig. Dieses aus dem Boden gestampfte Utopia sollte die Probleme der reinen Vernunft lösen, doch es sollte sein Genie auch in den Dienst der Technik und der Wirtschaft stellen und sich besonders mit den ungeheuren Bodenschätzen Sibiriens befassen, durch deren Reichtum Rußland eines Tages den Westen überholen wollte.

Die Verwirklichung dieses kolossalen Planes sollte 25 Kilometer südlich von Nowosibirsk im Golden Tal am Ob stattfinden. Mit den Bauarbeiten wurde 1958 begonnen, und nach sieben Jahren hatten fünfzehn neugegründete wissenschaftliche Institute 40 000 Wissenschaftler, Verwaltungskräfte und ihre Familien angezogen. Eine Gartenstadt mit sechs Minibezirken wuchs empor, mit eigenen Schulen und Supermärkten, einer Eliteuniversität, einem künstlichen Strand am Nowosibirsker Stausee, sogar mit nachts beleuchteten Skipisten.

Hier in der Taiga, weitab vom wachsamen Parteiapparat in Moskau, entwickelte sich eine kurze, berauschende Freiheit. Akademgorodok wurde das Gehirn Rußlands. Es zog Heerscharen von jungen, teilweise recht unkonventionellen Wissenschaftlern an, von denen viele aus Sibirien kamen. Es schloß zuvor verbotene Forschungsfelder auf. Die Institute für Kernphysik und für Wirtschaft, für Hydrodynamik und für Katalyse teilten sich das waldige Gelände mit Einrichtungen für Geologie, Automation und Thermophysik (zur Nutzbarmachung vulkanischer Energie unter der Permafrostdecke) sowie einem Physiologischen Institut, das sich mit der Anpassung von Tieren und Pflanzen an das sibirische Klima beschäftigte. Und im Zentrum dieses intellektuellen Spinnennetzes saß das Institut für Mathematik wie eine allwissende Briefkastentante und beriet alle andern bei ihren Problemen. Zwanglose Kommunikation zwischen den Instituten war eine der Hauptforderungen, die der Initiator des Projekts, der Mathematiker Lawrentjew, von Anfang an stellte. Es gab Durchbrüche in der Physik, der Biologie und der Informatik. Ein paar schwungvolle Jahre lang sah es so aus, als könnte die Science-fiction-Stadt die in sie gesetzten Hoffnungen erfüllen.

Dann wurde mit dem Sturz Chruschtschows die ideologische Kontrolle wieder rigider. Die Wissenschaft wurde vor den Karren der Industrie gespannt und unter Druck gesetzt, wirtschaftlich direkt verwertbare Ergebnisse zu erzielen. Die Aufbruchstimmung verflog. In gewisser Hinsicht allerdings kam die Reglementierung zu spät. In Akademgorodok waren Leute tätig – der Wirtschaftswissenschaftler Aganbegjan, die Soziologin Saslawskaja –, deren Gedanken wegweisend für die Perestroika wurden. Doch ironischerweise waren die chaotischen Resultate von Gorbatschows Revolution schuld daran, daß die Denkfabrik, die ich zwei Tage lang heimsuchte, die Produktion praktisch einstellte.

Obwohl aus Fertigteilen gebaut, waren die Institute stilistisch unterschiedlich, mitunter recht ansehnlich in ihrer zurückgesetzten Lage zwischen Bäumen und zudem an Straßen, die nicht wie auf dem Reißbrett entworfen aussahen. Es gab mittlerweile dreiundzwanzig, aber der einzige Stadtplan, den ich auftreiben konnte, war auf Besucher zugeschnitten, die die örtlichen Einkaufsmöglichkeiten nutzen wollten. Ich überflog ihn fassungslos. Ich wußte, daß man in sowjetischen Zeiten Karten und Pläne oft verfälscht oder voll leerer Stellen gelassen hatte. Dieser Plan führte jede Bäckerei und jedes Café auf, einerlei wie klein. Aber die Institute waren namenlose Schatten geworden. Waren sie zu wichtig, um ins Rampenlicht gestellt zu werden, überlegte ich, oder hatte man sie schlicht vergessen?

Ich irrte orientierungslos umher und studierte die Schilder. »Institut für Festkörperchemie ... Zytologie und Genetik ... Institut für chemische Kinetik ...« Wir hatten kaum eine gemeinsame Sprache. Dazwischen führten Waldwege durch Birken- und Kiefernhaine, die bunt gemischt waren wie durcheinandergeratene Regimenter. Der Erde entstieg ein feuchter Duft. Die Atmosphäre war irgendwie angenehm. Ein paar Professoren mit formlosen Beuteln und Taschen in der Hand schlenderten zwischen den Instituten einher und ließen sich gern auf eine Unterhaltung ein.

Durch eine dieser Zufallsbekanntschaften gelangte ich völlig unvorbereitet ins Präsidium von Akademgorodok. Der Professor, der mich vorstellte, verzog sich bald und ließ mich allein auf dem Gang vor dem Büro des Generalsekretärs sitzen wie einen Schuljungen, der auf eine Tracht Prügel wartet. Ich hatte das Gefühl, diese Gespräche zu kennen. Hinter seinem Schreibtisch verschanzt würde mir ein vertrockneter Apparatschik erklären, daß alles bestens war. Es würde nur zufällige Hinweise auf die Wahrheit geben: feuchte Tapeten oder indiskrete Sekretärinnen oder die Art, wie der Mann die Hände verschraubte. Dennoch wartete ich mit gedämpfter Hoffnung. Ich wollte wissen, was bei einigen sibirischen Großprojekten herausgekommen war, und zermarterte mein Gehirn nach den russischen Ausdrücken für »Kernreaktion« oder »Stimulation durch elektrisches Licht«, bevor ich resigniert aufgab. Ich war nicht einmal für einen solchen Besuch gekleidet. Ich trug immer noch meinen orthodoxen Gebetsgürtel, und einer meiner Bergschuhe hatte die Neigung entwickelt, peinlich zu quietschen.

Als die Tür des Generalsekretärs aufging, sank mein Mut. Breit und steinern saß er in Hemdsärmeln an seinem Schreibtisch. Seine winzigen Schweinsäuglein und sein kleiner, spitzer Mund waren verschwindende Oasen in der fleischigen Weite seines Gesichts. Ich quietschte durchs Zimmer und gab ihm die Hand. Seine war weich und zögernd. Sie bedeutete mir, mich zu setzen.

Womit konnte ich taktvoll beginnen? Von ihm war keine Hilfe zu erwarten. Er sah mich mit passivem Argwohn an. Also fragte ich nach den Erfolgen des Instituts in jüngster Zeit.

Sein Blick blieb starr auf mich gerichtet. Er artikulierte seine Antworten langsam, im barschen Baßton der Obrigkeit. Fortschritte habe man in der Klimaanpassung von Vieh gemacht, vor allem von Schafen, sagte er, ferner mit einer biochemischen Substanz, die wachstumsfördernd auf Weizen und Reis wirke ... Aber er führte das nicht weiter aus. Ich hatte den Eindruck, daß er leicht ungehalten aussah.

Ich kramte nun in meinem Gedächtnis nach älteren, unbedenklichen Projekten und kam auf den abenteuerlichen sowjetischen Plan, zur Bewässerung von Zentralasien einige sibirische Flüsse vom Polarmeer in den Aralsee umzulenken. Er sagte: »Das war ein sinnloser Plan, grauenhaft. Er hätte eine ökologische Katastrophe sowohl für Sibirien als auch für Kasachstan bedeutet. Unsere Wissenschaftler hier waren kategorisch dagegen, und das Projekt wurde abgeblasen.«

Angesichts seiner bärbeißigen Einsilbigkeit wurde ich langsam nervös. Es habe ein Projekt gegeben, fuhr ich fort, mit künstlichem Tageslicht die Fruchtbarkeit von Nerzen, Füchsen, Schweinen zu steigern ... Es hing irgendwie mit dem Einfluß der Netzhaut auf die Hypophyse zusammen, erinnerte ich mich, und hatte einigermaßen abstoßend geklungen; aber vielleicht sah der Generalsekretär das ja ganz anders.

Er sagte: »Ich weiß nur, daß mittlerweile Polarfüchse mit Fellen in unterschiedlichen Farben gezüchtet werden.« Er warf einen Schwung imaginärer Pelzstolen abschätzig über die Schulter. »Blau, marineblau, grün. Alles mögliche.«

Aber die Worte von sowjetischen Apologeten, von Lawrentjew selbst, kamen mir wieder in den Sinn. Vor gut dreißig Jahren hatten sie versprochen, in der heutigen Zeit werde die Kernkraft bereits riesige Landstriche in Sibirien zentral beheizen und Städte nördlich des Polarkreises mit künstlichem Sonnenlicht überfluten. *»Dramatische Veränderungen in Sibirien werden die Welt in Erstaunen setzen, Veränderungen, die in Sibirien ideale Bedingungen für die menschliche Besiedlung schaffen werden.«*

Ich sagte: »Es gab die Idee, den Permafrost durch kontrollierten Einsatz von Kernenergie abzuschmelzen ...«

Der Sekretär blieb stoisch. »Das war bloß eine Idee«, sagte er.

Ich war dankbar für seine Ehrlichkeit. Doch die Stimmen alter Fortschrittsschwärmer meldeten sich weiter lautstark in mir zu Wort. »Es war beabsichtigt, Kohleflöze unter der Erde zu verbrennen«, bohrte ich hartnäckig, »um die entstehende Energie in wasserarmen Zeiten für den Betrieb von Wasserkraftwerken zu nutzen.«

Eine Zigarette wackelte unangezündet zwischen den Fingern des Sekretärs. »Das hat nicht funktioniert. Es war unmöglich.«

»Was ist dann aus dem Plan geworden, Kraftwerke mit Dampf aus den Vulkanen auf Kamtschatka zu betreiben?«

Er zuckte die Achseln. »Das höre ich zum erstenmal. Und es fällt nicht in die Zuständigkeit dieser Einrichtung ...« Er hatte sich hinter seinem Schreibtisch zurücksinken lassen, und sein Bierbauch wölbte sich mächtig. Seine Augen waren wie Eis. Ich stellte mir vor, sie hätten keine Pupillen. Ich fühlte mich auf See. Meine Jacke hatte sich über meinem Gebetsgürtel geöffnet, durch den ich vor Pest und dem Blick des Basilisken gefeit war. Ich verbarg ihn mit meinem Arm. Ich war mir nicht sicher, was ein Basilisk war, aber es konnte ja sein, daß der Generalsekretär es wußte.

Inzwischen schienen meine Fragen, seine Antworten und die Stimmen aus der noch relativ jungen Vergangenheit eine Art Gesellschaftstanz miteinander aufzuführen. Ich stürzte mich verzweifelt auf ein altes Renommiervorhaben. »Die hydrodynamische Kanone ...«

»Sie schneidet ganze Schichten harter Erde weg«, hatte Lawrentjew geschrieben, *»und kann Kohlenlager in wenigen Stunden freilegen.«*

»Die wurden schon vor Jahren ad acta gelegt«, antwortete der Generalsekretär. »Sie konnten die Erwartungen in keiner Weise erfüllen. Das Prinzip wird jetzt nur noch zum Pressen von Materie angewandt, nicht zum Aufschneiden. Die Kanone konnte nur ein Löchlein bohren …«

Wir hatten eine eigenartige Pattsituation erreicht. Während ich unbedingt an eine Zukunft glauben wollte, machte er jede Hoffnung zunichte. Ich ließ einen letzten Phantasieballon steigen, hatte ich doch kindischerweise gehofft, dieses Projekt tatsächlich zu sehen. Zwanzig Jahre vorher waren Pläne im Schwange gewesen, eine ganze arktische Stadt mit eigenem Mikroklima zu schaffen. Sie sollte Udatschny heißen, »Glücklich«, und entweder unter einer transparenten Pyramide liegen, von einer Glaskuppel überwölbt sein oder ein System geschlossener Galerien und Gärten bilden. Es hatte geheißen, binnen zehn Jahren werde sie fertig sein. (Lawrentjew: *»Sibirien wird das wissenschaftliche Zentrum nicht nur der Sowjetunion, sondern der ganzen Welt werden.«*)

Ich fragte: »Wo liegt diese Stadt? Gab es da nicht einen Plan?«

»Es gab einen Plan«, sagte der Generalsekretär gnadenlos. »Aber es gibt keine Stadt.«

Ich verstummte niedergeschlagen. Die Stimmen der gescheiterten Zukunft wurden leiser, verklangen. Plötzlich beugte sich der Sekretär vor. »Hören Sie«, knurrte er. »Hören Sie …« Ich hatte keine Ahnung, was jetzt kommen würde. Sein Gesicht war zornumwölkt. »Wir haben hier ein alles beherrschendes Problem. *Geld.* Wir bekommen kein Geld für neue Geräte, kaum genug für unsere Gehälter. Es gibt Leute, die seit sechs Monaten nicht mehr bezahlt worden sind.« Dann brach sein Zorn heraus. Er bäffte wie ein Feldwebel. »In diesem Jahr haben wir Fördergelder für sechs oder sieben verschiedene Programme beantragt! Und nicht eines ist von der Regierung bewilligt worden! Nicht eines!«

Ich starrte ihn konsterniert an. Ich begriff, daß seine Bitterkeit die ganze Zeit über nicht gegen mich gerichtet gewesen war, sondern gegen Moskau. Weit davon entfernt, ein passives Sprachrohr zu sein, war er auf seine Vorgesetzten wütend. »Ich weiß nicht, was für eine Politik unsere Regierung betreibt, ob sie überhaupt eine betreibt! Die Wissenschaft ist heute vom Staat so abgeschnitten wie früher die Kirche. Soweit ich sehen kann, wird alles von der Mafia gelenkt!«

Er wühlte in einem Karton und fand für mich ein Buch über die einstigen Errungenschaften von Akademgorodok. Es war mit strotzenden Getreideähren und gemästeten Schafen bebildert. »Früher wurde hier was geleistet«, sagte er, als ich mich zum Gehen erhob. Dann verflog sein Zorn, als ob ein Geschwür aufgestochen worden wäre. Seine vorher so stumpfe, ausdruckslose Miene legte sich in Trauerfalten und wurde auf einmal richtig lebendig. Sonderbar, dachte ich verblüfft. Er war beinahe sympathisch.

»Die Zukunft?« sagte er. »Wenn wir eine Regierung haben, die begreift, daß kein Land ohne Wissenschaft auskommen kann, wird Akademgorodok wieder erblühen.«

Er brachte mich noch zur Eingangstreppe des Präsidiums, vielleicht weil es ihn in seinem öden Büro nicht mehr hielt. Zu spät fing ich an, ihn zu mögen. Als ich ihm die Hand drückte, merkte ich nichts mehr vom latenten Drohgebaren des Apparatschiks; vor mir stand ein alternder Traditionshüter, der von besseren Zeiten träumte.

Ich spaziere mit einem jungen Physiker am Obschen Meer entlang. Es ist natürlich kein Meer, sondern ein riesiger Stausee, der still und gezeitenlos daliegt. Und der junge Mann ist kein fertiger Physiker (obwohl er sich als solchen bezeichnet), sondern ein Forschungsstudent an der einst so renommierten Universität. Er fragt sich, was er mit seinem Leben anfangen soll. Der Sand unter unsern Füßen ist ebenfalls nicht von Natur da, sondern wurde antransportiert – gut zwei Millionen Kubikmeter –, um die Vorzüge der Stadt zu vervollständigen.

Und jetzt liegt alles in Scherben, sagt er. »Die jüngeren Wissenschaftler wandern scharenweise ab, die meisten in die Wirtschaft.

In der Wirtschaft kann man fünfmal so viel verdienen wie hier. Andere sind in die USA und nach Deutschland gegangen. Die Gescheiten sind alle gegangen.«

In die Länder gegangen, die ihre Eltern einst fürchteten, denke ich. »Und Sie?«

Ein Stottern schleicht sich in seine Rede ein, wie ein Notsignal. »Ich werde auch gehen.«

»Um wissenschaftlich tätig zu sein?«

»Nein. Die meisten von uns können ihre wissenschaftliche Qualifikation nicht verwerten. Wir wollen lediglich eine anständig bezahlte Arbeit haben und eine Zukunft.«

Unsere Füße schlurfen über den Sand. Der riesige Strand ist mit Sonnenbadenden besät, und ein paar Frauen führen ihre Hunde durchs flache Wasser spazieren. Er sagt: »Vor ein paar Jahren, wissen Sie, gab es unter den Studienabgängern eine wahnsinnige Konkurrenz darum, in die Institute zu kommen. Aber heute nehmen sie jeden. Man kriegt natürlich eine Wohnung, aber was hat man davon, wenn man sich kaum etwas zu essen kaufen kann?« Die Frage ist nicht ganz rhetorisch gemeint. Er möchte immer noch gerne Physiker sein. Aber er sieht nicht, wie das gehen könnte. »Nur die Flachköpfe bleiben. Sie machen die Laborarbeit für einen Hungerlohn. Die Anlagen veralten. Und niemand legt sich richtig ins Zeug.«

Wir bleiben am Rand des Wassers stehen. Am Ufer liegen überall angeschwemmte Floßstämme, die sich weiter flußaufwärts aus ihrem Verband gelöst haben. Einen Moment lang befördert mich ihr intensiver Harzgeruch in meine Kindertage an einem kanadischen Fluß zurück, wo die angespülten Stämme die Spielsachen eines kleinen, nackten Jungen wurden, lange bevor überhaupt jemand an Akademgorodok dachte.

Die vom Wasser blank polierten Baumstämme liegen gestrandet zu unsern Füßen. Der Student sagt ohne innere Überzeugung, ohne Liebe: »Ich werde in die Wirtschaft gehen.«

Er war ein Einzelkind. Eine Einsiedlernatur, geradezu biblisch unschuldig. Während des Krieges war seine Mutter mit ihm aus dem bedrohten Leningrad geflohen; sein Vater war gefallen. Ich hatte seine Telefonnummer durch einen Zufall erhalten, und als er im Wagen seines Instituts – den er dienstlich benutzen durfte – angescheppert kam, hatte ich keine Ahnung, was ich mir von ihm erwarten durfte.

Wohin gehörte Sascha? Nicht in Rußlands aufgewühlte Gegenwart, denke ich, sondern in die Gesellschaft der Träumer, die die russische Literatur des 19. Jahrhunderts bevölkern. Er lebte nur für seine Arbeit. An vielen Abenden schuftete er bis spät in die Nacht in einem großen, trostlosen Gebäude, in dem das Institut für klinische und experimentelle Medizin zuhause war. Selbst jetzt, während der Semesterferien, grüßte ihn der Pförtner mit jovialer Gewohnheit. Sein Arbeitsplatz war im Keller, wo er in aneinandergereihten düsteren Höhlen – der Strom dort unten war ausgefallen – über Daten brütete, bei denen es um Magnetfelder ging. Neben seinem Schreibtisch standen ein rostiger Herd und ein Heimtrainer und an den Wänden zwei oder drei große, rätselhafte Apparate in einem Gewirr von Röhren und Kabeln. Aber irgendwoher mußte doch Strom kommen, denn in einer Ecke summte ein Kühlschrank, und nach einer Weile verschwand Sascha, um Tee zu kochen. Ich wartete wie im Haus eines harmlosen Hexers. An den Wänden hingen Drucke von dem mystischen Maler Nikolai Roerich – körnige Berge, in denen Einsiedler hausten oder Pilger wanderten.

Wir tranken im Dunkeln lauwarmen Tee. Sascha war sechsundfünfzig, aber jungenhaft in seiner Begeisterung und Vertrauensseligkeit. Kastanienbraune Fransen hingen ihm über die Stirn, und seine braunen Augen hatten einen treuen Hundeblick. Er war traurig, daß er nicht meine magnetische Sensibilität auf dem Daniel-Düsentrieb-Kasten neben uns messen konnte (»Kein Strom!«), aber er hoffte, ich würde mich in die hypomagnetische Kammer nebenan legen. »Haben Sie diese Fotos gesehen?« Er deutet auf einen Büroschrank. »Die zeigen die Energie, die nach nur drei Sitzungen in der Kammer aus den Fingerspitzen eines Patienten fließt!«

Ich betrachtete sie: Sie schienen eine Qualle umgeben von einem wilden Haarkranz darzustellen. Ich fragte zweifelnd: »Was für Krankheiten kann der Apparat heilen?«

»Man kann damit Epilepsie behandeln, aber der Patient muß sehr sensibel sein. Er hat auch schon bei neurogener Lähmung und Krebs geholfen.«

»Krebs?«

»Na ja, bei der Diagnose.«

»Aber was bewirkt die Kammer eigentlich?«

Ich hörte mich selbst für mein Gefühl brüsk an, aber Sascha war in seinem Missionseifer nicht zu erschüttern. »Die Kammer schaltet die natürlichen Magnetwellen des Körpers fast gänzlich aus! Sie vermindern sich um das Sechshundertfache! Und dadurch können *andere Dinge* auftreten – reinere Wellen. Dinge, über die wir nichts Sicheres wissen. Aber vor der Behandlung eines Patienten müssen wir seine vorgeburtliche Entwicklung in jeder einzelnen Woche zwischen Zeugung und Geburt kennen. Das interplanetarische Magnetfeld, die Mondphasen und so weiter ...« Er sah mich an, als ob ich diese Angaben bei mir haben müßte, vielleicht in meinem Paß.

»Ich befürchte ...«

Doch er fuhr hastig fort: »Die Feldstruktur unseres Organismus ist sehr dynamisch. Manchmal ist sie verschlossen, manchmal nicht. Kürzlich zum Beispiel hatten wir eine Tagung in Martinique, und die Leute dort waren sehr offen, sehr. Ihre magnetische Sensibilität bei unsern Tests war erstklassig. Die Menschen müssen aufmachen, gelt. Sich öffnen!«

Mir wurde ganz schwummerig zumute. Ich schaute an mir herunter und fragte mich, ob ich mich öffnen würde, aber ich sah nur ein schmuddeliges Hemd und einen Gebetsgürtel. Die Erforschung der Magnetwellen, denen ich ausgesetzt werden sollte, hatte allem Anschein nach dem Astrophysiker N. A. Kosyrew viel zu verdanken, der Teleskopspiegel aufgestellt hatte, um Sternenlicht gleichzeitig aus der Vergangenheit, der Gegenwart und der Zukunft aufzufangen. Kosyrew war Saschas Gott. Der Astronom war offenbar der Meinung, das Universum sei von einer einheitlichen Zeitenergie durchflutet, in der Geist, Materie und kosmische Kräfte in irgendeinem Hegelschen Entwicklungsgang verquickt waren, der Sascha faszinierte, aber der mir zu hoch war.

»Es hängt alles von Ihrer Empfänglichkeit ab«, sagte Sascha, während er mich ins Nebenzimmer führte. »Der Apparat schließt psychophysische Nischen auf, denen man normalerweise keine Beachtung schenkt.« Wir standen vor zwei identischen Kammern: graue, vorne offene Trommeln, in die der Patient sich hineinlegen sollte. Sie ähnelten Kernspintomographen oder großen Waschmaschinen, waren aber vollkommen glatt und schlicht.

Ich sagte einfältig: »Es sind zwei.«

»Ja, aber einer ist eine Attrappe«, sagte er. »Wenn Sie sich ganz still erst in den einen, dann in den andern legen, spüren Sie, welcher der richtige ist.« Er rückte in beiden die Matratzen zurecht. »Natürlich gibt es Menschen, die zubleiben. Doch. Es gibt, würde ich sagen, kosmophile und kosmophobe Typen. Aber siebzig Prozent sind dafür empfänglich. Manche haben das Gefühl, daß sie fliegen, andere, daß sie aus sich herausgehoben werden. Es hängt von der Sensibilität ab.«

Sein Vertrauen forderte mich heraus. Ich war entschlossen, sensibel zu sein. Ich stieg in eine der Trommeln und legte mich hin; ich fühlte mich wie ein Stück schmutzige Wäsche. »Liegen Sie still«, sagte er. »Meditieren Sie.« Ich versuchte, mich innerlich leer zu machen, doch statt dessen erforschte ich die gewölbte Decke über mir nach einem verräterischen Hinweis. War dies die Attrappe oder die echte Kammer? überlegte ich. Ich meinte, den Verlauf eines Kabels unter dem Putz zu entdecken, aber entschied dann, daß es nur eine Nahtstelle war. Ich lag still. Die Gedankenmühle lief an, beruhigte sich. Ich schloß die Augen und konzentrierte mich allein auf die Dunkelheit hinter den Lidern, wo ein seltsames graues Plasma changierte. Keine Geräusche lenkten mich ab. Mein Verstand bemühte sich, einen klaren Gedanken zu fassen, einen andern, dann gab er schließlich auf. Aber ich spürte nichts. Nichts. Nach einer Weile blickte ich auf den Lichtkreis zu meinen Füßen, hoffte auf irgendeine Empfindung, irgendwas, aber sah nur Saschas Gesicht hineinlugen. »Entspannen Sie sich. Meditieren Sie fünf Minuten. Ich muß mal nach meinem Faxgerät sehen.«

Ich meditierte. Nein, dies war die Attrappe, erkannte ich. Ich hatte nur den Wunch einzuschlafen. Also stieg ich aus und stellte mich vor das Double. Beide sahen behelfsmäßig und irgendwie unwirklich aus, wie Bühnenrequisiten. Doch als ich in die zweite Kammer krabbelte, fühlte ich einen bangen Schauder. Jetzt würde ich (laut Sascha) den Übergang aus dem Einsteinschen Raum in den Kosyrewschen Raum vollziehen. Lebende Materie würde in eine immaterielle Dimension eintreten. Zögernd legte ich mich hin und blickte nach oben. Ich stellte mir eine Leere vor. Eine lange Zeit schien zu verstreichen. Ich versuchte zu schweben. Aber wieder nichts.

Ich dachte: Ich muß kosmophob sein. Vielleicht habe ich keine psychophysischen Nischen. Oder die dynamische Feldstruktur meines Organismus ist am Zerbröseln. Vielleicht habe ich nie eine gehabt. Im Vergleich zum Mann auf der Straße in Martinique …

Da hörte ich ein gleichbleibendes rhythmisches Surren. Einen Moment lang konnte ich es nicht orten, doch dann erkannte ich, daß es nicht aus meinem Kopf kam, auch nicht von der Trommeldecke über mir, sondern aus dem Nebenzimmer. Ich dachte: Sascha betreibt irgendwas, vielleicht einen Generator. Er versucht, meine Trommel zu aktivieren. Damit weiß ich wenigstens, daß ich in der richtigen bin. Ich legte mich wieder hin und versuchte es noch einmal. Das Surren dauerte an, aber statt zu fliegen, verfiel ich in eine gelangweilte Starre. Mein nächster Gedanke war: Die Russische Akademie der Wissenschaften gibt tatsächlich *Geld* für diesen Kram aus, seit Jahren schon …

Nach ein paar Minuten kletterte ich müde heraus. Wider besseres Wissen kam ein verärgertes Gefühl des Versagens in mir auf. Ich schüttelte es ab. Ich bin nicht kosmophob, sagte ich mir mißmutig, ich bin bloß Engländer. Ich suchte die Kammern nach einem Unterschied ab, einer erkennbaren Kabelspur oder einem zusätzlichen Metallmantel. Doch ich fand nichts. Das rhythmische Surren drang immer noch von nebenan. Ich sah nach und entdeckte den Ursprung: Sascha strampelte auf seinem Heimtrainer.

»Wie war's? Wie war's?« Schwitzend und glücklich sprang er herunter.

Ich riskierte eine Vermutung, welcher Apparat der richtige sei, traf aber daneben. »Vielleicht bin ich müde«, sagte ich. »Ich habe nichts gespürt.« Es war mir peinlich, ihn zu enttäuschen. In dem Moment wollte ich, daß die Welt von kosmischem Wohlwollen überfloß. »Wenigstens glaube ich, nichts gespürt zu haben ...«

Ich war voll bei den unsensiblen 30 Prozent gelandet. Aber Sascha wischte die Sache beiseite. »Warten Sie, ich zeige Ihnen was anderes ...« Offensichtlich wurde mein statistisches Gewicht von seiner Gewißheit aufgehoben. Er besaß die Gabe, Mißerfolge nicht mitzuzählen. Seine Frau und sein Sohn, hatte er erwähnt, lebten weit entfernt in Estland – sie war in ihre Heimatstadt zurückgekehrt. Dennoch vermied er das Wort »Trennung«. Sie waren einfach nicht zusammen. Er beendete das Thema mit einem vagen Lächeln. Vielleicht machte Traurigkeit ihm Angst.

»Wissen Sie, es gibt bestimmte Feldlinien von außerordentlicher magnetischer Kraft ...« Er wühlte in seinen Unterlagen. »Schauen Sie sich die mal an, aus Stonehenge. Ich finde sie höchst interessant.«

Er schüttete mir einen Haufen Zettel voll wilder Kritzeleien auf den Schoß. Sie waren das Ergebnis eines obskuren Experiments. Hier in Akademgorodok hatte sich einer seiner Kollegen in eine röhrenförmige Aluminiumkammer gesetzt, »Kosyrews Spiegel« genannt und gebaut zu dem Zweck, die Übertragung seiner »Zeitenergiewellen« zu verbessern. Während er sich auf eine Auswahl alter sumerischer Bilder konzentrierte, hatten andere Teilnehmer, die 5000 Kilometer entfernt zwischen den Monolithen von Stonehenge saßen, den Versuch unternommen, seine Gedankenbilder zu empfangen und aufzuzeichnen.

»Schauen Sie, schauen Sie«, sagte Sascha. »Dies hier ist bemerkenswert.« Er deutete auf ein sumerisches Original, das wie zwei Libellen aussah, dann blätterte er hastig die Zeichnungen durch.

Ich sah Spiralen, Schiffe, Hunde, Phalli, Sonnen, Strichmännchen, Blumen, Sterne. Schließlich: »Hier!« Irgend jemand in Stonehenge hatte einen in der Luft schwebenden Vogel produziert. »Sehen Sie? Sehen Sie?« Er platzte fast vor Glaubensgewißheit. Es spielte keine Rolle, daß alle andern Zeichnungen – Blatt für Blatt – keinerlei Bezug zu dem Vorgestellten hatten oder daß allein die Libellen und der Vogel eine entfernte Ähnlichkeit aufwiesen. Sascha strahlte darüber wie ein Posaunenengel. Beweise hatte er kaum nötig. Er wußte schon Bescheid.

....

Ein alter Mann sitzt in seiner Datscha im Goldenen Tal. Diese Landhäuser erhält nur die Elite – er ist Akademiemitglied –, und den ganzen Weg über recken sich ihre Stuckfassaden aus überwachsenen Gärten, bis die Straße an den waldigen Hügeln ausläuft. Das Wohnzimmer des Akademiemitglieds quillt über von Kitsch: Glastiere, sentimentale Bilder, Statuetten der Mediceischen Venus, der Kapitolinischen Venus, der Venus von Milo. Aber es gibt auch Ikonen und angestrengte Miniaturlandschaften, gemalt von einem Gulag-Gefangenen. Ich sinniere im stillen, was diese Gegensätze wohl zu bedeuten haben. Sascha, der mich wie eine Trophäe hier angeschleppt hat, ist verstummt. Er lauscht dem Akademiemitglied, seinem Lehrer, mit atemlosem Respekt. Die Frau des Akademiemitglieds und sein Sohn, der um die vierzig sein muß, desgleichen. Das ganze Haus riecht nach einem nassen Hund, der draußen durch die Büsche pest.

Eine Weile knabbern wir Sakuski und trinken Wodka. Das Akademiemitglied reicht mir sein jüngstes Buch, *Das kosmische Bewußtsein der Menschheit*. Dann stoßen wir auf meine zukünftigen sibirischen Reisen an (»Es ist gefährlich heutzutage, wissen Sie«), und mir wird in meiner Rolle als Weltreisender langsam unwohl, weil ich offenbar zu irgend etwas bekehrt werden soll. Unbemerkt schlage ich das Buch des Akademiemitglieds auf und lese: »Der Weltgesamtgeist der Menschheit in seinem kosmoplanetarischen Aufstieg ist weder ein Derivat noch ein bewußtes

Produkt der sozialen Bewegung (der soziokulturellen historischen Entwicklung). Er ist ein ganz eigenes kosmoplanetarisches Phänomen in der Organisation und Fortentwicklung der Universalen Lebenden Materie in ihrer der Erde angepaßten Erscheinungsform …«

Ich fürchte einen Anfall von Kosmophobie und klappe es zu, woraufhin das Akademiemitglied, der Banalitäten des Essens und Plauderns überdrüssig, verkündet: »Wir müssen nach oben gehen und diskutieren.«

Jahrelange unterwürfige Behandlung hat ihn verdorben, vermute ich. Eine alte Pädagogik und ein neuer Missionseifer haben ihn geistig auf die Form des unwidersprochenen Monologs reduziert. Im Arbeitszimmer, wo wir sitzen, sein Sohn, Sascha und ich, sind die Wände vom Boden bis zur Decke mit den verstaubten Reihen seiner Bücher zugestellt. Während seine Frau unten bleibt und abspült, erläutert er, wie das spirituelle und mentale Leben des Menschen von galaktischen Wellen durchzogen sei, und ich kann mich nicht entscheiden, ob ich diese Vorstellung arrogant oder bescheiden finde (und Fragen läßt das Akademiemitglied nicht zu). In seinem Fortschreiten von Punkt zu Punkt hebt er öfter den Finger, dann gewinnt seine Botschaft an Dringlichkeit.

»Wir befinden uns in der Weltentwicklung in einer kritischen Phase. Der Westen ist machtlos, vom Materialismus geblendet. Er kann nichts *sehen. Er kann nicht neu denken*. Nur Rußland kann den Weg weisen. Punkt drei: Rußland kann das genau und allein deshalb, weil man ihm alles genommen hat und es offen ist! Ja, offen! Dies ist der Augenblick! Wir haben nur eine kurze Chance – jetzt! In wenigen Jahren wird es zu spät sein. Jetzt ist der Augenblick, in dem das hergebrachte Denken und das kosmische Denken konvergieren können und müssen. Wir müssen die Welt retten – nicht nur Rußland! – und neue Denkweisen in Umlauf bringen!«

Er spricht wie in einer Echokammer, und die Botschaft, die ihm so neu erscheint, hallt von Altem wider. Sie tönt durch die Werke der Slawophilen des 19. Jahrhunderts, die halb mystisch die uralten Werte der russischen Seele verordneten. Es ist die Vision von Dostojewski, Herzen, Tolstoi. Ja, Rußland wird die Erde retten! Die Wahrheit wird durch Leiden erstehen! Europa – das rationalistische, individualistische Europa – ist blind und stumpf vor Überfluß. Nur das verarmte Rußland kann an das Herz der Dinge rühren und die Menschheit erlösen.

Ich verliere bei den Reden des Akademiemitglieds allmählich den Faden. Er scheint über Experimente mit kosmischen Wellen in einer thrakischen Kultstätte in Bulgarien und nördlich des arktischen Dudinka zu sprechen, wo ich hinwill. Er wirft mit universell gültigen Abstraktionen und großmächtigen Verallgemeinerungen um sich. Sein Publikum lauscht ergriffen, dankbar. Hin und wieder kommt ein Begriff in englisch auf, geht wieder unter. »… Spatio-temporal waves … Punkt sechs: distant-image interaction …« Dann sagt er zu mir: »Wenn Sie den Jenissei hinunterfahren und sich dabei geistig öffnen, werden Sie ein neues Sibirien entdecken! Wir haben Experimente in Dikson nördlich des Polarkreises durchgeführt, und Sie werden feststellen, daß die magnetischen Kanäle zwischen dort und hier sehr stark sind.« Er fragt: »Haben Sie von Juri Motschanow gehört?«

Zu meiner Überraschung kann ich das bejahen. Er ist ein russischer Archäologe, dessen Ausgrabungen an der Lena Spuren prähistorischer sibirischer Menschen zutage gebracht haben. Kritischen Stimmen zum Trotz hat er das Alter ihrer Steingeräte auf über zwei Millionen Jahre angesetzt, womit sie an Leakeys Afrikaner ganz am Anfang der Menschheitsentwicklung herankommen würden. Er lebt und arbeitet immer noch in der Stadt Jakutsk in Ostsibirien, wo ich ihn aufzusuchen gedenke.

Das Akademiemitglied ist Feuer und Flamme. »Eine Kultur, mindestens so alt wie in Afrika! Was bedeutet das für den Darwinismus? Die herkömmliche Sicht geht davon aus, daß der Mensch in Afrika entstand und sich dann auf Ost- und Nordwanderungen nach Asien ausbreitete. Aber die Grabungen von Motschanow und andern widerlegen das. Sie beweisen, daß das Licht der Intelligenz in mehreren Weltgegenden gleichzeitig erschien – in Sibirien, in Afrika, in Zentralasien. Und die erste davon war Sibirien!«

Alles paßt wunderbar zusammen. Hier in Sibirien – Inbild und Ursprung des anderen Rußland – nahm die Kultur ihren Ausgang. Und hier wird sich auch der kosmische Energiefluß, die große Allverbundenheit, neu bewahrheiten. Das Akademiemitglied ist natürlich weit davon entfernt, die Wissenschaft zu verwerfen (obwohl er in ihren Trümmern haust). Gerade jetzt hat er übrigens wieder den Finger erhoben. »Meiner Meinung nach waren kosmische Einflüsse im Verein mit Veränderungen im Magnetfeld der Erde verantwortlich für den plötzlichen Reifungsprozeß des menschlichen Gehirns zur damaligen Zeit. Diese frühen Kulturen lebten im Einklang mit dem Kosmos, aber wegen verschiedener Faktoren konnten sie sich letzten Endes nicht halten ...« Seine Hand sinkt gemütlich auf den Schoß zurück. »Darwin, nicht wahr, ist Unsinn.«

Ich sitze ihm gegenüber, zunächst von Widerspruchsgeist geschüttelt, dann seltsam traurig. Sascha leuchtet förmlich. Ich aber sehe einen alten Mann in Trainingshosen und fadenscheinigen Socken, der jeden Boden unter den Füßen verloren hat. Manchmal habe ich das Gefühl, daß er nicht mit uns, sondern mit sich selbst spricht und daß er sehr einsam ist. Ich sehe in ihm ein Opfer derselben Selbsthypnose, mit der die große Illusion des Kommunismus aufrechterhalten wurde, eines Zustands, in dem Ideen und Träume trügerisch über der Wüste des Wirklichen schweben.

Wie still es hier ist. Im Grün sprießen junge Farne auf, und der Wind in den Birken läßt die chromgrünen Blätter schillern. Irgendwo in den Wäldern von Akademgorodok wird das Museum für Geschichte und Kultur der Völker Sibiriens wie eine Privatsammlung geführt. Es ist klein und exquisit. Die eisernen Kopfbedeckungen von Schamanen sind gleich neben den Fischhautmänteln der Niwchen ausgestellt. Die Leiterin führt mich herum.

Im zentralen Raum liegt die tätowierte Mumie eines Kriegers neben seinem hölzernen Sarg. Er kommt aus dem Altaigebirge 800 Kilometer südlich an der Grenze zur Mongolei. Das

Regenwasser, das durch die aufgeschütteten Steinhügel in die darunterliegenden 2400 Jahre alten Gräber sickerte, fror beim ersten Schneefall und schloß Holz, Leder, Stoff, menschliche Haut dauerhaft in einem Eisblock ein. Der Krieger war zwischen geopferten Pferden beigesetzt worden, deren reich verzierte Kopfstücke und Sättel in einem Glaskasten in der Nähe liegen. Sein Wollmantel, innen mit Murmeltierfell gefüttert, ist hervorragend erhalten.

Galina, die Leiterin des Museums, ist hitzig und stolz: eine kleine Frau mit grünen Brillengläsern. Sie deutet auf eine andere Vitrine, und ich beuge mich über hauchdünne Goldblättchen, die Reste eines Kleides. »Das«, sagt sie ehrfürchtig, »ist von *ihr*.«

Es gibt derzeit in der russischen Archäologie nur eine Sie: die 1993 ausgegrabene Eisprinzessin aus dem Altai, eine einsame Frau, die in barbarischer Pracht auf einem entlegenen Plateau nahe der chinesischen Grenze beigesetzt wurde. Niemand weiß, wer sie war – Schamanin, Adelige oder Bardin –, und eine heftige Kontroverse entbrannte alsbald darüber, welcher Rasse sie zuzurechnen sei. Ihre Mumie wurde nach Akademgorodok gebracht und dort in ein Eisfach gelegt, in dem vorher einmal Käse gelagert hatte. Binnen kurzem war ihr Leichnam von Pilzen befallen, die ihre feinen Tätowierungen unkenntlich zu machen drohten, und so wurde sie eilends nach Moskau befördert, wo Balsamierer sie restaurierten. Slawische Experten erklärten sie für europid, eine frühe Europäerin. Doch die Leute aus dem Altai, die sich als Nachfahren ihrer Kultur begreifen, erhoben Anspruch auf sie, und ein Schweizer Gerichtsmediziner gab ihnen recht: Sie sei mongolid, erklärte er, mit den heutigen Einheimischen nahe verwandt.

Galina, eine russische Brünette, will davon nichts wissen. »In unserm Gerassimow-Institut in Moskau haben sie gesagt, daß die Altairegion in früher Zeit im wesentlichen ›europäisch‹ war, allerdings chinesisch durchmischt. Jenseits der Grenze in China haben sie Mumien ausgegraben, die der Öffentlichkeit noch nie gezeigt wurden. Sie halten sie unter Verschluß. Das ist ein weiteres Indiz dafür, daß der Altai in rassischer Hinsicht europäisch war.« Sie mustert mich scharf: kleine, slawische Augen. West oder Ost, Europa oder Asien – für die Russen geht der Streit über die eigene Hingehörigkeit nie zu Ende. Plötzlich sagt sie: »Möchten Sie sie sehen?«

Im ersten Moment bin ich perplex. Ich habe angenommen, sie befinde sich noch in Moskau und warte ab, was über ihr Schicksal beschlossen wird. Aber Galina sperrt einen kleinen, vergitterten Raum auf und winkt mich herein. Ein mit braunem Papier abgedeckter Schaukasten steht an einer Wand. Sie nimmt die Deckblätter ab, und unter dem Glas erblicke ich eine Frau. Sie liegt auf der Seite, die Hände über dem Becken gekreuzt. Ihr Oberkörper mit der palmenartig gerieften Wirbelsäule ist eingefallen, und ihr Kopf ist nach hinten gekippt. Ihre einbalsamierte Haut glänzt wie Elfenbein. Es ist schwer, sie anzuschauen. Sie liegt zur Wand gedreht, als wollte sie nichts von uns wissen.

»Wo kommt sie jetzt hin?« Ich spreche flüsternd.

Galina blickt sie an. »Es gibt eine Vereinbarung mit dem Museum in Gorno-Altaisk, der Hauptstadt der Republik Altai, die besagt, daß wir sie hier erforschen dürfen. Meiner Meinung nach gehört sie uns.« Aber ihre Stimme klingt ärgerlich. »Jetzt wollen sie sie wiederhaben. Die Museumsleiterin – diese Rima Jakimowa! –, sie erlaubt uns nicht einmal, noch weiter im Altai zu graben, und für eigene Ausgrabungen haben ihre Leute kein Geld. Und jetzt machen wir ihr unsere Prinzessin wieder zum Geschenk!« So sehr es ihr gegen den Strich geht, sie kann den politischen Sturm nicht mehr eindämmen. Wir stehen vor Rußlands gespaltener Identität. »Wir haben hier alles für die Prinzessin getan. Ihre Reiterstiefel aus Filz, das Hemd aus Rohseide und der rotweiße Wollrock, die ganzen Sachen, in denen sie bestattet wurde, werden zur Zeit noch restauriert. Ihr Schmuck, ihr Kopfputz, alles ist fotografiert worden. Wem sollte sie sonst gehören?«

Die Prinzessin hatte sechs Pferde als Grabbeigabe bekommen. Auf Tischchen in ihrer Grabkammer fanden Archäologen ein symbolisches Mahl aus Hammel- und Pferdefleisch. Ich starre sie abermals an. Sie muß für ihre Zeit groß gewesen sein. Die indigoblauen Tätowierungen, die Hirsche oder Greife darstellen, sind auf ihren Schultern und Unterarmen noch deutlich zu erkennen. Sie hat lange, zartknochige Hände.

»Diese Rima Jakimowa, ihr Museum ist zu klein! Es hat schon genug Exponate, und es ist kein Platz. Sie werden die Mumie wahrscheinlich nicht unter den richtigen atmosphärischen Bedingungen konservieren können … Wahrscheinlich sehen wir sie nie wieder.«

Sie war mit Mitte Zwanzig eines natürlichen Todes gestorben. Man fand sie ausgestreckt in ihrem Sarg, den Kopf nach Osten gerichtet, gekrönt mit einem etwa 80 Zentimeter hohen Schwanenkopfputz, um den Hals einen ursprünglich vergoldeten Reif aus hölzernen Kamelen. Die Innereien waren größtenteils herausgenommen und die Bauchhöhle mit Torf und Rinde ausgestopft, deren Tannin sie konserviert hatte. Ihr Schädel war mit Baummarderfellen gefüllt; ihre Augen hatte man herausgeschnitten.

Wir decken sie wieder ab. Nach zweieinhalb Jahrtausenden übt sie immer noch die Bannwirkung der frisch Verstorbenen aus. Die Archäologen baten sie um Vergebung.

Beim Abschied denke ich: Dieses verbitterte und verödete Akademgorodok ist kein Ort für ihre Mumie. Ich stelle mir ihren künftigen Rückweg nach Gorno-Altaisk vor, in die Nähe der wilden Täler, wo die Grenzen Chinas, Kasachstans, Rußlands und der Mongolei aneinanderstoßen, und ich nehme mir vor, dorthin zu fahren.

4
GRENZGEBIETE

Zwei Tage später fuhr ich Richtung Süden in eine Gegend, wo das Sibirien, das ich kannte, aufzubrechen schien. Von Zügen und Bussen aus beobachtete ich, wie die Steppenlandschaft sich auffaltete und wellte, bis sie zu den Ausläufern des Altai anstieg, und wie alle Anzeichen von Industrie verschwanden. Die Einheimischen hier waren Angehörige mongolisch-türkischer Stämme, von Haus aus halbnomadische Hirten, die stolz darauf waren, von jenen einst so großen, heute aber arg geschrumpften und versprengten Völkerschaften abzustammen, aus denen sich die Heere Dschingis Khans rekrutiert hatten.

Aber um die Mitte des 19. Jahrhunderts hatten russische Bauern zunehmend ihre Weidegebiete besetzt und sie in die entlegenen Täler abgedrängt. Als mein Bus auf der Fahrt in die Hauptstadt Gorno-Altaisk die Grenze der Republik überquerte, lief ein noch junger Nebenfluß des Ob, der Katun, klar und reißend neben uns her, und ich meinte, im Südosten gestaffelte Höhenzüge erkennen zu können: jene einsamen Gebirgsketten des Altai und Sajan, die Sibirien von den Hochebenen Innerasiens trennen.

Das im Flußtal liegende Gorno-Altaisk wirkte friedlich und heruntergekommen. Ich hatte hier nichts zu tun. Doch in seinem Museum, der zukünftigen Heimat der Eisprinzessin, suchte ich das Büro der berüchtigten Rima Jakimowa auf, und sofort fingen die Stimmen Asiens und Europas wieder zu streiten an. Im Gegensatz zu dem, was Galina behauptet hatte, war Jakimowas Museum keineswegs klein und überladen; es war groß und halb leer. Und sie wollte ihre Eisprinzessin wiederhaben.

»In Moskau haben sie sie für europid erklärt, aber das stimmt nicht. Sie ist asiatisch. Sogar ihre Frisur war asiatisch. Und sie wird *hierher* kommen.« Jakimowa stammte aus dem Altai: breite, mongolische Gesichtszüge, kohlschwarze Augen. »Wir brauchen jetzt nur noch einen Schaukasten für sie, aber wir können uns keinen leisten: er kostet zwölf Millionen Rubel.« Sie warf die leeren Hände in die Höhe.

Ich sagte: »Wird sie da drin besonders kalt liegen?« Mir klang noch Galinas Befürchtung im Ohr *(»Wahrscheinlich sehen wir sie nie wieder.«)*.

»Nein. Die Mumie ist behandelt worden. Sie kann Zimmertemperatur vertragen. Wir brauchen nichts weiter als eine Vitrine.« Der Schaukasten sollte 1700 Dollar kosten. Das kam mir nicht wahnsinnig viel vor. »Es gibt auch den Gedanken, sie auf die Hochebene zurückzubringen, wo sie seinerzeit gefunden wurde. Sie einfach wieder ins Grab zu legen. Ich bin in diesem Punkt innerlich gespalten. Bei unserm Volk sollten die Toten niemals gestört werden. Niemals. Dennoch sind hier russische Archäologen angekommen und haben sie ausgebuddelt. Um sie aus dem Eis zu befreien, haben sie heißes Wasser über sie gegossen, so daß sie ganz schwarz wurde.« Im dunklen Mond ihres Gesichtes waren ihre vollen Lippen zornig vorgeschoben. »Sie haben sie geschändet. Aber das sind unsere Gräber, unsere Leute. Unsere eigenen Archäologen können hier arbeiten. Sie werden kein heißes Wasser über Leichen gießen.«

»Aber Sie haben kein Geld.«

»Aber die Toten werden in Frieden ruhen.«

Es war ein heikles Thema. Vielleicht war es mehr das Nomadenerbe als irgendeine Blutsverwandtschaft, was die aufgebrachte Museumsleiterin dazu bewegte, ihre Abstammung über die mongolischen Heere von der rätselhaften Prinzessin herzuleiten. Noch zu Lebzeiten heutiger Altaibewohner wurden den Toten ihre Pferde ins Grab mitgegeben. Während des Bürgerkrieges vor achtzig Jahren, bevor sie brutal seßhaft gemacht und kollektiviert wurden, hatten sie ihr Ahnenerbe aufleben lassen und einen unabhängigen Staat namens Karakorum proklamiert, benannt nach der Hauptstadt Dschingis Khans. Die Bolschewiken hatten ihn hinweggefegt.

Jakimowa sagte: »Die Macht hat schon immer bei den Russen gelegen. Alles, was hier entdeckt oder ausgegraben wurde, ist nach St. Petersburg oder Akademgorodok gekommen. Diese Galina ...«, murmelte sie. »Die Eremitage ist voll von wunderbaren Stücken aus der Pasyrykkultur, und alle gehören sie uns. Warum sollten unsere Leute nach St. Petersburg fahren, um ihr eigenes Erbe zu besichtigen? In den Magazinen horten sie Hunderte von Stücken, die noch niemals gezeigt wurden. Und eine ganze Masse wurde von Stalin nach Amerika verkauft. Er hat unsere Vergangenheit verkauft. Und jetzt wollen wir sie wieder hier haben. *Hier!*«

Pasyryk: das Wort steht für eine Kultur, deren Name verschollen ist, für das Volk der vereisten Gräber. Im Juni des Jahres hatte ich Exponate in der Eremitage gesehen: faszinierende Sachen. Und als ich jetzt meine Karte auf Jakimowas Schreibtisch entfaltete, strich ihr Finger ein langes Tal entlang 350 Kilometer auf die geschlossene mongolische Grenze zu und schoß dann abrupt nach Norden in eine Landschaft karger Hochebenen und nervenfaserig verästelter Flüsse. Mit einem kurzen Seufzer trug sie das Wort »Pasyryk« dort ein. »Aber Sie werden nicht hinkommen. Es ist zu weit weg, zu wild.«

Die Straße nach Pasyryk wand sich im Morgengrauen durch eine Berglandschaft am jadegrünen Lauf des Katun entlang. Die Welt wirkte verjüngt. Die Flachheit der Steppe und das schwerfällige Mäandrieren ihrer Flüsse war der scharfen Frische des Gebirges gewichen – der kalten, geruchslosen Luft und dem Plätschern von Gletscherwasser über Steine. In den Bauerndörfern prangten Obstbäume – Äpfel, Kirschen, Birnen. Astern und Stockrosen blühten kunterbunt in den Gärten, an den Hauswänden rankte russischer Wein, und davor spielten russische Kinder.

Dann wurden die Berge steiler. Helle Birkenwälder bedeckten die Hänge. Manchmal gabelte sich der Katun und floß mehrarmig über die Wiesen, oder er umrundete weiße Felseninseln, doch je schroffer die Berge herandrängten, um so wilder wurde sein Lauf. In seiner stürzenden Hast wurde er milchig grün. Altaische

Hirten ritten auf ihren stämmigen Pferden an den Ufern, und mein Bus leerte sich von Russen.

Ich war umgeben von einem dunklen, kernigen Menschenschlag. Die Frauen trugen golddurchwirkte Kopftücher. Das maschinengewehrartige Rattern ihres Redeflusses, zerhackt von plötzlichen Kehl- und Knacklauten, tönte durch den Bus. Einige waren wunderschön. Die breiten Flächen ihrer Backen und Stirnen, in denen die gedrückten Nasen und aufgeworfenen Lippen keine Unruhe stifteten, brachten die fiedrige Abgesetztheit der Brauen, von den Chinesen so bewundert, noch stärker zur Geltung. Mit neu erstarktem Selbstvertrauen gaben sie ihren Kindern schon seit längerem wieder türkische oder mongolische Namen, so daß hin und wieder ein kleiner Dschingis verboten bekam, die andern zu hauen, oder Oirot ermahnt wurde, endlich stillzusitzen.

Ein Militärpolizist auf dem Weg zu seinem Posten an der mongolischen Grenze, der neben mir fest eingeschlafen war und dennoch eisern seinen Schlagstock umklammert hielt, rutschte mir Zentimeter für Zentimeter weiter vor die Brust. Das Leben an der Grenze sei sehr langweilig, sagte er, als er aufwachte. Man warte einfach auf nichts. Sein Volk stehe den Mongolen näher als den Russen, räumte er ein, aber sein Dienst sei bloß Dienst. Er bewache im Grunde gar nichts. Und wie ich wußte, waren selbst hier, in dieser sogenannten Republik Altai mit 200 000 Einwohnern, die Altaier gegenüber den Russen in der Minderheit. In ganz Sibirien mit seiner Gesamtbevölkerung von 30 Millionen machten die einheimischen Völker davon nur fünf Prozent aus.

Als wir den Katun überquerten, senkten sich die Wolken herab. Der Fluß brach eine kalte Schneise durch Nebel und Gebirge und verschwand dann, als ob ein Aquarellmaler ihn mit dem Himmel hätte verlaufen lassen. Die Dörfer, durch die wir kamen, waren öde, nahezu unbewohnt. Ziesel flitzten über die Wiesen. Als wir höher stiegen, schlossen uns die ausgewaschenen Wände der Berge ein, auf deren geschützten Seiten die Kiefern in dünnen Reihen standen. Lange graue und rostbraune Gesteinsadern stießen senkrecht in die Täler hinab.

Unter den vielen ein- und aussteigenden Bauern und Hirten war auch eine türkische Schönheit in einem wollenen Hosenanzug, die sich für eine Stunde wortlos zwischen uns setzte, ihre Fingernägel lackierte und dann in einem halb zerstörten Weiler ausstieg.

»Wer in aller Welt war das?«

Niemand wußte es.

Auf der Paßhöhe und an Quellen unterwegs hingen Stoffstreifen zu Ehren der Geister in den Kiefern. Geister bevölkerten die Gewässer und Gipfel dieses ganzen Landes. Weder das Christentum noch der Kommunismus hatten sie verdrängen können. Sie waren zu allgegenwärtig und zu alt. Die Streifen – Ausdruck von Wünschen, von Dank – wehten in den Bäumen, und am Grund der Flüsse glitzerten Münzen. Hier und da blieben Hundertrubelscheine zwischen den Steinen hängen, kamen wieder los, flatterten weiter.

Gegen Abend bog der Bus auf eine Piste nach Norden ab. Hinter uns, hoch über der mongolischen Grenze, zog sich eine Kette verschneiter Gipfel über den Himmel. Wir klommen aufwärts in ein Hochland mit Strauchwerk in herbstlichen Farben und mit flachen, baumlosen Seen. Die Hänge waren mit Geröll übersät. Hier und da bildeten die Steine entlang der Täler vage Kreise und Längsstreifen, so daß es aussah, als folgten wir einer uralten Wanderstraße.

Bei Sonnenuntergang blickten wir dann von einem Paß auf eine wilde Gebirgslandschaft hinab, in der nur Wolkenschatten sich bewegten, und am Himmel zeichnete sich zart ein bleicher Halbmond ab. Wir fuhren noch einige Kilometer weiter in das Tafelland hinein. Dann war die Piste und mit ihr die Welt zu Ende, und an einem Fluß lag weit verstreut eine Ansammlung von Katen und Pferdekoppeln: das Dorf Ust-Ulagan. Schwankende Laufbretter führten über den Fluß, und Bussarde segelten mit weiß gestreiften Flügeln über das Tal.

Ich stieg aus und stand auf einer menschenleeren Straße, die immer noch Sowjetstraße hieß. Kühe lagen dösend in den Schlaglöchern. Wütende Hunde schnappten nach meinen Fersen. Die wenigen Läden hatten Vorhängeschlösser und Bretter vor ihren eisernen Türen und sahen auf Dauer geschlossen aus. Traktoren rosteten im Gras vor sich hin. Ich durchforschte die Straßen nach einer Unterkunft, doch das Dorf hatte sich eingeigelt. Erste Rauchfahnen stiegen aus den Schornsteinen in die Abenddämmerung empor, und nur ein paar Hirten waren zu sehen – untersetzte Männer mit windgebräunten Gesichtern. Als ich in die Gärten spähte, sah ich, daß diese einstigen Nomaden dort Jurten aufgestellt hatten, um im Sommer aus ihren russischen Hütten in die fensterlosen Rundbauten umzuziehen und nostalgisch in die Vergangenheit zurückzukehren.

Ich fand einen Betonbau, der die Gemeindeverwaltung darstellte. Sie war geschlossen; aber in einem Zimmer auf der Rückseite, dessen Tür einen Spalt offenstand, kochte ein buckliger Mann Kartoffeln. Er sei aus Gorno-Altaisk gekommen, um den Dorfhaushalt zu überprüfen, sagte er, aber natürlich gebe es nichts zu überprüfen. Die ganze Infrastruktur sei dahin. »Den Haushalt taxieren! Das ist meine Aufgabe! Als ob es da was zu taxieren gäbe!« Er war fast ein Zwerg, und auch sein Gesicht, verkniffen mit einer unförmig breiten Nase in der Mitte, sah eher mißraten aus. Er hatte ein paar Feldbetten neben dem Verwaltungsbüro aufgeschlagen, weil es sonst keinen Schlafplatz gab, und er lud mich zu sich ein. »Sie werden ungestört schlafen. Hier lacht oder singt niemand.«

Sein eingefleischter Zynismus wurde von den Ereignissen gerechtfertigt. Die Tragödie Rußlands mochte andere zum Trinken oder Träumen verleiten, aber er fand darin nur seine Auffassung von der Absurdität der Welt bestätigt, und bei diesem Thema lebte er auf. Die ganze Republik Altai sei ein einziges Kuddelmuddel, sagte er. »Die Kolchosbauern hier haben seit *fünf Jahren* kein Geld mehr bekommen. Da arbeiten sie natürlich, als ob sie unabhängig wären. Zurück zur Sippe, ist das Motto, zurück zu den alten Bräuchen.« Er selbst war halb Türke, halb Russe. »Sogar bei uns Beamten sind sie mit den Gehältern in Verzug ... Am Schluß wird's uns gehen wie allen andern.«

Wir verzehrten seinen Gemüseeintopf und meine Kekse, und als das elektrische Licht ausging, legten wir uns früh aufs Ohr. Es gab kein fließendes Wasser, und der Abort stank. Im Dunkeln sagte er: »Wenn man hier stirbt und nicht für sein Grab aufkommen kann, schmeißen sie einen auf die Straße.« Die Vorstellung schien ihn zu erheitern. Er kicherte vor sich hin, als ließe er die Torheiten einer ganzen Woche innerlich Revue passieren. Als ich gerade am Einschlafen war, fragte er unvermittelt: »Und Sie? Was machen Sie hier?«

Was machte ich hier? Ich schlug die Augen auf und starrte in die Nacht. Ich versuchte, so etwas wie die Seele Sibiriens zu finden, die es anscheinend nicht gab; wenigstens wollte ich einen Moment lang ihre Irrungen und Wirrungen in den Trümmern des Kommunismus nachverfolgen, erleben, wie jener alte, unstillbare Drang, an etwas zu glauben, sich in obskure Kanäle aufsplitterte, unter andern Namen weiterfloß. Weil ich mir ein Rußland ohne Glauben nicht vorstellen konnte.

Aber ich sagte: »Ich bin hier, um mir die Pasyryk-Grabhügel anzuschauen.« In ihnen hatte man die weltweit am besten erhaltenen Zeugnisse einer alten Nomadenkultur gefunden. »Sie sind nur etwa fünfzehn Kilometer von hier entfernt. Kennen Sie sie?«

Ich hörte ihn schnauben. »Die brauchen mich nicht. Ich brauche sie nicht.« Er drehte sich zum Schlafen herum. »Ich brauche mein Gehalt.«

Ihr wahrer Name ist unbekannt. Vielleicht hatte sie nie einen. Doch die im Pasyryktal begrabene Kultur war der östlichste Ausläufer der weitgespannten skythischen Welt, die sich im 7. Jahrhundert v. Chr. von China bis zur Donau erstreckte. Die Skythen waren Indoeuropäer: ein Volk hochgewachsener, langhaariger und bärtiger Männer, das auf dem Zenit seiner Macht das Perserreich bedrohte und sich die Meder unterwarf. Vom Zeitpunkt ihres ersten Auftauchens an den Rändern des griechischen Einflußbereichs an wurden sie von den Geschichtsschreibern, sei es aus Angst oder Romantik, als barbarische Nomaden dargestellt, Verwüster alles Kultivierten, Gebildeten, Seßhaften. Selbst Herodot, der sie kennenlernte, erklärte, sie besäßen keine Städte.

Doch hier im Altai zumindest waren die Pasyrykleute nur zeitweise Nomaden. Manchmal bauten sie Blockhaussiedlungen hinter Erdwällen, wie es auch die ihnen nachfolgenden Hunnen taten, und pflanzten Felder an. Möglicherweise waren sie zu irgendeinem Zeitpunkt primitive Bauern gewesen, denn ihr Halbnomadentum war eine Sonderform, und ihre Kultur stand auf den Schultern anderer, bei denen die Bronze- und Goldbearbeitung bereits hochentwickelt war.

Eines Tages kam jemand – vielleicht hier im Altai – auf den Gedanken, ein Pferd nicht mehr vor einen Wagen zu spannen, sondern zu reiten. Daraufhin wurde die freie Beweglichkeit der Vorteil und der Stolz der Skythen. Sie kämpften auf stämmigen Wallachen und konnten beidhändig in vollem Galopp zwanzig vergiftete Pfeile in der Minute abschießen. Sie zogen in Ochsenkarren umher, lebten manchmal sogar in ihnen, und konnten ihre Jurten komplett transportieren. Ihre einzige feste Bleibe fanden sie im Tod, nämlich in den großen Grabhügeln aus aufgehäuften Steinen, die sie »Kurgan« nannten. Und in Pasyryk wurden sie durch das in die unterirdischen Grabkammern einsickernde Wasser auf ihrer historischen Entwicklungsstufe eingefroren.

Die abgegrasten Weiden breiteten sich makellos vor mir aus, als ich mich bei Tagesanbruch an den Aufstieg in ihr Hochtal machte. Überall ringsherum zogen die Herden von Ust-Ulagan über die Hänge und folgten ihnen die berittenen Hirten. Hinter mir wirkte das Dorf im klaren Frühlicht zarter, fremdartiger. Die Koppelzäune durchflochten es wie ein zerfledderndes Spinnennetz. Schon jetzt, im September, rüstete es sich für den Winter, füllten sich die Vorplätze mit Viehfutter und Brennholz. Hoffnungslos abgelegen, außerstande, den Gang der Dinge zu ändern oder dagegen aufzubegehren, war es rein mit dem eigenen Überleben beschäftigt.

Nach einer Stunde erreichte ich eine Gräberstätte anderer Art, nämlich von landwirtschaftlichen Geräten, die nutzlos in der Sonne blinkten: ausgeschlachtete Traktoren und Bulldozer für nicht mehr existierende Felder. Ein Mann war dort, der sich an einer Egge zu schaffen machte. »Russisches Zeug«, grummelte er.

Er begleitete mich eine Weile. Störungen von außen kamen in seinem Dorf nur noch selten vor, erzählte er. Die Leute züchteten einfach ihr Vieh und schlugen sich durch. Sein Gesicht war rein mongolisch, bernsteingelb, jung; ein borstiger Bart erhöhte in meinen geschichtstrunkenen Augen seine Wildheit. Wir kamen an einer Quelle vorbei, an deren Bäumen Stoffstreifen flatterten.

»Ich kenne den Namen des Geistes hier nicht«, sagte er. »Aber als ich mir mein Haus gebaut habe, bin ich das Holz dafür woanders schlagen gegangen. Dann habe ich Gebete zurückgelassen, damit der Geist dort mir nicht zürnt.«

Seine Redeweise war knapp und sachlich. Er hatte der Natur Abbitte geleistet, sich mit ihr verständigt; die Art der Russen dagegen war es, sie zu beherrschen, zu verändern oder zu verschandeln. Doch ihre Maschinen lagen kaputt auf der Piste hinter uns.

»Und die Pasyrykgräber?« fragte ich.

»Es sind zwei Stunden Weg bis dorthin.« Er ließ mich allein auf der Straße zurück. »Ich weiß nicht, wie sie geheißen haben, die Leute, die dort begraben wurden. Wir nennen sie einfach Schifri. Unsere Ahnen.«

Gegen Mittag erreichte ich den Rand des Tals. Es ging in einem breiten Korridor bergab, in dem braune Pferde grasten, bis es auf eine quer verlaufende Schlucht stieß und sich weit zu einem natürlichen Amphitheater öffnete. Dahinter stiegen aus dem Dunst waldige Hügel auf, und hinter diesen wiederum erhob sich in der Ferne ein Halbkreis von Bergen mit schneeblitzenden Gipfeln. Sie strahlten eine weihevolle Kälte auf das Tal ab. Wie vor einer unsichtbaren Grenze blieb ich unwillkürlich auf der Kuppe stehen. Kein Wunder, daß man hier die Toten begraben hatte. Es war keinerlei Geräusch zu hören. Wie gemalt aussehende Wolken zogen über einen derart unermeßlichen Himmel, daß sie gar nicht weiter auffielen. Ich blickte vom Kerngebiet des Altai nach Süden, wo sich das Gebirge noch weitere 650 Kilometer in die Mongolei hinein fortsetzte.

Unter mir jedoch wölbte sich der Talboden in unregelmäßigen Abständen zu fünf mächtigen Kurganen auf. Sie waren vom

6. bis 4. vorchristlichen Jahrhundert angelegt worden, unterirdische Grabkammern aus verfugten Rundbalken, über die Erde und Steine gehäuft wurden. Jetzt lagen die weggeräumten Steine in kraterähnlichen Ringen um die ausgehobenen Kammern, und in ihrem Umkreis verstreute kleinere Gräber zeichneten sich im Gras ab.

Vor zweieinhalb Jahrtausenden beschrieb Herodot die Bestattung eines Skythenherrschers in allen Einzelheiten, von dem vierzigtägigen Zug des toten Königs durch sein Reich bis zu den berauschenden Dampfbädern in Zelten, in denen die Trauernden vor Lust heulten. Der Führer wurde ins Grab gelegt, nachdem man seinen Bauch ausgenommen und mit wohlriechenden Kräutern gefüllt, seine Sehnen entfernt und seine Haut mit Wachs überzogen hatte, um ihn gewissermaßen unsterblich zu machen. Neben ihn bettete man erwürgte Bediente, eine tote Nebenfrau und viele Pferde. Um seinen Kurgan herum wurde ein umheimlicher Reitertrupp aufgestellt: Fünfzig Pferde und Männer wurden getötet, mit Stroh ausgestopft und mit Stangen durchbohrt, die Pferde dann auf zwei befestigte Radhälften gehoben, so daß die Hufe den Boden nicht berühren, und die Reiter daraufgesetzt.

Im Altai wurden Gräber geöffnet, in denen die Goldbegeisterung der Skythen alle Erwartungen übertraf. Vor vierhundert Jahren hatte es schon einmal Gerüchte gegeben, daß Grabräuber zwischen Goldblechen liegende Leichen gefunden hätten, und Archäologen entdeckten später einen König mit einem Kleidungsbesatz von viertausend spitzen goldenen Aufnähplättchen und mit einer helmartigen Goldkrone auf dem Kopf, deren übereinandergesetzte Reliefstreifen Fabeltiere und Landschaften darstellten.

Doch in all diesen Gräbern waren nur Mineralien und Knochen erhalten geblieben. Alles Persönliche, alles Vergängliche – die kostbaren Zeugnisse des normalen Lebens – war fort. Allein in diesem Pasyryktal hier und im Grab der Eisprinzessin weiter im Süden hatte man einen Einblick in den Alltag bekommen können. Der Regen, der in die Gruften einsickerte oder durch die Einstiegslöcher antiker Räuber floß (die nur Gold mitgehen ließen), gefror in den kalten Höhlen und schloß sie in einer Eislinse ein. Stoff, Holz, Leder, Fell, Birkenrinde, Käse, Fleisch, Pferde, Menschen: selbst ihre Farben hielten sich. Experten konnten die Jahreszeit des Begräbnisses am Inhalt der Pferdemägen und am Zustand ihrer Felle und Hufe ablesen, ebenso an den zwischen die Bohlen gestopften Moosdämmungen. Sie konnten Osteoporose und Zahnfleischeiterung bei den Menschen diagnostizieren und ihre Kampfwunden zählen. Auf eisumschlossenen Tischchen, die auf dem Regenwasser geschwommen waren, lagen noch kleine Gaben Pferdefleisch und ein Stück Ziegenfleisch mit einem darin steckenden Messer.

Die Wiesen, über die ich hinunter ins Tal zu dem tiefsten Kurgan spazierte, schienen für längere Beweidung zu dünn zu sein. Insekten schwirrten im kurzen Gras, und meine Füße preßten trockene Düfte aus Salbei und Thymian. Ein Rutsch blutroter Steine hatte sich in die Grabkammer ergossen. Doch in ihrer Mitte standen noch zwei aufrechte Stempel mit Kerben für Querträger, die dort lagen und vor sich hinbleichten, wo sie fünfzig Jahre zuvor hingeworfen worden waren. Die Steine knirschten und klackerten unter meinen Füßen. Die mittlerweile ebenfalls verstorbenen Archäologen hatten hier in den vierziger Jahren gegraben. Weiterhin der ideologischen Abweichung verdächtig, waren sie ausgemergelt aus Stalins Lagern entlassen worden. Selbst hier, auf frühgeschichtlichem Grund, mußten sie ihre Schritte vorsichtig setzen: Die Entdeckung einer hochstehenden Kultur bei einem Hirtenvolk klang in marxistisch-leninistischen Ohren nicht besonders gut. Der Nomade war per definitionem rückständig, und die Sowjets hatten die uralte Furcht vor ihm geerbt.

In diesem Kurgan fand man den ältesten Teppich der Welt. Er hängt heute in der Eremitage in St. Petersburg, wo sein samtiger Flor in erdigen Rot-, Grün- und Brauntönen leuchtet. In der inneren Borte äsen Damhirsche; eine Reiterparade ist das Motiv des äußeren Randstreifens. Ein geometrisches Feld mit Lotusblüten in der Mitte ist kaum verblaßt. Er ist tausend Jahre älter als sämtliche vergleichbaren Stücke; über seine Herkunft lassen sich nur Vermutungen anstellen.

Andere Artefakte deuten auf Verbindungen der Altairegion mit Persien, Indien, China hin. Auf einem sechs Meter hohen Filzbehang, mit dem Wände und Boden um den toten Häuptling herum ausgeschlagen waren und der sich heute in der Eremitage befindet, naht sich ein Reiter wie anbetend einer unbekannten Göttin. Vielleicht kam sie vom Schwarzen Meer. Nahebei glänzt eine mit Jakfellquasten behängte und mit einem Filzrand umgebene Satteldecke aus chinesischer Seide, die auf Bäumen singende heilige Phönixe auf einem gelblich-goldenen Untergrund darstellt.

Ein Reisewagen aus hellem Holz stand einmal auf hohen, wackligen Rädern in diesem Grab, dazu eine Quadriga mumifizierter Pferde. In der Eremitage sah er aus, als würde er bei der kleinsten Berührung auseinanderfallen. Es war der Festwagen eines Geistes. Unter einer Überdachung aus schwarzem Filz hatte er vielleicht die Mumie des Häuptlings auf ihrer letzten, vierzigtägigen Prozession gefahren, während derer seine Untertanen seine entleibte Seele festlich bewirteten.

Und auch er liegt heute zusammen mit seinem knapp fünf Meter langen Sarg aus einem ausgehöhlten Baumstamm im Keller der Eremitage, desgleichen seine Nebenfrau. Sie hat weiches, kastanienbraunes Haar und macht einen europiden Eindruck, während seine dünnknochige Gestalt, hartgetrocknet wie Holz, mongolid ist. Sein Kopf, den an einigen Stellen noch schwarze Haare zieren, ist wie in übermäßiger Qual zurückgebogen.

Die Sattelgarnituren geopferter Pferde hängen neben ihm. Ihre Schweife sind reich mit goldenen Quasten oder Bändern geschmückt, und sie tragen künstliche rote Mähnen. Die Masken, mit denen sie begraben wurden, treiben phantastische Geweihe und Hörner. Es ist, als ob Menschen versucht hätten, Pferde in Geister zu verwandeln. Aber die mumifizierten Tiere selbst liegen krumm und nichtig darunter, die Köpfe auf die Schultern gedreht, die Schädel von Pickellöchern durchbohrt.

Als ich zu den letzten Kurganen im Tal hinaufging, ließ ich in Gedanken den Pferdewagen vor mir über den steinigen Hang zu seinem Grab holpern, immer genau geradeaus, denn er konnte keine Kurven fahren. Unter mir war die Wiese mit winzigen Pflanzen besät: intensiv duftenden rosa Sternen und lila Ähren, Wermut, klitzekleinen Butterblumen. Der Krater, den die Archäologen Kurgan II nannten, wurde von jemand als Stall benutzt. Orangegelbe Flechten krochen über die Steine. Mehr als in den andern Gräbern hatte das Eis hier Gebrauchsgegenstände konserviert, sogar eine hölzerne Kopfstütze und eine viersaitige Harfe. Und überall, auf Schmuckstücken oder Zaum- und Sattelzeug, in Holz oder Gold, drehten und wanden sich die typischen skythischen Tierformen – einst Clantotems – mit stilisierter und doch quicklebendiger Genauigkeit. Hier hatten auch die sechs Stangen eines Dampfzeltes gestanden, darin ein Bronzebecken gefüllt mit heißen Steinen und Hanfsamen. Als die Trauernden den Leichnam ihres Fürsten verlassen hatten, waren sie, scheint es, noch in eine betäubende Dunstwolke gehüllt gewesen.

Eine Museumsangestellte hatte mich durch die schwach erleuchteten Gänge der Eremitage geführt, bis wir vor den Vitrinen von Kurgan II standen. Der Kopf des Häuptlings war von Grabräubern abgeschlagen worden. Das Gesicht war stumpf, ausdruckslos. Dann hatten sie seine Nebenfrau zerstückelt, um ihr den Schmuck abnehmen zu können.

Sein Leichnam war offenbar nach einer Schlacht geborgen worden. Die Schädeldecke wies die Spuren dreier Axthiebe auf. Seine tätowierte Haut war von dem mumifizierten Fleisch abgezogen worden wie ein entfärbtes Tuch und hing mild angeleuchtet vor uns. Sie war höchst bemerkenswert. Exotische Ungeheuer krochen über seine Schultern. Sie wanden sich in Voluten von Klauen, Schnäbeln, Flügeln, zahnbewehrten Mäulern um jeden Arm. Sie flossen von seinen Schultern auf die Brust hinunter. Ein großer Wels schob sich sein rechtes Bein empor. Die Tätowierungen waren mit Ruß vorgenommen worden. Der lange, deutlich zu erkennende Schnitt, durch den man ihm vor der Beisetzung die Muskeln herausgeholt hatte, war mit Sehnenfäden vernäht worden. Desgleichen die Öffnung des Schädels zur Entfernung des Gehirns.

Meine Führerin, eine warmherzige Frau, deutete ein wenig traurig auf die Tiere, die diesen hängenden Hautlappen zierten. Sie sollten ihn beschützen, sagte sie, und seine Abstammung kundtun. Sie übertrugen magische Energie.

In seiner Kultur, möchte man vermuten, besaß das Äußere transzendente Würde, während das Innere als entbehrlich galt. Im Tode wurden sein Kopf und sein Körper eine leere Hülle, die man mit aromatischen Gräsern stopfte, und so trat er in die Ewigkeit ein. Die gewachste Haut, das einbalsamierte Gesicht – auf diese Dinge kam es an. Herodot schildert, daß die getrockneten Häute gefallener Feinde als Trophäen zur Schau gestellt oder als Handtücher und Köcherüberzüge benutzt wurden und daß die Schädel als Trinkschalen dienen mußten. Vielleicht war dies eine Art, sich ihrer Seelen zu bemächtigen.

Wir blickten wieder auf den Kopf aus Kurgan II. Er sah mongolisch aus, doch Stoppeln im Gesicht deuteten auf gemischtrassige Abstammung hin. In diesen Mumiengesichtern wurde der anthropologische Krieg zwischen Asien und Europa abermals greifbar. In Pasyryk unterwarf im 5. Jahrhundert ein mongolides Eroberervolk die Indoeuropäer. Die Adeligen in den Kurganen, selbst die Eisprinzessin, haben sich als Mongolide erwiesen; die in den ärmlicheren Gräbern, besonders die Frauen, sind Europide. Das ist für die Russen nicht leicht zu verdauen.

»Ich weiß nicht, was er ist«, sagte meine Führerin durch die Eremitage. Die Augen des Häuptlings starrten uns an; seine Oberlippe war zu einem sinnlosen Lächeln verzogen. »Er kann alles sein.« Seinen restlichen Körper bewahrte sie im Magazin auf, zusammen mit den Einzelteilen seiner Nebenfrau. »Aber sie war wunderschön!« rief sie aus. »Sie hatte lange Botticellihände und -füße!« Die Museumsmitarbeiterin selbst war stämmig und füllig, ein Renoir, und beneidete die andere. »Ein perfekter Botticelli!«

Wir gingen weiter von einem Schaukasten zum andern. Außer uns war niemand da. Wir betrachteten Pferde, Köcher, Peitschengriffe – Dinge, die Schnelligkeit und Fliegen suggerierten. Uns beiden war, glaube ich, irgendwie unwohl. Diese extrem mobilen und undefinierbaren Menschen waren durch ein trauriges Wunder, die Erstarrung der Zeit im Eis, hier festgebannt. Wo sie doch die Städte haßten.

....

Es klappt immer. Du triffst gegen Abend in einer kleinen Stadt ein. Du kennst niemanden, nichts. Die Hauptstraße ist leer, die Geschäfte sind geschlossen, sonstige Anlaufstellen so gut wie verlassen. Aber du sagst dir: In einer Stunde habe ich ein Dach überm Kopf. Also stapfst du in irgendeine Gemeindeverwaltung, wo eine verpennte Sekretärin dich die Straße hinunter zu einer Herberge dirigiert. Sie existiert nicht. Du probierst es im einzigen Laden, der offen ist, doch die Besitzerin schickt dich in die Richtung zurück, aus der du gekommen bist. Ein Betrunkener heftet sich lachend an deine Fersen. Im Telegrafenamt – das einzige Gebäude, das jetzt noch auf hat – zuckt ein mürrischer Apparatschik die Achseln. Ein kalter Wind weht von den Bergen. Da schlenderst du an einer offenen Tür vorbei und kommst mit dem Mann ins Gespräch, der hinter dir herschaut. Er schlägt dir ein Arbeiterwohnheim vor, das er kennt, oder ein Zimmer bei einem Bekannten oder ein Plätzchen in einer dichtgemachten Kolchose, wo du ein Feldbett und eine speckige Steppdecke bekommst und einen gewissen Frieden findest.

Fünf Tage lang und knapp 2000 Kilometer weit schleiche ich auf die Art zurück nach Norden und dann nach Osten aus dem Altai hinüber ins benachbarte Sajangebirge, wo der noch junge Jenissei Zuläufer sammelt, mit deren Verstärkung er sich nach Norden zum Polarmeer aufmacht. Zuerst trampe ich (man gibt dem Fahrer einen kleinen Betrag), dann finde ich einen Bus, dem ich mit vorschneller Erleichterung am Bahnhof von Barnaul entsteige.

Bahnhöfe sind Tummelplätze der Randexistenzen. Ganoven, Säufer, Flüchtlinge, Bettler – einige verrückt, andere von Arbeitsunfällen verkrüppelt – bevölkern die stalinistischen Säle und Vorplätze. Am Fahrkartenschalter wird man zu einem demütigen Bittsteller. Die Mächtigen schreien und knurren hinter ihren

Apparaten: Computer, Drucker, Abakus. Die Schlange bewegt sich kaum. Jeder Fahrschein wird einzeln gedruckt, nur gegen Vorlage eines Ausweises ausgehändigt, eine Riesenaktion. Der Drukker zerknautscht das Papier, die Computer fallen aus, der Schalterbeamte verschwindet. Man kann zwei Stunden mit Warten verbringen.

Doch sobald man im Zug ist, steigt ein Triumphgefühl in einem auf. Die Landschaft draußen zieht vorbei, ohne daß man eine Veränderung merkt, aber man weiß, in ein paar Stunden oder in einem Tag wird ein neuer Ort – bis dahin nur ein geheimnisvoller Punkt auf der Asienkarte – Fleisch und Stein werden. Daher war in meinem Waggon der Billigklasse, wo kasachische Händler ihre Kisten mit Äpfeln oder Bananen vor meinem Platz verstauten, der Gestank nach Schweiß und Urin ein erträglicher Preis für die Zukunft, die sich im Fortgang der Fahrt entrollte. Sarinsk, Abakan, Minussinsk … Der Zug brauchte sechsunddreißig Stunden für 1100 Kilometer. Zweimal blieb er liegen.

In den Städten konnte man als Fremder wunderbar untertauchen, verschwinden. Die schlichte Existenz der kahlen Restaurants mit ihrer schroffen Bedienung erfüllte mich mit Dankbarkeit. Borschtsch, Pelmeni, Kohlsuppe, Soljanka, Würstchen: Nicht Genuß war das Ziel, sondern Überleben.

Irgendwo auf der strapaziösen Zugfahrt nach Osten teilte ich mein Abteil mit einer Lehrerin aus Krasnojarsk und ihrem siebenundzwanzigjährigen Sohn. Als es dunkel wurde und in den Abteilen auf Nachtbeleuchtung umgeschaltet wurde, lagen wir auf unsern Stockbetten und konnten nicht schlafen. Sie fuhren zum Angeln und Wandern in die Berge von Tuwa, wo ich auch hinwollte, wiesen mich auf die Lagerfeuer einsamer Jäger an den Hängen hin und beneideten sie. Swetlanas Familie lebte in einem entlegenen Dorf, und was alle vereinte, war die Liebe zur Wildnis. Sie hatten sich weitab von allem eine Datscha gebaut und hegten die Verachtung der alten Sibirier für die neu Zugezogenen.

»Aber heute sind die meisten Familien neu zugezogen«, sagte sie. »Sie sind erst seit ein oder zwei Generationen hier. Andere treten hochdotierte Stellen an und gehen dann wieder nach Westen zurück.« Echte Sibirier seien im Innersten Pioniere, fügte sie hinzu. Doch es gebe nur wenige, zu wenige. »Und das Land ist inzwischen verseucht. In Krasnojarsk bekommen die Leute Lungeninfektionen wegen des Wasserkraftwerks, das sie dort gebaut haben, und der Jenissei ist dermaßen verschmutzt, daß er nicht mehr zufriert. Selbst in der Arktis vergiftet der Nickel aus den Norilsker Fabriken alles im Umkreis von vielen hundert Kilometern. Aus meiner Kinderzeit erinnere ich mich noch daran, wie nachts die Rentiere ins Dorf gekommen sind und alle Hunde zu bellen angefangen haben. Sie haben an den Ufern des Polarmeers geweidet. Aber heute sind sie fort.«

Die Umweltverschmutzung im Land habe Träume von der sibirischen Unabhängigkeit geschürt, sagte sie, doch sie seien verworren und unzusammenhängend. Im 19. Jahrhundert habe es Leute gegeben, die die Vision der Vereinigten Staaten von Sibirien entwarfen, verbündet mit denen von Amerika. Während der Revolution habe Sibirien zaghafte Anstrengungen unternommen, sich abzuspalten (und sich sogar eine Fahne in den Farben Waldgrün und Schneeweiß zugelegt), doch Lenin habe sie im Keim erstickt. Seitdem hätten Bevölkerungsbewegungen für einen lebhaften Austausch zwischen Alteingesessenen und europäischen Russen gesorgt und beide Seiten stärker zusammengeschweißt. Jetzt könnten sie sich nicht mehr von sich selbst abspalten. Als unmittelbare Nachbarn eines erstarkten China würden sogar alte Sibirier durch patriotische Gefühle an das von ihnen verachtete Moskau gebunden. Falls es zur Unabhängigkeit kommen sollte, würde sie eher wirtschaftlicher als politischer Natur sein und die künstliche Vereinzelung Gebiet für Gebiet bedeuten, und daran hätten wenige Interesse.

»Früher hat man von solchen Bestrebungen gehört«, sagte Swetlana, »aber heute nicht mehr. Das Uralgebiet wollte sie irgendwie, aber nicht genug.« Sie wälzte sich unruhig herum. »Ich denke, heute glaubt niemand mehr an diese Lösungen – oder überhaupt an etwas ...«

»Und Sie?« fragte ich. Im Dunkeln war es leichter, Fragen zu stellen.

»Ach, früher habe ich auch mal geglaubt.« Ihre Stimme klang verwundert bei dem Gedanken. »Ja, ich wollte den Kommunismus aufbauen!«

»Ich nicht«, ließ sich ihr Sohn aus dem oberen Bett vernehmen. »Keine Sekunde.« Seine Stimme war spitz wie ein Mückensummen.

Seine Mutter fuhr fort: »Ich war bloß ein Dorfmädchen. Ich wußte nichts von der Welt. Doch als mein Vater aus dem Krieg zurückkam, hatte er einen Arm und ein halbes Bein weniger. Nach zwei Jahren hat er sein Parteibuch zerrissen und es weggeworfen. Er war sehr verbittert. Keiner hat etwas für ihn getan, sie haben ihn einfach verfaulen lassen. Und er sah, wie die Leute um ihn herum einer nach dem andern verschwanden, in die Lager gebracht wurden. Dann ist er gestorben. Meine Mutter hat mir nie etwas über seine Abwendung von der Partei erzählt. Sie hat nichts gesagt und es zugelassen, daß ich die Partei idealisierte.«

Sie stockte. Sie hörte sich eher perplex als zornig an. Ihre Generation war die letzte gewesen, die noch diesen Glauben gehabt hatte.

»Dann kam nach und nach die Desillusionierung. Ich begann, unsere örtlichen Parteigenossen zu durchschauen, zu verstehen, wie korrupt sie waren …« Dadurch, sagte sie, hätten die Leute den Glauben an den Kommunismus verloren, dadurch sei ihm die Basis entzogen worden – nicht wegen weltanschaulicher Zweifel oder Grauen vor Stalin, sondern deshalb, weil ein kleiner Parteifunktionär Gelder veruntreut oder sich einen Urlaub am Schwarzen Meer erschlichen habe. »Jetzt habe ich nichts Absolutes mehr, was ich meinen Schülern beibringen kann. Die meisten glauben an gar nichts. Nur wenige haben Ideale …«

Ihr Sohn plärrte von oben: »Die müssen bescheuert sein.« Er war hörbar stolz auf den Unglauben seiner Generation. Er hielt ihn für eine Leistung.

»Ich meine keine kommunistischen Ideale«, sagte sie. »Mit sowas haben sie überhaupt nichts im Sinn.«

»Niemand hat irgendwelche Ideale«, sagte er. »Nicht einer aus meiner Generation. Niemand. Sie wollen alle bloß Arbeit.«

Ich konnte ihn nicht sehen; nach meiner Erinnerung an ihn im Hellen war er ein verwöhnt wirkender junger Bursche mit angeklatschten schwarzen Haaren und einem stoppeligen Schnurrbart. Im Gesicht wurde er bereits feist.

Swetlana schwieg einen Moment, dann sagte sie: »Es scheint Jahrhunderte her zu sein. Manchmal kommt es mir vor, als würde ich schon seit Jahrhunderten leben.«

Die Lichter eines Dorfes flackerten über die Decke, und ich sah, daß sie sich zur Wand umgedreht hatte, während ihr Sohn auf die Ellbogen gestützt dalag und mit den Zähnen Zirbelnüsse knackte. Die Bedrückung, die ich spürte, war meine Sache, begriff ich, nicht ihre. Ich wollte, daß sie einen Glauben hatten. Der Glaube würde eine Zukunft entwerfen. Doch statt dessen erfüllte mich diese Trauer, was der reine Blödsinn war. Schließlich waren sie dadurch, daß sie an nichts Vorgegebenes glaubten, lediglich in die moderne Zeit eingetreten.

Aus der Dunkelheit der oberen Etage quäkte es: »Inzwischen haben die alten Parteibonzen einfach auf die Mafia umgesattelt. Sie haben sich alles unter den Nagel gerissen. Sie haben sich in den unverseuchten Teilen von Krasnojarsk Villen gebaut – ganze Gegenden sind voll von ihnen. Alle machen sie Geschäfte.«

»Was für welche?«

Aus beiden Betten tönte es unisono: »Alles!«

In puncto Mafia wenigstens waren sie einer Meinung. Sie war allgegenwärtig, ungreifbar, die neue Verkörperung des Bösen. »Sie sind Aktionäre der großen Unternehmen«, meldete sich das untere Bett. »Wo haben die das ganze Geld her?«

»Die besitzen vielleicht tausend Aktien von einem Unternehmen«, meckerte das obere Bett. »Nun raten Sie mal, wie viele ich besitze! Eine!«

»Sie fahren Mercedes …«

»Wieviel kosten die bei Ihnen in England?« Die Zirbelnüsse knackten in den Zähnen des Sohnes. »Hierzulande sind sie überhaupt nicht zu bezahlen …«

In dem abermals eintretenden Schweigen, begleitet vom schweren, rhythmischen Schaukeln des Zuges, stellte ich mir die beiden mit ihrer grundverschiedenen Vergangenheit vor: sie noch geprägt von Hoffnung, er das Kind der verlorenen Illusionen.

»Aber es wird besser werden! Da bin ich sicher!« In ihren Worten schwang eine – leicht komische – Tschechowsche Sehnsucht. »Die Leute haben eine bessere Ausbildung als zu meiner Zeit. Meine eigenen Schüler … ich unterrichte sie nur in Literatur, aber auch das bereichert sie innerlich. Letztendlich wird alles besser werden.«

»Ach was, Ausbildung!« äffte die zynische Stimme über ihr. »Ach was, Literatur!«

Zwischen 1897 und 1900 war der junge Lenin in dem Dorf Schuschenskoje wegen politischer Agitation in der Verbannung. Siebzig Jahre später, zur Hundertjahrfeier seiner Geburt, wurde der Ortskern abgerissen und in die Vergangenheit zurückversetzt. Lenin schrieb, das Dorf sei ein Misthaufen, doch heute haben die ordentlichen Straßen und makellosen Bauernhäuser, die sich hinter einem hohen Zaun verstecken, die plakative Sterilität eines Freilichtmuseums. Nachgebaut wurden ein Laden, eine Schenke, eine Schmiede, ein Gefängnis.

Am Eingang wird mir eine Führerin zugewiesen. Sie ist alt und verschlossen. Sie rattert ihre Erläuterungen ohne Lobhudelei oder Kritik oder überhaupt irgendein erkennbares Gefühl herunter. Wir spazieren durch grasüberwachsene Straßen. Alle Dächer sind intakt, alle Balkons und Zäune tipptopp. Wir sind ganz allein. Die Häuser armer wie reicher Bauern sind auf der Grundlage genauester Forschungen im Stil der Zeit eingerichtet. In den Höfen stehen Winterschlitten und Sommerwagen sowie hölzerne Erntegerätschaften.

Unwillige Wärter raffen sich auf, uns die beiden Häuser aufzuschließen, in denen Lenin einquartiert war. Die Zimmer sind blitzblank, aufgeräumt, karg. Hier sind sein Stehpult und sein Waschbecken. Hier sind die beiden Eisenbetten, in denen er und Nadeschda Krupskaja nach ihrer Trauung in der Verbannung schliefen. Unter dem Blick ihrer Bewacher erscheinen die Gegenstände mit Mana aufgeladen. War dies sein Teekessel, sein Löffel?

Seine Schlittschuhe (ein deutsches Fabrikat) hängen an einem Nagel: er hatte kleine Füße. Unter dieser aus Ruten geflochtenen und jetzt von Hopfen überwucherten Laube arbeitete er im Sommer an Artikeln, die zu heiligen Schriften werden sollten. Die verzogenen Bodendielen aus späteren Jahren knarren. Ich luge in seinen gesprungenen Spiegel.

Im Gegensatz zu dem grausigen System, das später kam, konnte die zaristische Verbannung geradezu lachhaft lax sein. Lenin verbrachte die Jahre in fieberhafter Aktivität. Er entwickelte Ideen für eine radikale marxistische Partei und entwarf ihre Zeitung. Er korrespondierte mit andern Revolutionären, traf sich mit ihnen und schmuggelte Artikel zur Veröffentlichung ins Ausland. Er wurde vor Elan ganz mager, schrieb die Krupskaja, die neben ihm saß und seine geheimen Briefe verschlüsselte. Sie waren jung und verliebt.

Doch als wir jetzt durch die Straßen bummeln, wirkt das Ganze wie ein zum Verkauf stehendes Dorf, das auf seine ersten Bewohner wartet. Warum niemand hier ist, will ich wissen.

»Na ja, im Winter ist nie viel los.«

»Aber es ist nicht Winter«, sage ich verdutzt.

Sie schaut mich tadelnd an, als ob ich die Etikette verletzt hätte. »Heute sind nicht so viele Leute da. Aber wir erwarten eine Schulklasse.«

»Und was lernen sie hier über Lenin?«

Sie bleibt in der Straßenmitte stehen, wo niemand mithören kann. Das überflüssige Manöver stammt aus der angstbeladenen Vergangenheit, der Vergangenheit, die sie vertritt. »Das ist eine heikle Frage. Ich weiß nicht, was sie noch beigebracht bekommen. Es gibt Leute, die der Meinung sind, Lenin sei überhaupt kein Genie gewesen, nicht einmal ein besonders begabter Mann. Vor einer Weile wollte unser Präsident Jelzin, daß dieses Museum geschlossen wird.«

»Und dann?«

Sie gestattet sich ein dünnes Lächeln. »Dann haben wir ein Protestschreiben an ihn und an alle verfaßt, die uns einfielen. Wir haben erklärt, dies sei eine Ausstellung des bäuerlichen Lebens um die Jahrhundertwende – und wir durften weitermachen.«

Aber das Museumsgebäude, das Lenins politische Aktivität zum Thema hatte (»Lenins Ideen leben und werden siegen!«), war geschlossen. Im Sommer führte man hier Volkslieder in traditionellen Trachten auf und verniedlichte so die Welt, die er hatte erneuern wollen. Man konnte das ganze Dorf durchstreifen, ohne darauf gestoßen zu werden, daß es jemals einen Lenin gegeben hatte.

»Schauen Sie! Besucher!« Die Frau lebt auf. Sie hat am Ende der Straße eine Horde Schulkinder erspäht. Doch als sie kichernd näher kommen, verfliegt ihre Freude. Die Lehrer erzählen den Kindern vom Leben der Bauern unter den Zaren.

»Das ist sehr hart für uns«, sagt die Frau. Unterdrückter Zorn klingt in ihrer Stimme durch. »Wir Fremdenführer arbeiten schon lange hier, und das ist unsere Heimat. Aber plötzlich sagt man uns ... na ja, ich für mein Teil ...« Sie kehrt den Kindern den Rükken, bevor sie bei uns sind. Dann bricht ein heiseres Flüstern aus ihr heraus: *»Selbstverständlich war er ein großer Mann!«*

War er das? In meiner Verwirrung gebe ich ihr recht. Aber vielleicht meine ich bloß, daß er die Welt verändert hat, was nicht dasselbe ist.

Die Kinder zockeln unbekümmert an uns vorbei. Sie tragen nachgemachte Adidas-Trainingsanzüge und Baseballmützen, auf denen »Sport« oder »California« steht.

»Ich frage mich, was sie denken«, sage ich.

Sie entgegnet matt: »Ich weiß nicht, was sie denken.« Wir treten aus dem umfunktionierten Freizeitpark in die Welt hinaus.

Im Busbahnhof von Schuschenskoje, gebaut für Pilger, die nicht mehr kamen, fielen die Bretter von der Decke und regnete es durch. Regen rieselte die Reliefs bolschewistischer Helden hinunter, die gerade den kaiserlichen Adler stürzten, und bekleckerte die Backen Lenins. Er triefte zwischen den Fensterscheiben meines Busses, als dieser Richtung Südosten losfuhr, und verschluckte 100 Meter vor uns die Straße. Manchmal teilte er sich wie Nebel vor einer Staffel dunkler Berge, die von Kiefern mit lang herabhängenden Schmarotzerflechten bewaldet waren, oder wehte uns aus Lichtungen voll klatschnasser Farne und Moose an. Wir fuhren wie unter Wasser.

Unser Weg führte über das westliche Sajangebirge in eine abgeschnittene Republik im Herzen der Berge, in denen der Jenissei entspringt. Vor knapp hundert Jahren, als das geschwächte Mandschureich seinen Griff lockern mußte, wurde dieses tuwinische Randgebiet aus der Machtsphäre Chinas in die Rußlands hinübergesaugt, und 1944 wurde es schließlich von der Sowjetunion annektiert, als die Welt gerade nicht hinschaute. Aber seine turksprachige Einwohnerschaft – ein Völkergemisch – hatte sich von jeher nach der Mongolei orientiert. Die Mongolei hatte dem althergebrachten Schamanismus der Tuwinen eine buddhistische Färbung verliehen und die Menschen in den Dunstkreis einer großen geschichtlichen Vergangenheit einbezogen. Ihrer Abgelegenheit und ihrem späten Eintritt in das sowjetische Reich hatten sie es zu verdanken, daß sie in ihrer Heimat die Mehrheit geblieben waren, in vielen Regionen weiterhin halb nomadisch, in Sippen zusammengeschlossen, arm.

Während wir uns zum Grenzpaß hinaufquälten, ging der Regen in Graupel über. Auf einmal fielen dichte Schneeflocken vom Himmel, als ob an den ersten Herbsttagen plötzlich der Winter eingefallen wäre. Sie sahen widernatürlich aus, wie Manna. Sie überzuckerten das halb tropische Dickicht, die Farne, die dickblättrigen Kletterpflanzen, und stoben in wütenden Böen über die Straße. Auf einer Seite spien die Felswände eisige Wasserfälle herab, auf der andern Seite gähnte der Absturz in die Tiefe. Dann waren wir über den Paß hinweg, und es ging im kalten Licht liegende Gebirgsausläufer hinunter in eine wüst wirkende Landschaft. Über dem bräunlichen und gelblichen Buschwerk waren die Zirbelkiefernwälder vom Tod gezeichnet. Wie von ihrem dikken Moos erstickt lagen überall auf den Hügeln umgefallene Bäume und boten mit ihren hochgeklappten Wurzeln, die aussahen wie große alte Zahnräder, einen gespenstischen Anblick. Ganze Hänge waren aschgrau von ihnen.

Aber dahinter ragten weitere Bergketten auf. Unsere Straße führte leicht bergab. Zwischen strammstehenden Wachposten hindurch fuhren wir in Tuwa ein. Grenzer rollten Kabel mit eisernen Dornen über der Straße aus, bestiegen den Bus, öffneten wahllos unser Gepäck. Die Legalität meiner Einreise hing von der Laune des zuständigen Beamten ab, und so beschloß ich, den verschlafenen Esten zu spielen. »Was ist das?« Der Grenzer bohrte seinen Knüppel in meinen Rucksack. »Ein Rucksack«, klärte ich ihn auf, und er ging weiter.

Die Landschaft lief schließlich in baumlose Hochebenen mit weiten Wolkenhorizonten aus. Wir fuhren durch Weideland, vorbei an vereinzelten Kurganen, und die Luft war kalt. An einer Stelle, wo aus den Schlaglöchern regelrechte Krater geworden waren, war ein Sattelschlepper mit quergestelltem Anhänger umgekippt. Daneben standen ein Polizeiauto und ein Haufen Menschen. Der Fahrer lag tot auf dem Asphalt. Unser Bus stieß ein vielstimmiges Stöhnen aus. Dann drehte unser Fahrer das Radio auf, und wir fuhren weiter.

Eine Stunde später verschandelte die kleine Hauptstadt von Tuwa – eine russische Gründung von 1914 namens Kysyl – mit ihren Betonbauten die Ebene. Doch innerhalb der Stadt winkte das Land verführerisch am Ende jeder Straße. Ich ging unsicher umher. Die Tuwinen waren im Aufwind. Ihr Land mochte wirtschaftlich noch unter der Fuchtel Moskaus stehen, doch seitdem sie 1991 die nominelle Unabhängigkeit erlangt hatten, waren sie stärker geworden: ein robuster, bräunlicher Menschenschlag mit hohen Backenknochen, adrette Frauen und kurzgeschorene Männer. Rassenunruhen sieben Jahre zuvor hatten mehrere tausend russische Arbeiter nach Hause vertrieben, und unterdrückte Gewalt lag in der Luft. Die Polizisten patrouillierten in Dreiergruppen. Zweimal sah ich, wie Männer durchsucht und abgeführt wurden. Auf dem verödeten Hauptplatz mit seinen ungepflegten Blumenbeeten streckte Lenin immer noch den Arm nach dem Parlamentsgebäude aus. Doch ein monumentaler Brunnen war mit den Tieren Tuwas geschmückt – Kamel, Rentier, Jak –, und auf einem weißen Theater thronte ein pagodenartiger Aufsatz mit mongolischen Ornamenten.

Wenn man in den Bus steigt, der die 300 Kilometer bis zur mongolischen Grenze fährt, so ist er voll von Männern in dicken

Filzstiefeln, die vom Markt nach Hause zurückkehren, manche übel zugerichtet, betrunken, mit verfilzten Haaren, und von Frauen, die dem elterlichen Dorf einen Besuch abstatten, die Augen mit russischem Make-up vergrößert und die üppige Haarpracht mit Perlmuttspangen nach hinten geklemmt. Zwischen den Dörfchen finden sich gelegentlich Anhöhen mit Steinhaufen, in denen nach altem Brauch Stangen mit bunten Stoffstreifen stecken, und schwarze und braune Pferde weiden in der endlosen Weite. Zwei Hauskamele überqueren die Straße, und irgendwo im Osten, außer Sichtweite, liegen die Berge der Rentierhirten. Neben eine Bauersfrau gequetscht, die ihre letzten süßen Äpfel an die Mitreisenden verschenkt, lasse ich gebannt und versonnen das Land an mir vorübergleiten.

Erst nach langer Zeit wellt sich der Horizont und entströmen Bäche den waldigen Hügeln. Hier und da buckelt eine Jurte unter einer hohen Rauchfahne, und im Süden leuchten die schwerelosen Schneegipfel des Tannu Ola.

Ohne Erwartungen schlendere ich einen Parkweg entlang zu dem Monument in Kysyl, das die Tuwinen lieben: einem Granitobelisken auf einer Kugel, der das geographische Herz Asiens markieren soll. Hier liegt die Stadt hinter Bäumen verborgen, und Stufen führen zu einer Terrasse hinauf. Im Osten vereinen sich der Große und der Kleine Jenissei zu einem der mächtigsten Ströme der Erde. Im Westen stößt eine schaukelnde Landungsbrücke ans Ufer. Schnell und stark rauscht der Fluß zu meinen Füßen dahin. Dahinter faltet sich das Grasland zu kahlen Hügeln auf, und darüber, in regungslose Wolken getaucht, schimmern die Berge des Sajan.

Vielleicht liegt es an der Art, wie der Fluß aus der Leere angeströmt kommt, die Geburt der Zeit versinnbildlichend, friedlich und gewaltig zugleich, daß sich mir der Magen zusammenkrampft. Oder vielleicht liegt es an der Vorstellung von einem anthropomorphen Asien: mit einem Herzen, einem gebärenden Schoß, einem Gedächtnis. (Ein Araber meinte einmal zu mir, die Engländer seien deshalb immer auf der Suche nach dem Herzen, weil sie selber keins hätten.) Ich stehe staunend in dem klaren Licht, der Stille. Die Landschaft sieht im höchsten Maße elementar aus, wie Knochen. Ich starre lange Minuten vor mich hin, verwirrt, außerstande zu gehen. Asien: es hat mein Erwachsenenleben verzehrt.

Eine Tuwinin geht vorbei und singt eines jener klagenden Lieder, die man in der ganzen türkischen Welt zu hören bekommt, eintönigen Grübeleien gleich. Dies und der Fluß und die bläulichen Berge unter dem unendlichen Himmel lösen in mir ein leichtes Schwindelgefühl aus. Ich habe die flüchtige Vorstellung, daß dies alles schon vorher in meinem Kopf vorhanden war wie eine ererbte Erinnerung, daß ich hier am ersten Fluß der Welt stehe, der unterwegs ist zu einem noch nicht erschaffenen Meer.

Die Frau besieht sich den in die Ferne, ins Nichts gaffenden Fremden. Es ist natürlich absurd. Das Zentrum Asiens, hier festgemacht von einem englischen Exzentriker des 19. Jahrhunderts namens Proctor, ist eine geographische Fiktion. Derselbe Mann bestimmte dem Vernehmen nach noch das Herz zweier anderer Kontinente und bestätigte damit die Meinung des Arabers von den Engländern. Nach anderen Berechnungen liegt das Herz irgendwo anders.

Der Tod des Schamanismus, des uralten, angestammten Glaubens Sibiriens, wurde schon vor Jahrzehnten verkündet. Die Kollektivierung und das Zerbrechen der traditionellen Sippen untergruben den Einfluß der Schamanen in ganz Sibirien. Sie wurden verfolgt, umerzogen, verbannt, erschossen. Sie wirkten im verborgenen fort. Im Museum von Kysyl gibt es außer den obligatorischen ausgestopften Elchen und Präsentationen moderner Errungenschaften eine Karte, die zeigt, daß es 1931 in Tuwa 725 Schamanen gab, 314 davon Frauen. Auf zeitgenössischen Fotos blicken sie einen fremd und halb wild an. Dokumente belegen ihre Unterdrückung und Hinrichtung die ganzen dreißiger Jahre hindurch.

Nahebei hängen ihre zusammengetragenen Kostüme: Mützen mit Feder- oder Geweihschmuck, Rahmentrommeln und

Geißeln, die stumpfen Kupferbleche, die sie als Spiegel benutzten. Ihre langen schwarzen Mäntel verschwinden schier unter den vielen Schichten von klappernden Scheibchen und Röhrchen, so daß jede Bewegung des Schamanen von einem Tumult anderer, quasi unwillkürlicher Bewegungen begleitet gewesen muß. Alles ist mit Troddeln und Bändern behängt. Im schlimmsten Fall muß er verwahrlost ausgesehen haben, wie ein wandelnder Abfallhaufen. Aber in der Regel verstärkten seine Insignien eine unheimliche Macht, spiegelte seine geschlechtslose Gestalt und Aufmachung seine innere Ambivalenz wider. Der Schamane war häufig homosexuell; aber landläufige Tabus galten für ihn nicht.

Er war der Hüter der Erinnerungen seines Volkes, der Geschichten und Überlieferungen des Stammes und seiner eigenen ererbten Geheimnisse. Er hatte Einblick in den Tod. Er kannte die Ahnengeister und konnte sie in der Trance als Helfer gewinnen oder vertreiben. Manchmal befriedete er sie. Doch er lebte von seiner Gemeinschaft getrennt und war oft gefürchtet. Er wurde nicht nur zur Behandlung normaler Krankheiten gerufen, sondern auch um tiefere Leiden zu heilen, etwa wenn Patienten von feindseligen Toten gefressen wurden, oder um ein widriges Schicksal des Stammes zu wenden. Wenn er ein »weißer Schamane« war, bediente er sich der guten Geister, war er »schwarz«, wehrte er das Böse ab oder bezwang es.

Oft war die Berufung der Schamanen leidvoll und ungewollt. In jungen Jahren wurden sie einzelgängerisch und vielleicht geistesgestört, litten an Wahnvorstellungen, hatten seltsame Träume, bekamen unerklärliche Krankheiten. Dann wußten die Leute, daß die Ahnen sie ausersehen hatten und ihnen Lieder ins Ohr oder ins Gehirn flüsterten. Häufig stammten sie von Schamanen ab und wurden von einem Älteren unterrichtet, und ihr Wirken schien sie von einer seelischen Last zu befreien, sie sogar zu heilen. Manchmal erlernten sie eine Geheimsprache oder die Sprache der Tiere. In ihrer Einweihung konnten sie träumend ihren eigenen Tod durchleben, eine traumatische Zerstückelung und Vernichtung.

Selbst skeptische Russen waren von ihren Trancen am Krankenlager beeindruckt: vom Dröhnen ihrer Trommeln beim Tanz im feuerbeschienenen Zelt, vom phantastischen Gerassel ihrer Ornamente, von ihrem ekstatischen Singen. Wenn sie ihre tierischen Helfergeister anriefen, schmetterten oder kreischten sie wie nicht mehr von dieser Welt. Dann traten sie in ein Schattenland über. Sie flogen durch die meist sechsundzwanzig Stufen des tuwinischen Jenseits, errangen die Hilfe freundlicher Dämonen, schlugen feindliche ab und drangen – wenn sie sich trauten – in Zonen ein, die übersät waren von den Leichen gescheiterter Schamanen, bis sie die sonnenlose Unterwelt Erliks erreichten, des Totengottes. Manchmal kehrten sie mit der Seele des Patienten in den Händen zurück und flößten sie diesem durch den Mund wieder ein.

Die Ausstellungsstücke im Museum von Kysyl, die Fotos und Todesstatistiken, erweckten den Eindruck, daß dies alles längst aus und vorbei war. Meldungen, daß sich in abgelegenen Gebieten einzelne Schamanen gehalten hätten, hatte es noch in den achtziger Jahren gegeben, aber sie waren unbestätigt geblieben. Doch in dem Museum hing ein Foto, aufgenommen vor nicht allzu langer Zeit, von der Eröffnung der Gesellschaft »Düngür« (Trommel). Es handelte sich um eine Schamanengesellschaft. Und jemand hatte mir einen Brief an einen tuwinischen Schamanen mitgegeben und im Vertrauen darauf, daß es mir gelingen würde, ihn zu finden, Geld für den Kauf eines Jaks beigelegt.

Ich fragte mich zynisch, was eine Schamanengesellschaft sein sollte. Schamanen waren stets Einzelgänger gewesen, die ihren Stamm gegen äußere Bedrohungen beschützt hatten. Sie hatten einander mit übersinnlichen Kräften bekämpft, sich gegenseitig die Geisthelfer abgeworben, sich umzubringen versucht. Aber 100 Meter vom Leninplatz betrat ich ein Holzhaus mit einer Trommel als Wahrzeichen und spähte in eine Reihe halb leerer Zimmer. Drei Tuwininnen in engen Röcken und Stöckelschuhen standen im Flur, und ein verschreckt aussehender junger Russe wartete auf einer Bank.

Die Schamanen erschienen wie vielbeschäftigte Klinikhexer. Ein junger Mann in einer Daunenjacke und mit einem fleckigen Tuch um den Kopf, in dem hinten eine Feder steckte, nahm uns kurz in Augenschein. Er hatte kleine, herzlose Augen. Sie überflogen unsere Runde, dann verschwand er in einem Zimmer. Ich fragte eine der Frauen: »Woher kommen diese Schamanen?« Sie antwortete nervös: »Vom Land.«

Sie waren ihr genauso fremd wie mir, spürte ich. In ihren Augen hatten sie sich die erlösende Kraft des Waldes, des Innern bewahrt. Sie hatte ein Chiffontuch um den Kopf und kannte die Sprache der Tiere nicht mehr. Diese Leute verkörperten ihren Ursprung. Sie besaßen den urtümlichen Heilzauber von Rasputin in St. Petersburg.

Eine Tür ging auf, und eine Schamanin kam zum Vorschein. Ihr Mantel, den sie über einer Hose und Gummischuhen trug, war mit Bändern in allen Regenbogenfarben behängt, und auf ihrem Rükken bimmelten Glöckchen. Sie hatte ein Allerweltsgesicht. Ich fragte sie, ob sie wisse, wo mein Schamane wohne, Kunga-Böö – er habe einen Jak verkauft. Sie sah mich ausdruckslos an, dann murmelte sie einen Straßennamen und winkte den jungen Russen in ihr Zimmer. Ich hörte den dumpfen Schlag einer Trommel.

Eine düstere Stimmung beschlich mich. Ich wußte nicht, was ich erwartet hatte, nur daß es etwas anderes gewesen war. Das alte schamanische Ritual mit seinen entrückten und eingeschworenen Teilnehmern schien zu einer zehnminütigen Séance verkümmert zu sein. Durch offene Türen erhaschte ich flüchtige Blicke auf Tische mit Linoleumoberflächen, auf denen nur eine Rahmentrommel oder eine verzierte Reitpeitsche lag. Der junge Russe kam mit einem verwirrten Blick wieder heraus. Wir tauschten ein schwaches Lächeln aus. Ich sagte mir, daß ich ein herzloser Purist war; andererseits war ich mir sicher, daß diese Schamanengilde bis zur Unkenntlichkeit mutiert war. Die Verbindung zur Vergangenheit war abgerissen, sie hatten den Draht zu den Ahnen verloren. Mit ihrer Institutionalisierung starben sie nur noch ein wenig mehr. Die Geister vertrugen nicht viel taghelle Öffentlichkeit.

Die Straße lag in einem armen Vorort, und sein Haus war eine Bruchbude. Mein Weg führte mich über einen Friedhof und auf einem Fußpfad aus Laufplanken durch herbstlichen Matsch. Man hatte mir nur gesagt, daß er ein alter, maulfauler Schamane war, und ich merkte auf einmal, wie sehr meine Vorstellungen von der sowjetischen Propaganda gefärbt waren, denn ich hatte das Bild von einem primitiven Scharlatan, der das Proletariat verdummte. Zwei Frauen saßen auf den Stufen seiner Doppelhüttenhälfte, doch sie kannten ihn nicht. Vor seiner Eisentür stand ein Paar Plastikslipper. Ihre Gewöhnlichkeit überraschte mich. Er schien die gleiche Schuhgröße wie Lenin zu haben.

»Kunga-Böö?« Ich klopfte an das Eisen. Ich hörte es drinnen schlurfen, ein paar gedämpfte Worte. Vielleicht war er senil, dachte ich, oder sprach in Rätseln.

Ein kleiner Mann mit einem wettergegerbten, freundlichen Gesicht öffnete die Tür. Er trug eine alte Hose und ein verwaschenes Hemd. Sein Kinn war von Narben entstellt, die sein Lächeln verzogen. Er nahm den Brief und sein Jakgeld entgegen, ohne es zu zählen, und brachte beides hinein, während ich unschlüssig auf der Schwelle stehenblieb. Dann kehrte er zurück und bedankte sich, wobei er sich verbeugte und die Hände zusammenlegte, eine Geste, die ich als Verabschiedung auffaßte. Einen Moment lang schaute ich an ihm vorbei in sein kärgliches Zimmer. Dies ist das Heim eines Schamanen, sagte ich mir: ich sollte es mir einprägen. Auf dem nackten Fußboden liegt ein Tuch mit Gräsern darauf. Ein Kachelofen verliert Kacheln. Er hat einen Aluminiumbehälter für Wasser (vermute ich), und auf einem niedrigen Tisch liegen allerlei zerstoßene Kräuter. Alles sieht klein aus, wie er selbst. Aber ein roter Vorhang teilt das Zimmer ab, und weiter kann ich nicht gucken.

Dann wiederholte er die Verbeugung und das Zusammenlegen der Finger, und ich begriff, daß es als Begrüßung gedacht war und daß er mich hereinbat. Wir setzten uns dicht zusammen auf niedrige Schemel. Ich kam mir vor wie in Lilliput. Er reichte mir Tee in einer blau gemusterten Schale. Von so weit her war ich gekommen! Er kannte London nur aus dem sowjetischen Schulunterricht: das London von Dickens und Conan Doyle. »Wie können Sie in dem vielen Nebel etwas sehen?«

Er sei kaum je gereist, erzählte er, er kenne die Welt nicht. »Als ich noch ganz klein war, lebten wir in der westlichen Mongolei. Mein Vater pflegte zu sagen, unsere Ahnen seien mit Dschingis Khan gekommen. Dann zogen wir nach Tuwa im Norden – das machten damals viele Leute – und siedelten uns in einem Dorf hier an. Mein Vater war fünfundachtzig, als er starb, immer noch kräftig und ein großer Jäger.«

Ich konnte sein Alter nicht schätzen. Er sprach leise, wortgewandt, so daß ich ihn mir als Handwerker oder Lehrer vorstellen konnte. Ohne zu überlegen, fragte ich ihn direkt: »Ihr Vater war auch Schamane?«

»Nein, er hat von der Jagd gelebt. Er kannte sich ein bißchen mit der Tätigkeit eines Schamanen und mit Heilmitteln aus. Aber nur ich bin Schamane.« Seine Stimme schwoll stolz an. »Als ich meinem Vater erzählte, daß ich Schamane werden wollte, hat er bloß gesagt: Gut! Mach das! Die Welt kann einen Schamanen gebrauchen!«

Allem Anschein nach war er also nicht von den Ahnen berufen worden. Er hatte sich selbst berufen. Und er war auch nicht einem bestimmten Lehrer gefolgt. »Es gibt heute keine Lehrer mehr. Es gibt nur noch Lamas. Aber ich habe den Buddhismus allein studiert, die heiligen Schriften gelesen. Deshalb nenne ich mich weder einen weißen noch einen schwarzen Schamanen, sondern einen gelben, einen buddhistischen Schamanen.«

Allmählich begriff ich. In Schilderungen von Tuwareisenden des 19. Jahrhunderts hatte ich gelesen, daß Schamanismus und Buddhismus miteinander verschmolzen waren. Ein russischer Besucher des obersten Lamas hatte in dessen Haus neben tantrischen Rollbildern sogar das Kostüm »seiner Gefährtin, der Großen Schamanin«, gesehen. Lamas und Schamanen hatten voneinander Rituale, heilige Gegenstände, sogar Götter übernommen. Und aus dieser Glaubensmischung waren die Burchan-Böö hervorgegangen, die »Buddha-Schamanen«, die die buddhistischen Schriften kannten und die dennoch Reisen zu den Toten unternahmen. Der in der Mongolei geborene Kunga-Böö war möglicherweise der letzte dieser geheimnisumwitterten Spezies.

»Es ist ein sehr harter Beruf, sehr hart. Ich habe siebenunddreißig Jahre lang gelernt und gewirkt, größtenteils im Verborgenen. Es mußte im Verborgenen sein.«

»Und wie ist das, dieses ... dieses ...« Aber meine Diplomatie versagte: »Dieses Reisen zu den Geistern?«

»Ich kann die Kranken manchmal heilen. Ich kann die Geister vertreiben.«

»Indem Sie in Trance gehen?« Ich wollte das furchtbar gern wissen. Ich fragte mich, wie leicht oder schwer ihm diese Traumreise fiel. Wurde sie durch die Wirkung des Trommelschlags auf das Gehirn erzeugt? »Wie gehen Sie in Trance?«

Doch er sagte nur: »Ich kann die Kranken läutern. Schauen Sie, ich stelle meine eigenen Arzneien her.« Er stand auf und ging vor einem niedrigen Tisch in die Hocke, der mit Pulvern auf kleinen quadratischen Zetteln bedeckt war. Er führte die Krümel an die Nase. »Dies hier ist schwarzes Heuschreckengras und dies altes Flohgras. Und dies hier ist Schweinepflanze.« Er reichte mir eine Wurzel, die an Ginseng erinnerte. »Sie ist blutstillend und ein Hautmittel.« Er legte sich ein Quentchen auf die Zunge. »Dies ist gut für Lungenbeschwerden ... und hier ist schwarze Saranka, ein wunderbares Gras, gut gegen Hämorrhoiden.« Er deutete auf sein Gesäß. »Gerade führe ich eine zehntägige Behandlung mit mongolischem Chasch durch ... Nein, es hat keinen russischen Namen ...«

Er hatte breite, grobe Hände, doch seine Fingerspitzen schoben die graugrünen Häufchen behutsam in winzige Umschläge, während er eine Antiphon von Krankheiten und Heilmitteln heruntersang. Magengeschwüre, Kopfschmerzen, Nierenversagen: alles ließ sich heilen oder lindern. »Aber man darf nur wenig nehmen, ganz wenig. Nimmt man zuviel, schlägt die Wirkung um, und man stirbt.«

»Woher haben Sie die Kenntnisse darüber?«

»Von den Ahnen. Sie haben es genauso gemacht.« Er dachte jetzt konzentriert nach, als ob sie ihm eine Pflicht auferlegt hätten. »Es gibt nur eine Substanz, die mir fehlt.« Es handelte sich offensichtlich um etwas lange Entbehrtes. »Vielleicht können Sie in London ein wenig auftreiben. Es ist Morsch.«

»Wie bitte?«

»Morsch! Morsch!« Er schöpfte Hoffnung. »England liegt doch im Norden, nicht wahr? Also muß es dort welche geben. Sie schwimmen im Meer. Morsch!« Er deutete einen triefenden Schnauzbart an und streckte dann seine Zeigefinger an den Mundwinkeln nach unten.

»Walroß!« Seine Erregung griff auf mich über.

»Wall-rosss?« Seine Finger gingen wieder nach oben und formten zwei fragende Hauer.

»Ja, ja!« Ich setzte meinerseits die Zeigefinger an die Unterlippe. Wir glotzten uns idiotisch an.

»Gibt es welche in England, Wall-rosss?«

Mir kam kurz das Bild eines schnauzbärtigen Dickwanstes in einem Clubsessel »Vielleicht in Schottland.«

»Ich brauche eines.«

Ich wiederholte dümmlich: »Eines.«

»Ja.« Er fing wieder an, Chasch einzutüten. Walroßhauer, Walroßessenz, Walroßtran. Alles wäre ihm recht, erklärte er.

War er vielleicht doch bloß ein Medizinmann? fragte ich mich. In Sibirien hatte es früher von eingeborenen Naturheilern gewimmelt. Selbst die Russen ahmten sie nach. Aber ein Schamane war etwas anderes, zeichnete sich in erster Linie durch seine Trommel aus, die ihn im Flug dahintrug, wie mystischer Hufschlag bummernd. In dem Zimmer, in dem wir saßen, gab es keine Spur einer Kultausstattung. Kunga-Böö lebte in Armut. Ich aber kehrte hartnäckig zu meiner fixen Idee zurück. »Können Kräuter Ihnen helfen, in Trance zu gelangen?«

Ich spekulierte immer noch, wenn auch mit schwindender Hoffnung, auf die Geschichte von einer Geistreise: vom Flug über Meere und Abgründe, hinweg über die Gebeine abgestürzter Rivalen, in die düsteren Säle Erliks.

Doch er sagte nur: »Für sowas sind Kräuter nicht da.« Er schob mir ein paar Saranka-Körnchen hin. Sie waren bitter. Dann verstummte er. Es gab Dinge, über die er nicht sprechen wollte. Draußen vor dem Fenster erstarb das Licht, und er stand auf und knipste eine nackte Glühbirne an, dann schlüpfte er hinter den roten Vorhang, der seinen Wohnraum teilte.

Meine Augen streiften durch das Zimmer auf der Suche nach verräterischen Zeichen, bemerkten aber wenig Neues: eine Plastikschachtel mit Tomaten, eine kleine Räucherschale, ein Knäuel gelber Seide. Ich fragte mich, was er machte.

Auf einmal: *Bumm!* Mir kribbelten die Haare. *Bumm! Bumm!* Eine rötliche Katze schoß unter dem Vorhang hervor. *Bumm-bumm-bumm!* Es war ein tiefer, mächtig hallender Ton.

Ich spähte hinter den Vorhang. Kunga-Böö hielt seine Trommel wie eine Trophäe hoch und schlug mit einem gepolsterten Stock darauf, und auf seinem Bett lag seine ganze Schamanenausrüstung. *Bumm-bumm-bumm!* Er strahlte wie ein Kind. Es war, als hätte er die ganze Zeit von meiner Neugier gewußt und mich auf die Probe stellen wollen.

Er sagte: »Das ist mein Mantel.« Er legte die Trommel beiseite. »Er ist sehr alt.« Er war lang und schwarz, überall baumelten schwarze Troddeln. Kunga-Böö schlug zwei mit einem Stoffstreifen verbundene Becken zusammen. Dann nahm er die matte Kupferscheibe, mit der er über seine Patienten strich, und hielt sie sich hier und da an den Leib wie ein astrales Stethoskop.

»Und dies ist mein Kopfschmuck.« Er hob ihn behutsam hoch. Es war ein Reif mit golden glänzenden Blechstückchen, die in seinen Händen klirrten und sich überlappten, und mit hochstehenden schwarzen Federn. Das Ding sah barbarisch aus. Als er es aufsetzte, fiel ihm eine Mähne daran befestigter schwarzer Haare bis auf die Taille, und mit den Federn dazu verwandelte er sich augenblicklich in einen Sioux. Er strich freudig darüber. Dann klatschte er sich mit einer kurzen, siebenschwänzigen Geißel zuerst leicht in die Hand und hieb dann kräftig in die Luft. *Wurr! Wurr! Wurr!* Er lachte. »Damit schlage ich sie.«

»Die schwarzen Geister?«

Aber mit Namen wollte er sie immer noch nicht nennen. Sein Gesicht wurde ernst. »Wenn ich tanze, erkenne ich sie … und was ich wissen muß, weiß ich dann.« Er peitschte abermals die Luft. »Sie fliehen davon!« Dann griff er sich die Trommel und schlug einen rollenden Wirbel. »Wenn ich tanze, singe ich dazu, und vom Himmel«, er deutete an die Decke, »kommt Kraft zu mir herab!«

Im nächsten Augenblick legte er die Sachen genauso plötzlich weg, wie er sie aufgenommen hatte, und ging wieder ins Nebenzimmer. Abermals nahmen wir auf den kleinen Schemeln Platz. Die rötliche Katze strich vorbei. Ich fragte: »Wo können Sie praktizieren?«

Er spreizte die leeren Hände. Heilige Stätten gebe es nur noch wenige, sagte er, sehr wenige. Aber vor drei Jahren habe er sich an einem geheimen Platz in der Wildnis ein Heiligtum gebaut, und dort tanze er.

Was mit der Düngür-Gesellschaft in der Leninstraße sei, fragte ich.

Er zog eine Grimasse. »Das sind sehr junge Leute. Sie verstehen nichts. Ich weiß nicht, ob sie überhaupt richtige Schamanen sind oder was sie sonst sind. Ich weiß es nicht.«

Zum Abschied gab er mir seine lamaistische Räucherschale und ein Farbfoto von sich. Ich gab ihm einen Schlüsselring mit einem winzigen Londoner Bus daran, den er staunend betrachtete. Dann begleitete er mich ein Viertelstündchen in der noch warmen Dunkelheit zurück.

Wolken waren von Westen aufgezogen, wo der Abendstern als einsamer trüber Lichtfleck stand.

Er sagte: »Die richtigen Schamanen, die wahren Schamanen sind so gut wie ausgestorben. Die Traditionen sind in Vergessenheit geraten. Die Gebräuche sind nicht mehr bekannt. Es gab noch eine einzige alte Schamanin in einer entlegenen Gegend, sechsundachtzig Jahre alt. Aber sie war die letzte. Sonst keine mehr. Und dabei gab es früher so viele. Und die Menschen brauchen uns.«

Wir bummelten zwischen den Grabsteinen und Plastikblumen des Friedhofs hindurch, den schiefen Kreuzen und den Sowjetsternen. Am Ende des Weges blieb er stehen. »Kommen Sie nächstes Jahr wieder.« Er verbeugte sich und faltete die Hände. »Bringen Sie mir Walroßessenz mit!«

Sein Foto steht noch auf meinem Schreibtisch. Er lächelt halb. Aber ich bin bis jetzt nicht wieder bei ihm gewesen, und Walrosse sind eine bedrohte Art, genau wie er, und nicht exportierbar. Auf dem Schnappschuß hat er seinen Kopfschmuck auf, aber der macht einen leicht schäbigen Eindruck. Ich sehe, daß die Rabenfedern mit einer alten blauen Schnur an die Scheibchen gebunden sind. Und er selbst wirkt irgendwie anders, ein wenig geheimnisvoll, so daß ich ihn erneut gerne fragen würde, wie er zu den Toten reist.

5
IN DIE ARKTIS

Vom Hügel der Paraskewa-Kapelle aus kann man mit puritanischem Abscheu auf Krasnojarsk hinunterblicken. Ein Slumgebiet trennt einen von dem geballten Betonzentrum am grauen Jenissei, gegen das sich von Westen unter einer Rauchglocke ein riesiges schornsteinstarrendes Industriegebiet vorschiebt. Über der ganzen Stadt hängen dicke Schwefelkohlenstoff-, Benzpyren- und Staubwolken. Nach Süden führt eine Brücke über den Fluß zu einer weiteren Massierung von Schornsteinen, die Ruß speien oder flatternde dunkle Säulen himmelwärts schicken. Von hier aus nicht zu sehen liegt dahinter ein ungeheures Wasserkraftwerk, bei seiner Fertigstellung 1971 das größte der Welt, mit einem fast 400 Kilometer langen Stausee über den untergegangenen Dörfern von achtundvierzigtausend umgesiedelten Personen.

Wo, fragt man sich, ist die Stadt, die Tschechow einst bewunderte, die großzügig angelegte Stadt der Goldhändler? Aber Krasnojarsk ist im Zweiten Weltkrieg durch die Verlagerung von Rüstungsbetrieben zu einer Millionenstadt angeschwollen. Vor 1991 war sie für ausländische Besucher nicht zugänglich. Ihre Satellitenstädte im Norden – auf sowjetischen Karten nicht verzeichnet – sind die Standorte unterirdischer militärischer Elektronikwerke und Kernreaktoren, die im Zuge der Umwandlung heute unter anderm Kassetten und Samsung-Fernsehgeräte herstellen.

Doch sobald man innerhalb der Stadt ist, tritt der Schmutz in den Hintergrund. Das Gesicht der langen, parallel zum Fluß verlaufenden Straßen prägen die honigfarbenen, von japanischen Kriegsgefangenen gebauten Mietshäuser mit ihren korinthischen Säulenfassaden und Gips- und Steinornamenten von der vorletzten Jahrhundertwende, hier und da mit einem überraschenden Holzhaus und einer Villa aus dem 19. Jahrhundert dazwischen. Weiter unten fließt breit und gewaltig der Jenissei. Und eine Zeitlang vergißt man über das Gefühl, daß dies das Herz der Stadt ist, die verseuchten und nahezu identischen Zitadellen der Armen ringsherum.

Der Jenissei faszinierte mich. Der relativ schmale, reißende Fluß, den ich in Kysyl aus dem Zentrum Asiens hatte hervorströmen sehen, war mittlerweile auf eine Breite von knapp zwei Kilometer angeschwollen. Und das war immer noch erst der Anfang. Auf seinem 4100 Kilometer langen Lauf von der Mongolei zum Polarmeer zerschneidet er Sibirien in zwei ungleiche Hälften. Ich bummelte an seinem Ufer zu der großen, den Fluß nach Süden überquerenden Brücke, die ein französischer Ingenieur Ende des 19. Jahrhunderts gebaut hatte. Ein schmucker Dampfer, die *Matrosow*, lag am Kai. Ich sah zu, wie er Verpflegung lud. Dann gab ich mir einen Ruck, und mit einem Gefühl wie ein von zuhause ausreißender Junge löste ich ein Ticket zum Polarkreis, eine Fahrt an den äußersten Rand meiner Landkarte und meiner Erwartungen.

Doch vor der Abfahrt sollten noch Stunden verstreichen. Flußabwärts stieß ich auf den Raddampfer, der Lenin nach Schuschenskoje in die Verbannung gebracht hatte. Er war komplett aus dem Wasser herausgehoben, und die Antriebsmechanik seiner rostigen Schaufelräder war geölt und in einwandfreiem Zustand. Das im Innern befindliche Museum, einst Lenin geweiht, hatte sein Angebot erweitert, und ich sah dort eine Metallkassette, die einst Nikolai Resanow gehört hatte.

Dieser junge Adelige und Mitstreiter von Grigori Schelichow, dem Begründer von Russisch-Alaska, war im Jahre 1803 mit zwei Schiffen in kaiserlicher Mission als eine Art Handelsbotschafter nach Amerika aufgebrochen, unter anderm mit der Absicht, den russischen Machtbereich auf Kalifornien auszudehnen. Beim Einkauf von Proviant in San Francisco verliebte er sich in die schöne Tochter des spanischen Ortskommandanten, aber religiöse Barrieren verzögerten die Verbindung, und Resanow segelte mit dem Versprechen ab, in spätestens zwei Jahren zurückzukehren.

In Sibirien lebt noch die Geschichte fort, er und sein zukünftiger Schwiegervater hätten den Plan verfolgt, ein unabhängiges Kalifornien unter der Schirmherrschaft des Zaren zu errichten. Aber im März darauf starb Resanow in Krasnojarsk an einer Lungenentzündung und wurde wenige hundert Meter vom Kai, an dem ich spazierenging, begraben. Seine Verlobte wartete. (Consuella's Rock bei San Francisco ehrt ihr Andenken.) Als schließlich die Nachricht von seinem Tod kam, gründete sie das erste Nonnenkloster Kaliforniens und wurde selbst die erste Nonne.

Über ein Jahrhundert lang stand Resanows Monument bei der Kathedrale nahe dem Fluß. In den dreißiger Jahren wurde dann eine Fallschirmspringerschule an der Stelle gebaut, und das Grab mit seiner martialisch spitzen Urne und seinem scharfzackigen Gitter mußte weichen.

Als die *Matrosow* sich vom Ufer löst, flammt Erwartung auf. Sie ist kindisch, von Joseph Conrad gefärbt. Doch mittlerweile lassen die Schiffsmaschinen den ganzen Dreideckdampfer erbeben, und der Abstand zur Welt wächst. Eine kleine Schar Verwandter auf der Mole winkt unermüdlich. Scherzhafte Bemerkungen gehen noch über 50 Meter Wasser hin und her. Marschmusik tönt aus dem Lautsprecher des Schiffes, als ob wir an die Front zögen. Ein kleines Mädchen, das mit ihren Eltern am Ufer steht, weint, weil ihre Großmutter vom Fluß davongetragen wird. Als das Schiff schließlich in die Fahrrinne einbiegt, werden die Winkbewegungen immer ausladender, dann zerstreut sich die Menge und entschwindet den Blicken.

Die Stadt bleibt hinter uns zurück. Sie reduziert sich auf bedeutsame Kuben und Rechtecke: die Banken, die Philharmonie, den Flußbahnhof. Unser Nebelhorn tutet einsam unter einer Brücke. Wir fädeln uns zwischen sumpfigen Inselchen hindurch, auf denen Angler in schwarzen Regenmänteln stehen und nicht aufblicken. Ein Schwarm Enten zieht nach Westen. Unsere Maschine tuckert durch fast vollkommene Stille. Unser Kielwasser bringt die an den Ufern liegenden Kähne kaum zum Schaukeln. Auch nachdem wir die letzten Industriegebiete passiert haben, steigen immer noch lange Rauchfahnen aus unsichtbaren Fabrikschornsteinen im Norden auf.

Dann verschwinden auch sie, und auf beiden Seiten leuchtet uns das Farbenspiel der Bäume auf den Hügeln entgegen – bernsteingelb werdende Birken, dunkle Reihen von Zirbel- und anderen Kiefern mit roten Einsprengseln von Ebereschen. Wo der Fluß sich verschmälert, fallen manchmal schroff gezackte Felswände steil ins Wasser ab. An andern Stellen dehnt sich eine friedliche Fluß- und Insellandschaft ins Weite und liegt das Licht matt glänzend auf einem mäandrierenden Gewässer, das mehr wie ein See aussieht.

Ich stehe stundenlang an Deck. Meine Mitreisenden, stämmige Händler mit Vinylmützen, haben das untere Deck bis zu den Bullaugen mit Kisten voller Paprika und Tomaten verrammelt. Manchmal starren sie genau wie ich mit hochgezogenen Schultern auf den Fluß, oder sie spielen im Vorraum Karten. Aber es gibt kein gemeinschaftliches Leben. Das Schiff macht einen halb leeren Eindruck. Aus den Ferien heimfahrende Familien bleiben in ihren Kabinen, wo sie schlafen oder vor sich hinmümmeln. Das Büfett ist geschlossen, der Aufenthaltsraum ist geschlossen, der Leseraum ist geschlossen. Das Schiff scheint durch Zauberei zu fahren. Immerhin haben die öffentlichen Räumlichkeiten eine schöne, gelblich glänzende Kieferntäfelung, und wo man hinschaut, sieht man Messingbeschläge. Im Musikraum (geschlossen) erspähe ich ein weißes Klavier und mit Schärpen und Leiern vollhängende Wände. Der Speisesaal vollzieht die Krümmung des Buges mit und prunkt mit Seidengardinen und Palmensäulen. Serviert werden Räucherfisch, fetter Schinken und Schwarzbrot; zum Abschluß gibt es süßen Kaffee und eine bescheidene Rechnung.

Draußen auf dem Fluß demonstriert alle paar Stunden ein Dorf mit seiner Anlegestelle den Anschluß an die Welt. Bunt bemalte Ruderboote liegen am Ufer wie ein zerbrochenes Kaleidoskop, und Holztreppen tattern zu den Häusern auf der Anhöhe hinauf. Hin und wieder reckt eine Kirche, alt und wuchtig, einen leeren Glockenturm oder eine ihres Kreuzes beraubte Kuppel über die Dächer hinaus. Dann schwenken wir an den Landungssteg, wo Bauersfrauen in zwei langen Reihen hinter ihren Auslagen von Gemüse und Eingemachtem warten. Sobald die Gangway heruntergelassen ist, schwärmen die Fahrgäste zum Kaufen aus, während ein Trupp Schauerleute mit Gemüsesäcken über den Schultern in die andere Richtung prescht und die Fracht an Deck noch höher türmt.

Nach zwanzig Minuten ist der Sturm der Geschäftigkeit abgeflaut, und wir legen wieder ab. Wir gleiten durch Wasser, das an erstarrendes Metall erinnert. Der Nordwind schiebt die obere Schicht zurück, während eine tiefe Gegenströmung es von unten auftreibt. Das Schiff wälzt sich schläfrig über den trägen Aufruhr. Ich blicke gebannt hinab. Die ganze Oberfläche sieht aus wie ein kalter, brodelnder Schmelzfluß. Kreise und Ellipsen gleiten stahlig schimmernd darüber hin, wie erzeugt vom Getummel vieler Millionen (in Wirklichkeit gar nicht vorhandener) Wasserläufer, und zwischen den Wellen breitet sich ein öliger schwarzer Film aus.

Vom Oberdeck aus beobachte ich, wie das Westsibirische Tiefland sich waldig und eben bis an den Rand des Himmels erstreckt, während sich auf der andern Seite die Berge der noch gewaltigeren ostsibirischen Weiten auffalten. Die Taiga scheint beide Seiten zu vereinen, doch eigentlich sind es ganz verschiedene Landschaften, und der Jenissei spaltet sie wie ein Schwert. Die Lehmebenen des Westens werden noch ganz schwach vom Atlantik erwärmt. Ihre Wälder sind von Seen und Sümpfen durchtränkt, und die sie bewohnenden Urvölker sprechen zum Teil Sprachen, die denen Finnlands und Ungarns nahestehen. Aber der Osten hüllt sich in eine schreckliche, statische Kälte, und sein Boden ist fast bis zur chinesischen Grenze fest im Griff des Permafrostes. Im Bergland wird die Taiga dichter, und auf dem Marsch zum Pazifik werden die westlichen Kiefern, Fichten und Tannen von ganzen Armeen zäher Lärchen überschwemmt. Die einheimischen Stämme sind von älterem, eher mongolidem Schlag.

Langsam prägt sich ein auffallender landschaftlicher Unterschied zwischen Backbord und Steuerbord aus, der Hunderte von

Kilometern anhält. Das flache Westufer liegt praktisch auf einer Höhe mit dem Fluß, doch im Osten ragt eine 15 Meter hohe Erdwand auf, dicht von Bäumen bestanden. Das Kielwasser unseres Schiffes scheint die Trennlinie dazwischen zu ziehen. Der norwegische Entdecker Nansen, der den Fluß 1913 befuhr, erklärte den Unterschied mit dem zum Nordpol hin stärker werdenden Zug der Erdumdrehung. Hat man das Phänomen einmal bemerkt, läßt es einen nicht mehr los: Auf der Westseite junge Birken, die hell und freundlich im Wasser stehen, Pferdeherden, die unbewacht herangetrottet kommen. Dagegen das Ostufer wie ein geschlossener Festungswall.

Während der Schiffsbug sich gemächlich polwärts schiebt, baut sich eine kindliche Spannung auf. Man stellt sich vor, daß durch das Zusammenstreben der Meridiane vor einem der Erdball immer steiler wird und daß man seine Krümmung am Horizont wahrnehmen kann. Bald, denkt man sich, muß sich die Erde unter dem erdrückenden Gewicht des Himmels abplatten, und durch diesen Schlitz in der Ferne – wo der Fluß den Wald durchschneidet – wird man über den Scheitelpunkt der Welt gleiten und von da an nach Süden hinunterrutschen.

Statt dessen legt sich gegen Abend der Wind, und wir treten in ein goldenes Vakuum ein. Ich denke: Dies ist das urtümliche Sibirien, ungreifbar, unendlich, das wie ein geographisches Unbewußtes hinter den Augen der frühen Reisenden saß. Seine scheinbare Leere war eine blanke Tafel, die man vollschreiben konnte. Jahrhundertelang nährte es Gerüchte und Legenden, verkörperte es Ideale, weckte es Ängste. Schon sein Name – eine Verschmelzung von mongolisch *siber*, »schön, rein«, und tatarisch *sibir*, »schlafendes Land« – verhieß ein jungfräuliches, wartendes Land. Für Hegel lag es gänzlich außerhalb des Bannkreises der Geschichte, war es als Grund eines sinnvollen Lebens zu kalt und zu feindselig.

Es verbreitet die Illusion der Unbewohntheit um uns herum. Doch schon zu Herodots Zeiten gab es Geschichten von menschlicher Besiedlung. Sein Bericht von einem kahlköpfigen, plattnasigen Menschenschlag und von einem Stamm, der ein halbes Jahr lang schläft, scheint auf Gerüchten von Mongolen und arktischen Völkerschaften zu beruhen. Und als die Russen zum Ural vordrangen, bevölkerten sie das weiter im Osten liegende Land mit ihren Dämonen. Gott habe die Eingeborenen in diese Wildnis verbannt, weil sie ihre Toten verspeisten. Die Angehörigen eines bestimmten Stammes frören jeden Winter von dem aus ihren Nasen fließenden Wasser am Boden fest. Andere lebten im Sommer untergetaucht im Meer, um zu verhindern, daß ihre Haut platzte. Sie hätten die Augen in der Brust und die Lippen zwischen den Schultern sitzen; oder ihr Mund öffne sich in ihrer Schädeldecke, weshalb sie zum Essen ihre zerkleinerte Kost unter die Hüte steckten und die Schultern auf und nieder bewegten. Diese Menschen, scheint es, hatte es hier von jeher gegeben. Denn im Unbekannten bleibt die Zeit stehen.

Doch später kam nach und nach eine heidnische Schönheit hinzu. Man dichtete dem religionsfreien Sibirien magische Städte an. Sie seien von Lärm umgeben und könnten nur auf unterirdischem Wege erreicht werden, doch sobald man in ihren Mauern sei, trete eine überirdische Stille ein. In seiner schneeumschlossenen Reinheit, seiner Entrücktheit wurde Sibirien zum Hort einer imaginären Unschuld.

Im 19. Jahrhundert allerdings waren schon längst andere, gegenteilige Bilder im Schwange: Sibirien als Schatzkammer, die von Beamten geplündert und von Kosaken leergejagt wurde, und vor allem, lange vor dem Gulag, als eine Art Vorhölle, in die sämtliche schädlichen Elemente des Reiches abgeschoben werden konnten – Verbrecher, Landstreicher, Oppositionelle. Durch Sibirien werde Rußland sich reinigen. Mit seiner riesenhaften Größe könne es das Böse verschlucken.

Das Pendel schwingt seit einigen Jahren in die Gegenrichtung zurück. Je tiefer Moskau in die Umarmung des Westens zu sinken scheint, um so mehr verklärt sich Sibirien in der slawischen Phantasie zu dem Rußland, das man verloren hat, der Hochburg des wahren Geistes. Die Apotheose eines keuschen, autarken Sibirien kommt wieder auf. Sibirien ist russischer als Rußland, sagen die

Leute, als ob es ein archetypisches Rußland wäre oder das Traumland, das Rußland gerne sein möchte.

Ich hatte meine Viererkabine für mich. Schwache Glühbirnen verliehen ihr die Atmosphäre eines schummerigen Nestes. Also ging ich nach oben und setzte mich zum Sonnenuntergang ans Heck, lauschte dem Rauschen des zimtfarbenen Wassers. Neben mir döste ein bulliger Mann vor sich hin. Dann brachte uns ein Schwarm Enten ins Gespräch. Als sie vorüberflogen, ging automatisch sein Arm hoch und feuerte eine imaginäre Schrotflinte ab. »Hier läßt es sich herrlich jagen. An dieser ganzen Strecke sieht man überall Jägerunterstände. Schauen Sie, da … und da drüben …«

Ich hatte sie vorher gar nicht bemerkt – ausgehöhlte Baumstämme mit angenagelten Brettern, über dem Schilf gerade eben zu erkennen. Wadim hätte am liebsten in einem gesessen oder im Sumpf gekauert und auf den Zug der Kanadagänse gewartet. Wenn er von ihnen sprach, dann mit der befremdlichen Liebe des Jägers zu seiner Beute: wie sie im Herbst auf dem Weg nach Indien aus der Arktis geflogen kamen. Auch Meergänse und Rothalsgänse, ebenso Pfeifenten und Bläßhühner aus der Tundra. Und noch andere, beinahe heilige Vögel – Kraniche, Schwäne –, die niemand schoß.

Was mit dem Bartkauz sei, fragte ich, der anderthalb Meter Spannweite und einen Kopf so groß wie ein Mensch hatte. Ich hätte furchtbar gern einmal einen in der Abenddämmerung gesehen. Seine weißgefiederte Gesichtszeichnung erinnert an die Augenbrauen und den Schnurrbart eines Cartoongenerals, er hat einen Gesichtsschleier von der Größe eines Suppentellers, und er kann eine Wühlmaus unter einer 30 Zentimeter dicken Schneedecke hören. Ja, meinte Wadim, wenn man sich an einem Flußufer am Abend ganz still halte, könne man hören, wie sie einander zuriefen – er gab ein dumpfes Huhu von sich –, aber zu sehen bekomme man nie einen.

Einmal war er die 2000 Kilometer von Krasnojarsk nach Dudinka, die unser Schiff zurücklegen sollte, zu Fuß gegangen. Er hatte dafür fünfzig Tage gebraucht, hatte gejagt und draußen übernachtet und sich an die Wege am Fluß gehalten. Er erzählte davon mit einer derben Nostalgie und einem gelegentlichen Schulterklopfen, wenn er den Abschuß eines Marders oder das Durchwaten eines Flusses bekräftigen wollte. Er hatte feste Augen in einem groben, freundlichen Gesicht. Er schien das alte Sibirien zu verkörpern. »Und Bären hab ich gesehen! Und sie mich auch. Aber wenn du einem Bären nichts tust, tut er dir auch nichts. Nur im Winter, da ist er gereizt, weil er Hunger hat. Und Järve sind da rumgeschlichen, Vielfraße. So ein Järv, der ist groß«, er umfaßte mit den Armen ein ansehnliches Luftloch, »und er hat so eine komische Art, einen zu verfolgen. Man merkt es oft gar nicht, aber er ist da und geht hinter dir her, und wenn du ein Lager aufschlägst, lauert er in der Nähe, der Järv. Und wenn du dann einen Moment weggehst, räumt er dir das Zelt aus.«

Wadim lebte im arktischen Dudinka, aber er sehnte sich nach dem Wald. Die Jagd war seine Leidenschaft. Er kannte einen Platz, wo Wildrene den Jenissei überquerten, und schoß zwei oder drei im Jahr, die er gleich an Ort und Stelle zerlegte. Ein Förster stellte ihm eine abgelegene Hütte zur Verfügung, von der aus er nachts loszog, und wenn der Morgennebel sich von den in Beeren schwimmenden Lichtungen verzog, schoß er die dort äsenden Elche und verkaufte dann ihre Kadaver unter der Hand.

Und manchmal, erzählte er, fange er Rene und Elche in Fallen. Ich verzog das Gesicht und fragte genauer nach, weil ich ihm gern eine Regung des Bedauerns entlockt hätte, doch er konkretisierte es lediglich: Fangeisen. Er war ein Wilderer.

Dies war auch das alte Sibirien. Die Fallensteller waren von jeher gnadenlos, die Taiga hochempfindlich. Im 17. Jahrhundert hatte man den Zobel hier praktisch ausgerottet.

Ich fragte verständnislos: »Und wieso mögen Sie keinen Schwan töten?«

»Einen Schwan!« Er blickte schockiert, rieb sich das Herz. »Ich liebe Schwäne. Sie fliegen bis nach Kalifornien, dann wieder zu uns zurück. Sie sind wunderschön. Oh, ich könnte niemals einem Schwan etwas zuleide tun!«

Die Sonne war mittlerweile gesunken. Wir strichen still übers Wasser. Nach einer Weile zog ein verlassenes Dorf an uns vorbei, dessen Türen und Fenster schwarz über das Schilf starrten. »Das sind die Ruinen, die Chruschtschow hinterlassen hat«, sagte Wadim. »Er hat die Leute gezwungen, in großen Agrostädten zu leben, die kleinen Ortschaften waren ihm zuwider. Und heute sind sie verfallen ...«

In den letzten Fenstern flackerten trübe Lichter; vielleicht waren dort Leute zurückgekehrt, um ein erinnertes Glück neu zu bewohnen. »Mein Großvater wurde 1921 hier in die Gegend verbannt – ja, so früh schon! –, bloß weil er Land besaß. Er mußte von irgendwas leben, also wurde er Kaufmann und ließ sich in Jenisseisk nieder, wo ich geboren bin.« Wadims Hand krachte wieder auf meine Schulter. »Zu Stalins Zeiten, ja selbst zu Breschnews Zeiten hätten Sie und ich nicht so miteinander reden können! Sie sind mein erster Engländer!«

Ich lächelte wider Willen. Er hatte mich zu den Kanadagänsen und den Rentieren in seinen Schnappsack gesteckt.

»Als junger Mann hätte ich Sie als meinen Feind betrachtet.« Ein leises Erstaunen klang in seiner Stimme durch. »Aber einmal bin ich mit einer Komsomolgruppe nach Deutschland gefahren, fest davon überzeugt, daß wir in jeder Beziehung das Gelbe vom Ei hatten. Wie man das halt so denkt. Mein Vater war im Krieg Lotse und starb an einer Verwundung, die er erhielt, als er britische Konvois nach Murmansk geleitete. Seine drei Brüder wurden alle getötet. Ich war bereit, die Deutschen zu hassen – aber Hamburg! Der Reichtum war mir egal, aber daß die Leute so herzlich waren ... Wir waren bei einfachen Deutschen untergebracht, und es waren gute Menschen. Gute Menschen. Danach habe ich alles mit andern Augen gesehen ...«

Er stellte sich mit dem Rücken zum Wasser. Die russische Trikolore hing hinter ihm schlaff am Fahnenmast. »Und jetzt müssen wir sein wie sie. Heutzutage muß man in Rußland *selbständig* arbeiten. Unabhängig!« Er schlug sich auf die Brust. »Wir leben in einer neuen Zeit. Im Moment bin ich Kranführer im Hafen von Dudinka, aber ich kann auch als Mechaniker, als Buchhalter, als

Holzfäller arbeiten. Ich verdiene mehr als meine Vorgesetzten. Die Temperatur kann auf –45 °C absinken, aber mir macht das nichts aus. Und ich bin frei. Niemand sagt mir, was ich zu tun habe! Wenn es mit der einen Tätigkeit nicht klappt, sattele ich auf eine andere um.« Er deutete mit seiner Zigarette auf die Kisten vor den Deckfenstern. »Aber diese Geschäftemacherei, wo bloß Sachen hin und her verschoben werden – das ist nichts. Rußland muß selber Sachen herstellen. Darin liegt unsere Zukunft.«

»Konsumgüter«, pflichtete ich ihm bei. »Sachen, die die einfachen Leute brauchen.«

»Früher sind auf jeden Arbeiter sieben Chefs gekommen. Einer hat rabottet, und die andern haben bloß den Löffel zum Mund geführt. Aber jetzt stellen wir uns auf die eigenen Beine!«

Ich wollte genau das hören, wollte glauben, daß er die Zukunft war. Ich wollte ihn mögen. Er stand breitbeinig an Deck, als könnte er einem Orkan trotzen. Ich versuchte, die Fangeisen zu vergessen.

»Kommen Sie morgen in meine Kabine, dann lernen Sie meine Frau kennen!« Er hatte es plötzlich eilig. »Wenn ich Zobel fange, macht sie Mützen daraus!«

Ich blieb noch eine Weile achtern in der Abendkühle sitzen. Ein paar Sterne waren herausgekommen. Die Schiffsglocke läutete archaisch. Die dunkel werdenden Wälder wirkten nicht mehr so leer. Bei Tag war mir die Taiga still erschienen, überwölbt von einem grünlichen Licht und einem Frieden wie in einem Dom. Aber sie war nur leer von Menschen. Im Unsichtbaren raschelte ein eigenes, heimliches Leben: Luchse, Elche, Füchse. Braun- und Schwarzbären schlugen sich jetzt bestimmt den Bauch mit Beeren voll und suchten Höhlen für die Winterruhe, und Unmengen von Vögeln zogen nach Süden und Osten. Zobel und Bisamratten taten es den andern waldbewohnenden Mardern und Nagern gleich und legten Wintervorräte an, und das rund und fett gefressene Murmeltier rüstete sich zu seinem unglaublichen achtmonatigen Schlaf. (Die Körpertemperatur sinkt fast auf Null ab, sein Herz schlägt nur alle drei Minuten einmal. Alle drei Wochen wacht es auf, uriniert, kopuliert vielleicht und nickt dann wieder ein.) Doch andere – selbst das winzige nachtaktive Flughörnchen – hielten gar keinen Winterschlaf.

Weiter im Norden dann, wo die Taiga sich zu reinem Nadelwald ausdünnte und der Winterschnee als harter, körniger Staub peitschte, nahmen Wölfe und Rentiere zu und wurde der Rotfuchs vom Blaufuchs abgelöst. Arktische Lemminge – nervöse, rundliche Wühlmäuse mit schneeweißem oder braunem Fell – paarten sich wahrscheinlich auch jetzt noch. Alle drei oder vier Jahre vermehren sie sich explosionsartig und überschwemmen als wogende Landplage die Tundra. Früher stellten sich die Leute vor, daß sie das Meer auf der Suche nach Atlantis durchschwammen, aber was sie wirklich suchten, war Wollgras. Sie kehren niemals um, weil sie hinter sich schon alles kahlgefressen haben. So muten sie einen leicht tragisch an, vom Wahnsinn getrieben. In einem Spitzenjahr für Lemminge strömen alle Raubtiere zusammen. Alles, scheint es, frißt Lemminge. Die Schnee-Eulen brüten zur Feier zehn oder mehr Junge aus, und die Wölfe werden so dick, daß die Rene in Frieden weiden können (und selbst gelegentlich einen Lemming verspeisen). Es gibt eine hellgrüne Moosart, die nur auf den Gebeinen von Lemmingen wächst. Selbst bei ihren Flußüberquerungen sind sie nicht sicher, sondern enden schon einmal im Magen von Hechten und Lachsen. Ich hielt die Augen offen, ob ich welche im Jenissei erspähte – sie konnten etliche Kilometer weit schwimmen –, aber der Fluß füllte sich mit Sternen.

In der Nacht stieß die Angara zu uns, die vom Baikalsee kommend bereits 1800 Kilometer hinter sich hat und die aus dem Jenissei einen der mächtigsten Flüsse der Erde macht. Vor uns im Morgengrauen lösten sich niedrige Berge vom Himmel ab, und im Osten erblickten wir die Wellen der Hügel, die von hier aus bis zum Pazifik rollen. Das Gold der Wälder bekam jetzt einen dunkleren Ton von den zunehmenden Nadelbäumen. Ein kalter Wind ließ den Fluß lebhafter wogen, und ein Schwarm Möwen flog hinter uns her. Am Nachmittag kamen wir an felsigen Inseln vorbei, und von Osten wand sich die Steinige Tunguska, allein schon imposant genug, auf uns zu.

In seiner engen Kabine, vollgepfropft mit säckeweise Kartoffeln, die er billig in Krasnojarsk gekauft hatte, traktierte Wadim mich mit Tee und Wodka, verschmähte meine rumänischen Kekse und tischte Piroschki mit Kohlfüllung auf, die seine Schwiegermutter gebacken hatte. »Selbst gemacht! Besser!« Sie schmeckten grauenvoll.

Dann kam er auf Politik zu sprechen. Seine Frau Stalina (ihr Vater hatte in Stalingrad gekämpft) flezte füllig neben ihm auf ihrem Bett, in eine Wolljacke gemummelt. Pralle Backen quetschten ihr Augen und Mund zu pampigen Pünktchen zusammen, und unter einem kippligen Turmbau goldener Locken lugten ein paar Baumwollfäden und Strähnen ihrer eigenen schwarzen Haare hervor. Während Wadim sich über die Undankbarkeit der baltischen Staaten beklagte oder die Zermalmung von Tschetschenien forderte, gab sie leise Schnaubtöne der Zustimmung und Mißbilligung von sich.

»Diese Leute lassen sich von uns alles hinten und vorn reinschieben«, sagte er. »Selbst in dieser Gegend hier gibt es eingeborene Keten und Dolganen und Enzen und Gott weiß wen noch, die degenerieren, weil sie nie einen Handschlag Arbeit verrichten. Aber wer in Dudinka Arbeit haben will, der kann auch welche finden und gut leben.« Er wandte sich an Stalina. »Wir leben doch gut, nicht wahr?«

»Aber ja, aber ja.« Sie pulte die Samen aus dem getrockneten Blütenkopf einer Sonnenblume und steckte sie sich mit feuchten Fingern in die Backen. Ich fing an, eine gleich große Abneigung gegen beide zu empfinden.

»In den siebziger Jahren war ich acht Jahre für den Komsomol tätig«, sagte Wadim. »Ich bin in die Tundra hinausgezogen und habe diesen Leuten in ihren Hütten oder Zelten oder einfach unter freiem Himmel Vorträge gehalten. Wir Russen haben ihnen überhaupt erst eine Schulbildung gebracht. Vorher hatten sie nicht mal ein Alphabet. Sie konnten nicht mal lesen.«

»Nicht mal ein Alphabet!« kam das Echo von Stalina.

Ich fragte verstimmt: »Was haben Sie ihnen beigebracht?«

»Zu der Zeit die Geschichte der Kommunistischen Partei.« Kein Spur von Ironie oder Bedauern wehte ihn an. »Ich hab ihnen von unsern Schriftstellern und Kosmonauten und Raumfahrtingenieuren erzählt …«

»Haben sie zugehört?«

Er blickte verständnislos, als gehörte das nicht zur Sache. »Ich bin mit dem Hubschrauber oder dem Rentierwagen von Gruppe zu Gruppe gezogen, den batteriebetriebenen Projektor immer dabei, und wir haben ihnen Filme vom Großen Vaterländischen Krieg gezeigt. Manchmal haben wir ihre Kinder auf Internate in Dudinka gebracht – wenn sie sieben Jahre alt waren –, und sie konnten die Schule besuchen, von September bis Mai, und dann für drei Monate in die Tundra zurückkehren.«

»Wir haben sie in die Schule geschickt – kostenlos!« Seine Frau kuschelte sich unter die Decken.

»Und wenn sie wollten«, fuhr Wadim fort, »konnten sie auch eine höhere Schule besuchen, und sie mußten überhaupt nichts bezahlen! Und es wurden extra Plätze für sie freigehalten, selbst wenn es Russen gab, die eher Anspruch darauf gehabt hätten.« Sein Gesicht war vor Ärger richtig verkniffen. Seine Frau spuckte einen Sonnenblumenkern aus.

»Was haben sie in der Tundra mit eurer Schulbildung angefangen?«

»Manche haben eine Ausbildung als Tierarzt gemacht, aber die meisten wollten keinen Finger krumm machen. Jetzt kommen sie bloß noch in die Stadt, um herumzuhängen und sich zu betrinken.«

»Sie waren nicht darauf vorbereitet«, sagte ich. Ich stellte mir vor, wie er zu diesen Leuten flog und ihnen Predigten über die Oktoberrevolution hielt, von denen sie nur die Hälfte verstanden, und wie ihre Kinder aus einem Dudinka, in dem es keine Arbeit gab, in eine Tundra zurückkehrten, die sie nicht mehr kannten. Diese Internate hatten eine ganze Generation ausgestoßen, die ihrer eigenen Kultur entfremdet und für jede andere untauglich war.

Durch das Bullauge hinter mir fiel mein Blick auf die Wälder, in denen das Volk der Keten einst zahlreich gelebt hatte. Vor zwei Jahrhunderten waren sie alljährlich mit zweihundert Booten zu einem großen Markt gefahren und hatten den kaiserlichen Eintreibern ihren Tribut an Fellen abgeliefert. Binnen eines Jahrhunderts hatten der Wodka und die Krankheiten, die russische Händler ihnen brachten, sie stark dezimiert.

»Halten Sie sich ja von diesen Leuten fern!« warnte mich Stalina. »Die stellen sonstwas mit Ihnen an.«

Ich hatte eine scharfe Erwiderung auf der Zunge; aber ich trank ihren Wodka, knabberte ihre Piroschki. Ein Gefühl der Bitterkeit befiel mich. »Sie interessieren mich«, sagte ich gereizt. Ich wollte sie irgendwie aufspüren: ein Dorf, ein Nomadenlager, irgendwas.

»Wir Russen haben sie betrogen, als wir hierherkamen«, sagte Wadim plötzlich. »Wir haben ihre Pelze im Tausch für ein paar Messingtöpfe genommen.«

Stalina schnaubte unergründlich.

Ich fragte: »Was passiert jetzt mit ihnen da draußen in der Tundra?«

»Ich weiß nicht, was da draußen passiert.« Wadim stürzte seinen Wodka hinunter. »Nur, daß das ganze System vor die Hunde geht. In der Stadt haben diese Leute vorher einfach Geld vom Staat kassiert. Jetzt bekommen sie nichts mehr, und als Arbeitskräfte sind sie nicht zu gebrauchen.«

»Möglicherweise sind sie in der Tundra besser dran«, sinnierte ich.

»Ja!« riefen sie im Chor. »Genau! Da draußen sind sie besser dran!«

Nacht. Unter einem kalten Sternenhimmel streichen wir über das spiegelblanke ruhige Wasser. Das Akademiemitglied aus Akademgorodok fällt mir ein, seine Ausführungen über magnetische Kraftlinien, die angeblich von Dikson nördlich von uns herabströmen. Jetzt gleiten wir auf ihnen dahin. Die Milchstraße zerreißt das Firmament wie eine weiße Narbe, und die Venus ist so hell, daß sie eine Bahn auf das Wasser wirft. Ich hatte dem Professor versprochen, mich um kosmische Sensibilität zu bemühen, aber ich habe keine Ahnung, wie ich das anstellen soll. Also mache ich mich innerlich leer und horche nach innen, auf nichts. Vor unserm Bug nehmen die Ufer das Licht des Flusses in die Zange. Achtern zerstreut sich lautlos der Schaum unseres Kielwassers. Einmal blinkt eine rätselhafte Lampe aus dem Wald, doch ansonsten bewegen wir uns durch eine Himmel und Erde vereinende Dunkelheit. Der Takt unseres Motors ist das einzige Geräusch.

Zwei weitere Tage und Nächte fuhren wir den Fluß hinunter, und ringsherum verfärbte sich unterdessen das Grün und Gelb der Laubbäume weiter ins Bräunliche, wurden die Birkenstreifen an den Ufern zusehends von Kiefern verdunkelt und erlosch nach und nach das rote Feuer der Espen dazwischen. Der Jahreslauf erhöhte das Tempo. In vier Tagen sausten wir durch den Herbst, bis das Laub fiel und eine eintönige Nadelwaldwelt uns umgab.

Die Dörfer wurden noch weniger, ärmer. Ihre Gründung in den späten dreißiger Jahren verriet sie als stalinistische Zusammenziehungen kleinerer Kolchosen, doch jetzt waren auch sie halb verlassen und ihre Bewohner nach Krasnojarsk oder noch weiter weg gezogen. Während wir nach Norden in den Winter hineintuckerten, schrumpfte das Angebot an den Anlegestellen auf wenige Säcke Kartoffeln und Mohrrüben oder ein paar Eimer Moosbeeren zusammen.

»Bis hier kann man noch Gemüse anbauen«, sagte die Bedienung am Tresen, als wir vom Landungsplatz von Worogowo zurückstießen. »Nördlich von hier gibt's bloß noch Fisch.« Wir waren auf dem 65. Breitengrad. »Und diese Dörfler werden ihre Sachen nicht mehr so los wie früher. Bis vor zwei Jahren haben die Leute noch Ausflüge in den Süden gemacht, aber jetzt hat keiner mehr das Geld dazu.«

Sie sah schwer und müde aus. Sie stand hinter dem Tresen unten im Schiffsbauch, wohin sich nur selten jemand verirrte, und servierte Würstchen und trockene Hähnchenschenkel. Blonde Locken schlenkerten ihr um Backen und Hals. Sie hatte enzianblaue Augen. Hinter ihr schimmerten zwei Borde mit Sekt, Dessertwein und »Sport-Cola«. Sie bediene hier vier Monate im

Jahr, erzählte sie. Es sei die einzige Stelle, die sie kriegen könne. »Ich war zehn Jahre lang in Tjumen und Krasnojarsk als Informatikerin tätig. Dann gingen die harten Zeiten bei uns los, nicht wahr, und ich mußte als Bedienung arbeiten. Als Informatikerin in Krasnojarsk habe ich am Schluß ein Drittel von meinem Gehalt vorher in Tjumen verdient. Aber zu dem Zeitpunkt hatte ich schon eine Tochter, da konnte ich nicht einfach aufhören.«

Sie lächelte tapfer. Obwohl die Züge in ihrem mondrunden Gesicht wie später aufgetragen wirkten, nahmen sie doch einen Ausdruck resignierter Zärtlichkeit an. Sie war in einem Dorf im Gebiet des großen Staudamms bei Krasnojarsk geboren, sagte sie. Ihre Eltern hatten sogar beim Bau mitgearbeitet. »Aber wir haben oberhalb davon gewohnt, und unser Haus ist im Stausee untergegangen. Ich war noch ein Kind, als wir es aufgegeben haben. Ich bin sieben Kilometer zu Fuß gegangen – ganz allein, obwohl ich erst fünf war –, um beim Bau des Staudamms zuzusehen und in der Nähe meiner Eltern zu sein. Ich wußte nicht, daß er uns unter Wasser setzen würde.« Ihre Kindheit war darin versunken.

Eine Zeitlang blieb der Vater ihrer Tochter ein unerwähnter Schatten in ihrer Geschichte. Dann sagte sie: »Bei uns geht es anders zu als bei euch. Wenn ich mittellos wäre, müßte er möglicherweise etwas bezahlen. Aber er schreibt uns nur manchmal, und ich sage ihm, daß alles in Ordnung ist. Dabei ist das Leben so teuer heute. Als ich so alt war wie meine Tochter jetzt, ist der Staat für alles aufgekommen. Jetzt muß ich eine extra Verdienstmöglichkeit für ihren Sing- und Tanzunterricht finden – den liebt sie so! –, und ich gehe schier dabei drauf. Ich habe das komische Gefühl, daß sie eine Christin wird. Ständig bekreuzigt sie sich. Vielleicht hat sie das in der Schule aufgeschnappt.« Es hörte sich an wie die Masern. »Doch wenn sie erst mal fünfzehn ist, wird es noch teurer werden, und ich weiß nicht, was ich dann machen soll …«

Unterdessen suchte sie nach Winterjobs und servierte kaltes Hähnchen auf dem Jenissei, und manchmal, wenn das Schiff eine Mole ansteuerte, starrte sie durch ein Bullauge und hatte Mitleid mit den Dorfbewohnern.

Ein Reisender muß an die Bedeutung des Landes glauben, das er bereist, und damit an den Sinn seines Tuns. Doch jetzt plattet sich die Erde allmählich über ihrer Achse ab. Der Uferstrich wird immer flacher. Hier, scheint es, ist noch nie etwas passiert. Die Zeit verstreicht in Äonen, und aus Geschichte wird Geologie. Sie entgleitet den Menschen.

Die Dörfer haben keine Anlegestellen, sind nur ein paar verstreute Häuser am Ufer. Manchmal kommen rauhe Männer in blechernen Motorbooten an, wollen noch zappelnden Stör frisch aus dem Sack verkaufen und halten Gläser mit gelbem Kaviar hoch. An Land heulen Hunde.

Die Welt entschwindet. Selbst auf der Ostseite wird der Wald hinter einer Uferzone aus Sand und Buschwerk immer lichter. Der Fluß hat sich verbreitert, beruhigt. Man starrt darauf, weil es sonst nichts zu sehen gibt. Halb verborgene Strömungen werden von einer unbekannten Unruhe erregt. Dann wieder schneidet das Schiff durch einen Fluß, der wie schwarzer Sirup aussieht.

Vier Tage zuvor ging man auf ein Schiff, ohne jemanden zu kennen. Jetzt gibt es solche, deren Gesellschaft man sucht, und andere, die man meidet. Es gibt die Musiklehrerin aus Norilsk mit ihrer Französischen Bulldogge und zwei musikalischen Töchtern, die dem Konservatorium entgegenfiebern (»Vielleicht St. Petersburg!«); den verbitterten Händler, der in der sterbenden Stadt Igarka Kopfsalat verkauft; einen bläßlichen jungen Burschen, der bald zur Armee muß, aber viel lieber nach Italien gehen würde; eine dolganische Tierärztin und ihren hyperaktiven Sohn; einen ukrainischen Metallarbeiter, der nicht nach Hause kann (in der Ukraine sind die Verhältnisse noch schlimmer).

In der vierten Nacht kam in irgendeinem traurigen Dorf ein polnischer Priester an Bord. Er war der erste nichtrussische Europäer, den ich seit einem Monat gesehen hatte, ein älterer Mann, hager und selbstbewußt. Er setzte sich in einen Vorraum auf dem Unterdeck, wo herumlungernde Passagiere ihn beäugten, und blätterte durch eine Mappe mit Papieren, ohne sie zu beachten. Ich setzte mich zögernd neben ihn. Seine weißen, von der Stirn in den Nacken zurückgekämmten Haare verliehen ihm eine gewisse Vornehmheit. Seit fünf Jahren fahre er jetzt den Jenissei hinauf und hinunter, erzählte er. »Dies ist mein Sprengel, der Krasnojarsk Krai – siebenmal so groß wie Polen.« Seine Stimme war scharf, kultiviert. »Aber die Zustände in diesen Dörfern sind schrecklich geworden. Die Leute haben nichts als Fisch, Kartoffeln und Gras. Sie retten sich, indem sie im Wald Beeren und Pilze sammeln. Und das ist alles. Außerdem sind sie faul und, wie ich leider sagen muß, dumm. Ja, hochgradig dumm.«

Sie standen inzwischen um uns herum und gafften. Ihre frostigen Augen wirkten weniger wie Sehorgane als wie Ausdrucksmittel einer trägen, hemmungslosen Verwunderung. Einen peinlichen Moment lang sah ich sie so, wie er sie sah. Waren sie schlicht dumm? Ein halbwüchsiger Junge glotzte ihn an – seinen gepflegten weißen Bart, den von einem hochgeschlossenen Priesterrock halb versteckten Kollar – und berührte das silberne Kruzifix vor seinem Bauch. »Was ist das?«

»Das ist der Sohn Gottes, Kind. Er ist für dich gestorben, und er –«

»Ist er echt Silber?«

Der Priester wandte sich mir zu. »Wie gesagt, sie sind dumm. Gedankliches ist ihnen zu hoch. Und unglücklicherweise sind sie dem Trunk ergeben.« Er senkte kaum die Stimme. Verachtung, dachte ich, hatte ihn furchtlos gemacht. Stellvertretend für ihn wurde mir mulmig zumute. »Aber ich habe in den letzten paar Jahren viele bekehrt. Hauptsächlich Deutsche, die 1941 hierher deportiert wurden. Aber Russen auch. Und Polen.«

»Wie haben Sie sie gefunden?«

»Ich bin einfach ausgestiegen und habe gefragt.« Ein merkwürdiger Elan erfüllte ihn, die schwarzen Augen in seinem bleichen Gesicht leuchteten. »Jetzt haben wir sechs Kapellen am Jenissei und eine Gemeinde in jedem Dorf, manchmal nur mit acht Mitgliedern, manchmal aber auch mit vierzig. Ich habe sogar ein paar eingeborene Enzen getauft.« Er brachte ihnen die Messe, wie andere vielleicht Lebensmittel gegen den Hunger brachten. Er gehörte der altehrwürdigen melchitischen Kirche an, die dem orthodoxen Ritus folgte, aber mit Rom uniert war. Die Leute, die er taufte, kannten den Unterschied schwerlich. Die Kirchenobrigkeit natürlich schon.

»Der orthodoxe Bischof in Krasnojarsk sollte uns eigentlich unterstützen, aber er tut es nicht. Er lehnt uns ab. Er arbeitet für die Geheimpolizei. Seit Jahren schon. Heute in Rußland zu predigen ist, als spräche man zu einem Land, das von der Atombombe getroffen wurde. Zwei Generationen lang hat es brach gelegen. Es ist schlimmer, als unter Heiden zu wirken. Der einzige Quell der Hoffnung sind die Kinder und die alten Frauen. Die übrigen sind blind.« Draußen vor dem Fenster zeichnete sich der unbeleuchtete Umriß einer kleinen Stadt über einem Kai ab. »Und die Dörfer hier sterben. Sie bezahlen für alles, was geschehen ist.«

Wir gingen an Deck, in die kalte Nacht hinaus. Auf einem Hügel über dem Hafen schwebte ein weißes Kloster. Dies sei das alte Turuchansk, sagte der Priester, ein Bezirkszentrum und völlig verderbt. Vor einem Jahrhundert sei es für die Gebeine seines Heiligen berühmt gewesen, die aus der Stadt Mangaseja im Nordwesten – einst groß und bedeutend, heute in den Sümpfen versunken – herbeigebracht worden seien. Gerüchten nach habe Stalin, der 1913 in Turuchansk in der Verbannung saß, mit einer eingeborenen Frau ein Kind gezeugt, einen Jungen, der jedoch von der offiziellen Geschichtsschreibung niemals erwähnt wurde.

Der Priester zog sich eine Wollmütze über den Kopf. Er zitterte. »Diese Dörfler haben siebzig Jahre Satan hinter sich. Jetzt ziehen sie weg, überallhin, wo sie Arbeit finden, ganz egal, wo.«

In der Nacht überqueren wir den Polarkreis.

Es ist deutlich kälter geworden. Die Händler haben etwas Seeräuberhaftes mit ihren hohen Wollmützen und ihren dick gefütterten Jacken. Ich tappe in einer Bergsteigerdaunenjacke durch meine Kabine und stoße Sachen um. Frauen in zerknautschten Kleidern und Strümpfen stehen vor dem Heißwasserboiler an. Möwen fliegen kreischend um die Bullaugen.

Der Morgen graut über einem fünf Kilometer breiten Fluß. An beiden Ufern sehen die Bäume klein und verhutzelt aus, oder es gibt überhaupt keine. Die Tundra fängt an. Die Wolken schwimmen in langen, unten flachen Flottillen auf dem Blau, als wäre es ein eigener, stagnierender Fluß. Das Auge sucht nach einem Anhaltspunkt, findet keinen. Warm eingepackt nehme ich ein Sonnenbad auf dem Achterdeck und lausche den schwachen, langsamen Herzschlägen des Motors. Die Erde ist ein einziger weiter Friede. Ihr riesiger Kreis umgibt uns an allen Seiten.

An dem Abend saßen etwa vierzig Personen, überwiegend Frauen und Kinder, auf goldlackierten Stühlen im Musikraum im Bug des Schiffes, während der Priester die Liturgie zelebrierte. Er richtete den Raum mit der Sicherheit eines Mannes her, der weiß, daß eine Zeile Topffarne mystisch die Ikonostase ersetzen werden und daß das gebogene Fenster (in dem ein Sichelmond über dem Jenissei aufstieg) eine Apsis ist, die Gottes Schöpfung einrahmt. Er teilte Textzettel mit der Liturgie des heiligen Johannes Chrysostomos aus, bestimmte eine Frau, die Antwortstrophen zu singen, wies mich an, einen Tisch abzuwischen, und entknäuelte ein Schultertuch, das als Altardecke dienen sollte.

In aller Ruhe legte er Manschetten und ein weißes Gewand an. Seine aristokratischen Haare und die Schärfe seines Benehmens ließen mich vergessen, daß er wenig größer als ein Meter fünfzig war. Doch unter dem Geraschel seiner makellosen Seidengewänder quatschten seine nassen, schmutzigen Turnschuhe bei jedem Schritt, den er machte. Für die Gläubigen spielte das alles keine Rolle. Einige kannten die Litaneien bereits und wußten, wann sie sich zu bekreuzigen hatten. Die Kinder saßen im Haufen zu den Füßen ihrer Mütter. Drei grämliche Jugendliche schlurften ein und aus. Nichts unterschied seine Liturgie von der orthodoxen außer einer einzigen flüchtigen Erwähnung des Papstes.

»Was wir glauben, ist nicht, was wir sehen«, schrieb der heilige Johannes Chrysostomos über die Eucharistie, »sondern wir sehen das Eine und glauben das Andere.« Das Äußere, einerlei wie nachlässig vollzogen, setzt das Innere in Bewegung, während dem Ungläubigen der Ablauf der Liturgie wie eine Kette magischer Handlungen und Sprüche erscheinen kann. Alle ihre feierlichen

Momente – das Hereintragen des Buches und der heiligen Gaben, die Lesung des Evangeliums und die Epiklese – wurden vom Priester denkbar beiläufig und prosaisch begangen. In Ermangelung einer Glocke klapperte er mit einer Gabel an eine Blechdose. Anstelle des heiligen Evangeliums hielt er beim Einzug den Textzettel vor sich; statt eines Kelches nahm er einen Eierbecher in beide Hände (da nicht die Erwartung bestand, daß jemand das Abendmahl nahm). Das Geräusch seiner Turnschuhe begleitete jede Verrichtung. Eine Art exaltierte Überheblichkeit gab ihm Haltung. Als er sich einmal zur Erde verneigte, stieß er mit dem Kopf an einen Ventilator. Er machte unbeirrt weiter. Und immer, wenn die für die Antworten zuständige Frau stockte – ihr Baby krabbelte ihr auf den Beinen herum –, rief er dazwischen: »Komm schon! Lies! Lies!«

Nur in seiner Predigt gebärdete er sich mit väterlicher, geradezu zärtlicher Autorität. Seine Stimme wurde sanft. Er sprach von der apostolischen Nachfolge, als bekräftigte sie sein Recht, bei uns zu sein, ein zu Russen predigender Pole auf einem Dampfer am Ende der Welt. Er hob die Hände, hielt sie Vergebung spendend in der Schwebe, als wollte er Gnade gegen Sünde abwägen, während hinter ihm in der Fensterapsis eine glutrote Sonne sank und ein orangegelber Mond aufging.

....

Ein Raster neungeschossiger Wohnblocks aus sturmgepeitschtem Beton, ein öder Ankerplatz umgeben von nackten Ufern: das ist Dudinka. Hier zu bauen, ist die Hölle. Ein Meter und weniger unter der Oberfläche ist der Boden eisenhart gefroren, aber die geringe Wärme, die ein Fundament abgibt, schmilzt diesen Dauerfrost, so daß alles, was darauf gebaut wird, irgendwann zu kippen anfängt und einstürzt. Daher wird jedes Gebäude ein Stück weit über den Boden hinausgehoben, und zwar mit Hilfe tief in die Erde eingelassener Betonstelzen. Durch diese labyrinthischen Freiluftkeller zu buckeln ist, als streifte man durch primitive Kultstätten. Die Pfeiler sehen zu dünn und zu spärlich verteilt aus, um die darauf getürmten Geschosse zu tragen. Sie werden zum Platz für Kinder und Liebespaare, sind übersät mit Bierflaschen, Kondomen, kaputten Spielsachen. Über dem unsicheren Grund schwebt die klobig wirkende Stadt leicht wie ein Schlittschuhläufer, mit minimaler Bodenberührung.

Die Kälte drückt ihr selbst im Herbst den Stempel auf. Ihre Geschäfte und Büros sind mit Doppel- und Dreifachtüren abgeschottet. Die dicken Wasserrohre, die sich im Dauerfrostboden nicht unterirdisch verlegen lassen, kriechen in ihren Isolierkästen aus verrottendem Holz und Blech von einem Wohnblock zum andern wie Adern, die aus einem fernen Herzen kommen. Veranden und Haustreppen schweben an eisernen Streben über dem Boden. Von jedem beliebigen Standort aus sieht man die karge Linie der Tundra.

Ich stapfte vom Hafen zur Stadt hinauf, suchte die einzige Herberge, verirrte mich. Die wenigen Menschen um mich herum waren schwarz oder grau gekleidet, als ob die ganze Stadt Trauer hätte, und die Hälfte der Gebäude schien geschlossen zu sein. Zwischen den Russen fiel ein geringer Anteil Eingeborener ins Auge, doch in dieser städtischen Anonymität wirkten sie gesichtslos. Sie waren Angehörige der älteren türkischen, samojedischen, tungusischen Völker, die einst über ganz Sibirien verteilt gelebt hatten und jetzt zum großen Teil ausgerottet oder assimiliert waren. Im örtlichen Heimatmuseum, geleitet von einer jener engagierten Frauen (immer waren es Frauen) voller Stolz auf ihre ausgestopften Eisbären und Gesteinssammlungen, wurde die Eingeborenenkultur in Form nachgebauter Jurten und zusammengestoppelter Schamanenkostüme ordentlich zur letzten Ruhe gebettet. Valentina verstand mein Desinteresse an ihnen und meinen naiven Wunsch, eine lebendige Siedlung ausfindig zu machen. Sie habe von einem Fischerdorf der Enzen 130 Kilometer flußaufwärts gehört, sagte sie, und kenne den Kapitän eines derzeit im Hafen liegenden Öltankers, der mich möglicherweise am nächsten Morgen dort absetzen werde.

Vielleicht war es der hohe Breitengrad, das schwindende Zeitempfinden, wodurch ich ein wenig das Gefühl für meine

Umgebung und mich selbst verlor. Valentina sagte, das Enzendorf sei arm und gewalttätig, und das vermehrte meine Neugier nur. Ich erinnere mich, wie ich durch Dudinka irrte, die trostlosen Randbezirke und den Hafen, als ob es auf einem andern Planeten läge.

Dann erinnere ich mich an ein Abendessen in Valentinas Wohnung mit ihrem betrunkenen Nachbarn Mischa. Seine Frau war fort und Valentinas Mann auf Arbeit in Odessa: alle lebten getrennt. Von Zeit zu Zeit kam Valentinas Tochter – ein elfjähriges Einzelkind mit einem runden, träumenden Gesicht – aus ihrem Zimmer getappt und blickte uns an. Ich erinnere mich, daß die Wodkagläser sich zu schnell leerten, obwohl ich mir geschworen hatte, solchen Orgien nicht zum Opfer zu fallen. Ich erinnere mich an Valentinas Gesicht, mütterlich, sinnlich und verschwommen. Und an Mischas Stimme, als er über die Engländer philosophierte. »Die Engländer sind zu kalt und zu ernst – Anwesende natürlich ausgenommen! Ha! Ha! Was stellt ihr Engländer mit Frauen an? Wie schafft ihr es überhaupt … Ha! Ha! Ha! …«

Unser Gespräch versumpfte in Stupidität. Zwei Wodkaflaschen leerten sich. Mischa verwechselte mich mit seinem Sohn. Aber ich sei achtundfünfzig, nuschelte ich (jenseits der Lebenserwartung eines russischen Mannes). Mischa konnte das nicht glauben. Ich irgendwie auch nicht. Das war überhaupt das Allheilmittel gegen das Älterwerden: Man glaubte einfach nicht daran. Der eigene Körper wurde ein Irrtum. Wir umklammerten uns, tranken auf Valentina. Ihre mondgesichtige Tochter war wieder aus dem Bett gehuscht und plünderte die Essensvorräte. Sterben zu müssen, sagte Mischa, sei eine Gemeinheit. Wenn ich die Augen schließe, dachte ich, wird mein Kopf davonschnurren wie ein Kreisel. Aber wenn ich sie auflasse, sind sie so gut wie blind. Valentina ist eine Silhouette irgendwo links von mir geworden. In ihrer Tochter hat der Mond Beine bekommen und spaziert herum. Ich erinnere mich, gehofft zu haben, Valentina möge nicht so betrunken sein wie Mischa und ich und mich am Morgen aufwecken, damit wir den Tankerkapitän fanden. Dann stolperte ich in Mischas Wohnung hinauf. In einem Moment der Klarheit stellte ich noch meinen Wecker, bevor ich zu seinem Diwan torkelte, während er auf eine Matratze plumpste, neben ihm sein knurrender Schäferhund.

Hin und wieder begegnet man in unvorhergesehener Gestalt einem Menschen, der einem Freund im Westen ähnelt. Es ist komisch und verwirrend zugleich. So war am nächsten Morgen ein amerikanischer Professor ein paar Jahre jünger und zu einem Offizier auf einem Öltanker geworden, der zwischen Dudinka und Krasnojarsk verkehrte. Als einziger Mann auf der Brücke steuerte er die Fracht aus dem stillen Hafen hinaus, und während das Kurzwellenfunkgerät unbeachtet vor sich hinknatterte, schwenkten wir schwerfällig in die Flußmitte ein.

Möwen, die im Schwarm auf einer Höhe mit dem Schiff flogen, beobachteten uns mit ihren Knopfaugen. Mir brummte der Schädel. Der Kapitän, Valentinas Bekannter, war irgendwo unter Deck. Auch er war betrunken. Ich hangelte mich den seitlich am Schiff entlangführenden Gang an den Rohöltanks vorbei und ließ mir vom Wind den Kopf durchpusten. Hinter mir versammelte sich eine Rumpfbesatzung auf der Brücke: träge, freundliche Männer ohne ersichtliche Pflichten. Im Winter versuchten sie Arbeit als Mechaniker zu finden. Im Frühling, wenn das Flußeis mit lautem Krachen wie Geschützfeuer aufbrach, heuerten sie dann auf den Tankern an, die sich auf der Ölroute nach Dudinka wieder zwischen den Eisschollen hindurchschoben.

Der Kapitän kam von unten herauf. Er sah aufgedunsen und fertig aus, und die Mannschaft ignorierte ihn. Er lud mich zum Trinken in seine Kajüte ein. In diesem beengten Gelaß suchte er sein Heil im Vergessen, und zwischendurch kaute er manchmal geräucherten Omul, eine Felchenart, bevor er die nächste Flasche köpfte. So hinüber, wie er war, konnte ich meinen Wodka auf den Boden fließen lassen, ohne daß er etwas merkte. Er würde sich gern in einer Datscha zur Ruhe setzen, erzählte er – er hatte Frau und Hund in Krasnojarsk –, doch seine Rente sei zu klein. »Was heißt hier Rente? Brot und Wasser!« Also hatte er seinen Sohn – rötlich blond wie er – bei der Besatzung untergebracht, und seine rothaarige Tochter arbeitete als Köchin in der Kombüse. Einmal, nuschelte er, sei er als Angehöriger der sowjetischen Marine in Algerien und Syrien geheimdienstlich tätig gewesen; wegen des KGB habe er bis jetzt nicht darüber reden können. Jetzt konnte er wegen des Wodkas nicht darüber reden.

Nach vier Stunden hielt das Schiff mitten im Fluß an, und durch das Bullauge erblickte ich das östliche Ufer, eine 25 Meter hohe ausgewaschene Steilwand mit Holzbaracken obendrauf. Es war das Enzendorf Potapowo; es sah aus wie eine Festung. Wir stolperten an Deck hinauf, wo die Besatzung schon dabei war, mit der Seilwinde ein metallenes Motorboot hinabzulassen. Bei jedem Versuch, es zu Wasser zu bringen, knallte die Strömung es gegen die Schiffswand. Der Kapitän preßte mich an sich, küßte mich auf die Backen. Es gefalle ihm gar nicht, wo ich da hinwolle, sagte er. Nein, er sei noch nie dagewesen, da sei noch nie jemand gewesen, aber er habe davon gehört. Er lehnte es ab, Geld von mir zu nehmen – er, dessen Rente nur Brot und Wasser sein würde. Aber ob ich ihm schreiben werde, brüllte er mir zu, als ich die Leiter hinunterkletterte, ihm sagen, daß ich sicher davongekommen sei? Während das Motorboot an den Rumpf des Tankers buffte, buchstabierte er mir oben lauthals seine Adresse. Eine Minute später düste ich mit zwei Matrosen zum Ufer.

Nur ein paar hier und da am Strand liegende Fischerboote deuteten darauf hin, daß der Ort noch bewohnt war. Auf einem steilen Pfad stieg ich den grasbewachsenen Hang hinauf, die Matrosen hinter mir her. Alles war still. Der Fahnenmast über uns sah aus, als ob daran noch nie etwas geweht hätte. Oben fanden wir ein Verwaltungsgebäude, das allem Anschein nach schon seit Jahren mit Brettern vernagelt war. Hunde stöberten darunter zwischen den Pfeilern herum. Doch weiter hinten saß ein bärtiger Kauz mit Wollmütze auf einem Dach und hämmerte Schindeln fest. Die Matrosen machten erleichtert kehrt, als er mir zurief: »Brauchen Sie Hilfe?« Er kraxelte herab. Er war der Dorfarzt.

Ich hätte mir den hiesigen Arzt als eine einsame verkrachte Existenz vorgestellt, dem Trunk und der Apathie ergeben, aber Nikolai war ein fünfzigjähriger Optimist. Im Dorf herrschten barbarische Zustände, sagte er, und wenn ich mich bei einer Familie einquartiere, könne ich gut und gern bei einem Gerangel ein Messer in den Leib kriegen, wie es der Hälfte seiner Patienten ergangen sei. Er werde mir ein Bett in seinem Dorfkrankenhaus geben – etwas anderes komme nicht in Frage. Er deutete hinter sich. Jenseits der Uferanhöhe fiel der Blick auf eine weitläufige Ansammlung ärmlicher Bruchbuden. Dies war Potapowo, und es war am Verfallen. Durchgebogene Laufbretter verbanden die einzelnen Hütten, und über dem glitschigen herbstlichen Matsch waren alle Pisten mit Kohlenstaub planiert. Die Luft stank danach. Überall lag Müll, und seit langem defekte Traktoren standen als verrostende Schrotthaufen in der Gegend.

Wir gingen los. »Es ist eine verzweifelte Situation. Früher war das hier ein Pelzhandelszentrum und zu Chruschtschows Zeiten eine Rentiersowchose. Aber jetzt sehen Sie selbst!« In einem kohlschwarzen Tümpel glitzerten weggeworfene Wodkaflaschen. »Die Rentierweiden hat der saure Regen ruiniert. Er kommt aus den Nickelfabriken von Norilsk. Mit schuld sind auch die Erdgaspipelines von der Halbinsel Taimyr – die Wildrene trauen sich nicht darüber hinweg. Was sollen die Leute hier also machen? Sie fischen halt ein bißchen und verkaufen ihren Fang an vorbeikommende Dampfer. Die Passagiere kaufen, weil es billiger ist als in der Stadt. Die Menschen hier leben am Rand des Verhungerns.«

Ein paar von ihnen, in Mäntel und Regenschutz gehüllt, saßen in der letzten Sonne des Jahres vor ihren Türen. Sie hatten träge, bittere Gesichter. Nichts wuchs hier. Auf ihren Grundstücken gab es nur Kohlenhaufen und Tonnen mit Flußwasser. Als wir vorbeigingen, stürzten angekettete Hunde aus windschiefen Hütten auf uns zu – weiße Huskys, die sich durch ihr Anspringen selbst das drohende Bellen und Knurren abwürgten. Ein flüchtiger Blick durch einzelne Fenster zeigte außer dem dürftigen Mobiliar nichts als Überlebenshilfen für den Winter – Decken, Filzstiefel, Lehmöfen. Ein paar Schlitten verrotteten im Gras. Von den einst über fünfhundert Bewohnern, sagte der Arzt, seien die noch Verbliebenen überwiegend Enzen – ein samojedisches Volk –, dazu ein paar Russen wie er.

»Aber sie haben ihre Kultur verloren. Es gibt keine Hausgötter mehr, und von Schamanismus keine Spur. Als Arzt wüßte ich das, wenn davon noch was übrig wäre!« Sie glotzten uns mit stumpfen Blicken hinterher. Nur Nikolai schien die Energie zu besitzen, alles zu verändern. Seine Haare hüpften bei jedem Schritt wie Stahlwolle. »Man sollte meinen, daß es hier friedlich zugeht, aber es ist der aggressivste Fleck der Welt. Wenn diese Leute trinken, streiten sie. Sie fangen mit den Fäusten an, dann gehen sie mit Messern aufeinander los. Es ist natürlich der Wodka. Der macht dann Geschwüre und Leberleiden. Falls es zu arg wird, schicke ich sie flußabwärts zur Operation nach Dudinka.«

Sein Krankenhaus war ein niedriger Blockbau. Rentierflechte stopfte die Lücken zwischen den Balken, und der Permafrost hatte es an beiden Seiten absacken lassen. Ich betrachtete es skeptisch. »Wie lange, meinen Sie, wird es noch halten?«

»Zwanzig Jahre!« Er lachte. Die Falten eines lebenserhaltenden Optimismus hatten sich in sein Gesicht eingegraben. »Na ja, das behaupte ich. Kennen Sie die usbekische Geschichte von dem Lehrer, der dem Pascha schwört, daß er einem Esel in zwanzig Jahren das Sprechen beibringen kann? Er rechnet sich aus, daß bis dahin entweder er oder der Pascha oder der Esel tot sein wird!«

Innen enthielt das Gebäude eine Zeile aus einfachen Dreibett-Krankenzimmern, eine Küche und ein Behandlungszimmer. Es gab kein fließend Wasser, und die Toilette war ein Loch im Boden. Die wärmedämmenden Flechten waren herausgerutscht und hingen lang und verblichen zwischen den Doppelfenstern. Geräte gab es fast gar keine. Die Zimmer waren alle weiß und graublau gestrichen, und drei Teilzeitschwestern pflegten die fünf Kinder in ihren schmalen Eisenbetten, während eine Frau, die eine Frühgeburt gehabt hatte, still in einem andern lag.

Nikolai wies mir mein Dreibettzimmer an und ging. Ich fragte mich, wie lange ich hier bleiben würde. Die einzige Möglichkeit wegzukommen war der Fluß, und es konnten Tage und Wochen vergehen, bevor wieder ein Dampfer vorbeikam.

Ich öffnete behutsam die Tür und erblickte auf dem hinteren Bett einen kleinen, krummbeinigen Enzen. Er sah uralt aus. Um

Mund und Nase herum hatte sein Fleisch sich zu Wulsten und Höckern verhärtet, und am Kinn hatte er ein dünnes Bartfähnchen hängen. Seine weit auseinanderstehenden Backenknochen zeugten von mongolischem Blut, und seine Haare waren immer noch pechschwarz. »Hallo ...«

Seine Stimme war so schwach und sein Russisch so dürftig, daß er schwer zu verstehen war. »Mein Haus ist abgebrannt, ich weiß nicht, warum. Deshalb bin ich hier. Und jetzt lassen meine Augen nach.« Er rieb sich die blutunterlaufene rechte Augenhöhle und zog das untere Lid herunter: Er hielt mich für einen Arzt. »Ich kann nicht mehr in die Sonne gucken.«

»Haben Sie eine Brille?«

»Hatte ich mal. Die haben sie mir aus der Tasche gestohlen, als ich betrunken war und geschlafen hab.« Sein Ton war nüchtern und sachlich. »Seitdem kann ich nah nichts mehr erkennen.« Er ließ sich meine Brille geben und probierte sie aus. »*Jäach*, ja, besser, besser.« Aber er nahm sie wieder ab und deutete auf seine Schläfen. »Die Schmerzen kommen hier ... und hier ... wie Messer. Der Doktor kann nichts machen. Ich war im Krankenhaus in Dudinka, wo die Leute sterben. In diesem hier ist es besser.«

»Können Sie hier bleiben?«

»Ich kann nirgends hin. Mein Haus ist abgebrannt wie nichts. Vor einer Weile ist ein anderes abgebrannt, und die Leute sind drin umgekommen. Und noch eins am andern Ende vom Dorf. Ein Mann und eine Frau, sie waren betrunken. Sie sind auch umgekommen. Meine ganze Kleidung ist draufgegangen, außer den Sachen, die ich angehabt hab. Ich konnte grade nochmal reinlaufen, bevor es zu spät war. Nur einmal.«

Ich fragte mich, was er in den wenigen Sekunden wohl mitgenommen hatte. Hatte er sich noch schnell ein paar gesparte Rubel gegriffen, ein geliebtes Kleidungsstück, ein Foto, an dem er hing? »Was haben Sie gerettet?«

Ich mußte mich anstrengen, um seine Stimme zu hören. Sie war ganz leise, selbstzufrieden: »Meinen *Paß*.«

Er zog ihn aus der Jacke, wie um sicherzugehen, daß er noch da war. Sein Name, sah ich, war Stepan, und zu meinem Erstaunen war er erst siebenundsechzig. Ich wußte, er hatte eine kluge Entscheidung getroffen; aber seine Entwürdigung ging mir nahe. Seine Hand zitterte, bis ich sie nahm und hielt. Ich spürte, daß ich wütend war: wütend darüber, daß Moskau seine verknöchernde Ordnung selbst diesem Leben am Ende der Welt aufgezwungen hatte, es damit fesselte und unterjochte. Ohne seinen Paß konnte er sich nicht bewegen, existierte er nicht. Er hatte dafür den Feuertod riskiert.

Irgend etwas an der Hand, die ich hielt, kam mir merkwürdig vor, und als ich sie mir anschaute, sah ich, daß der Zeigefinger fehlte. »Was ist da passiert?«

»Irgendwas hat ihn zerquetscht. Ein Traktor vielleicht.« Er grinste. »Ich hab auf der Straße gelegen, ich war betrunken.«

Ich stand auf und kippte meinen Rucksack auf meinem Bett aus, einen Wust von Anziehsachen und Flaschen. Zwei der wertlos aussehenden Flaschen enthielten Dollars, und das Krankenhaus, spürte ich, war nicht diebstahlsicher: Leute lungerten hier herum. Aber mir fiel keine bessere Art ein, meine Habe zu schützen, als demonstrativ geringschätzig damit umzugehen. Und Stepan hatte noch weniger als ich. Er bewahrte sein Geld und seine Strümpfe unter der Matratze auf wie ein Schuljunge. Die paar Almosen, die er erhalten hatte, etwas Unterwäsche und zwei Blechbecher, hingen in einer Plastiktüte an der Wand. In der Nacht bekam ich mit, daß er den einen Becher für Tee und den andern zum Spucken und Schneuzen benutzte. Er schlief in abgetragenen roten Hosen.

Aber wer sein Haus wieder aufbauen sollte, wußte er nicht. Von seinen Kindern lebte nur noch eine Tochter, und sie wohnte weit weg in Dudinka. »Meine Frau ist da drüben.« Er deutete nach Norden, zum Friedhof. »Ich habe nichts mehr.« Er lachte keuchend.

Tagsüber bummelte er gelegentlich am Krankenhauszaun entlang, wobei er heisere, unbeantwortete Schreie ausstieß, wenn ihm etwas in den Sinn kam. Häufiger trieb er sich zwischen unserm Schlafraum und dem Behandlungszimmer herum, die Stirn wie vor übermenschlicher Konzentration gerunzelt, als bedürfte es seiner ganzen Aufmerksamkeit, am Leben zu bleiben. Ein Gummiband um den Kopf verhindere, sagte er, daß dieser ihm zerplatze.

Manchmal saß er in der Halle, als wartete er auf jemanden, der niemals kam.

Meine Tage in Potapowo zogen sich endlos hin. Oft wirkte es wie ausgestorben. Wenn ich durch die Straßen streifte, hörte ich nichts als die kettenrasselnden Hunde oder die Schreie der heransausenden und wieder abdrehenden Möwen. Die Wasserversorgung funktionierte nicht. Das Gleis, auf dem Güter vom Fluß mit der Winde hochgezogen worden waren, lag verwaist da, und zwei Monate zuvor war das E-Werk in Flammen aufgegangen. Ein Gewirr schiefer Masten, vom Permafrost aus dem Boden gedrückt, übertrug gelegentlich noch Strom von einem kleinen Generator.

Über die Hälfte der Bevölkerung war arbeitslos, und die übrigen – Enzen wie Russen gleichermaßen – waren von den Unbilden des Fischfangs gezeichnet: trübsinnig, hungrig, wetterzerfurcht. An einem guten Tag fingen sie große rote Störe und Omule und konnten gesalzene Muksun-Maränen oder Saiblinge oder Hechte zum Verkauf anbieten. An andern Tagen oder bei schlechtem Wetter hockten die Fischer brütend und dösend bei einem von ihnen zuhause. Aber es hatte sich herumgesprochen, daß einer aus dem Westen gekommen war, und viele Leute hatten noch nie einen gesehen. Ein Mann fauchte mich an, ich solle mich von den Laufbrettern vor seiner Bruchbude wegscheren, ein anderer lief heraus und schüttete mir Beeren in die Hände. Knäuel von Kindern kreischten englische Ausdrücke.

Aus einem Trüppchen von Krakeelern und Nichtstuern heftete sich ein Wilderer an meine Fersen. Im Winter überquerten Jäger den zugefrorenen Fluß und schossen Rene aus dem dezimierten Sowchosenbestand am andern Ufer, erzählte er. »Wir passen sie ab, wenn sie schlafen. Von dem gefrorenen Fleisch eines Tieres kannst du monatelang leben.« Er wollte mir eins der Geweihe verkaufen, die er in einem Versteck aufbewahrte.

Andere von seiner Bande waren niedergedrückt oder verzweifelt. Darunter waren ein zornig aussehender junge Enze (seine russischen Kumpane nannten ihn »Bananenhaut«), der mich anbettelte, ihn mit nach England zu nehmen; ein ehemaliger Fallschirmjäger, der aus dem Bett gefallen war, weil er geträumt hatte, sein Fallschirm habe sich nicht geöffnet, und der sich dabei tiefe, parallele Schnittwunden im Gesicht zugezogen hatte; ein Fanatiker, der aus dem Altai geflohen war, nachdem er für den Mord an dem Geliebten seiner Frau im Gefängnis gesessen hatte.

Das Krankenhaus bot keinen Schutz. Sobald der Arzt fort war, stahlen sich diese Ausgestoßenen hinein, trieben sich im Flur herum und suchten nach Essen, Wodka, irgendwas, ohne sich um die schimpfenden Schwestern zu kümmern. Mit schönen Worten und krallenden Händen versprachen sie mir Pelze oder Rentierfelle gegen einen kleinen Vorschuß. In ihnen schien der prototypische Iwan von früher sich vervielfacht zu haben und noch weiter verkommen zu sein. Er war jetzt überall und hatte alle Hoffnung verloren. Ich stieß diese Männer rücksichtslos aus den Krankenzimmern und schlug ihnen meine Tür vor der Nase zu, und wenn ich sie hinterher durch ein Fenster mit hängenden Schultern und gebeugten Rücken abziehen sah, hatte ich jedesmal Gewissensbisse. Für mich war die Situation letzten Endes erträglich. Eines Tages würde ein Dampfer mich wegbringen.

Ich aß mit Stepan Krankenhauskost: dünne Suppe und Makkaroni oder eine Schale Reis. Bei dieser Verpflegung ging es ihm gut, während ich zusehends schwächer wurde. Nachts wurde der lange Sims außen an der Krankenhauswand ein Laufsteg für Huskys, deren wilde Schatten vor dem trüben Rechteck unseres Fensters vorbeihuschten. Ich lag wach, weil ein Kind vor Schmerzen jammerte, und Stepan rotzte und spuckte dazu. Sechs- oder achtmal in der Nacht stand er auf, um zu urinieren, und jedesmal knipste er vergeblich an den Lichtschaltern herum. »Kein Licht … *Jäach!* … Kein Licht …« Wenn er wieder im Bett lag, schien sein Schnaufton bei jeder Ausatmung eine Oktave zu sinken, so daß ich ein- oder zweimal befürchtete, er sei gestorben.

Am Abend floh der Arzt aus dem kleinen, chaotischen Haus, in dem seine Frau und sein halbwüchsiger Sohn sich zankten, und hielt sich lieber in seiner Klinik auf, um mit mir zu reden. Über uns hingen die Wände mit Ablagefächern voll, die von Patientenakten überquollen, und eine nackte Glühbirne ging mit den Stromschwankungen des Dorfgenerators flackernd aus und an. Nikolai erinnerte mich an die Provinzärzte, die in Tschechows Stücken vorkommen; nur gab es hier kein Bürgertum, keinen Kirschgarten, keine sagbare Hoffnung. Er war allein. Im Moment seien ruhige Tage, sagte er, doch in einer Woche werde die monatliche Unterstützung kommen; dann würden die Leute zu trinken anfangen, und die Klinik werde sich füllen.

»Sie verlieren sogar ihre Sprache hier. Ich glaube, dies ist die letzte Generation, die sie noch sprechen wird. Sie werden auf russisch unterrichtet, ihre Eltern können Russisch. Die Kinder gehen mit vierzehn auf die Internate in Dudinka, oder falls ihre Eltern mit den Rentieren unterwegs sind – drüben auf der andern Seite gibt es noch welche –, kommen sie schon mit sieben weg.«

Ich sagte: »Ich dachte, mit den Rentieren wäre es so gut wie vorbei.«

»Stimmt. Selbst ich kann mich noch an Zeiten erinnern, in denen die Herden beiderseits des Flusses elftausend Stück zählten. Jetzt sind nur noch tausend übrig, und durch die Vermehrung untereinander sind sie kleiner geworden. Im Winter ziehen Wilderer auf Schlitten über den Fluß, um sie zu schießen, und Wildrene locken andere fort. Diese ganze Lebensweise ist am Untergehen.«

»Und tritt nichts an ihre Stelle?«

»Wodka.« Er lachte. »Vor ein paar Jahren wurde hier noch eine Polarfuchsfarm gegründet, dreitausend Tiere müssen es gewesen sein, gezüchtet der Pelze wegen. Aber mit dem Niedergang der Flußschiffahrt wurde es unmöglich, Futter für sie herbeizuschaffen, und jetzt sind sie so gut wie weg. Der Fluß ist der einzige Verkehrsweg hier. Ohne ihn gibt es außer Fisch nichts zu essen. Und keine Medizin.« Bei diesem Wort fiel ihm etwas ein, und er holte ein paar Päckchen aus einer Schublade. »Schauen Sie mal ... Wie heißen Sie eigentlich? Colin! Das ist ja Kolja, so heiße ich auch. Nikolai! Also, Nikolai, manchmal bekomme ich englische Arzneimittel, von denen ich die Beipackzettel nicht verstehe. Können Sie das übersetzen? Hier…«

Er reichte mir ein Päckchen eines Medikaments namens Perinorm, hergestellt in Bombay, und ich faltete einen verschmierten Zettel auseinander: *»Metoclopramid hat zentrale antidopaminerge Wirkung im Hypothalamus und erhöht dadurch die Brechreizschwelle in der Chemorezeptoren-Triggerzone. Seine Einwirkungen auf den GI-Trakt resultieren nach derzeitigem Erkenntnisstand aus der Blockade von Dopaminrezeptoren, Potenzierung des cholinergen Effekts …«*

Ich sagte bedauernd: »Ich glaube kaum, daß ich dazu imstande bin…«

»Aber Nikolai, Sie sind doch *Engländer!*«

»Ich weiß, Nikolai. Aber dieser Zettel ist in einer ganz eigenen Sprache verfaßt.«

»In Hindi?«

»Gewissermaßen.«

Doch wir quälten uns durch. Er erriet die medizinischen Termini mit Hilfe der slawischen Entsprechungen, und nach einer Weile hatten wir unsere GI-Trakte entdeckt und den Hypothalamus aufgelöst. Lautstarker Triumph begleitete jede Lösung. Unser gemeinsamer Name leimte uns zusammen. Ich wurde ein Experte für Brechreizschwellen, während er die Chemorezeptoren-Triggerzone identifizierte.

Plötzlich starrte er meine Hände an. Er setzte die Brille ab, setzte sie wieder auf, wirkte auf einmal sehr ernst. »Ist gesundheitlich alles in Ordnung mit Ihnen?«

Ich fragte mich, was er wohl sah. »Keine Ahnung.«

»Krempeln Sie mal Ihren Ärmel hoch.« Er legte mir eine Aderpresse um und nahm meinen Blutdruck. Mit leichter Beunruhigung wurde mir klar, daß er seit Jahren nicht mehr gemessen worden war. Aber immerhin hatte ich das Lebensalter des durchschnittlichen russischen Mannes überschritten. Nikolais Stirnrunzeln nahm zu, sei es vor Verblüffung oder vor Bestürzung, während ich mich weiter still hielt. Er guckte mir durch ein riesiges Vergrößerungsglas in den Hals. Seine Stirnfalten zogen sich über seiner Nase zu einer bourbonischen Lilie zusammen. Meine Phantasie ging mit mir durch. Würde er mir Chemotherapie verordnen, schoß es mir durch den Kopf, oder Perinorm zur Wiederherstellung meines Hypothalamus verschreiben? Dann hob er behutsam meine Hand am Gelenk hoch. »Ihre Finger … sind sie immer so? Die Nägel?«

»So schmutzig?« fragte ich.

»Nein. Sie haben vertikale Linien. Und sie sind sehr weich. Sie krümmen sich. Sie sind rot an den Wurzeln.« Wir starrten gemeinsam darauf. Sie flößten mir irgendwie Vertrauen ein. »Doch Ihr Kreislauf, Ihr Blutdruck ist normal …«

Eine Woge der Erleichterung durchströmte mich, doch ich sagte: »Ich dachte, jeder hätte solche Nägel wie ich.«

Wir nahmen nunmehr seine in Augenschein, die opak, sauber und hart waren. Er lächelte wieder. Er sagte: »Sie werden's überleben, Nikolai!« Also war ich gar nicht krank, wie es schien, ich wich bloß ein wenig von der Norm ab.

»Vielleicht liegt es am Unterschied zwischen unsern Leben«, sagte ich.

Er sah mich an, als ob der Unterschied eklatant sein müßte. Ich war allerdings genauso schäbig gekleidet wie er, und ich bereiste die Arktis auf die billigste Art. Aber meine Nägel waren weich. Er sagte: »Was machen Sie eigentlich hier?«

»Ich schaue mir Sibirien an.«

»Und was sehen Sie?« Er deutete aus dem Fenster. »Überhaupt etwas?« Auf mein Schweigen hin hakte er nach: »Was haben Sie erwartet, Nikolai?«

»Nikolai, es ist so lange her, daß ich mich nicht mehr erinnern kann!« Aber ich hatte selbstverständlich nach erkennbaren Strukturen gesucht. Ich wollte die Sicherheit, die sie vermittelten. Ich wollte eine Einheit, eine Ordnung in der menschlichen Vielfalt finden. Doch statt dessen hatte sich mir dieses Land auf meiner Fahrt aufgelöst, war ganz anders, als ich es je hätte erwarten können. Überall, wo ich hinkam, erschien es mir untypisch, als ob es das eigentliche Sibirien nur in meiner Abwesenheit geben könnte, und so wußte ich nicht, was ich Nikolai antworten sollte.

»Ich hatte nicht erwartet, daß es so schlimm sein würde wie hier.«

»Das hier ist extrem.«

Vielleicht war das Wesen Sibiriens die Wildnis, sinnierte ich, und die Anwesenheit von Menschen zerstörte es in ähnlicher Weise, wie in der Physik die Lichtteilchen durch den Akt der Beobachtung verändert werden. Wenn ich überhaupt etwas davon mitbekam, dann in zufälligen Einzelheiten, Gesprächsfetzen, der Beschaffenheit von Nikolais Fingernägeln.

»Und wie sind *Sie* hier gelandet?« erkundigte ich mich. Ich wollte das schon seit einer ganzen Weile wissen. Ich merkte, daß ich ihn heroisierte und so tat, als hätte er sich diesen Posten aus Pflichtgefühl ausgesucht; doch ich befürchtete eine traurigere Ursache und hatte bis jetzt davor zurückgeschreckt, ihn zu fragen.

Doch er behielt seine Klarheit, grinste sogar. »Na ja, als die Sowjetunion zerfiel, war ich Militärarzt in Kasachstan. Da bin ich geboren. 1992 wurde meine Einheit aufgelöst, und ich beschloß, Zivilist zu werden. Ich wollte, daß meine Söhne gute Schulen besuchten, und dafür mußte ich nach Rußland ziehen, russischer Staatsbürger werden. Und dies war die Stelle, die ich angeboten bekam.« Dann regte sich sein Stolz. »Jetzt ist mein ältester Sohn auf der Marineschule in St. Petersburg! Seine Leistungen sind gut. Er hat sogar mal britische Marineoffiziere herumgeführt. Mein Sohn und die Royal Navy!«

Also der Junge lebte im immer noch glanzvollen St. Petersburg, während sein Vater sich in einem sibirischen Dorf durchschlug, von Stolz befeuert. Nikolai hatte sich für seine Kinder geopfert.

Ich sagte: »Wie lange werden Sie vermutlich hier bleiben?«

»Man muß lange bleiben, um helfen zu können. Man muß die Geschichte der Patienten kennen.« Er reckte das Kinn zu den Ablagefächern ringsherum empor, jedes mit seinem Kontingent Elend vollgestapelt. Sein Bart hatte graue Strähnen. »Meine einzige Sorge ist, daß meine Augen schlechter werden. Früher habe ich Bücher zur Unterhaltung gelesen, aber jetzt kann ich mir das nicht mehr leisten.« Er zeigte mir ein wenig wehmütig eine russische Taschenausgabe von Rudyard Kiplings Gedichten, die er gern gelesen hatte. »Ich spare mir mein Augenlicht heute für medizinische Abhandlungen auf.«

Eine Sorge um ihn ergriff mich und eine unbestimmte Traurigkeit. »Wie ist das gekommen?«

»Ich denke, es waren die langen Nächte. Wissen Sie, in den fünf Wintermonaten bekommen wir hier kaum je die Sonne zu sehen. Die Familien glucken einfach in den Häusern zusammen oder angeln gelegentlich durch Löcher im Eis. Ich habe wochenlang nur gelesen und gelernt, oft beim Schein von Paraffinlampen. Aber für meine Augen war das Gift.« Er setzte ohne Selbstmitleid seine Brille wieder auf. »So, könnten Sie mir das jetzt übersetzen?« Er schob er mir ein letztes Päckchen hin: *»Als Nebenwirkung kann Metoclopramid durch den Wegfall der dopaminergen Hemmung der Prolaktinsekretion …«*

»Sind Sie sicher, daß Sie ganz gesund sind?«

Seine einstige Stärke sieht man dem alten Hirten nur noch an den schwieligen Händen an, mit denen er seine Schenkel gepackt hält. Die Wölbung seiner Jochbögen stürzt in eine einfallende Kieferlinie ab. Er meint, sechsundachtzig zu sein, aber er weiß es nicht sicher. Er ist hier nicht glücklich.

Ich stehe zögernd in seiner Stube. Den Durchgang erschweren ein Kohlenhaufen auf dem Boden und vor langer Zeit erbeutete Rengeweihe an den Wänden. Er hat sein Leben bei den Herden auf der andern Seite des Flusses zugebracht, aber heute ist er zu schwach, um damit weiterzumachen. Der Putz bröckelt von dem Flechtwerk an seiner Decke. Er sperrt seine Tür wegen der Betrunkenen immer ab.

Er sagt: »Das Leben dort drüben war hart, aber es ist besser als hier. Ich habe mir das nicht ausgesucht.«

Dort drüben konnte man schließlich von den wunderbaren Rentieren leben: Man konnte selbst ihre Ohren, ihre Lippen und ihren Mageninhalt essen, in ihren Fellen der bittersten Kälte trotzen, aus ihren Knochen Geräte schnitzen oder sie als Zunder nehmen, auf ihnen zu neuen Weidegründen reiten. So, sagte der alte Mann, war es immer gewesen. Das Ren konnte von seinen Reserven zehren wie ein Kamel und besaß ein dritte Lunge, die es von innen zusätzlich wärmte. Noch nachdem die Sowjets die Nomaden kollektiviert hatten – eine tragische Fehlentscheidung ohne Rücksicht auf ihr uraltes Wissen –, waren seine Leute mit ihren auf Schlitten mitgeführten Zelten zwischen dem Eismeer und dem Hinterland am Jenissei gewandert. Die Rene konnten die eßbaren Flechten unter dem Eis wittern und sie freischarren. Aber unmerklich richtete der saure Regen die Weiden zugrunde.

Der Enze erinnert sich daran. Unter seinen schütteren Haaren hat sein verschrumpeltes Gnomengesicht einen Ausdruck der Wachsamkeit. Er erinnert sich an das Dahinsiechen der Herden.

Ich habe seine Tür offengelassen, und jetzt platzt ein betrunkener Russe herein und verlangt eine Zigarette und ein Glas Wodka. Der alte Mann hat weder noch. Der junge Bursche schimpft auf die Preise in Dudinka und auf den scheiß Jenissei und einen scheiß Stör, der ihm entwischt ist, dann geht er wieder. Der Enze ist stoisch geblieben, seine Augen scheinen sich in seinen Schädel zurückgezogen zu haben. Über seinem Bett hängt ein Paar schenkelhohe Rentierstiefel mit topasfarbenen Streifen. Sie prangen dort wie ein Erbstück. Er aber trägt eine Vinylweste und Gummischuhe und nagt an einem gesalzenen Omul.

»Sie sehen ja, wie es ist. So geht es hier zu. Mit diesen Leuten.« Sein einziger Sohn ist in der Tundra am Herzinfarkt gestorben, sagt er. Seine Frau ist tot. (Zum erstenmal bewegt er eine Hand: sie deutet nach Westen.) Aber dort drüben ist es besser, erinnert er sich, und er möchte zurück über den Fluß.

Hinter dem Dorf erstreckte sich die Tundra. Ihre einzigen Bäume waren verkrüppelte Lärchen, die beim Anfassen einen goldenen Nadelregen niedergehen ließen. Ihre ganze Schönheit hatte sie am Boden ausgebreitet, ein Mosaik aus Moosen, Heidekraut, Flechten, Pilzen. Im späten September – der Zeit unmittelbar vor dem ersten Schnee – bildeten sie eine gelbbraun und rötlich glänzende Patina. Der Wind bewegte sie kaum. Pralle rote und blaue

Punkte – Trunkelbeeren, Moltebeeren, Preiselbeeren – hingen an sich dunkelrot verfärbenden Stengeln, und dazwischen, inmitten mir unbekannter Flechten, reckten sich die winzigen, krustigen Thalli der Rentierflechte. Das Gefühl beim Betreten war oft unerwartet. Fest erscheinende Hubbel verwandelten sich in schwammige Polster oder versanken im Morast, wohingegen die feucht aussehenden Rentierflechten unter meinen Füßen knisterten wie Hobelspäne.

Diese Wildnis zieht sich über mehr als 6500 Kilometer am Nordpolarmeer entlang. Nach der Verkommenheit des Dorfes war sie eine reinigende Leere. Ich hörte nur das Piepsen kleiner Vögel und das Rascheln des Grases im Wind. Wenn ich mich hinlegte, stieg ein Lavendelduft auf. Alles hatte sich, wie ich wußte, als Antwort auf die Kälte entwickelt. Die Gräser wuchsen niedrig wegen der polaren Schneestürme. Grasnelken und Steinbrech hielten den Winter über an ihren toten, aber schützenden Blättern fest. Andere Pflanzen bildeten Haare oder fingen und speicherten den Sonnenschein in speziellen Lichtfallen oder strahlten ihn mit den Parabolspiegeln ihrer ersten Blätter auf die Knospen ab.

Und wegen des Permafrostes floß nichts ab. Ich sackte immer wieder in Moor und Sumpf ein. Manche Stellen sahen aus wie halbe Teiche; in ihren Becken wuchsen Pilze. Andere schienen alte Tümpel im Übergang zu schlammigen Lichtungen zu sein. Überall traten kreisrunde und längliche Seen zutage, bis an den Rand gefüllt. Ihr Wasser war bräunlich, unbelebt, von dunkler Schönheit. Aus Laubablagerungen auf dem Grund stießen Farne durch die Oberfläche. Diese während des jährlichen Schrumpfens und Auftauens des Bodens entstehenden Seen hatten etwas Geheimnisvolles. Für ihre geometrische Vollkommenheit gibt es immer noch keine wirkliche Erklärung.

Am Abend war mir das brechende und abnehmende Sonnenlicht über den Seen eine träumerische Begleitung auf meinem Rückweg zum Jenissei. Mückenwolken stiegen auf und ließen sich auf meinen Lippen, Lidern und Nasenlöchern nieder, doch sie stachen nur noch schwach. Ich kam ein paar Kilometer südlich von Potapowo heraus.

Als ich schließlich oben auf dem Hügel war, der sich zwischenzeitlich vor die Sonne geschoben hatte, ging diese gerade im Fluß unter, und ich befand mich inmitten eines Gewirrs freistehender Laufkäfige. Zuerst begriff ich nicht. Sie standen auf Stelzen, waren 100 Meter und mehr lang und zum Teil umgestürzt. Ihre leichten Türen klapperten im Wind. Der Ort wirkte verlassen. Ich hörte nur ein merkwürdiges Klicken, als ob Schwärme von Vögeln irgendwo Körner pickten. Doch als ich einen der Gänge dazwischen betrat, ging ein fürchterlicher Tumult los. Aus ihren engen Käfigen blickten mich Massen von ausgehungerten, langgestreckten Hunden an und kläfften. Es klang ebenso erbarmungswürdig wie wütend: ein wenig menschlich. Ich war in die Überreste der Polarfuchsfarm geraten.

Sie hatten ihre wilde Schönheit verloren. Ihre gespreizten Klauen zupften schmerzhaft am Maschendrahtboden ihrer Käfige und erzeugten so das unheimliche Klicken. Ihr Kot fiel durch das Gitter in darunterstehende Kästen. Sie hatten kaum Platz, sich zu drehen. Mir ging der Gedanke durch den Kopf, sie freizulassen – alle zweihundert oder so –, aber was hätten sie anfangen sollen? Sie kannten nur ihre paar Quadratmeter Käfig, und verelendete Menschen waren auf sie angewiesen. Ihre Köpfe saßen unnatürlich groß auf ihren Körpern, und ihr graues Fell nahm die weiße Farbe des Winters an, den sie nicht erleben würden.

Ich machte in dem Gang kehrt und ging unter ihrem wilden Gekläffe zurück. Es verfolgte mich den Hügel hinunter.

In der Nacht wurde ich aus dem Schlaf gerissen. Stepan war betrunken durchs Zimmer getappt und grapschte jetzt nach dem Beutel mit seinen Habseligkeiten an der Wand. Im Rahmen unseres Fensters versperrten die Silhouetten zweier Männer den Blick auf die Sterne und winkten ihm zu kommen. Er zündete eine Schwesternlampe auf dem Fußboden an und wankte dann an mein Bett. Sein greiser Kopf schien auf dem Körper eines im Wachstum steckengebliebenen Jugendlichen zu sitzen, seine Bauchmuskeln waren kaum erschlafft. Er hielt mir seine Hand hin, rieb die verbliebenen Finger an den Daumen. »Geld? …

Geld? …« Ich schloß die Augen. Da stieß er ein leises *»Jäach!«* aus und zog mühsam seinen Pullover an, eine zerrissene Hose, seine Mütze. Die Gesichter draußen waren immer noch an die Scheibe gepreßt.

Im nächsten Moment kam eine Schwester hereingestürmt und packte ihn am Arm. »Du hast genug zu trinken gehabt!« schrie sie. »Du hast genug gehabt!« Er rangelte sich los, doch sie packte ihn abermals, und er fiel auf sein Bett und fing an, mit einer klagenden Altstimme zu singen, wie eine Frau. Die Gesichter am Fenster verschwanden. Lange Zeit versuchte ich einzuschlafen, das Wimmern des wach gewordenen Kindes im Ohr, während Stepans Singen verebbte.

Bei Tagesanbruch ging ich, um ihm zu entkommen, an den verrammelten Häusern und knurrenden Hundehütten vorbei zum Fluß. Gegen Mittag wurde ein Dampfer erwartet, und ich hoffte, mitfahren zu können. Den halben Tag über wartete ich zwischen den Disteln und Gräsern auf einer hohen Landspitze und hielt angestrengt Ausschau nach dem Schatten eines Schiffes. Aber die graue Flut des Jenissei sah plötzlich feindselig aus zwischen den toten Ufern, und es kam nichts. Es habe weiter stromauf Stürme gegeben, sagte jemand.

Die reichsten Leute in Potapowo sind die Kinder. Sie fahren Traktoren und Bulldozer, besitzen Häuser, segeln in Schiffen. Die Tatsache, daß alle diese Besitztümer kaputt sind, spielt keine Rolle. Sie sind ein Simulakrum der Erwachsenenwelt. Also richten sich die Kinder in ausgebrannten Katen häuslich ein, oder sie steigen in die Kabinen der Traktoren und rollen auf demontierten Rädern über die Tundra. Manchmal besetzen sie die Brücke des gestrandeten und liegengelassenen Frachters und steuern Richtung Polarmeer. Erst wenn sie aufhören, Kinder zu sein, wird ihnen klar, daß sie eine in Trümmern liegende Welt bewohnen.

Im Alter von zwölf oder dreizehn, sagte Nikolai, fangen sie an zu trinken.

Er haßte es, wenn das Versorgungsschiff kam, das auf dem Fluß verkehrte. An dem Nachmittag war es mit seinem schmalen Angebot teurer Waren – vor allem Wodka – aufgekreuzt, und die Dorfbewohner waren in ihren Motorbooten zu ihm hinübergesaust. In seiner schlecht beleuchteten Klinik blickte Nikolai durch das Fenster in die Nacht und schwenkte den Arm im Halbkreis. »Wahrscheinlich ist die ganze Siedlung um uns herum in diesem Moment betrunken. Fast alle.«

Er fürchtete das Eintreffen der monatlichen Unterstützungsgelder. »Alleinstehende Elternteile bekommen einen Zuschuß für jedes Kind, ein Mann mit fünf Kindern und keiner Frau kann sich dann wie ein Millionär fühlen! Er wird trinken bis zum Umfallen, und die Kinder hungern derweil. Die Frauen machen es genauso. Alle. Und wenn der Wodka ausgeht, suchen sie sich irgendwas anderes. Es gibt ein amerikanisches Maschinenöl, das hier in Massen gekauft wird. Unsere Maschinen sind natürlich alle kaputt, aber die Leute trinken das Zeug flaschenweise. Nach zwei oder drei Stunden bekommen sie Atemlähmung. Wenn sie es noch ins Krankenhaus schaffen, kann ich sie retten, aber sie sterben in ihren Häusern oder auf der Straße.« Doch mit der Abgebrühtheit, die die Not diktierte, wurde er gleich wieder munter. »Hören Sie mal, Nikolai!« Er hatte ein russisches Buch, das *Tausend englische Witze* hieß und das er unbedingt an den Mann bringen mußte. »Kennen Sie den mit dem Engländer, dem Russen und dem Papagei? Hören Sie …«

Aber meine Gedanken wanderten zu dem Dorf zurück, in dem die Lebenserwartung der Enzen auf fünfundvierzig gesunken war – und die Hälfte von ihnen starb einen gewaltsamen Tod. Nur Nikolai mit seinem Optimismus, seinen spärlichen Geräten und Medikamenten und seinem schwindenden Augenlicht bewahrte sie vor Schlimmerem.

»Und da sagt der Papagei …«

Ich fragte: »Wann werden die Verhältnisse sich bessern?«

»Sie haben sich schon gebessert! Vor ein paar Jahren konnten diese Leute nicht einmal das Flußwasser ungestraft trinken. Sie haben es in einen Tank hochgepumpt, und jahrelang sind sie an

Dysenterie gestorben. Kein Mensch wußte, warum. Der Arzt damals hat den Zusammenhang nicht gesehen. Dann ist eines Sommers der Tank fast ausgelaufen, und da haben sie entdeckt, daß er innen in einem haarsträubenden Zustand war. Jetzt schaffen sie das Wasser mit dem Traktor hoch, und im Winter sammeln sie Schnee und trinken den. Zum erstenmal hat sich etwas verbessert! Voriges Jahr war der Tiefpunkt. Ich glaube, schlimmer kann es nicht kommen.«

Die Leute von Potapowo, dachte ich, würden also überleben. Sie waren schließlich Sibirier. Sie würden sich anpassen, sich einschränken, mit anpacken, dulden, warten.

»Voriges Jahr«, sagte Nikolai, »sind Wochen vergangen, und es ist kaum je ein Schiff vorbeigekommen. Aber in diesem Jahr … na ja, Sie haben es selbst gesehen. Hier und da ein Frachter, ein Tanker. Daran merkt man, wie es steht. Am Fluß.«

Von draußen erscholl das Poltern von Betrunkenen, die in den Vorraum eindrangen. Nikolai schloß seine Tür ab. »Die Sorte kenne ich«, sagte er. »Wenn ich ihnen aufmache, wird es eine Schlägerei geben.« Er schrie durch die Tür: »Haut ab! Nein, ich laß euch nicht rein! Der Doktor ist nicht da! Kommt morgen wieder! Nein! Er ist weg!«

Irgendwann hatten sie genug gebummert und gekratzt, und man hörte Füße durchs Gras schlurfen. Dann Stille.

»Hören Sie mal.« Nikolai klappte sein Buch wieder auf. »Ein Herzog und eine Herzogin führen ihren Hund aus …«

Durch ein Fenster des Kinderkrankenzimmers fällt mein Blick auf einen Mann, der mich anstarrt. Wild abstehende Haare, windgerötetes Gesicht. Eine Sekunde lang sehe ich in ihm den nächsten Säufer aus dem Dorf. Dann erkenne ich, daß es gar kein Fenster ist. Es ist ein Spiegel.

Drei Wochen lang habe ich mich nicht gesehen. Tiefe Furchen zerklüften die Wangen des Spiegelbildes, und unter seinen Augen hängen graue Halbmonde. Das Kinn ist schlecht rasiert und wirkt leicht aggressiv. Verwirrt versuche ich, den inneren und den äußeren Menschen zusammenzubringen. Ich frage mich, ob der Spiegel verzerrend wirkt. Wenn nicht, muß etwas anderes das tun. Das Gesicht sieht jetzt beunruhigt aus. Ich denke auf einmal freundlicher von allen, die mit ihm gesprochen haben, selbst von dem ruppigsten Grobian. Dann wende ich mich ab, verleugne es.

Sie haben ihre Traditionen verloren, hatte der Arzt gesagt, und selbst im Haus des sechsundachtzigjährigen Hirten fand ich keine heidnischen Totems. Die Erinnerung der Menschen an ihre Naturgeister und an die alte, unnahbare enzische Gottheit, die den Gott des Todes zum Sohn hatte, war verblaßt. Kein Mensch kannte mehr die mündlich überlieferten Epen oder den Helden Itsche, den Vater des Bären und geschworenen Feind Christi. Die Opferstätten waren in der Rentiertundra sich selbst überlassen worden.

Nur auf dem Friedhof, der letzten Bastion des Konservatismus, war die Vergangenheit noch lebendig, vielleicht, dachte ich, wegen der Bedeutung des Todes. Am Morgen meiner Abreise entdeckte ich ihn an einem Hang hinter dem Dorf, zwischen Birken verborgen. Mehr als die bemalten Kreuze und durchnäßten Kränze hatte ich nicht erwartet: Zeichen eines oberflächlich christianisierten Volkes. Ein paar Grabsteine zierte der kommunistische Stern.

Doch als ich höher stieg, stieß ich auf andere Gräber, auf denen ausgebleichte Geweihe lagen. Ihre Totenschlitten lagen rituell zerbrochen daneben, und Renschädel grinsten von den Bäumen. Auf beinahe jedem Grab – das sah ich jetzt – waren die als Opfergaben gedachten Emailschüsseln und Kessel umgestürzt und durchstoßen oder gespalten worden. Eine Puppe lag zerstückelt auf einem Kindergrab.

Als ich mich von dem alten Hirten verabschieden ging, erkundigte ich mich danach, und es war, wie ich gedacht hatte. Die Opfergaben, sagte er, werden zerstört, weil das Leben nach dem Tode das Gegenteil des jetzigen ist. Flüsse laufen dort rückwärts, vom Meer zur Quelle. Alles, was hier auf dem Kopf steht, wird dort auf der andern Seite wieder auf die Füße gestellt und umgekehrt. Alles Heile wird zerbrochen, alles Zerbrochene wird heil. Sonst werden die Toten es nicht finden.

In jener verkehrten Welt, dachte ich, wird Potapowo das Paradies sein.

Ein Motorboot wartete darauf, mich zum Dampfer hinüberzubringen, und andere Boote umschwärmten ihn auf dem Fluß, da ihre Besitzer Fisch verkaufen wollten. Nur der Schwachkopf, den sie Bananenhaut nannten, steuerte sein Boot wie besessen immer im Kreis herum.

Nikolai stand mit einem Häuflein anderer neben mir am Ufer. »Im Herzen sind es gute Leute«, sagte er. »Ich habe rumgefragt, ob jemand ein Abschiedsgeschenk für den Engländer hätte, und hier, schauen Sie! Die sind für Sie!« Er reichte mir einen großen Plastikbeutel. Er war schwer von Omulen. Eine versöhnliche Wärme ging von ihm auf mich über. Doch gleichzeitig beschämte er mich und bedrückte mich auch ein wenig. Ich konnte mit den Fischen nichts anfangen. Mit einem Kloß in der Kehle starrte ich auf den Fluß hinaus. Dann brachte mich das Motorboot weg.

6
DER GROSSE SEE

In Taischet, einst ein Durchgangslager für Gulag-Sträflinge, zweigt die Transsibirische Eisenbahn nach Südosten ab, und die lange, einsame und verheerend teure Baikal-Amur-Magistrale führt mit einer Gesamtlänge von 4300 Kilometern bis zum Pazifik weiter. Die BAM, großartig als Verkehrsader zur Erschließung Ostsibiriens konzipiert und weit im Norden der krisenanfälligen, chinanahen Transsib-Trasse verlaufend, durchquerte eingleisig eine zunehmend verarmende Region und erfüllte die in sie gesetzten Erwartungen nicht.

Doch nach Potapowo war ich versöhnlich gestimmt. Die Betten quollen von den billigen Handelswaren der Fahrgäste über, und die verrußten Fenster waren fest verriegelt. Aber wenigstens war ich wieder unterwegs. Jedesmal wenn wir eine Anhöhe erklommen, breiteten sich unter uns die waldigen Hügel aus, bis das rotgoldene Feuer von Birken zwischen Kiefern der natürliche Zustand der halben Erde zu sein schien. Ein- oder zweimal schob sich eine riesige Industrieanlage dazwischen, und gegen Mittag ratterten wir über die mächtige Staumauer des Bratsker Wasserkraftwerkes, einst ein Prunkstück des sozialistischen Fortschritts: auf der einen Seite der große Stausee mit den daran wuchernden Fabriken, auf der andern Seite der Einschnitt der Angara. Doch stets umfing uns hinterher schnell wieder die ungeheure Weite der Taiga, wo die Birkenblätter still vor der dunklen Nadelwaldwand niederrieselten.

Die einzige Störung im Zug wurde von mir verursacht. Ich fühlte in meinen Haaren etwas kribbeln, und als ich darin zauste, fielen drei oder vier dicke schwarze Spinnentiere heraus. Ich hatte gelesen, daß die Zecke der Gattung Ixodes, die Gehirnentzündung überträgt, sich im Juni aus der Taiga verzieht, aber das war ein Irrtum. »Gefährlich! Gefährlich!« schrie die Frau mir gegenüber auf. Sie bohrte sich die Fingernägel in einen Unterarm. »Sie beißen sich fest. Sie ermorden einen!« Ich glotzte die Zecken entsetzt an. Ich wußte, daß ihr Biß einem den Tod oder eine lebenslange Behinderung bringen kann, Lähmungserscheinungen am Hals und in den Gliedern. Man wird von furchtbaren Kopfschmerzen gepeinigt. Aber als wir die davonkrabbelnden Biester am Boden zertraten, lachte die Frau, lachte unser ganzes Abteil.

Ich dachte zurück. Ich war gerade mit dem Flugzeug aus der scheußlichen Nickelstadt Norilsk gekommen, und früh am Morgen war ich bei Krasnojarsk ahnungslos durch einen Laubwald gewandert. Dort lassen sich die Zecken von den Bäumen auf alles Warmblütige (sogar einen Engländer) fallen und können sich mit fatalen Folgen unter die Haut bohren. Bis zum Mittsommer begeben sich die Russen nur mit zwei Schichten bekleidet in die Taiga.

Durch das Lachen um mich herum erleichtert, dachte ich fürs erste nicht weiter darüber nach. Aber in der Nacht beunruhigte mich die Frage, wie viele Zecken sich wohl noch in den Falten meiner Kleidung oder meines Körpers eingenistet hatten. Wie ich so dalag, bildete ich mir ein, ihr Pieksen und Beißen am ganzen Leib zu spüren. An jeder juckenden Stelle fühlte ich sie. Es war kalt, aber ich fing an zu schwitzen. Die Zecken ließen sich in meine Träume fallen. An jeder Station verfiel die Lokomotive aufseufzend in eine entnervende Stille, und ich wachte auf. Gleich darauf drängten nächtliche Zusteigende mit gigantischen Lasten keuchend und schleppend herein.

Zuletzt schloß ich mich in der Toilette ein und befeuchtete mir die Haare aus einer Wasserflasche. Dann untersuchte ich in einem Rasierspiegel meine Kopfhaut eingehend nach dem hinteren Ende einer festgebissenen Zecke. Es würde aussehen wie ein halb in der Haut steckender Sonnenblumenkern. Nach einer halben Stunde ging ich mit der Inspektion zu Hals und Schultern über. Sollte ich ein zitterndes Zeckenende erblicken, müsse ich, so hatte ich gelesen, Paraffin oder Salz darauf geben. Doch inzwischen hämmerten Wartende an die Toilettentür; ich fand nichts;

und zwei Stunden später brach über einem neuen Land der Tag an.

Wolkennebel und Krüppelkiefern, die mit knorrigen Wurzeln im Geröll Halt suchten, gaben dem Anblick die Atmosphäre eines japanischen Gemäldes, zumal mit dem schwachen Umriß des Mondes am Himmel. Grauer Fels hatte die Walddecke abgeschüttelt und erhob sich zu schneehellen Gipfeln. Bald darauf ging es langsam bergab. Am ganzen Horizont funkelte eine Wand reißzahnartiger Gebirgszüge herrlich und schroff über dem tiefsten See der Erde.

Sewerobaikalsk wurde für Eisenbahnarbeiter an der Nordspitze des Baikalsees in die unberührte Waldlandschaft gesetzt. Die Blockhaussiedlung steht noch, die eigentlich nur als Übergang vor der Umsiedlung der BAM-Erbauer in ordentliche Wohnungen gedacht gewesen war. Doch dann versiegten die Gelder. Die Arbeit an den Wohnblocks wurde mittendrin abgebrochen. Hier und da warten sie in vorfabrizierten Bauteilen oder stehen halbfertig herum wie vergessene Kartenhäuser. Dennoch wirkt die Stadt sympathischer als die meisten andern, karg in ihrer Unvollendetheit, ein wenig ländlich.

Ein Witwer und seine beiden Söhne wohnten in dem Blockhausvorort. Es waren stille, emsige Männer, die Touren ins Hinterland organisierten und manchmal an Reisende Zimmer vermieteten. Der Vater, ein Ingenieur, hatte einen Schlaganfall gehabt; die Söhne studierten noch. Wir saßen am Tisch und unterhielten uns über Exkursionen am See. Der jüngere Sohn Schamil war Feuer und Flamme.

Da ging plötzlich die Tür auf, und zwei Polizeibeamte kamen hereinmarschiert. Der eine war ein schludrig wirkender Mann in Uniform, die andere eine Frau mit steinernem Gesicht, die sich als das Paßamt bezeichnete. Ein kalter Schrecken aus Breschnews Zeit wehte mich an. Das Paßamt brüllte: »Wohnt hier ein Amerikaner?« Sie funkelte mich an. »Gibt es hier einen Amerikaner?« Sie forderte mich auf, mich auszuweisen, und pochte dann auf besondere Gesetze in der Republik Burjatien, nach denen ich mich in meinem ersten Hotel umgehend anzumelden habe. »Wo sind Sie untergebracht?«

»Ich weiß nicht. Ich habe mich noch nicht entschieden.«

»Sie wissen es nicht! Wieso wissen Sie das nicht?«

»Ich bin eben erst eingetroffen. Ich habe mich noch nicht *entschieden.*« Dieses Wort, merkte ich, machte ihr zu schaffen. Ich betonte es bissig.

»Demnach wohnen Sie bei diesen Leuten hier?«

Ich witterte einen Regelverstoß. »Nein.«

»Wieso ist Ihr Visum unvollständig?«

»Es ist nicht unvollständig. Es ist ein Geschäftsvisum. Sewerobaikalsk muß nicht darin aufgeführt sein. Und die ersten drei Tage über muß ich mich nirgendwo anmelden.«

»Sie sind hier in Burjatien! Unsere Gesetze haben vor denen von Moskau Vorrang. Sie sind zu Ihrem eigenen Schutz da. Damit Sie nicht verschollen gehen.«

Es war die alte billige Rechtfertigung der Überwachung: der Zirkelschluß, daß nichts und niemand ohne Kontrolle überleben könne.

Schamil sagte: »Diese Vorschriften sind idiotisch. Wenn ein Tourist herkommt und am See zeltet, wie soll er sich da anmelden? Was hat er für eine Adresse? Wie können Sie für ihn verantwortlich sein?«

Sein Bruder fügte hinzu: »Und wie wollen Sie das überhaupt mitkriegen? Und wozu? Was soll das Ganze?«

Das Paßamt stutzte und verlangte dann Schamils Paß. Er warf ihn ihr zu. Sein Vater hielt ihr in vorwurfsvollem Ton einen Vortrag über ihren Mangel an Gastfreundschaft, während der ältere Sohn sich mit demonstrativer Verachtung vor dem Polizisten aufbaute und ungerührt weiter sein Schaschlik verzehrte. Eines der Abzeichen des Polizisten löste sich von seiner Schulter.

Die Frau wandte sich an Schamil. »Sie haben einen Nowosibirsker Paß! Sie müssen sich anmelden!«

Schamil hatte ein pickeliges Jungengesicht und trug eine Brille mit dicken Gläsern. Er setzte die Brille ab, als ob er den Anblick der Frau gründlich satt hätte. Er hatte einen linkischen Charme.

»Ich studiere in Nowosibirsk«, sagte er, als redete er mit einem Kind. »Aber hier bin ich zuhause. Ich wohne schon mein ganzes Leben hier. Ich muß mich nicht anmelden, wenn ich zuhause sein will.«

Inzwischen hatte auch ich alle Furcht vor den beiden verloren. Sie wirkten nur noch lächerlich: die hysterisch schulmeisterliche Frau und der uniformierte Tölpel mit dem Bürstenschnitt und der in den Nacken geschobenen Mütze. Ein grimmiges Freiheitsgefühl überkam mich, so als ob vergangene Demütigungen endlich gerächt würden, die erinnerten Qualen russischer Freunde. Dieser Zorn stieg in den Kopf und konnte überkochen. Die beiden waren schließlich nur Handlanger. Und der Polizist trollte sich bereits demoralisiert zur Tür hinaus.

Die Frau versuchte, ihr Gesicht noch halbwegs zu wahren. »Ich verlange, daß Sie sich morgen anmelden«, sagte sie halbherzig. »Wir brauchen drei Dollar und zwei Paßbilder.« Sie zückte den Kugelschreiber. »Wie war nochmal Ihr Name?«

Wie alle Russen hatte sie Schwierigkeiten mit dem »Th«, und ich half ihr nicht dabei. Die Jungen provozierten und verwirrten sie weiter. Der Vater kehrte ihr den Rücken. Als sie schließlich ging, entschuldigte sie sich ohne den Anflug eines Lächelns für die Störung.

»Melden Sie sich ja nicht an!« tönten die Brüder im Chor. »Soll sie doch sehen, wie sie klarkommt. Leute wie die sind es, die das Leben unmöglich machen. Woher wußte sie überhaupt, daß Sie hier sind?«

»Keine Ahnung. Ich bin mit dem Taxi gekommen.«

»Ein Spitzel. Wie sah der Fahrer aus?«

Aber ich konnte mich nur an einen unförmigen Ukrainer und an ein silbernes Skelett erinnern, das an seinem Armaturenbrett baumelte. »Ich dachte, Stalin ist tot.«

»Er ertrinkt in Papieren und Vorschriften«, sagte Schamil. »Das ist typisch für dieses Land. Da wollen wir eine Tour in die Berge machen, und auf einmal kommen diese Arschlöcher an ...«

Wir machten die Fahrt in die Berge dennoch. Über Brücken, die wir mit Baumstämmen befestigten, und über hurtig dahinfließende

Bäche und Flüßchen hinweg erreichten wir bei Temperaturen unter Null die Schneegrenze. Ein Militärlager war verlassen bis auf einen gelangweilten Posten, der einen Eisenbahntunnel bewachte. Andere Soldaten, die gerade ein Stück Bahndamm reparierten, winkten uns anzuhalten, weil sie Zigaretten flohen wollten. Wir stapften im peitschenden Gegenwind zu einer Paßhöhe hinauf, bis wir die Schneegipfel sahen.

Schamils Nase und Augen trieften, doch er merkte es gar nicht. »Ja, es ist schön, aber es reicht nicht aus. Wenn man leben will, muß man hier weg. Ganz weg aus Rußland. Sonst strampelt man sich ständig bloß mit dieser Bürokratie ab. Wenn man sie sich nicht zunutze machen oder ihre Denkweise verstehen kann, geht man unter. Man muß wie eine Spinne sein. So sind die Geschäftsleute hier. Wie Spinnen. Sie denken sich neue Produkte aus, sie wissen, wie man Beziehungen knüpft, wie man Geschenke macht. Sie müssen flexibel sein, weil die Vorschriften sich ständig ändern. Die zu umgehen kostet sie die Hälfte ihrer Energie. Aber im Grunde ändert sich überhaupt nichts.«

Er fing an zu zittern. Der Wind brannte auf unsern Gesichtern. »Junge Leute fühlen sich mit diesem Land nicht verbunden, weil das System nicht unseres ist. Es ist ein Alte-Leute-System. Es kommt aus einer andern Zeit. Also gehen wir nach Amerika oder sonstwohin, wo wir frei sein können. Es ist nicht so, daß wir Rußland nicht lieben, aber wir müssen auch anständig leben können. Wir sind als junge Männer in eine Welt alter Männer hineingeboren.«

Bei Tagesanbruch nahm ich einen Bus am Seeufer entlang und ging dann zu Fuß durch Täler zu einem ehemaligen stalinistischen Arbeitslager hinauf. Der Wald verbreitete eine sonnenlose Stille. Es ging kein Wind. Nur das Fallen der Birkenblätter rührte ein allgegenwärtiges leises Murmeln auf. Die Bäume standen als goldene Säulen vor den Bergen. Manchmal arbeitete ich mich durch matschiges Gelände voll vermoderter Stämme, Blaubeeren und schwarz gefaulter Pilze, geriet aber immer wieder in dieses melancholische Laubgeniesel, Millionen durch die Waldschneisen tanzende Blätter. Dann kam ich in einen Hohlweg, wo Kiefern in einer Lawine flechtenbedeckter Geröllbrocken den Halt verloren hatten. Ein Würger flog still zwischen den Hängen hindurch.

Der Weg verlor sich hinter dem Eingang des Lagers. Einer der Torpfosten war quer darübergestürzt, der andere hing in einem Weidendickicht. Ein Fluß wisperte weiter unten über die Lichtung. Ein Schleier von Birkenlaub lag über allem. Die Blockbaracken waren gegen die Kälte in den Boden eingelassen und ihre Wände unter inzwischen eingebrochenen Dächern mit Steinen und Balken verstärkt worden. Ihre Türen und Fenster bildeten gespenstische Rahmen um das Dickicht. Sechzig Jahre Wald hatten diesen Gulag in eine Opernkulisse verwandelt, ein grausames Idyll. Bäume waren auf seinen traurigen Überresten gewachsen. Die Hölle war wieder zur Landschaft geworden. Auf weichem Laub stieg ich darin herum. Ein Wachturm lag eingestürzt im Halbdunkel.

Dies war ein Lager zum Abbau von Muskovit gewesen, einem Glimmer, den man früher als Isoliermaterial in der Elektrotechnik verwendet hatte, und seine Häftlinge waren schon vor dem Zweiten Weltkrieg weggeschafft worden, nachdem ein künstlicher Ersatz gefunden worden war. Es war so, wie es war, stehen- und liegengelassen worden. Hölzerne Förderkübel, die weggeworfen zwischen den Felsen lagen, zeichneten noch den Verlauf einer Seilförderanlage nach.

Ich bemerkte etwas Silberiges unter den Füßen und wühlte mit der Hand in der Erde. Beim Hochheben war sie voll von durchscheinenden Blättchen. Einen Moment lang blickte ich sie verständnislos an. Sie rieselten mir durch die Finger: Muskovit. Als ich die Schüppchen gegen das Licht hielt, trennten sie sich wie Papiertaschentücher. Die über ihrer Halde wachsenden Bäume waren bereits gute zwölf Meter hoch.

Ich verfolgte die Glimmerspur einen Hang hinauf und stieß auf den Eingang des Schachtes. Es war ein nahezu senkrechter Absturz, in dem Treppenbalken sich gelöst hatten und in die unter Wasser stehende Grube gefallen waren. Eisenbeschlagene Förderkübel und Seilwinden lagen davor herum, und ein Kübel mit einem glitzernden Rest am Boden hing noch an der Führungsrolle. Ich blickte zehn Meter in die Tiefe auf einen kupferig braunen Tümpel und den Anfang der Seitengänge. Ich hörte Wasser tropfen. Vorsichtig kletterte ich am Grubenrand nach unten, so weit es ging. Die Balken, an denen ich mich festhielt, und die ganzen Felswände schimmerten von Glimmerstaub. Dann verschwanden die Flözstrecken unter Wasser.

Als ich durch das Lager zurückging, überkam mich ein mittlerweile bekanntes ungutes Gefühl. Ein kalter Wind strich über die wüste Szene. Sie schien keiner irgendwie versöhnten Vergangenheit anzugehören. Das Lager war nicht aus Scham zerstört worden, man hatte es einfach verrotten lassen. Warum, fragte ich mich, gab es von russischer Seite so wenig Empörung über den Gulag? Warum wurden die Täter nicht zur Rechenschaft gezogen? Ich wurde den Gedanken einer ratlosen nationalen Verdunkelung nicht los, bei der jeder schuldig und jeder unschuldig war. Die eisernen Bügel der Förderkübel bewegten sich noch in ihren Gelenken.

Monate später, als ich wieder in London war, fielen mir ein paar silberne Blättchen aus den Taschen und lagen fremdartig glitzernd auf dem Boden.

Auf der andern Seeseite, 40 Kilometer über ruhiges Wasser hinweg, lagen die Züge des Bargusingebirges im Abendlicht. Von diesem nördlichen Ende aus führte die Gebirgskette unter einer starren, zinnenartigen Wolkenwand im Bogen nach Südwesten, wo der Dunstschleier dichter wurde und die Berge nur noch als unwirkliche Schemen über dem See in der Luft hingen.

Während ich so dastand, schälte sich ein Taxi aus einer Spur, als ob es auf mich gewartet hätte, und ich stieg dankbar ein. Dann sah ich das silberne Skelett am Armaturenbrett tanzen. Ich blickte in die fleischigen Gesichtszüge des ukrainischen Spitzels. Ich bemühte mich, mir die Verärgerung und die leise Beunruhigung nicht anmerken zu lassen. Aber neben ihm saß ein burjatischer Freund – ein Angehöriger des mongolischen Volkes, nach dem die Republik benannt ist –, und auf das Dach hatten sie sein frisch gepichtes Kanu gebunden.

Sie machten gerade einen Ausflug, sagte der Fahrer, den ich mir jetzt genauer ansah – ein bulliger Mann, dessen Gesicht mit dem dicken grauen Schnurrbart und den hellen Augen langsam einen freundlichen Ausdruck annahm, wie mir schien. Der Burjate neben ihm vibrierte förmlich vor Ungeduld. Seine schwarzen Augen schienen nur Nahes wahrzunehmen, aber mit einem Trieb, festzunageln, zu durchbohren. Eine beängstigende Intensität ging von ihm aus. Seine Fragen kamen Schlag auf Schlag. Woher ich komme. Wieviel ich verdiene. Im *Monat* oder im *Jahr?* Ob England je eine bolschewistische Revolution gehabt habe. Was mit Margaret Thatcher sei. Mit Churchill, Prinzessin Diana, Sherlock Holmes.

Das kalfaterte Kanu wurde vor seinem Haus und dem dazugehörigen verwilderten Garten abgeladen, und ich wurde gedrängt, doch zusammen mit dem Ukrainer und einem jungen Fallensteller, der Bisamfelle brachte, zum Tee hereinzukommen. Wir hängten unsere Jacken im Flur an Elchschaufeln. Aus Tee wurde Wein, aus Wein wurde Wodka. Der Burjate sprengte eine Handvoll von beidem über den Tisch. »Das ist für Gott!« Er erzählte mir von einem schamanistischen Heiligtum, das er einmal im Jahr aufsuche, um Glück für seine Familie und für sich zu erflehen. »Meine Frau ist Buddhistin – sie kommt nicht mit. Aber ich bitte darum, daß diese Dinge vom Himmel herabkommen. Um einen Segen.« Er könne es nicht erklären, sagte er, er habe noch nie darüber nachgedacht. Aber er kehrte die offenen Hände nach oben und sagte fast ärgerlich (weil er meinte, ich verstehe nicht): »Vom offenen Himmel! Vom Himmel, wo Gott ist!«

Zum Wein gab es Wurst und Schwarzbrot. »Das ist alles, was wir jetzt haben«, sagte er. »Ich war früher Maschinist, aber jetzt handele ich nur noch mit Bisamfellen.«

Der Fallensteller lächelte schüchtern: strahlende Zähne zwischen blanken Backen. Er gehörte der ältesten Volksgruppe an, den tungusisch sprechenden Ewenken, die verstreut zwischen dem Jenissei und dem Pazifik lebten. Er schien tiefer zu sitzen als wir andern, doch in Wirklichkeit hatte sein dicker Körper auf dem Hocker eine geduckte Haltung angenommen und war er vor

Scheu ganz angespannt. Er jage Eichhörnchen und gelegentlich Zobel, sagte er, aber vor allem Bisamratten – und ein Stapel brauner Felle lag zum Beweis neben seinem Hocker. Sie sahen aus wie lange Handschuhe, mit zwei kleinen Löchern, wo die Augen gewesen waren. »Ich stelle nachts Fallen auf«, sagte er. »Dort, wo ihre Fährten sind. Ich sehe ihre Fährten.«

»Er jagt auch Elche«, sagte der Burjate. »Jagt ihr in England auch Elche? Und gibt es Zobel? Nein? Nein?« Sein manisch funkelnder Blick strich wieder über mich. »Was kostet in England ein Kanu? Was kostet ein Haus?«

Doch die verwirrenden Wahlmöglichkeiten, die komplizierten Regelungen im Wald- und Wohnungsbau, die Unmöglichkeit, auf der Themse zum Omulfischen zu fahren, bedrückten ihn zusehends. Seine Intensität ließ nach. Er sagte: »Ich nehme an, Sie finden uns sehr arm?«

»In England gibt es auch Arme.«

»Aber Sie sagen, der Staat unterstützt die Arbeitslosen.«

»Die Familienbande sind bei uns nicht so stark«, sagte ich.

»Wie kann das sein?«

Hin und wieder gab der gewichtig neben mir sitzende Ukrainer erklärende Bemerkungen über unsere Unterschiede ab, leugnete die Existenz von Sherlock Holmes und korrigierte meine Schätzungen westlicher Gehälter zum allgemeinen Befremden und Staunen nach oben. Seine Gegenwart hatte etwas Beklemmendes. In meiner Einbildung war sein Blick oder seine Aufmerksamkeit nach Informantenart immer auf mich gerichtet, so daß alles, was ich sagte, plötzlich verdächtig oder merkwürdig wurde. Wenn ich den Ewenken nach dem Preis von Bisamfellen befragte, malte ich mir aus, wie der Ukrainer dachte: Das ist Industriespionage im Fellhandel. Wenn ich den Burjaten bedauerte, weil er keine Arbeit hatte, stand vielleicht im Geheimbericht: »Er schürt Unzufriedenheit unter den Arbeitslosen.« Ich kippte den nächsten Wodka. Auf die Paranoia!

Als er mich schließlich nach Sewerobaikalsk zurückfuhr, erkundigte er sich erwartungsgemäß nach meinem Quartier. (Schamils Familie hatte mir unzulässigerweise eine Wohnung überlassen.)

Ich nuschelte etwas Vages. Dann bat ich ihn, mich in der Stadtmitte abzusetzen, und er machte es anstandslos. Vielleicht begriff er. Er wünschte mir alles Gute und nahm kein Fahrgeld. Das war ein Ausflug, sagte er. Bei seinem Händedruck zum Abschied meinte ich sogar, ein leises Bedauern zu spüren.

In den letzten milden Tagen Ende September leuchtete auf dem Weg durch die Berge zum Dorf Baikalskoje der Wald in allen Farben eines typischen Altweibersommers. Es war der Augenblick auf der Kippe, bevor der erste kalte Wind die Herbstpracht herunterriß. Das Sonnenlicht wirkte rein und zart. Das Unterholz schien in Flammen zu stehen, das Rot und Blau der Beeren war unglaublich satt, und die Weiden streuten goldenes Konfetti.

Ich trampte zu einem Paß oberhalb des Seeufers. Von dort hoffte ich einen guten Blick auf die Bucht zu haben, an der die »Stadt der Sonne« liegen sollte. Sie hätte mittlerweile fertig sein müssen. Die umweltfreundliche Solarsiedlung mit ihren fünfundvierzig Hütten war unter Berücksichtigung feinstofflicher Schwingungen geplant worden. Ihre Anlage, die auf Theorien von Helena Roerich, der Frau des mystischen Malers, beruhte, sollte den dort Lebenden Kraft und inneres Gleichgewicht vermitteln, und der Gründer der Kommune, ein Industrieller aus der Gegend, hatte ihre »heilige Geometrie« als das Heilmittel gegen Rußlands Krankheiten gepriesen. Alle zukünftigen Städte des Landes, hatte er erklärt, würden ihrem Beispiel folgen. Die Kommune würde also in den kosmischen Wellen baden, von denen das Akademiemitglied doziert hatte. Sie sollte sich um ein sogenanntes Zentrum für kulturelles Bewußtsein gruppieren, in dem man die Ökologie gleichsam als neue mystische Theologie betreiben wollte. Sie würde Rußland retten und die Welt in Harmonie bringen. In der postkommunistischen Leere, schien es, war Gott ein kosmischer Energiestrom.

Oben vom Paß, wo die Straße ins Landesinnere abbog, sah ich eine weit auseinandergezogene Schar von Pilgern kommen. Hoch über der Bucht, einem heiligen Ort des Schamanismus, waren ein Picknickzelt und sogar ein Straßenschild über und über mit

Gebetsstreifen behängt. Wodkaflaschen, Münzen, Zigaretten, Rubelscheine und Johannisbeerrispen waren am Rand des Abgrunds hingelegt worden. An den Zweigen der Bäume flatterten Votivbänder, und die Stämme sahen aus wie Maibäume.

Ich schaute auf eine Bucht in blauen und waldbraunen Farben. Weiter draußen zeigten die Landspitzen auf Inselgruppen im glasklaren Wasser oder verschwammen in spiegelnden Seenflächen. Aber von der Sonnenstadt, dem Vorbild einer heilbringenden Zukunft, war nichts zu sehen.

Zwischen Erleichterung und Bedauern schwankend wartete ich auf die Pilger, aber sie wußten nichts von diesem unauffindbaren Erlösungswerk. Sie waren wegen der Heiligkeit des Ausblicks gekommen. Doch am Abend sagte Schamils Bruder: »Ach, diese Sonnenstadt! Ihr Gründer ist zur orthodoxen Kirche übergelaufen. Sie ist nie gebaut worden. Das passiert zur Zeit überall in Rußland. Junge Leute versuchen, dem ganzen alten Quark zu entfliehen, und gründen irgendeine Sekte oder Kommune auf dem Land oder im Wald. Aber es kommt nichts dabei raus. Wie es aussieht, müssen wir Russen uns entweder in den Wald verziehen oder nach Amerika gehen.«

So marschierte ich denn an einer Bucht bar aller moderneren Heiligkeit entlang und erreichte fünf Stunden später Baikalskoje: ein Fischerdorf, hinter dem die Straße zu Ende war. An einem Steilufer über dem Wasser gelegen und von Schneebergen umringt, war es wie aus einem russischen Märchen hierher versetzt. Das höchste Gebäude war die wiedererrichtete Kirche, die mit ihren grünen Türmchen auf einem Hügel über dem Hafen thronte, und die mit Schnitzereien verzierten Fensterrahmen, Läden und Dachkanten der Holzhäuser waren in fröhlichen bäuerlichen Blau- und Rottönen gehalten, wie Kuckucksuhren. Sie sahen zugleich malerisch alt und brandneu aus. Kühe tranken am Ufer, und schwarze Fischerboote mit hohen Bugen schliefen im Schilf.

Ich stieg ein Kliff hoch über dem See zu einer alten ewenkischen Opferstätte hinauf. Unter mir wurde der Baikalsee zu einem Meer. Im Süden verschwammen seine dicht gestaffelten

Landspitzen, während seine ganze nördliche Krümmung sich eisvogelblau vor mir ausbreitete, begrenzt von einer unwirklich schönen Kette zwischen 2000 und 3000 Meter hoher Berge. Alles erschien von meinem Standpunkt aus in diesem lichten Blau, selbst das bläuliche Weiß der Wolken, als ob Blau die Farbe wäre, zu der sich alle andern mit der Zeit läutern müßten.

Es ist die eigentümliche Klarheit des Baikal, die das macht. Je tiefer das ungewöhnlich transparente und leicht alkalische Wasser wird, um so mehr werden andere Farben aus seinem Spektrum herausgefiltert, bis nur noch Blau übrigbleibt. Der Baikal liegt über der Verwerfungslinie zwischen zwei tektonischen Platten, deren Auseinandertreten den Boden nach und nach weiter absenkt, so daß er eine Tiefe von über 1600 Metern erreicht und damit der bei weitem tiefste See der Erde ist. Und er kann mit weiteren statistischen Superlativen aufwarten. Er enthält fast ein Fünftel der globalen Süßwasservorräte, etwa so viel wie die fünf großen Seen Nordamerikas zusammen, mehr Wasser als die Ostsee. Wenn der Baikal abgelassen würde und sich daraufhin alle Flüsse der Welt in sein Becken ergössen, bräuchten sie fast ein Jahr, um ihn wieder aufzufüllen.

Er ist außerdem der älteste aller Seen. Seine Sedimentschicht hat eine Mächtigkeit von etwa 6000 Metern. Mit seinem einzigartigen Ökosystem ist er ein Überbleibsel aus dem Tertiär, über 25 Millionen Jahre alt. Von den 2000 Arten, die ihn bewohnen, kommen 1200 nur hier vor. Viele sind Relikte einer frühtertiären Süßwasserfauna und haben sich in der Reinheit des Sees eine Art evolutionärer Unschuld bewahrt. Schwämme und urtümliche Krebstiere haben sich kaum verändert. Etwa 250 Wasserpflanzen sind allein hier heimisch. Doch gewöhnliche Fische, die aus den Zuflüssen in den See schwimmen, sterben rätselhafterweise. Sein Wasser scheint das Besondere zu nähren, aber das Normale zu töten.

Zum Teil erklärt sich das durch seinen hohen Sauerstoffgehalt. Selbst in den größten Tiefen zirkulieren Strömungen und befördern den Sauerstoff zu Organismen, die sonst nirgends gedeihen. Und die Reinheit des Sees wird noch erhöht durch die endemische Spezies der Epischura-Krebse, die den See von Protoplasma säubern und ihm damit sein klares Blau verleihen. Nichts Überflüssiges überlebt. Algen und Plankton, Knochen und Stoffreste werden alle verzehrt. Wasserleichen verschwinden spurlos.

Du versuchst, dir dieses ungeheure Selbstreinigungstreiben vorzustellen, während ein einsames Tragflächenboot dich in zehnstündiger sausender Fahrt über die ruhige Wasseroberfläche zum andern Ende des Sees befördert. Es gibt keine Verbindungsstraßen, daher ist dies der einzige Weg. Ringsumher krümmt sich der Baikal 640 Kilometer lang – die Entfernung von Prag nach Mailand – Richtung Südosten, und nur in Sibirien ist es möglich, daß seine Riesenhaftigkeit nicht weiter auffällt. Am Ufer gegenüber, 80 Kilometer entfernt, führen die Berge ein grauweißes Schattenspiel auf, aber das Boot bleibt dicht an der Westseite. Oft ziehen sich die Steilufer kilometerlang hin und sehen dabei mit ihren sich anklammernden Bäumen wie ein abgewetzter Pelz aus. Manchmal schieben sie Vorgebirge aus Schiefer und Basalt ins Wasser. Ihre Schneisen sind dicht bewaldet.

In ihrem Schatten stehen nur einige Fischerhütten. Alle Stunde etwa kommt steuerbord ein Motorboot angeröhrt, und rotgesichtige Riesen in Regenmänteln und Bisammützen knallen uns ein paar Tonnen mit bereits ausgenommenen Omulen zum Verkauf im Süden aufs Deck; unsere Besatzung wirft dreißig oder vierzig leere Tonnen für die nächste Füllung nach achtern.

Der Omul ist *der* Speisefisch des Sees schlechthin: ein äußerst schmackhafter Verwandter des Lachses. Wenn er herausgezogen wird, stößt er einen scharfen Schrei aus. Er laicht im Oberlauf der Flüsse, kehrt aber im November zurück, bevor der Baikal zufriert; im Frühling werden die frisch geschlüpften Jungen in den See geschwemmt, wo ihre Eltern schon darauf warten, sie zu fressen.

Der Baikal scheint solche Absonderlichkeiten zu fördern. Im flachen ufernahen Wasser gibt es ein kerngroßes Krebstierchen, »Baikalpferd« genannt, das unerklärlicherweise zwei Sandkörner wie als Ballast festhält. Weiter draußen brauchen über 200 Kilogramm schwere Störe zwei Jahrzehnte, bis sie sich fortpflanzen und dann pro Stück bis zu zehn Kilogramm Kaviar liefern.

Winzige, rotäugige Flohkrebse der Familie Gammaridae leben in stellenweise extrem hohen Konzentrationen am Grund des Sees und durchforschen das Dunkel mit unverhältnismäßig langen Fühlern. Ihre Nachbarn in diesen Tiefen sind die »Golomjanka« genannten Ölfische, von denen manche einen derart glasigen Körper haben, daß man durch sie hindurch ein Buch lesen kann. Das Weibchen bringt bis zu 2000 lebende und sofort schwimmfähige Junge zur Welt und treibt mitunter nach der Geburt tot an die Oberfläche. Doch vom Druck der kalten Tiefe befreit, platzt der Körper oder zerschmilzt einfach, so daß nur eine Öllache und die zarten Gräten zurückbleiben, reich an Vitamin A. Die Burjaten nahmen das Öl früher für ihre Lampen.

Nur Vögel gehen in dieser abgeschlossenen Welt ein und aus. Im Herbst versammeln sich Gänse, Kraniche, Schwäne und Unmengen von Stelzvögeln in den Schilfgebieten des Sees, um von dort nach Süden zu ziehen. Zehntausende von Enten überwintern in den Schneewehen. Und irgendwann in vorgeschichtlicher Zeit müssen die Vorfahren der kleinen Baikalrobbe, die die Einheimischen »Nerpa« nennen, den Jenissei und die Angara hinaufgeschwommen sein, so daß ihre Nachkommen – mittlerweile rund 60 000 – heute hier als fast die einzigen Süßwasserrobben der Welt existieren.

Gegen Mittag liegt das andere Ufer im Nebel, und als das Schnellboot in den Kanal zwischen dem Westufer und der langen, vulkanischen Insel Olchon einschert, hat man das Gefühl, über Seide zu gleiten. Es ist die letzte Fahrt des Jahres, und das Boot ist nahezu leer. Die Insel ist schroff und regenarm: eine alte Bastion des Schamanismus. Die Ewenken wußten, daß der Meeresgott Dianda dort wohnte, und die Burjaten sahen in ihr den Wohnsitz eines bösen Geistes, dessen Stimme ihr seismisches Grollen war. Die Ufer sind auch hier kahle Wände ohne Geröll oder Pflanzenwuchs, höchstens ein salziges oder mineralisches Rinnsal entquillt ihnen. Olchon ist im Grunde ein hoch aufragender Unterwasserberg, und wir fahren über den Abgrund des Sees.

Selten ist er so friedlich. Alle paar Monate bebt der Baikal. Die einheimischen Völker fürchteten und verehrten ihn. Der See war eine Gottheit und vielleicht eine Erklärung. Er war sowohl gütig als auch böse, und sie waren aus seinen Wassern geboren.

Im Jahre 1861 brachte ein Erdbeben die Kirchenglocken an sämtlichen Ufern zum Läuten und trieb die Wasser des Sees nach Osten, wodurch schlagartig eine Region der Klüfte und Geysire entstand und 1300 Menschen ertranken. Einen Großteil des Jahres über peitschen heftige Winde die Oberfläche. (Der Friedhof von Baikalskoje ist voll von jungen Fischern.) Der aus Nordwesten wehende Sturm »Sarma« kommt wie aus dem Nichts, und unter einer schwarzen Wolkendecke türmt er die Wellen zu gischtenden Wänden auf. Mit Orkangewalt schleudert er Schafe und ganze Häuser über die Steilküsten und überschüttet die Fischerboote mit eisigem Regen, bevor er sie versenkt.

Nur im Winter herrscht ein gewisser Friede. Dann friert der See so dick zu, daß er von Lastwagen überquert wird. Doch bei einem krassen Temperatursturz können unversehens mannsbreite und bis zu 30 Kilometer lange Spalten im Eis aufreißen, die Lastwagen und Bulldozern zum Verhängnis werden so wie vor hundert Jahren den Kamelen der Teekarawanen.

Hinter Olchon entfaltet sich wieder die blaue, gekräuselte Weite, doch die verschneiten Berge sind verschwunden. Ein paar Siedlungen tauchen auf, und es regnet. Hier am Südende des Sees, wo ein riesiges Zellulose- und Papierkombinat liegt und die Selenga Schadstoffe selbst aus der Mongolei herbeibringt, droht dem Baikal die Verschmutzung in gefährlichem Ausmaß. Bereits in den sechziger Jahren, als die Emissionen des Zellulosekombinats die Epischura-Krebse auszurotten begannen, kam so etwas wie eine frühe Umweltschutzbewegung auf. Sie schrieb sich die Rettung des Baikal auf die Fahnen. Der gestiegene Wasserstand infolge des damals neuen Irkutsker Staudamms zerstörte die seichten Weidegründe des Omul, und das Vogelleben war im Abnehmen begriffen. Die Umweltschützer – unter ihnen der sibirische Schriftsteller Valentin Rasputin – kämpften leidenschaftlich gegen eine abwiegelnde und wankelmütige Bürokratie. Der Baikal gewann symbolische Bedeutung. Mit dem Auseinanderbrechen des Sowjetimperiums verwandelte er sich in das mystische Herz eines tyrannisierten Rußland. Als das Zellulose- und Papierkombinat am See und das weiter oben an der Selenga mit Klär- und Filteranlagen ausgerüstet wurden, feierte man dies als großen Triumph. Doch der Fluß führt immer noch städtische Gifte und Nitrate aus der Landwirtschaft mit, und die Zellulosewerke geben (laut neueren Meldungen) immer noch ungeklärte Abwässer in dieses empfindliche urtümliche Ökosystem ab.

Über dreihundert Flüsse und Bäche münden in den Baikal, doch es gibt nur einen Abfluß: die schnell strömende Angara. Nach Port Baikal, das unter seinen Steilfelsen zu einem Schrottplatz für alte Fähren verkommt, fährt das Boot auf dem Fluß noch bis zum Irkutsker Staudamm, und dort ist die Reise zu Ende.

Der wochenlange Entzug urbaner visueller Reize läßt Irkutsk prachtvoll erscheinen. Was würde ich empfinden, überlege ich kurz, wenn die Stadt in Umbrien, Kastilien oder Neuengland läge? Müßige Frage. Sie liegt in Sibirien. Ihre ansprechende bauliche Vielfalt, ihre bescheidene Größe (etwas über 600 000 Einwohner) und ein undefinierbarer Charme verleihen ihr ein altes, intimes Flair. Früher hieß sie »das Paris Sibiriens«, und ich schlendere hochgestimmt durch ihre Straßen: vorbei an dem eleganten, zweihundert Jahre alten Weißen Haus, früher Residenz des Generalgouverneurs von Ostsibirien, heute eine Bibliothek; die lange Achse der Marxstraße hinunter; vorbei am Schauspielhaus und den schönen Häusern, wo einst verbannte Aristokraten und emporgekommene Goldhändler wohnten; und weiter die Leninstraße hinunter zu den Türmen und Kreuzen restaurierter Kirchen und zuletzt zum die Stadt umschließenden Bogen der Angara.

Hier liegt die dreihundert Jahre alte weiße Erlöserkirche wie ein plumpes Kriegsschiff in einem Park. Der sechsgeschossige Glockenturm und der exzentrische Zentralbau mit ihren Barockfassaden beherbergen heute einen Teil des Heimatmuseums, doch an der Außenseite der Apsis kann man ein dreiteiliges verblaßtes Fresko bewundern: in der Mitte die Kreuzigung Christi, rechts die Heiligsprechung Innokentis, des ersten Bischofs von

Sibirien, und links die Massentaufe einer Schar von Burjaten in einem Teich. Ein kurzes Stück östlich davon künden die reichverzierten Kreuze auf den Zwiebeln und Spitzen der Gotteserscheinungskathedrale von ihrer Wiedereinsegnung.

Ein rauher Unternehmungsgeist prägte die Entwicklung von Irkutsk. Es wurde 1652 von Kosaken als Bollwerk gegen die Burjaten gegründet, später war es ein wichtiger Umschlagplatz in dem aufblühenden Handel zwischen Rußland und China. Südwärts durch die Mongolei nach Peking gingen Gold, Zobelpelze und Mammutelfenbein, nordwärts nach Rußland kamen Tee, Seide und Porzellan. Das 19. Jahrhundert brachte die Entdeckung von Gold und den Zustrom von Strafgefangenen: Irkutsk wurde ein Zentrum des zaristischen Verbannungswesens. Plötzlich zu Reichtum gelangte Geschäftemacher, auf den Goldfeldern fündig gewordene Bauern und ehemalige Sträflinge brachten Aufruhr und Fieber in die Stadt. Breite Boulevards kreuzten auf einmal die Knüppeldämme verschlammter, nach Schweinen und offenen Kloaken stinkender Gassen, in denen über Nacht anstelle von Bruchbuden Paläste emporschießen konnten. Urige alte Originale, jetzt frischgebackene Millionäre, gingen weiter in Bauerntracht herum. (Einer fand sein Himmelbett zu schön, um es zweckentsprechend zu benutzen. »Ich schlafe darunter«, erklärte er.) Die Sprache der Leute besaß eine antiquierte Höflichkeit, die in St. Petersburg längst passé war, und war voll liebevoller, mundartlicher Diminutive. Parvenüs staffierten sich als protzige Aristokraten aus und verloren dann ihr Vermögen in einer Woche beim Glücksspiel.

Ein wüstes, ausschweifendes Nachtleben gewann zusätzliche Brisanz durch die grassierende Kriminalität. Pelzhändler und Inhaber von Schürfrechten strömten in die Vaudevilles und Restaurants oder frequentierten die Trink- und Spielhöllen. Irkutsk wurde die Mordmetropole Rußlands. Kein Tag verging ohne eine Leiche; manchmal gab es über zweihundert Ermordete in einem Monat. Die Nächte wurden durch professionelle Raubmörder unsicher gemacht, von denen manche bei Schneestürmen einsame Fußgänger vom Schlitten aus mit dem Lasso fingen und sie in einer Seitenstraße umbrachten. Niemand griff ein. (Sich in anderer Leute Angelegenheiten einzumischen war nicht »sibirski«.) Die Polizei war machtlos. Hausbesitzer feuerten vor dem Zubettgehen routinemäßig ein paar Warnschüsse aus dem Schlafzimmerfenster ab.

1879 löste ein Feuer in einem Heuschober einen Großbrand aus, dem drei Viertel der Stadt zum Opfer fielen. Binnen weniger Jahre wurde sie schöner als zuvor mit Ziegeln und Steinen wiederaufgebaut. Sie entwickelte sich zu einem stolzen Paradox. Altmodisch, protzig, reich, verkommen, kultiviert – sie fing an, ihre Besucher zu verwirren. Alle außer den Abgestumpftesten oder Blasiertesten waren von ihrer Herrlichkeit überrascht: von den Bibliotheken und Gemäldegalerien in den vornehmsten Häusern, von der Quantität und Qualität der Krankenhäuser und Schulen, von den Bällen, die nur so strotzten von militärischem Prunk, Pariser Moden und Regimentskapellen auf den Emporen. Bei hochgestellten Sibiriern wurde es Sitte, zwischen ihren Irkutsker Palästen und St. Petersburg hin- und herzupendeln.

Andere Reisende jedoch berichteten vor allem von Ennui und Dünkel. Es gehörte anscheinend zum bon ton, daß man seine Garderobe zur Reinigung nach London schickte, auch wenn man sie ein Jahr lang nicht wiedersah. Und die Galaempfänge, sagten manche, seien stereotyp ablaufende, provinzielle Veranstaltungen, zu denen immer dieselbe Clique erschien: der Gouverneur und seine Verwaltungsbeamten, einige reiche Zivilisten, Offiziere und ein paar adelige politische Verbannte.

Unterdessen waren die Kaufleute eine mächtige Aristokratie von eigenen Gnaden geworden. Sie finanzierten die Erforschung des Landes und bestimmten manchmal unter einem fast schon unabhängigen Gouverneur die Politik. Und mit den gebildeten Verbannten – besonders den Dekabristen nach ihrem Putschversuch von 1825 und den Polen nach ihrem gescheiterten Aufstand von 1863 – erfolgte ein Zustrom kultivierender Kräfte. Mehr und mehr wurde auf den Salonpianos tatsächlich geklimpert, wurden die Bibliotheksbücher gelesen. Nach den Straßenkämpfen und Bränden der Oktoberrevolution wurden die Überreste dieser

Buchbestände von heimlichen Bibliophilen aus der Gosse geklaubt. Neben den angekohlten liturgischen Büchern, die alte Frauen aus Kirchen retteten, füllen ihre rudimentären Sammlungen heute die Regale städischer Archive, darunter auf verblaßten Schildchen die Namen kaum mehr erinnerter Familien: Jagin, Kasansewy, Smirdin …

Eleganz und Plumpheit gehen in den Straßenfassaden immer noch bunt durcheinander, dazwischen krasse Fälle von Bombast und Kitsch. Ich freue mich an den stilvollen Steinbauten, die so viel schöner sind als die Betonklötze, genieße es, daß manche Häuser älter sind als ich oder als das Jahrhundert. Ab und zu tobt sich ein spielerischer oder barbarischer Trieb in geschmacklosen Pilastern oder amoklaufenden Säulen aus. Aber sie fallen nicht weiter ins Gewicht. Ich spaziere durch Straßen, in denen Holzhäuser bis zu den Fenstern in der Erde stecken oder sich wacklig über mehrere Geschosse bis zu grotesken Wellenfriesen an den Dachkanten erheben: die Wohnsitze bäuerlicher Fürsten.

Ihre Fröhlichkeit und ihr Stolz scheinen sich zu übertragen. Junge Frauen promenieren wieder Arm in Arm auf den Straßen, auf schräge Weise schön in ihren glänzenden Strumpfhosen und hohen Schnürstiefeln. Die Parks sind voll von Studenten. Vielleicht bilde ich es mir bloß ein, aber die Armut erscheint mir hier mit mehr Haltung getragen, die Menschen mehr hingehörig, weniger auf Durchreise. Sie sagen, daß sie die Perle Sibiriens bewohnen.

Am andern Ufer eines Nebenflusses der Angara leuchteten die weißen Mauern des Snamensky-Nonnenklosters unter türkisblauen Kuppeln. Sein Garten quoll über von Stockrosen und Sonnenblumen, und die Gräber der Dekabristen lagen unter Margeriten. Daneben stieß ich auf einen jungen Priester, der gerade seine Schäfchen empfing, eine leicht kränklich wirkende Erscheinung mit seinem schwarzen Rock, den zurückgebundenen schwarzen Haaren und dem schwarzen Bart. Er flüsterte Männern Trost zu, die doppelt so alt waren wie er, und hin und wieder knickste eine Nonne vor ihm und küßte seine lässig hingehaltene Hand.

Das Kloster sei gerade restauriert worden, erzählte er, und aus einer maroden Welt kehrten die Gläubigen wieder. Er selbst sei der Sohn eines mit Leib und Seele kommunistischen Vaters, aber seine Mutter sei eine Christin gewesen. Er sprach ohne Scheu im Beisein der Bittsteller, die sich jetzt langsam verzogen. »Sie war halb französischer, halb bessarabischer Abstammung. Als ich klein war, hat sie mich immer in die Kirche mitgenommen. Ich kann mich noch erinnern, wie sie sang ...« Seine Augen strichen feucht über die Gräber neben uns, als ob sie tot wäre (aber ich fragte nicht nach). »Und an den Kommunismus meines Vaters habe ich auch geglaubt. Erst als ich meinen Wehrdienst ableisten mußte, habe ich den Glauben an den Kommunismus verloren. In der Armee kommen sich die Männer sehr nahe, wissen Sie, reden sehr vertraut miteinander ...«

Der Kommunismus hatte seine eigene brüderliche Verbundenheit geschaffen, vermutete ich, seinen eigenen Ikonoklasmus. »Da blieb Ihnen also nur noch der Glaube Ihrer Mutter.«

»Nein, der war längst vergangen. Aber in der Armee habe ich zum erstenmal meine Sündhaftigkeit gefühlt.«

Ich fragte zögernd: »In welcher Hinsicht?«

»In jeder. In meiner Arbeit, in meinen Freundschaften, in meinem Herzen.« Er wirkte plötzlich verschämt: schwimmende Augen und nach Mädchenart gescheitelte Haare. »Die Armee kann grausam sein, wissen Sie, sehr brutal. Trinken, fluchen ... und diese schreckliche Last der Sünde wuchs in mir. Dadurch bin ich wirklich zu Gott gekommen. Durch meine Schuld.«

In der Kirche mit ihrer Vielzahl schimmernder Anbetungsplätze verneigte und bekreuzigte er sich mit anhaltender Unterwerfungslust. Geduckte Nonnen – schwarze Kopftücher, schwarze Hauben – drückten ihre Lippen auf seine Hände und sanken manchmal auf die Knie, während ich verlegen danebenstand. Das alte, tröstende orthodoxe Nestgefühl verstärkte sich ringsherum: ein milder Kerzenschein, der die restaurierte Neuheit dämpfte, den Blick der Heiligen auf den geretteten Ikonen entflammte und die ganze Ikonostase vergoldete, wo gerade eine alte Frau ihre Lieblingsheiligen küßte (Sie hören doch bestimmt zu? Sie verstehen doch bestimmt?). Dahinter barg die verhängte zweiflügelige Tür des Altarraums das ewige Mysterium, und irgendwoher erhob sich das antiphonale Schmachten eines Chores.

Wir kamen an einen altargroßen Sarg. Darüber hing eine lebensgroße Ikone des heiligen Innokenti, des wundertätigen sibirischen Missionars, der es unternommen hatte, die Chinesen zu bekehren, aber unverrichteter Dinge zurückkehrte und 1731 hier starb. Zumindest in der Erinnerung strahlte er in seinen sahneweißen und goldenen Gewändern und mit seinem Hirtenstab in der Hand eine düstere Güte aus. Fast zweihundert Jahre lang hatte er in Frieden geruht und hatte sein unverweslicher Körper im silbernen Sarkophag, das Schmuckstück eines Klosters auf der andern Seite der Angara, Pilger geheilt.

»Dann haben die Kommunisten ihn weggeholt«, sagte der Priester. »1921 haben sie das Kloster zerstört und seinen Sarg geraubt – ein wunderschönes Stück – und ihn irgendwo in Jaroslawl begraben. Doch es wurde amtlich vermerkt, wo er lag, und nach der Perestroika wurde er wieder ausgegraben und hierhergebracht. Und sein Körper war unverwest! So wie Ihrer und meiner! Die Haut! Das Fleisch!« Er blickte auf den Sarkophag. In dem Dämmerlicht glänzte seine faltenlose gelbliche Haut wie die eines Jungen. »Er heilt immer noch alle Gebrechen!«

Während er das erzählte, wurde ein Teppich ausgerollt und der vergoldete Deckel von einer über dem Heiligen liegenden Glasplatte abgehoben. Eine schwarze Welle ging durch den Raum, als Nonnen und Geistliche davor auf die Knie fielen. »Kommen Sie«, sagte der Priester. »Schauen Sie.«

Skeptisch und mit quietschenden Schuhen trat ich heran.

Doch was in dem silbern ausgeschlagenen Sarg lag, konnte ich nicht erkennen. Zwei gefüllte Handschuhe waren über einem Bausch von Gewändern gefaltet, und weiter oben wölbte sich eine Mitra wie eine juwelenbesetzte Zwiebel über dem weißen Tuch, das ein Gesicht verhüllte.

Der Priester flüsterte ganz nah: »Wir können sein Gesicht nicht zeigen, weil es am Licht Schaden nähme. Aber im Dezember, an seinem Namenstag, wird es enthüllt … makellos!«

»Wird er hierbleiben?« Ich fühlte mich irgendwie betrogen.

»Ich weiß nicht. Es kann sein, daß er in die Kathedrale verlegt wird, wenn sie restauriert ist. Aber ich denke, daß es vorher zu Ende geht.«

»Was?«

»Alles.« Sein Ton wurde dringlich. Ich müsse da etwas verstehen, meinte er. »Es wird einen Krieg geben, einen totalen Vernichtungskrieg. Das hat der Heilige gesagt.«

»Wann?«

»Vor seinem Tod hat er es verkündet. Daß am Jüngsten Tag die Welt im Krieg untergehen wird. Ich weiß, daß er zwischen Rußland und China stattfinden wird. Die Chinesen sind gottlos, sie haben eine größere Armee als wir, sie hungern nach unserm Land. Wir werden alle darin umkommen.«

»Und Amerika?«

»Amerika ist gottlos. Von dort kann nichts Gutes kommen. Nur Videos und solche Musik, Nacktheit, Aids, überhaupt. Amerika wird uns nicht helfen.« Die Leidenschaft hatte sein Gesicht aufgelöst und verzerrt, und plötzlich erkannte ich darin zu meiner Verblüffung den jungen Soldaten. Die Welt sei am Zerbrechen, sagte er. Das Gute lag für ihn allein im Alten, in der fernen Vergangenheit. Die Gegenwart war zügellos, die Zukunft unsäglich. Er räsonierte über das Alter der verschiedenen Kirchen, der armenischen, der äthiopischen. Je älter sie waren, um so besser. Außer Rußland, behauptete er rätselhafterweise, sei die einzige Hoffnung Spanien. Doch Rom war für ihn verflucht; Amerika war verflucht; Moskau war zum Höllenfeuer geworden; der Islam war ein abscheuliches Monstrum; und als furchtbarster Greuel wimmelten unmittelbar im Süden die seelenlosen Massen Chinas, die nicht auf den heiligen Innokenti gehört hatten. Hin und wieder, wenn der Gesang eines Chors seine Jeremiade untermalte oder wenn er in ein gequältes Schweigen verfiel, stellte ich mir einen kleinen Jungen vor, der neben seiner Mutter »Herr, erbarme dich!« flötete, während zuhause sein Vater grollte oder trank oder vielleicht lachte.

Nach einer Weile kam ein alter Mann auf uns zugebuckelt. Er habe gerade in einer Woche seine Frau und seine Tochter verloren, flüsterte er, jetzt habe er niemanden mehr. Da klarte das Gesicht des Priesters auf, und er schritt zum Sarg des Heiligen. Würdevoll tauchte er seinen Finger in die Öllampe dahinter und bestrich Stirn und Brust des Mannes. »Weine nicht.«

Ich entfernte mich im Pulk der Gläubigen. Zwei entrückt aussehende Jugendliche sangen im schwarzen Knäuel eines Chors. Auf dem Fresko hinter ihnen schien der heilige Innokenti sich selbst zum Heiligen zu krönen, während am Himmel über ihm Gottvater ohnmächtig zusah. Die Luft war ganz grau von Weihrauch. Vor dem Sarg lagen drei Nonnen langgestreckt auf dem Bauch, eine davon schluchzend, als ob irgend etwas ein für allemal ausgemerzt werden müßte.

Um das Kloster herum liegen nur wenige Gräber, aber keines davon ist gewöhnlich. Die Fürstin Trubezkaja, die 1826 ihrem Mann ins Exil folgte, liegt mit ihren drei kleinen Kindern unter zwei Steinen. Unweit davon befindet sich das Grab des Dekabristen Pjotr Muchanow, dessen Geliebte Warwara Schachowskaja freiwillig mit ihm in die Verbannung ging. Zehn Jahre lang lebte sie in der Nähe seiner wechselnden Gefängnisse, aber bekam ihn nie wieder zu Gesicht, so daß sie schließlich mit gebrochenem Herzen starb und allein beigesetzt wurde.

Am meisten jedoch fällt ein marmorner Obelisk ins Auge, überladen mit nautischen Geräten: kupfernen Ankern, Winden, Segeln, Stundengläsern, Kompassen. Die Büste darüber zeigt ein feistes, breites Gesicht mit in die Ferne blickenden Augen und einer adretten Perücke. Grigori Schelichow wurde als »russischer Kolumbus« gefeiert. Als ehrgeiziger Pelzhändler im Nordpazifik träumte er von einem russischen Alaska, das zu wirtschaftlicher Selbständigkeit erblühen und alles haben sollte, was dazugehörte: Städte, Werften, Kathedralen, Industrien und Viehweiden. Im Jahre 1783 segelte er über das Beringmeer – an Bord seine resolute und kluge Frau Natalja, die erste weiße Frau, die den Boden Alaskas betrat –, und binnen drei Jahren hatte er an der ganzen Südküste und auf den Inseln Forts und Siedlungen gebaut und Alaska für die Russen in Besitz genommen. Bald träumte er von einem Reich, das sich zwischen der Beringstraße und Spanisch-Kalifornien erstreckte. Doch 1795 starb er urplötzlich im Alter von achtundvierzig Jahren und wurde mit hohen Ehren unter seinem Monument bestattet.

Die Handelskompanie, die er gegründet hatte, suchte seine Vision zu verwirklichen. 1812 entstand ein russisches Fort nördlich von San Francisco. Doch letztendlich waren diese winzigen Kolonien zu instabil und zu weit entfernt, als daß St. Petersburg sie hätte halten können. Die Amerikaner und Briten setzten sie zu sehr unter Druck, und sie wurden zu einer Belastung für die Staatskasse.

Im Jahre 1867 wurde Alaska, und damit der letzte Rest von Schelichows Traum, für zwei Cent den Acre an die Vereinigten Staaten verkauft. Doch es war eine schwierige Transaktion. Der amerikanische Außenminister William Seward, der sich dafür starkmachte, wurde von der amerikanischen Presse und Öffentlichkeit als Verschwender beschimpft – »Stewards Renommierprojekt« wurde es betitelt –, und der Kongreß nahm sich über ein Jahr Zeit, um ihm das Geld zu bewilligen. Ein Jahrhundert später gingen Grundstücke in Alaska für 2000 Dollar den Acre weg, und gleichzeitig werden heute noch Rosen auf Schelichows Grab gelegt.

Irkutsk widersetzte sich der Revolution. Im Grunde neigte ganz Sibirien – mit seinen reichen Großbauern und seinem spärlichen Industrieproletariat – mit gelegentlichen Schwankungen eher den Weißen beziehungsweise der sibirischen Unabhängigkeit zu. Doch 1920 war die sibirische Front der Weißen zusammengebrochen und der Bürgerkrieg so gut wie beendet. Aus der Eisenbahn und dem neben ihr verlaufenden Trakt war ein zäher, chaotischer Strom von Flüchtlingen und Sterbenden geworden. Der weiße Oberbefehlshaber Admiral Koltschak floh mit der neunundzwanzig Güterwaggons füllenden Goldreserve des Zarenreiches nach Irkutsk, doch seine Autorität schmolz dahin, und er wurde den Roten ausgeliefert.

Er war einst ein vorzüglicher Flottenbefehlshaber gewesen, doch seine Talente ließen sich weder auf das Heer noch auf die

Politik übertragen. Koltschaks Regime war barbarisch und von inneren Widersprüchen zerrissen, und aus dem scharfblickenden Strategen, der er in seinen besten Jahren gewesen war, wurde ein entschlußschwaches Wrack.

Nur unter Schwierigkeiten finde ich das Gefängnis, in dem er bis zu seinem Tod inhaftiert war. Ein Elektrizitätswerk hat es sich einverleibt. Unter der verfallenen Brücke eines Nebenflusses der Angara schlendere ich am Kai entlang. Die Ufer sind vermüllt und überwuchert, von Weiden verhangen.

Während Koltschak über zwei Wochen lang verhört wurde, näherten sich weiße Truppen der Stadt. Seine Geliebte, die stolze Schönheit Anna Temirewa, hatte sich geweigert, ihn im Stich zu lassen, und saß in einer andern Zelle in der Nähe ein. Berichte von Koltschaks Schicksal sind erhalten. Er antwortete seinen Anklägern würdevoll und verständig. Er wälzte die Schuld auf niemand anders ab. Er sandte heimlich eine Mitteilung an die Temirewa, die besagte, wenn die weißen Streitkräfte weiter vorrückten, werde man ihn hinrichten. Der Zettel wurde abgefangen. Im Laufe der zweiten Woche wurden die Offiziere, die ihn verhörten, immer nervöser und schärfer, und er muß gewußt haben, daß dies das Ende bedeutete. Im Westen war Geschützfeuer zu hören.

Am 7. Februar wurde er vor Tagesanbruch an den schmalen Fluß hinuntergeführt. Ein Loch war ins Eis gehackt worden. Er ging ruhigen Schrittes und lehnte es ab, sich die Augen verbinden zu lassen. Sein korpulenter Ministerpräsident Pepeljajew wurde schlotternd neben ihn gestellt, das Exekutionskommando richtete die Scheinwerfer eines Lastwagens auf sie. Die allein in ihrer Zelle wartende Temirewa hörte in der Ferne die Salve. Dann wurden die Leichen unter das Eis gestoßen.

Die Strömung fließt hier tief. Ich kehre um, wieder vorbei an der kaputten Brücke. Vor ein paar Jahren faßten ein paar hiesige Geschäftsleute den Plan, Koltschak ein Denkmal zu errichten. Doch bis jetzt ist der Fluß das einzige Denkmal geblieben.

....

Dreihundert Jahre vor Stalins Gulag wurden Gruppen von Sträflingen über den Ural abgeschoben: der Anblick ihrer nach Gerichtsurteil zugefügten Brandzeichen und Verstümmelungen erregte anscheinend den Anstoß ihrer Landsleute. Bald darauf verbreiterte der Wunsch, Sibirien zu bevölkern und seine Bodenschätze auszubeuten, den Strom der Verbannten, und als 1753 die Todesstrafe zugunsten lebenslänglicher Zwangsarbeit abgeschafft wurde, war die Anzahl der Vergehen, die mit Verbannung bestraft werden konnten, atemberaubend geworden. Preisboxen, Verprügeln der Ehefrau, Betteln ohne zwingende Not, unerlaubtes Fällen von Bäumen, Landstreicherei und Wahrsagerei, dies alles konnte einem die Verschickung nach Sibirien eintragen, desgleichen die neue europäische Mode des Tabakschnupfens (zusätzlich bestraft mit dem Herausreißen der Nasenscheidewand).

Anfang des 19. Jahrhunderts schließlich war das Verbannungssystem zu einer gnadenlos mahlenden Mühle geworden. Viele wurden schlicht deswegen deportiert, um irgendein entlegenes Gebiet zu kolonisieren, und die Rückkehr war ihnen strikt verboten. Horden von Verbrechern – die Köpfe zur Hälfte kahlgeschoren und mit Buchstaben, die ihre Vergehen auswiesen, auf Wange oder Stirn gebrandmarkt – schlurften in Ketten übers Land, um in den Nertschinsker Silberbergwerken oder in den Goldgruben von Kara zu arbeiten. Sie waren für das Gesetz tot. Die Reise allein, die zwei Jahre dauern konnte, brachte Tausende um. In den Durchgangsgefängnissen wüteten Typhus, Skorbut, Pocken und Syphilis. Das überall auf dem Trakt ertönende Bettlerlied der in die Verbannung ziehenden Strafkolonnen – »Habt Mitleid mit uns, ihr Väter!« –, begleitet vom Rasseln mit den Ketten beim Betteln um Brot, wurde die charakteristische Geräuschkulisse Sibiriens. Millionen von Häftlingen marschierten im 19. Jahrhundert in die Wildnis, manchmal mit den unglücklichen Familien im Schlepptau.

Mit der Zeit gab dieser starke Zustrom der sibirischen Gesellschaft eine kriminelle Komponente, die den älteren Siedlern ein Ärgernis war. Entlassene Gefangene, die nicht zurückkehren durften und die kaum etwas anderes als Raub und Mord gelernt hatten, wurden zu einer Geißel der Allgemeinheit, und die Straßen und Wälder wurden von herumstreunenden Entlaufenen unsicher gemacht, die Richtung Ural zogen, aber selten dort ankamen. Letzten Endes war die Weite Sibiriens ihr Gefängnis und ihr Grab.

Positiv stachen davon die politischen Gefangenen ab, die zwar viel weniger waren als die Kriminellen, doch die im Laufe der Zeit zum Sauerteig einer Gebildetenschicht wurden. In diesem Gemisch von kultivierten Oppositonellen und polnischen Revolutionären waren es die Dekabristen, deren Geschick das russische Herz besonders rührte. Diese überwiegend adligen, doch von der zaristischen Autokratie abgestoßenen Liberalen hatten im Dezember 1825 einen verunglückten Aufstandsversuch unternommen, der ihre Garderegimenter auf dem St. Petersburger Senatsplatz über Nacht ihrer Führer beraubte. Nach dem Prozeß wurden fünf der 121 Verschwörer auf höchst dilettantische Weise gehängt und die übrigen inhaftiert oder verbannt. In Sibirien erfuhr ihre Sache eine verspätete Verklärung, als einige ihrer Frauen und Verlobten Rang, Paläste und sogar Kinder aufgaben, um ihren Männern in die Verbannung zu folgen. Tausende von Bäuerinnen hatten das gleiche getan, ohne daß jemand davon ein Aufhebens gemacht hätte, aber zwei dekabristische Fürstinnen – die fabelhaft reiche Jekaterina Trubezkaja und die schöne junge Maria Wolkonskaja – wurden zu Verkörperungen romantischen Opfermuts.

Als sie 1844 nach Irkutsk zogen, waren sie fast am Ende ihres Leidensweges angelangt. Ihre Holzhäuser – auf ländliche Art den St. Petersburger Palästen nachempfunden – stehen heute noch in ruhiger Lage am Rand der Stadt. Sie sind von schlichter Eleganz. Jekaterina Trubezkajas Giebelhaus mit seinem gemauerten Unterbau ist das kleinere. Ihre Stickarbeiten und ihr Schreibpult sind immer noch da, dazu ein Toilettenkästchen voll winzigster Instrumente. Diese robuste und lebhafte Frau war ihrem Mann als erste gefolgt und hatte sich nach 6500 Kilometer Kutschfahrt sofort bei der Ankunft in Nertschinsk in das Silberbergwerk begeben. Sie war eine untersetzte, wenig anziehende Frau, doch als die abgehärmten Dekabristen im Laternenschein aufschauten, meinten sie, einen Engel zu sehen.

Zwei Straßen weiter hat das grauweiße Wolkonskihaus mit seinen Erkerfenstern und Ziergiebeln einen eigenen rustikalen Charme. In seinen Gesellschaftszimmern, die mit ihren roten Tapeten und weißen Kachelöfen immer noch schmuck aussehen, hielt Fürstin Maria musikalische Soirees ab, die sogar von dem mächtigen Generalgouverneur Murawjow-Amurski besucht wurden. Manchmal spielte sie selbst auf einem Klavichord, das eine gute Freundin ihr in der Nacht ihrer Abreise ins Gepäck geschmuggelt hatte. Mit Anfang vierzig war sie immer noch so betörend schön wie zu der Zeit, als Puschkin für sie geschwärmt hatte, und sie setzte sich mit ganzem Engagement für die Renovierung von Schulen und eines Findelhauses sowie für die Errichtung eines Theaters und einer Konzerthalle ein. Nach und nach wurde diese Frau eines Staatsverbrechers in der Vorstellung des Volkes die Fürstin von Sibirien.

Gäste und Dienstboten brachten Leben in ihr Haus, dazu ihre zwei Kinder, deren Anwesenheit vielleicht die Erinnerung an den Säugling, den sie zurückgelassen und nie mehr wiedergesehen hatte, etwas weniger schmerzlich machte. Ihr Schlafzimmer überblickt immer noch die Reste des Gartens, in dem ihr älterer Ehemann, der sich ganz an das Landleben gewöhnte, Gemüse anbaute. Sie war ihm nicht treu.

Während ich einsam durch die beiden Stockwerke schlenderte, eine Liste der angeblich noch dort befindlichen Exponate in der Hand, gab es Dinge, die ich nicht finden konnte. Wo waren die eisernen Trauringe – aus den Fesseln ihrer Männer geschmiedet –, die diese Frauen bis zum Tode trugen? Und wo war das geliebte Klavichord, das die Fürstin auf ihrer schier endlosen Schlittenreise in die Verbannung begleitet hatte? Als ich den Museumswärter fragte, sagte er, es sei verstimmt gewesen und drei Jahre zuvor zur Restaurierung nach St. Petersburg geschickt worden. Dort befinde es sich immer noch in einem Lagerhaus, fügte er müde hinzu, wo es möglicherweise noch auf Jahre bleiben werde. »Wir können die Rechnung nicht bezahlen.«

Nur wenige Dekabristen kamen noch in den Genuß der kaiserlichen Begnadigung, die ihnen nach dem Tode des unversöhnlichen Zars Nikolaus I. 1855 im dreißigsten Jahr ihrer Verbannung gewährt wurde. Die Überlebenden kehrten als gefeierte Gespenster heim. Jekaterina Trubezkaja war drei Jahre vorher gestorben; aber Maria Wolkonskaja ging zurück, ebenso die alt gewordenen Männer der beiden. Einige Dekabristen versuchten, Sibirien aus ihren sich neu ordnenden Leben auszuradieren. Andere wie Maria jedoch schienen in der Zivilisation blasser zu werden und sprachen sogar wehmütig von der Vergangenheit, als ob ihr ganzer Lebenssinn in ihrem Leiden läge.

7
JÜNGSTE TAGE

Die Welt hat sich verschleiert, und mein Zug kriecht über dichtverhangene Täler. Weit vorne ächzt die Lokomotive unsichtbar durch den weißen Nebel. Während wir die Südspitze des Baikal umrunden, ragt gelegentlich ein einzelner Hochspannungsmast oder Schornstein denkmalsartig aus dem Dunst hervor, als ob darunter eine Stadt in Trümmern läge. Die Sichtweite liegt bei 200 Metern. Als wir auf der Uferstrecke zum See hinunterfahren, verschwimmt das Wasser mit dem Himmel. Kleine Wellen kommen aus dem Nichts angeschwappt. Ein Fischerboot liegt in der Luft vor Anker. Dann steigen wir wieder bergan, winden uns wie eine Raupe durch sterbende Wälder.

Mit dem Bau dieser Schleife 1904 war das letzte fehlende Glied auf dem Weg zum Pazifik fertiggestellt. Auf andern Abschnitten waren die Gleise bereits vom Permafrost unterhöhlt und von sommerlichen Sümpfen verschlungen worden. Banditen und sogar Tiger überfielen die Arbeiter, Cholera und Beulenpest brachen aus, und Strafarbeiter liefen Amok, derweil Überschwemmungen Brücken wegspülten und der schlechte Stahl und das minderwertige Bettungsmaterial der Belastung nicht standhielten.

Aber dieser Abschnitt um den See herum, wo die Berge über viele Kilometer steil zum Wasser abfallen, war der gefährlichste. Zwei Eisbrecher, hergestellt in Newcastle upon Tyne und auf einer kleinen Werft am See neu zusammengebaut, beförderten den Zug fünf Jahre lang übers Wasser um die Felsenküste herum. Das größere, mit dicken Stahlplatten gepanzerte Schiff konnte bis zu achtundzwanzig Waggons transportieren und dabei mit seiner bronzenen Frontschraube, die das Wasser unter dem Bug aufwühlte, Eis von gut einem Meter Dicke brechen. Als sich dann

1904 während des Krieges gegen Japan am See Truppen und Lieferungen stauten, wurde schließlich eine Trasse mit einer Rekordzahl von Tunneln und Galerien durch die Berge gesprengt, und das große Eisenbahnbauwerk war vollendet.

Während die Schleier sich langsam lichten, tauchen wir aus einem Tunnel in den nächsten und biegen dann an der Selenga landeinwärts ab. Wir sind jetzt kurz vor Ulan-Ude, der Hauptstadt von Burjatien. Die Wolken schälen sich an beiden Seiten von den Bergen ab, und ruhig und mächtig kommt der Fluß aus dem Nebel geglitten.

Mein Blick folgt dem der Burjatin gegenüber, die starr aus dem Fenster schaut. Sie fährt zu Besuch in ihr Heimatdorf, sagt sie, wo ihre Mutter an Krebs erkrankt ist. Aber die Haare hat sie sich rot gefärbt, als wollte sie ihre Herkunft verleugnen. Ich frage sie, wann sie das letztemal hier war, doch sie sagt bloß: »Das ist lange her, zu lange.« Es ist wie eine Reise zurück in die Kindheit. Diese Landschaft, in der sie geboren wurde, die weite burjatische Steppe, ist ihr heute fremd. »Ich lebe schon siebenundzwanzig Jahre in Nowosibirsk, seit ich verheiratet bin. Da verliert man die Verbindung. Mein Mann ist auch Burjate, aber wir sprechen sogar zuhause russisch.« Sie dreht sich vom Fenster weg. »Das ist nicht gut.«

Ihre vier Schwestern sind bereits am Krankenbett der Mutter eingetroffen. Bevor die Vergangenheit stirbt, fährt sie noch einmal zurück. Draußen vor dem Fenster nimmt das Alte Gestalt an: Burjatien. Obwohl sie selber Mongolen waren, die sich vor tausend Jahren hier ansiedelten und sich die alteingesessenen Stämme weitgehend einverleibten, verbündeten sich die Burjaten manchmal mit dem zaristischen Rußland gegen die harten mongolischen Regimes im Süden. Sie waren geschickte Viehzüchter und Hüttenwerker, zudem zahlreicher und straffer organisiert als die Stämme im hohen Norden. Ihre Vorfahren waren mit Dschingis Khan geritten. In den Weidegründen Transbaikaliens, in die wir jetzt kamen, wurden sie von mongolischen und tibetischen Missionaren zum Buddhismus bekehrt, und als einziges unter den eingeborenen sibirischen Völkern besaßen sie eine

Schriftsprache. Doch schon als Kind hat die Frau in ihren Eltern das Grauen und die Konfusion der dreißiger Jahre wahrgenommen: die Zwangskollektivierung, das Verschwinden der Kulaken und Lamas, die Zerstörung der Klöster.

Sie sieht das Burjatentum mit jeder Generation schwinden. Sie habe früher nicht viel darüber nachgedacht, sagt sie; jetzt aber spüre ich, wie sie nach halb verdrängten Erinnerungen hascht, nach einer Identitätsbestimmung ihres Volkes, ihrer Mutter, ihrer selbst.

In einem Dorf östlich von Ulan-Ude, erinnert sie sich, hätten ihre Großeltern eine Rolle mit einem Bild des Buddha und einer blauen Seideneinfassung aufbewahrt. Es sei ihr sehr alt vorgekommen. Aber was sich dem kleinen Mädchen damals einprägte, war der schmeichelnde Seidenstoff der Borte, nicht der davon umschlossene Weise. Es habe auch drei Buddhafigürchen gegeben, denen die Alten Weihrauch verbrannt und Fleisch und Früchte geopfert hätten. Manchmal habe sie als Mädchen heimlich geschaut, um die Buddhas beim Essen zu ertappen. Sie erinnert sich an den Schrank, in dem sie sich befanden, daran, wie nach Stalins Tod die Türen aufgemacht worden seien, und an die einschläfernden Weihrauchwolken.

»Jeden Morgen haben sie den Buddhas Tee und Milch angeboten und dann ein wenig in die Ecken der Veranda gesprengt. Auf diese Weise hat der Buddhismus überlebt, im Geheimen, im Gedenken der alten Leute. Zu Stalins Zeit haben sie das Rollbild zusammen mit ihren Gebetbüchern in einen Holzkasten gepackt und den unterm Haus vergraben. Aber unsere Sippe hatte weiterhin einen Altar auf einem Hügel, wo Opfer gebracht wurden.« Sie zieht die Stirn kraus, weil sie an eine alte Erbitterung denken muß. »Ich durfte nicht mitgehen, weil ich ein Mädchen war. Mein Bruder hat mir davon erzählt.«

Sie blickt wieder auf das Selengatal hinaus. Das Sonnenlicht bricht über rauhreifglasierten Weizenfeldern durch. Und auf einmal fällt ihr der Tod der Großmutter wieder ein, wie der Dorflama kam und heimlich über der Leiche Gebete las. »Offiziell gab es natürlich keinen Lama, aber alle wußten, wer er war. Danach wurde der Sarg meiner Großmutter zu einem kommunistischen Begräbnis aus dem Haus getragen.« Sie kneift hinter getönten Gläsern die Augen vor der Sonne zusammen. »Auch meine Mutter wird wollen, daß Gebete gelesen werden; aber mein Vater wurde unter dem Sowjetstern begraben.«

Sie stößt ein gepreßtes Lachen aus. In ihrem mongolischen Gesicht stehen die sinnlichen Lippen fast genauso weit vor wie die Nase, doch ihre hennagefärbten Haare und ihre modisch geschwungene Brille sehen nach einer gewaltsamen Kreuzung aus, und so fühlt sie sich vielleicht. Ich frage: »Sie wurden also als Buddhistin erzogen?«

»Nein. Ich wurde Kommunistin. Das bekamen wir in der Schule beigebracht.« Sie schaut betrübt drein. »Und jetzt ist das alles dahin.« Es ist mir allmählich vertraut, dieses Dilemma. Sie hat beide Welten verloren und kann nicht zurück. »Aber manchmal, in wichtigen Momenten, kehrt dieser Buddhismus wieder. Vor meiner Heirat bestand meine Mutter darauf, daß ich einen Lama konsultiere. Er hat das Horoskop meines Mannes mit meinem verglichen und die Stellung des Mondes in seinen Büchern nachgeschaut. Er hat festgestellt, daß wir beide im Jahr des Kaninchens geboren sind, was Schwierigkeiten erwarten läßt. Aber er hat ein paar Gebete gelesen und gesagt, mit uns würde es gehen. Und es … geht mit uns.« Vor dem Fenster ziehen die Randbezirke von Ulan-Ude vorbei. »Ich empfinde noch etwas für den Buddha.« Sie berührt ihr Herz auf die sentimentale russische Art. »Doch es ist schwer, heute noch an etwas zu glauben. Und ich fürchte mich vor dem Tod.«

Auf den sechzehn parallelen Gleisen im Bahnhof von Ulan-Ude drängten sich die offenen Güterwaggons, die Kies, Baumstämme, Kohlenstaub und Ziegel geladen hatten, und die bandwurmartig aneinandergereihten Kesselwagen mit Erdöl. Zum Plärren der Bahnhofslautsprecher krachten und klirrten sie unter Rauchschwaden, als ständen sie vor der Dschehenna Schlange. Von einer rissigen Betonbrücke aus spähte ich auf die von Qualen und Industrie umlagerte burjatische Hauptstadt. Ein dichtes Gewirr von Kränen zeigte den Hafen an der Selenga an. Ich trat auf eine verlassene Straße, marschierte durch einige Seitenstraßen und stand mit einemmal auf dem Platz, der den Mittelpunkt von Ulan-Ude bildet. Da brach ich in Gelächter aus.

Ich blickte auf einen ebenso riesigen wie grotesken Aufmarschplatz, umgeben von pompösen offiziellen Gebäuden in Weiß und Schwarz, die von den sinnentleerten Pilastern und Kapitellen des stalinistischen Barocks nur so strotzten. Gegenüber vom burjatischen Parlament machte die stuckverzierte Nationaloper aus schwarzem Basalt den Eindruck, aus Kohle und steifer Sahne gebaut zu sein. Und in der Mitte des Platzes thronte auf einem bröckelnden Podest das Inbild der Macht: der größte Leninkopf der Welt, volle fünf Meter hoch. Wenn ich mich auf den Bart stellte, schätzte ich, würde ich mit dem Kopf vielleicht an die Nasenlöcher stoßen. Er war seinerzeit für die Weltausstellung in Kanada aus Granit gehauen worden, und da niemand ihn kaufen wollte, sprang die Stadtverwaltung von Ulan-Ude dienstwillig ein. Einen Symbolwert hatte der körperlose Kopf allein in der gespenstischen Perspektive der sowjetischen Vergangenheit, in der ein Mensch die Stelle des Göttlichen eingenommen hatte. Noch jetzt drohte der auf seinem turmgleichen abgeschrägten Hals kippelnde Schädel vom Sockel zu stürzen, über den weiträumigen Platz zu rollen und alles zu zermalmen, was sich ihm in den Weg stellte.

Mein Lachen explodierte wie ein Knallkörper. Ich schaute mich schuldbewußt um, aber im Umkreis von 100 Metern war außer mir niemand. Auf einem Spruchband an einem Dach stand: »Mögest du jung und schön sein – mein Ulan-Ude!«

Die Hauptstraße jedoch, die von dem Platz abging, war provinziell, geradezu niedlich. Hinter einer Reihe gestutzter Weiden waren ihre Backsteinfassaden mit Holzhäusern durchsetzt, verloren sich stille Gassen. In diesem alten Händlerviertel waren die Burjaten tonangebend. Wie die Tuwinen waren sie dem Zerfall der Sowjetunion zuvorgekommen, indem sie sich mit wunderbarer Widersprüchlichkeit zu einem »souveränen Staat« innerhalb Rußlands erklärt hatten, und die burjatische Sprache samt ihrer eigenen Schrift feierte Wiederauferstehung. Doch die Burjaten stellten in ihrer sogenannten Republik nur ein Viertel der Bevölkerung, und die Russen füllten immer noch die Industrievorstädte, wo der Zusammenbruch der Rüstungsindustrie eine neue Armut gebracht hatte. Von Fabrikmauern stachen schrille Graffiti ins Auge, aufgeschnappt aus amerikanischen Filmen und Videos: »Meine Seele dem Rock verkauft ... Abgefucktes Baby ... Latex Kult ... Metal am Arsch ... Durchbohrter Nazarener ...«

Ich schlich mich davon, als ob ich sie geschrieben hätte.

Die Hauptstraße endete irgendwo am Fluß, wo eine unfertige Brücke in der Luft hing und eine Kathedrale im Gelände aufragte. Stuck fiel in Brocken von ihren entweihten Wänden, und als ich herumging und einen Eingang suchte, waren die Türen verschlossen und die Fenster vergittert. Das nächste Haus war eine ausgebrannte Ruine, in der, wie mir jemand sagte, zwei Tage vorher eine alte Frau bei einem Brand gestorben war. Ihre weiße Katze streifte immer noch durch die Trümmer. Jemand hatte versucht, die Habseligkeiten zu retten oder zu plündern, und der Boden war übersät von Emailschüsseln, Lockenwicklern und zerbrochenen 78er Schallplatten: Meine Füße knirschten über Bruchstücke von »Puschinka« und »Stille Wasser«.

Eine Weile stand ich zwischen den Resten, während die Katze meine Stiefel umschnurrte. Ich nahm sie auf den Arm, wußte nicht, was ich tun sollte. Ein scharfer Rauchgeruch hing im Holz. Doch plötzlich erschien unter dem Glockenturm der Kathedrale ein Licht; eine Tür ging auf wie in einem Spukschloß, und eine Frau trat heraus. Sie betreue die Sammlung hier, sagte sie, und habe die Katze adoptiert, wobei sie mir diese sanft abnahm.

»Sammlung?« Ich hatte von einem ganzen Museum gehört, das sich in der Kathedrale befinden sollte, aber es war für die Öffentlichkeit geschlossen. Ob es wohl möglich sei ...? Die Katze ging zwischen uns wie ein Maskottchen.

Ja, es war möglich. Als die Frau die Turmtreppe hinaufstieg und eine Panzertür nach der andern aufsperrte, kam ein reichhaltiges Kunterbunt ans Licht. In den Räumen wurden nicht die Reliquien der orthodoxen Kirche gehortet, sondern die versammelten

Schätze buddhistischer Klöster und Tempel, die in den letzten Stunden vor der Verwüstung der Gebäude abgeschleppt worden waren. Vorgemerkt als Lehrstücke für ein Museum des Atheismus, dann aufbewahrt für ein zukünftiges eigenes Archiv, warteten sie hier in schimmernder Fülle, manchmal wahllos zwischen kosakischen Pflügen und Geschirren deponiert, häufiger in eigenen Schaukästen aufgestellt und teilweise mit erläuternden Texten versehen.

Ich betrachtete sie mit ahnungslosem Staunen. Im Dämmerlicht hoben Hunderte von Buddhas Frieden oder Lehre spendend ihre vergoldeten Hände. Es waren zum Teil sehr alte Geschenke aus Tibet, der Mongolei, China, einige auch aus Kambodscha, aus dem 18. und 19. Jahrhundert. Sie waren aus Bronze, Gold, Gips, Pappmaché, sitzend oder stehend, still im Dunkeln lächelnd. Dreitausend Rollbilder stapelten sich auf den Regalen neben tibetischen Handschriften und chinesischer Seide und einer Vielzahl von Tempelgeräten und Kostümen wie etwa Langtrompeten und den Masken lamaistischer Mysterienspiele, bei denen mönchische Darsteller aus geifernden Rachen oder finsteren Dämonenaugen hervorblicken. Licht drang nur in staubschweren Sonnenstrahlen herein, die zu schwach waren, um die heiligen Bilder verblassen zu lassen oder die in tantrischer Glückseligkeit vereinigten Gottheiten zu erhellen. Ich verlor langsam jedes Empfinden für Alter und Wert. Eine pferdeköpfige Laute bog sich neben einem indischen Buddha aus dem 9. Jahrhundert, der Hausaltar eines Burjatenhäuptlings stand zwischen dem Krimskrams früher Teehändler.

Das kollektive Gedächtnis von Burjatien, schien es, war in diesen ehemals christlichen Mauern eingekerkert und dem Tod überlassen worden. Von den siebenundvierzig aktiven Klöstern, die es in den zwanziger Jahren gegeben hatte, war 1939 keines mehr übrig gewesen. Doch der Buddhismus erstarke wieder, sagte die Frau, als sie die letzte Tür hinter mir abschloß. Sie wußte von vielen kleinen Klöstern und Tempeln, die neuerdings wieder über das ganze Land verteilt waren, und das größte war nur 35 Kilometer entfernt. Das Außentor schlug zu. Die weiße Katze wartete im

Gras. Man könne einfach mit dem Bus hierhin oder dorthin fahren, sagte sie, und die Lamas wieder beten hören.

Draußen vor der Kathedrale dämmerte der Abend. Überrascht blickte ich zum Himmel empor, aus dem der erste Schnee des Winters fiel, trockene und winzige Flocken, wie Salzkörner.

»Frei? Frei zu betteln, o ja! Die Art Freiheit!« Der grauhaarige Bauunternehmer rammte mir zu jeder Ironie den Ellbogen in die Rippen. Er war wütend und schon bei Tagesanbruch ein wenig betrunken. Vor unserm Busfenster sah man von der Stadt nicht viel mehr als verblassende Lichter an einer grauen Flußwindung. »Es herrschen schreckliche Zustände.« Seine Kiefermuskeln arbeiteten, während er hinausschaute. »Man sieht nicht mehr halb soviel Vieh wie früher – und diese burjatischen Bauern kommen in die Stadt. Dabei gibt es für niemand Arbeit, und niemand bekommt Lohn. Ich lebe jetzt schon seit dreißig Jahren hier, aber so war es noch nie.«

Alles unter der Sklaverei Erreichte, schien es, wurde von der Freiheit zunichte gemacht. Die mageren Wiesen und trockenen Hügel, durch die wir fuhren, waren fast leer. Der Schnee war nicht liegengeblieben. Nur hier und da dehnten sich ordentliche Felder voller Kohlköpfe, daneben Zeltunterkünfte mit qualmenden Ofenrohren.

»Sehen Sie sich die an. Scheißchinesen. Sie kommen über die Grenze und pachten unsere Felder. Koreaner auch. Sie nehmen uns das Geld weg.«

»Warum bestellen die Russen das Land nicht selber?«

»Was weiß ich.« Der Bauunternehmer blickte finster, überlegte. »Ich nehme mal an, es liegt an der Politik. Die Regierung hier macht alles, was Moskau sagt. Und Moskau …«

Ich wandte mich von dem Haß ab, der ihn erfüllte, blickte auf die Hügel. Ein- oder zweimal kamen wir an der Stätte eines in Erinnerung gebliebenen Geistes vorbei, kenntlich an einer Steinsetzung und verrotteten Gebetsfahnen, die den Blick auf einen Berg oder eine Quelle markierten. Die ganze Gegend, schien es, ließ sich lesen wie ein heiliges Buch. Ein solches Land war sein eigener Tempel, unzerstörbar. Es kam ihm zugute, daß der Lamaismus mit einem uralten Schamanismus verschmolzen war, und die es beherrschenden Gottheiten hatten vielleicht eine überzeugendere Wirklichkeit gestiftet als das kommunistische Schattenspiel.

Der Morgen graute jetzt über Iwolginsk, über bunten Farbtupfern am Fuß bewaldeter Hügel. Hinter sumpfigen Wiesen und einem leichten Palisadenzaun schwebte leuchtend gelb das dreistufige Pagodendach eines mongolischen Tempels. Ich stieg aus dem Bus in die schneidende Kälte. Verkümmerte Birken, mit Gebetsstreifen behängt, umgaben das halbe Kloster mit einem Wald toter weißer Blüten. Ich schritt langsam hindurch. Die Stoffetzen waren steif gefroren. Bedruckt mit mongolischen Gebeten, die ich nicht lesen konnte, mit Drachen, Rädern, feuerschnaubenden Pferden, streiften sie an meine Schultern und ließen ein Geraschel der Hoffnung, des Flehens, des Kummers hören.

Ich schlüpfte durch die Umzäunung auf das Klostergelände. Kein Mensch war zu sehen. Die kindlich farbenfrohen Dächer schleuderten in kühnem Schwung goldene Spitzen himmelwärts, und die Mönche lebten in hübsch bemalten russischen Holzhäuschen. Mir war, als hätte ich mich auf einen Spielplatz verirrt. Wächterlöwen aus Gips tätschelten Kugeln oder glotzten wie Spieltiere zähnefletschend aus dem Gras. Ein paar Kühe dösten in den Vorhallen.

Das Kloster, eine Ausnahmegenehmigung, war erst 1946 fertiggestellt und nach Bränden zweimal wieder aufgebaut worden. Vielleicht verlieh ihm das seine Rummelplatzatmosphäre und seinen provisorischen Charakter. Der Haupttempel mit den kanariengelben Stufendächern ragte auf wie eine Hochzeitstorte. Auf seiner obersten Galerie blies ein Lama auf einem Muschelhorn zum Gebet, als ob sich hier seit zweitausend Jahren nichts geändert hätte. Sein trauriges Tuten vertiefte die Stille nur noch mehr. Einer nach dem andern kamen die dunkelrot gewandeten Mönche in Sandalen aus ihren Katen. Ein Geruch nach Weihrauch und Wacholder stieg auf.

Ein paar Pilger – gestiefelte und windgegerbte Viehhirten, adrette städtische Familien – umschritten den Komplex auf einem Weg, den Gebetsmühlen unterschiedlicher Größe säumten. Sie surrten und quietschten, wenn sie gedreht wurden. Die Rückkehr der Religion sah weniger nach einem stürmischen Wiederaufschwung als nach einem schlichten Bekenntnis zur eigenen Identität aus. In einem Tempel lehrte ein Mann sein Töchterchen beten. Vor dem in einem Wald von Kerzen lächelnden Buddha legte er ihr die Hände vor der Brust zusammen und murmelte das zeitlose »Om mani padme hum«, während ein einsamer Mönch seine Becken klirren ließ.

Die Vorhalle des Haupttempels zierten holzgeschnitzte buddhistische Symbole: die Gazellen von Benares, das Rad der Lehre. Doch sein Allerheiligstes war ein farbenprächtiger großer Baldachin. Rotgoldene Pfeiler trugen einen Himmel aus leuchtenden Gehängen und Bildern. Darunter saßen in einer Doppelreihe niedriger Tische und Bänke einige vor sich hinleiernde Mönche und ein meditierender Abt mit seiner spitzen Mütze. Auf einem Thron stand ein Gemälde des Dalai Lama mit dunkler Brille. Er war schon fünfmal in Iwolginsk gewesen und hatte dort Mönche geweiht. Ein Pilger lag langgestreckt davor auf dem Bauch. Eine Registrierkasse klingelte in einer Ecke, wo ein Novize Kerzen verkaufte.

Ich blickte mich konsterniert um. Nichts nährte meine vagen buddhistischen Sympathien. Am Ende des Tempels blickten anstelle eines Altars zwei Reihen von Gipsstatuen aus Nischen, die vor der Wand die ganze Breite des Raumes einnahmen. Avatare und Boddhisattvas, Jünger und Inkarnationen des Buddha saßen auf ihren Lotussockeln und Thronen wie ein kosmischer Gerichtshof. Mit pastellfarbenen Gewändern und Mitren angetan schienen sie den ranzigen Geruch der Butterkerzen zu genießen. Die Pilger legten ihnen Süßigkeiten und Kekse hin. Ich gab ein bißchen Geld, bevor ich sie näher in Augenschein nahm. Sie hielten Brote und Kugeln und machten mit den Händen Gesten nach einem geheimen Regelwerk himmlischen Trostes. Viele Jahren zuvor hatte ich diese Zeichensprache ein wenig verstanden, sie aber mittlerweile vergessen. Mit ihren Blumen- und Juwelengirlanden sahen sie aus wie Stücke aus einem Schaufenster. Hier war der blauhäutige Buddha der tibetischen Medizin, die Göttin der Barmherzigkeit mit ihren sieben Augen, der von kleinen Kindern umwuselte Lachende Buddha. Dahinter und darüber zogen sich ganze Hundertschaften kleiner Buddhafiguren wie ein heiliger Tapetenstreifen über die Wand. Und in der Mitte saß in einem Pfauenfeder-Mandala ein einzelner großer, milde blickender Buddha und lächelte mit spitzen Lippen hernieder.

Pilger machten im Uhrzeigersinn die Runde, kannten sich aus mit den Utensilien zu Füßen der Statue: kupfernen Trompeten, Tellern, Glocken. Mysterien. Mit ihrem Kreisgang setzten die Gläubigen ihre Umrundung des Geländes draußen fort, ließen sie sich zurückführen in den älteren Glauben, wonach sich die Vergangenheit in dem ungeheuren Zyklus wiederkehrender Buddhas ein ums andere Mal wiederholte.

Doch in den zwanziger Jahren hatte der hiesige Buddhismus Anstalten gemacht, sich mit Moskau zu verbünden, und seine Philosophie zu einem Vorläufer des Kommunismus erklärt, und ein paar Jahre lang waren die diametral entgegengesetzten Weltanschauungen friedlich miteinander ausgekommen. Als ich vor dem Haus des obersten Lama stand, fragte ich mich, ob das seinem Ansehen geschadet hatte. Vor der Oktoberrevolution war er anderthalb Jahrhunderte lang im Kindesalter als wiederverkörperte Seele seines Vorgängers zu seinem Amt bestimmt worden, genau wie der tibetische Dalai Lama.

Das sei alles vorbei, sagte der junge Mönch neben mir. Er lächelte über die Vorstellung. »Das ist graue Vergangenheit.«

Ich blickte in ein Gesicht zögerlicher Beflissenheit, mongolische Knochen, blasse Haut und ein schütteres Bärtchen. »Unser Lama sitzt heute unter dem Dalai Lama. Tibet ist wichtig für uns, die Mongolei ebenfalls. Die meisten von uns haben in der Mongolei studiert.«

»Waren denn Ihre Eltern Buddhisten?«

»Nur ihre Vorfahren, teilweise. Ich bin ohne Gott aufgewachsen. Es war meine Entscheidung, Mönch zu werden.«

Ich fragte vorsichtig: »Und wie kam das?«

»Ich weiß nicht. In der Schule und bei den Jungen Pionieren wurde uns immer wieder eingebleut, daß es Gott nicht gibt. *Es gibt ihn nicht! Es gibt ihn nicht!*« Er lachte sanft. »Jetzt gibt es die Jungen Pioniere nicht mehr.« Er redete, als wäre das alles lange her, dabei war er noch keine Dreißig. »Meine Eltern haben nicht versucht zu verhindern, daß ich die Gelübde ablege. Aber sie haben es nicht verstanden.«

Das Leben hier sei geruhsam, sagte er. Die Mönche lernten Tibetisch, Philosophie und Medizin und führten manchmal theologische Streitgespräche. Sie stellten den Leuten vor Hochzeiten das Horoskop und beteten an Owoos, den schamanistischen Steinsetzungen in den Bergen zu Ehren der Ahnengötter. »Wir sprechen dort einfache Gebete. Es ist wie ein Totengedenken.«

»Und Bestattungen?«

»Nehmen wir manchmal vor.« Ein leises Aufflackern von Unsicherheit. »Obwohl es schwierig ist.«

Ich fragte erstaunt: »Wieso?«

»Nur für mich. Es ist etwas Persönliches, schwer zu erklären. Es liegt ... am Mitleid.«

Er könne das Leid der Menschen nicht ertragen. Nein, er wisse nicht, warum die Trauer den andern Mönchen nichts ausmache und ihm doch. Er brachte mich zu den weiß getünchten Stupas, wo die Asche toter Äbte lag, und zu dem Treibhaus, in dem ein Trieb vom Bodhibaum in Bihar gezogen wurde, unter dem der Buddha die Erleuchtung erlangt hatte. Wir gingen in die Bibliothek mit ihren in Seide eingefaßten Bild- und Schriftrollen und öffneten den kostbaren illuminierten Kandschur, 108 Bände heiliger Schriften, die in roten Kästen aufbewahrt wurden.

In einem eigenem kreisrunden Schrein wartete der Buddha der Zukunft. Eine hohe Perlenkrone hing ihm in die Stirn. Seine Hand hielt ein Tuch, und seine Brust war mit Juwelen besternt. Er sah wie eine Frau aus. »Im Juli, nach unserm Kalender, führen wir eine dreitägige Zeremonie für ihn durch«, sagte der Mönch. »Dann wird er herausgeholt und auf einem Wagen mit einem grünen

Pferd davor feierlich um das Kloster gefahren. Und Tausende jubilieren.«

Wir blickten schweigend die Figur an. Es heißt, er werde wiederkommen, um für seine Anhänger das goldene Zeitalter einzuleiten. »Vielleicht wird mein Sohn das erleben«, meinte der Mönch. »Aber ich glaube nicht. Manche sagen, daß der Buddha in tausend Jahren wiederkommt. Ich für mein Teil glaube nicht, daß es so früh sein wird.«

Im Tempel erhielt gerade ein Novize Gebete, die er am nächsten Morgen dem Buddha darbringen sollte. Die meisten wurden leise diktiert, und er schrieb sie auf. Doch ein bleicher junger Russe schrieb ebenfalls eines auf und faltete es mit zitternden Händen zusammen.

»Ja, die Russen kommen auch. Ich glaube, sie sind verunsichert. Der Kapitalismus schafft mehr Probleme als seinerzeit der Kommunismus. Alles zerfällt. Wie Sie sehen, bröckelt es auch an unserm Tempel.« Ich sah nichts dergleichen; nur die dunklen Hügel gaben ihm einen Anflug von Verlassenheit. »Wir sind hier sehr schwach besetzt, nur achtzehn Mönche, weil mittlerweile zwanzig kleine Klöster über ganz Burjatien verstreut sind.«

»Das heißt, der Buddhismus wächst?«

»Ja. Sogar meine Eltern verstehen mich inzwischen. Sie waren stolz, als ich geweiht wurde. Das war mein Tag.«

Er hatte die Hände des Dalai Lamas auf sich gefühlt.

Die Abenddämmerung kommt über die Hügel, und das Kloster verschließt sich. Ich finde ein Zimmer in einer Herberge, aber trete nach Sonnenuntergang noch einmal vor die Tür. Unter den Tempeldachkanten klingeln winzige Glöckchen im eisigen Wind, und auf den Dächern selbst sitzen Unmengen von Tauben.

Ein alter Mann geht in fast völliger Dunkelheit die Reihen der Gebetsmühlen ab. Jedesmal, wenn er eine dreht, spricht er das Lotusgebet und schnippt eine der 108 Perlen an seinem Rosenkranz weiter, womit er nach einem mir unbegreiflichen System Vervielfachungen bewirkt. Er habe mittlerweile fast eine Million Gebete gesprochen, sagt er. Sein Gesicht unter den struppigen

Haaren hat den ruhigen Glanz einer Statue. »Ich tue das nicht allein für mich, sondern für alle Menschen. Ich tue das für die Welt. Für alle ihre Seelen.«

Ich lausche, wie er den Pfad hinunterstapft, lausche dem Leiern, Wiederholen, Verklingen seines »Om mani padme hum«. Ich frage mich, wie er sich die Seele vorstellt. Betet er auch für meine? Die Seele hinterläßt keine Spuren in der Herdasche, sagt der schamanistische Glaube, und wandelt lautlos über totes Laub. Manchmal nimmt sie die Gestalt einer Biene an. Manchmal kann sie sogar sterben.

Noch lange nachdem der alte Mann weitergegangen ist, schwirren die gedrehten Gebetstrommeln wie ein Schwarm in die Nacht hinausfliegender Vögel.

Ich erwachte von Schweinen, die unter meinem Fenster schnüffelten, und ging bei Tagesanbruch in den Klosterhof hinaus. Es schneite weiche, vereinzelte Flocken, wie Apfelblüten. Die Hügel waren verschwunden. Oben auf dem Tempel begann das Muschelhorn eines Lamas wie ein Kranker zu stöhnen.

Ich setzte mich zitternd in das Heiligtum. Die Mönche kamen hereingetröpfelt, zogen ihre spitzen Mützen ab und warfen sich dann in voller Länge vor dem kraftlos wirkenden Buddha hin. Sie nahmen weniger als die Hälfte der gepolsterten Plätze ein und waren ganz schrumpelig von der Kälte. An der Spitze, unter dem Thron des Dalai Lama, hockte der Abt auf einem breiten goldenen Hochsitz und läutete in bestimmten Abständen zu dem einförmigen Gebetsraunen, das sich jetzt erhob, eine Glocke. Auf die Tischreihen wurden Tabletts mit Brot und Reis gestellt. Ein häusliches Wohlbehagen lag in der Luft. Die Brüder schwatzten zwischen ihren Gebeten miteinander. Ein Novize ging mit einem Kessel herum und füllte die Teetassen, und das Beten ging in einen leiernden Gesang über.

Ich wartete ohne großes Interesse. Am Ende des Mittelgangs blätterte ein winziger, an Gandhi erinnernder Greis zusammengefaltete Zettel durch, und ich erkannte, daß dies die am Vortag eingereichten Bitten waren. Einen nach dem andern prüfte er sie und legte sie ab, während seine brüchige, bebende Stimme sie in einem feierlichen Singsang segnete. Krankheit, Trauer, Liebeskummer, alles huschte durch seine Hände und wurde an irgendeine horchende Unendlichkeit weiterverwiesen.

Inzwischen hatten sich fünf oder sechs der Bittsteller in den Tempel geschlichen und saßen auf Bänken an der Wand. Es war nicht zu sagen, wofür sie Trost suchten. Sie starrten ausdruckslos auf die Rücken der Mönche. Eine Burjatin stand abgehärmt am Eingang und küßte einen der Pfeiler, während die Bitten Blatt für Blatt durch die Stimme des alten Mönches in die Stille überführt wurden. Jetzt beugten sich die glänzenden Kahlköpfe dichter über die Bücher, und zum Schlag von Trommeln wurde der Gesang schneller. Ein paar auf Stöckchen gesteckte Gebete wurden eilig zum Abt vorgetragen, der eine rituelle Kerzenflamme vor ihnen schwenkte. Dann töteten die Muschelhörner und schepperten die Becken zur Vertreibung der bösen Geister, das Singen schwang sich zu einem bescheidenen Höhepunkt auf, und die Bittsteller reinigten sich mit heiligem Wasser und gingen in das Schneetreiben hinaus.

....

Nach der Spaltung der russischen Kirche Mitte des 17. Jahrhunderts wurde Sibirien in mehreren Wellen von religiösen Schismatikern besiedelt. Eine vom Moskauer Patriarchen gewaltsam durchgesetzte Kirchenreform traf in Westrußland auf den Widerstand breiter konservativer Schichten, denen die althergebrachten Gebräuche heilig und unverletzlich waren. Sie hatten sich von jeher mit zwei ausgestreckten Fingern bekreuzigt statt mit dreien wie im griechischen Ritus; sie hatten zu Ehren der Dreifaltigkeit ein zweifaches, kein dreifaches Halleluja gesungen; sie hatten sieben Brote auf den Abendmahlstisch gelegt statt fünf; sie hatten sich den Bart nicht geschoren; und sie hatten an mehreren anderen kleineren liturgischen Formen festgehalten, die den Griechisch-Orthodoxen fremd waren, aber an denen irgendwie ihr Herz hing.

Solcher Trivialitäten wegen stirbt man nicht, sollte man meinen. Doch noch im 19. Jahrhundert wurden die Altgläubigen als Häretiker verfolgt, verstümmelt, verbrannt. Manche schnitten sich den Zeigefinger ab, um nicht das Dreifingerkreuz machen zu müssen; andere schickten ihre kleinen Kinder durch eigene Hand ins Paradies; und Hunderte von Familien suchten in ihren Häusern und Kirchen den Flammentod.

Sie wähnten sich am Vorabend der Apokalypse. Es war eine Zeit messianischer Zeichen und Prophezeiungen. Die göttliche Abrechnung stand unmittelbar bevor. Das Zweifingerkreuz hatte sich ihrer Seele als Bürgschaft der Erlösung eingebrannt. Es war wie ein Teil von ihnen, ein weihevoller Zauber. Die Reform aber kündigte das Kommen des Antichrist an. Sie ging in der Vorstellung des Volkes mit verderblichen Einflüssen aus dem Westen einher, mit profanem Wohlleben, einem Anschlag auf die russische Heiligkeit.

So wurde es das Schicksal der Altgläubigen mit ihren vollen Bärten, sieben Broten und zwei Hallelujas, durch ganz Sibirien zu fliehen oder dorthin verbannt zu werden. Sie gelangten sogar in die Türkei und nach Amerika. Nur ein Bischof hielt ihnen die Treue, doch er starb, ohne einen Priester geweiht zu haben. Sie debattierten darüber, einem Nachfolger seine steifen Hände aufs Haupt zu legen, doch da seine Lippen das Weihegebet nicht mehr sprechen konnten, ließen sie davon ab. In der Abgeschiedenheit ihres Waldlebens nahmen einige der Altgläubigen übergelaufene Priester auf, andere hingegen erklärten die gesamte Kirche und ihre Priesterschaft für abtrünnig. Daher spendeten sie sich gegenseitig die Sakramente oder wurden mit himmelwärts aufgerissenem Mund am Straßenrand kniend angetroffen, in Erwartung einer imaginären Essenz von oben.

Wenn die Kosaken die Cowboys von Rußlands Wildem Osten waren, dann waren die Altgläubigen seine Mennoniten oder Mormonen. Mit der Zeit spalteten sie sich in Sekten auf oder bekamen Zulauf von andern, die noch extremer waren. Alle zeichneten sich durch asketische Schlichtheit oder radikalen Verzicht aus. Sie verpönten die Taufe, die Kirchen, selbst das Gebet. Die obdachlosen »Wanderer« verfluchten den Zaren als Satan, tauften ihre Kinder in Seen und begruben ihre Toten auf Waldlichtungen. Es gab Buchstabengläubige, die getreu der heiligen Schrift Hirten wurden, und Milch trinkende Molokanen, die nach der »Milch des Wortes« dürsteten. Es gab Selbsttäufer und Nichttäufer, »Seufzende«, die stöhnend zu Ehren des Heiligen Geistes beteten, und die »Nichtbeter«, die jeden äußeren Gottesdienst verabscheuten. Es gab die frommen Stundisten und die Duchoborzen (»Geisteskämpfer«), Pazifisten, die an den Vorrang des einwohnenden Geistes glaubten, der selbst die Bibel überflüssig mache. Später gab es sogar eine Sekte, die Napoleon vergöttlichte.

Andere schienen mit Wahnsinn geschlagen zu sein. Die Chlysten, mit denen Rasputin verbunden war, führten ekstatische Kreistänze und Selbstgeißelungen durch, bei denen sie »Ho, Geist, Geist, Heiliger Geist, ho, ho, ho« riefen, bis sie ohnmächtig zu Boden sanken. Nach der Einweihung mied ein Mann seine Frau und schlief mit einer geistlichen Gefährtin, wobei sie oft zu dritt im selben Bett lagen, und nannte die Kinder aus der Zeit vor seiner Erweckung »Kätzchen« und »Sündlein«. Die Skopzen wiederum versuchten, den Trieb durch Selbstverstümmelung auszurotten, indem sie sich die Brüste oder die Hoden abschnitten. Nach dem Wortlaut des Evangeliums wurden sie selige Unfruchtbare, »die sich selbst verschnitten haben um des Reiches der Himmel willen«. Noch am Anfang des 20. Jahrhunderts konnte es Reisenden passieren, daß sie auf ihre träumerischen, aussterbenden Kastratendörfer stießen.

Solche Sekten waren nach eigenem Selbstverständnis auf der Flucht vor der Dekadenz des europäischen Rußland. In Sibirien, wo der Zugriff der weltlichen Obrigkeit schwächer war, konnten sie ihre Seelen retten. Nachdem der Zar und die Kirche vom rechten Glauben abgefallen waren, war für sie die Geschichte erloschen. Da diese ihre Heiligkeit und ihren Sinn verloren hatte, lebten sie außerhalb davon in einem bangen Zwischenzustand. Vor allem die Altgläubigen, die genügsam und fleißig waren wie ihre puritanischen Geistesverwandten im Westen, bildeten nach einer Weile in vielen sibirischen Gegenden die Mehrheit. Ihr

Leben verging in einer traumgetriebenen Unrast, gepeinigt von den Erinnerungen der Vergangenheit und den Vorzeichen der Zukunft. Doch in der Gegenwart konnten sie nur warten. Glaubensrückhalt fanden sie in der Legende von der Stadt Kitesch, die Jahrhunderte vorher beim Einfall der Tataren in einem See untergegangen sein sollte und aus diesem sich wieder erheben werde, wenn Rußland einst geläutert war. Wahre Gläubige, hieß es, konnten ihre Kirchenglocken in der Tiefe läuten hören.

Auf meinem Weg tiefer hinein in die Täler Transbaikaliens kam ich in eine Region, in der Katharina die Große im späten 18. Jahrhundert dreißigtausend Altgläubige angesiedelt hatte. Die sich über den Bergen ausschüttenden Schneewolken trübten die Selenga zu einem grauen Metallband ein. Ich blickte mit unguten Vorahnungen voraus. Ich wußte, daß die Altgläubigen alles Fremde beargwöhnten, mich eingeschlossen, dachte ich mir. Ausländische Importe wie Tee oder Kartoffeln (von Peter dem Großen eingeführt) wurden gemieden. Selbst eiserne Pflugschare wurden zum Streitgegenstand, und Gemeinden spalteten sich über die Frage der Benutzung von Kerosinlampen. Aufgrund des wegfallenden Abendmahls rückte die Familienmahlzeit mit ihren strengen Speiseverboten in die Nähe des Sakraments, und als Fremder konnte man nicht erwarten, daran teilzunehmen. Viele Produkte wurden einhellig verabscheut. Das mechanische Singen, das aus Grammophonen kam, konnte die Liturgie entwürdigen, und Impfungen oder Sachversicherungen griffen auf skandalöse Weise dem Willen Gottes vor. Alkohol war natürlich ein Greuel, und Tabak – ein teuflischer Vetter des Weihrauchs – zählte zu den Befleckungen des Körpers, gegen die man das Kreuz schlug.

Doch als mein Bus über einen Paß rumpelte und in die Stadt Tarbagatai hinunterrollte, entsprach nichts meinen Erwartungen. Kein bärtiger Patriarch im dunklen Kaftan stand vor seinem Haus; keine Frau mit mehreren Unterröcken übereinander und reichem Schmuck um den Hals schlug bei unserer Einfahrt die Augen nieder. Es war ein ganz gewöhnliches Städtchen mit einem kleinen Platz samt Kriegerdenkmal und einer Handvoll leerer Geschäfte. Als ich nach Altgläubigen fragte, schüttelten die Leute die Köpfe. Die seien so gut wie verschwunden, sagten sie. Deprimiert nahm ich mir ein Zimmer in einer heruntergekommenen Herberge und setzte meine Nachforschungen fort, bis mich gegen Abend jemand zu einem Puppenhaus mit blauen Fensterläden schickte.

Im Hof stand eine alte Frau mit einer Axt in der Hand. Sie war kaum einen Meter fünfzig groß und trug einen glockigen Rock und ein viel zu großes Kopftuch. »Was willst du?« schrie sie. Sie wirkte angespannt, wütend. Schneeflocken tanzten zwischen uns. Ich murmelte etwas von einer Altgläubigenkapelle irgendwo. »Kapelle? Gibt's nicht! Das hier ist meine Kapelle!« Sie schwang die Axt in die Richtung der Tür. Zuerst wollte sie mich wegschicken, doch dann besann sie sich. »Dann komm halt und guck dir meine Kapelle an!«

Ich betrat zwei blitzsaubere Stuben, sämtliche Möbel wie verschneit mit Spitzendecken. »Da!« Sie deutete auf Ikonen hoch oben auf einem Eckregal. »Das ist die Gottesmutter, und das sind die Engel. Jetzt bekreuzige dich!« Sie legte die Finger nach Art des Alten Glaubens zusammen. Ihre Stimme war immer noch steinhart vor unausgesprochenem Zorn. »So! So!« Sie ordnete meine Finger. »Jetzt bekreuzige dich nochmal! … Jetzt bete still für dich! …«

Sie lebe seit ihrer Kindheit hier, sagte sie. Ihr Vater habe im Krieg beide Beine verloren und sei dann gestorben. Ihr Mann sei im ersten Jahr ihrer Ehe unter einen deutschen Panzer gekommen. »Wo die ganzen Altgläubigen hinsind?« wiederholte sie, während sie mich zur Tür hinausdrängte. »Was weiß ich. Die meisten liegen auf dem Friedhof! Das hier war sowieso nie unser Viertel. Du mußt zu Alexei Akilowitsch! Das ist unser Viertel! Über die Brücke, in der Partisanen- und der Leninstraße … Da wohnen wir. Überm Fluß!«

Sie schlug mir die Tür vor der Nase zu.

Hinter einem Stück Brachland führte eine hölzerne Brücke über ein Flüßchen, und die Geräusche der Stadt verstummten. In der Abenddämmerung neigten sich die Häuser über menschenleere Gassen. Das Schneetreiben wurde dichter. Ich kam mir als

Eindringling vor. Ich drängte mich einer Gemeinde auf, der ich nicht willkommen war. Alle Türen waren zu, nirgends brannten Lichter. Meine noch übrigen Geschenke – ein paar Schlüsselringe und ein Taschenrechner – würden möglicherweise als beleidigend oder sogar als gottlos empfunden werden. Meine Füße machten einsame Spuren im Schnee.

Hinter Alexei Akilowitschs windschiefem Hoftor zerrten etliche Promenadenmischungen wütend knurrend an ihren Ketten. Ich klopfte zaghaft. Nach einer Weile hörte ich jemanden durch den Matsch stapfen und Riegel aufschnappen. Dann wackelte das Tor und ging ein Stück weit auf. Eine Bulldogge mit einem gerissenen Seil um den Hals sprang in die Lücke und wurde zur Seite getreten. Ein Stimme krächzte: »Wer ist da?«, und ich trat hastig vor, um jemandem die Hand zu geben. Doch Alexei stand breit und mißtrauisch mit dem Rücken zum Tor. Sein Gesicht war unter einem zerbeulten Hut verborgen. Über seinen hohen Stiefeln waren die Hosen an den Knien durchgescheuert, und aus seiner Jacke quoll das Futter. Einen Moment lang konnte ich von seinem Gesicht nur den kupferbraunen Bart erkennen, der ihm über die Brust wallte. Dann sah ich seine kritisch zusammengekniffenen Augen. »Was wollen Sie?«

»Ich habe gehört, daß es hier eine Kapelle der Altgläubigen geben soll.«

»Gibt es nicht.«

»Gibt es einen Priester?«

»Wir haben keine Priester. Nichts.«

Wir zitterten beide vor Kälte. Er machte Anstalten, sich durch das Tor davonzudrücken. Da fiel mir die Ehrfurcht ein, die die Altgläubigen vor Büchern empfanden, und ich sagte, ich sei ein Buchschreiber. Sein Hut ging ein kleines Stück hoch. Er zögerte. Die Hunde hinter ihm jaulten und rasselten. »Ich habe auch Bücher«, sagte er. Er trat vom Tor zurück.

Ich kam in den großen, mit Gerümpel übersäten Hof vor seinem Haus. Einer der Hunde riß an meinem Hosenbein, ein anderer vergrub seine Zähne in meinem Stiefel. Seine Zimmer waren kahl und schmutzig, der alte Stolz war dahin. Es gab ein Faß zum

Honigmischen und einen Tisch voller Essensreste und gesprunge-
ner Teller. Teile von Bienenstöcken lagen verstreut am Boden, dazu ein rostiges Bügeleisen. Einer der beim Gottesdienst getragenen Troddelgürtel war ach[illegible]os irgendwo hingeworfen worden. Die einzige Konzession a[illegible]ie Technik war ein billiger Wecker auf einer Kiste. Im zweit[illegible]immer, wo ein Eisenbett mit Äpfeln und Zwiebeln überh[illegible] war, blickte ich auf rohe Balkenwände. Doch auf einem [illegible]n Tisch glänzten etliche sehr alt aussehende Bücher. Al[illegible]zierte mich unter eine nackte Glühbirne. Während er d[illegible]nen Bände befingerte, warf sie einen schwachen Licht[illegible]auf das abgegriffene Buchleder und seinen Rauschebart. [illegible]ehen Sie … da.« Als er sie aufschlug, gingen die Rücken ent[illegible]ei, und schimmelige Vorsatzpapiere und wurmstichige Deckel [illegible]amen zum Vorschein. Manche waren mit Riemen oder vergoldeten Spangen verschlossen, die anscheinend alles waren, was sie noch zusammenhielt. Viele waren Gebetbücher für den häuslichen Gebrauch. Sie seien ihm von altgläubigen Familien hinterlassen worden, deren Kinder sich nicht mehr dafür interessierten, sagte er. Seine schwieligen Finger fuhren über kirchenslawisch geschriebene Zeilen, die ich nicht entziffern konnte. »Und das hier! Sehen Sie!« Es war ein wuchtiges liturgisches Werk, 1547 gedruckt, lange vor dem großen Schisma, von hierher geflohenen Gläubigen gerettet. Die Seiten mit ihren vorschriftsmäßigen zweifachen Hallelujas und mit haarspalterischen altgläubigen Randbemerkungen über die ewige Herrschaft des Gottessohnes knisterten unter seinen Händen. Auf die letzte Seite hatte jemand vor hundert Jahren mit mittlerweile verblaßter Tinte geschrieben: *»Wenn der Jüngste Tag kommt, werden die Sünden der Menschen berghoch angewachsen sein, nur wenige Gute wird es geben, und keiner wird auf sie hören. Ein großer Krieg wird den Vater mit dem Sohn entzweien, und jeder wird nur seinem eigenen Herzen glauben. Dann wird die Sonne sich verdunkeln …«*

Alexei hielt es mir hin wie eine Vorladung zum Gericht. »Wir werden das noch erleben! Es wird bald kommen, sehr bald! Deshalb, weil unser Jahrhundert ein Ungeheuer ist, weil es abtrünnig ist.«

Ich konnte ihn mir jetzt genauer betrachten. Er mußte um die fünfzig sein. Unter der funzeligen Glühbirne schüttelte er den Kopf mit seiner biblischen Masse zersauster Haare, aus der zwei argwöhnische Augen hervorspähten. Selbst bei seinen leidenschaftlichsten Ausbrüchen fühlte ich dieses s…dige Mißtrauen.

»Alles ist hier verdorben, überall. Die jungen Leute haben jeden Glauben verloren, und die alten Leute sterben. Die …hen laufen in diesen kurzen Röcken herum, selbst die Töch… …erer Altgläubigen, jawohl. Haben Sie sie gesehen? Ihre Beine … Hände krallten in seine Hosenbeine. »Haben Sie sie gesehen? Überall sieht man heute nackte Beine.« Doch im nächsten Moment hielt er die zum Altgläubigenkreuz zusammengelegten Finger hoch und rief: »Am Jüngsten Tag werden jene, die so machen«, er schüttelte die Hand, »sie werden gerettet. Nur sie! Die übrigen werden zugrunde gehen.«

Ich nahm an, daß ich in dieser Massenvernichtung eingeschlossen war, aber er schien mein »Warum?« nicht zu hören oder nicht hören zu wollen.

»Alle trinken, alle rauchen.«

»Selbst unter euch?«

»Ja, es gibt eine große Abkehr. Doch wenn einer von uns raucht, verdirbt er seinen Glauben. Es ist ganz und gar verboten. Was das Trinken betrifft, na ja, ein klein bißchen Wein ist uns erlaubt …«

»*Wein?*« Ich staunte. Alkohol war von jeher ein Greuel gewesen.

»… und sogar ein *klein* wenig«, er hielt Daumen und Zeigefinger zusammen, »ein ganz klein wenig Wodka.«

Ich starrte ihn ungläubig an. Er erwiderte meinen Blick mit einer Art zärtlicher Scheinheiligkeit. Seine Augen glänzten. »Nur ein *klein* wenig.« Er hoffte, ich würde lächeln. Er wollte sich mit mir über die Süße der Sünde einig wissen. Doch im nächsten Moment war er schon wieder lehrerhaft und beinahe zornig. »Aber die jungen Leute, die rauchen Drogen. Nicht aus Afghanistan, nein. Sie bauen sie hier an, auf den Feldern, eine Cannabisart. Sie rollen die Blätter in den Händen und rauchen sie. Und mehrere haben hinterher Selbstmord begangen. Sie haben sogar Benzin getrunken und sich selbst angezündet.« Seine Hände explodierten vor seiner Brust. »Es ist schrecklich, sich selbst das Leben zu nehmen.«

Dabei machte er allerdings einen insgeheim erregten Eindruck. Die Selbstverbrennung war einst von seinen Glaubensgenossen im großen Stil praktiziert worden. Versuchte er mir etwas mitzuteilen? War er vielleicht sogar ein wenig verrückt? Ich kam zu keinem Schluß. Und das Mißtrauen in seinen Augen brannte weiter wie eine sengende Flamme. »Heutzutage werden Selbstmörder wie alle andern auf dem Friedhof beigesetzt, aber vorher war das anders. In der besseren Zeit, vor dem Kommunismus, wurden sie irgendwo in ungeweihter Erde vergraben. ›Schwarze Gräber‹ sagte man dazu, und die Toten darin waren ›Teufelsknechte‹.«

»Sie sind also freiwillig so gestorben? Durch Benzin …?« Diese Selbstmörder schienen die Märtyrer zu verhöhnen, die einst den Flammentod gewählt hatten, und auch dies – die Entwürdigung und Parodie des Heiligen – signalisierte ihm vielleicht, daß der Jüngste Tag bevorstand.

Alexei machte seine Bücher zu. »Unsere Gemeinde hier ist am Untergehen«, sagte er. »Viele sind in die Städte, in andere Dörfer oder ins Grab gewandert. Wenn jemand stirbt, werde ich manchmal geholt, damit ich die Gebete lese und Kerzen neben ihm aufstelle – sieben ist üblich. Aber jetzt habe ich keinen Überblick über die Toten mehr. Und ihre Kinder glauben nicht. Ich weiß nicht, wie viele von uns noch übrig sind, ich kann es nicht sagen. Aber sonntags versammeln sich einige von uns hier – dies ist jetzt unsere einzige Kapelle. Hier beten wir.«

Ich ließ meinen Blick kurz über den staubigen Boden, die Sperrmüllmöbel schweifen. Es war schwer, ihm zu glauben. Der einzige heilige Gegenstand im Raum außer seinen Büchern war eine einzelne Ikone, deren Heiligen- oder Mariengestalt nur noch ein schartiger Schatten war. Ein an die Wand genageltes Brett wies etliche leere Rahmen auf, in denen einst andere um ein achtarmiges Altgläubigenkreuz herum gehangen hatten. Alle waren fort. »Ich bin zu oft bestohlen worden. Viele meiner Bücher wurden auch geraubt. Und meine Ikonen. Früher hatte ich wunderschöne Ikonen.«

Aber ich war mir bei ihm nicht mehr sicher, und meine Skepsis kam von ihm zurück. Er fragte mich nichts, aber seine Augen waren voller Unverständnis und halb gefaßter Fragen. Er entdeckte einen Bildband mit Ikonen und suchte diejenigen heraus, die vor dem großen Schisma entstanden waren. »Da! Sehen Sie, wie die Hände sind?« Er legte den Daumen an den Ringfinger und den kleinen Finger und hielt mir die Hand hin. Die schwarzen Nägel und die Hornhaut an den Fingern schienen den Tiefpunkt seines Glaubens widerzuspiegeln. »So sollte es sein. Und beim Umschreiten einer Kirche oder eines Grabes – niemals gegen den Sonnenlauf gehen!« Er stieß mir seine Finger unter die Nase. »Das Kreuz! Denken Sie immer daran!«

»Aber warum ist das so wichtig? Warum?«

»Natürlich ist es wichtig!« Er wirkte perplex, daß das überhaupt eine Frage sein konnte. Das geschah hin und wieder. Ich sprach irgend etwas Altehrwürdiges, Unumstößliches an. Dann blitzte das offene Mißtrauen aus seinen verengten Augen, oder er war kurz vor einem Wutausbruch. Jetzt schrie er beinahe: »Es ist alles, alles! Als die Art, das Kreuz zu machen, geändert wurde, nannten wir das den Sieg des Teufels! Den Triumph des Satan! Zu viele sind deswegen gestorben! Meine Vorfahren, sie sind deswegen gestorben! Das Blut floß in Strömen! Feuer und Blut!«

Ich sagte hartnäckig: »Ich verstehe es nicht.« Aber die Worte hingen im Raum wie eine Selbstbezichtigung.

Im weiteren sprach er über die stalinistischen Repressionen, als ob sie gestern gewesen wären. In einem Dorf am andern Flußufer hatten seine Eltern in dem Zimmer, in dem er zur Welt gekommen war, ihre Ikonen offen und trotzig zur Schau gestellt. Als Junge hatte er die Gottesmutter geliebt. Jetzt lebte er allein, beinahe ein Autodidakt, ging in den Wäldern über der Selenga Pilze sammeln und verkaufte Honig. Er hatte nie geheiratet.

Doch das Heiraten war eine fixe Idee bei ihm. »Ich denke, es ist eine Sünde, nicht zu heiraten. Selbst die Tiere heiraten, die Vögel.« Er hielt zwei Finger hoch. »Zwei ist gottgewollt, eins ist des Teufels! Doch sie sind schwer zu verstehen, die Frauen. Und trotzdem brauche ich eine.« Er warf einen finsteren Blick auf den

Schmutz und die Unordnung ringsherum. »Sie wäre ein Geschenk.«

Ich versuchte mir eine Frau bei ihm vorzustellen: wie sie putzte, flickte, neu machte und am Ende doch stets an dem treibsandähnlichen Alexei scheitern mußte.

»Ich habe vor, eine Altgläubige zu heiraten«, sagte er. »Frauen jeden Alters kommen hierher, um zu beten. Ich kenne vor allem eine, die ein gutes Herz hat, und sie ist jung ... sehr jung.« Er blickte zur Seite. Vielleicht wußte keiner von uns so recht, wieviel davon gespielt war.

Ich fragte: »Läßt sie sich vor der Apokalypse noch einschieben?«

Er setzte nur ein melancholisches Lächeln auf. »Das stimmt, es ist wenig Zeit. Wissen Sie, als wir vor dreihundert Jahren hierherkamen, war das Klima rauh. Gott aber sandte uns zum Trost sein besonderes Klima. Plötzlich wurden die Sommer wärmer und die Winter weniger streng. Vorher kriegte man hier niemals Vögel zu sehen, doch mit uns kamen sie. Jetzt wird das Wetter wieder schlecht. Es verändert sich. Es ist schwer, Gemüse anzubauen, irgendwas. Wir haben sogar Dauerfrostboden. Auch das ist ein Zeichen.«

»Die Kolchosen sind zusammengebrochen«, sagte ich. »Daran liegt es.«

Doch er hörte gar nicht zu. »Der Vorbote des Jüngsten Tages wird ein Dritter Weltkrieg sein. So steht es geschrieben.«

Der Priester in Irkutsk fiel mir ein. »Ein Krieg zwischen wem?«

»Zwischen Christen und Moslems. Der Golfkrieg mit dem Irak war eine Vorwarnung. Doch dem Jüngsten Tag wird ein viel größerer Krieg vorausgehen.« Er stand auf. »Daran werden wir ihn erkennen.«

Als er mich schließlich wieder im Dunkeln über seinen Hof geleitete, schliefen die Hunde schon. Unsere Füße schlurften durch Neuschnee. Am Tor fragte er plötzlich: »Scheren Sie sich immer den Kopf? Finden Sie das richtig?«

Vor meiner Abreise aus London hatte ich mir einen Stoppelschnitt machen lassen, aber inzwischen hingen mir die Haare ins Genick. Ich murmelte: »Sie sind lang ...«

Alexei schüttelte seine Locken und donnerte: »Ich sehe lieber wie Gottvater aus!«

Zynismus, Frömmigkeit, Blasphemie, alles mischte sich in ihm. Und jetzt beim Abschied reckte er die Hand über mich. »Denken Sie immer daran! Hierdurch werden Sie gerettet. Machen Sie so!« Seine Finger zeichneten ein Altgläubigenkreuz in die Luft. Es gab einen kurzen kalten Luftzug. Ich wußte nicht, ob ich gesegnet oder verflucht worden war. Ich ging los, und er blieb in seinem Hof zurück, eine Silhouette mit gereckter Faust unter einem sternenfunkelnden Himmel.

Endlos umgab uns das Land mit Wellen von walddunklen Bergen. Schnee brauste als grauer Staub über die weiter entfernten Gipfel. An der Straße waren die Telegrafenmasten durch den Permafrost ein Stück weit aus ihren mit Steinen gefüllten Körben geschoben worden und hingen schief.

In dieser einsamen Landschaft öder Täler lagen die frisch gestrichenen Häuser des Dorfes Kuitun. Sie leuchteten wie blaue und grüne Spielsachen im Schnee. Die Straßen waren Zaunkorridore mit Hundeluken unten in den Hoftoren, und Katzen und Geranien zierten die verschlafenen Fenster. Die silbernen Kuppeln einer im Wiederaufbau befindlichen Kirche trugen das Altgläubigenkreuz. Der einzige Lastwagen, den ich sah, gehörte dem Bauern, der mich hier absetzte.

Ich stellte mich an der Mauer des halbfertigen Gotteshauses unter und war im ersten Moment sehr verdutzt, als ich Alexei auf mich zustiefeln sah. Doch als er näher kam, hatte die kräftig gebaute Gestalt mit dem rotbraunen Vollbart zwei leuchtend klare blaue Augen, die nicht ihm gehörten, und er verwandelte sich in den Hüter der nahegelegenen Kapelle. Sergei war Alexeis Ebenbild. Er sah aus, als hätte Alexei eine gründliche Wäsche und noch eine Chance bekommen. Er strahlte ein unbefangenes Selbstvertrauen aus. In seinem offenen Gesicht hatten Alexeis Züge sich in eine unschuldigere Richtung entwickelt. Sein Profil war hollywoodreif. Ab und zu gab er altehrwürdige Spruchweisheiten von sich: »Wenn man arbeitet, blüht das Leben.« Oder:

»Wer wagt, gewinnt.« Nach wenigen Minuten lud er mich zu sich nach Hause ein.

Ohne es zu wissen, stellte Sergei in mir nach und nach das Bild vom Altgläubigen wieder her, das Alexei beschädigt hatte. Er hatte sein Haus eigenhändig aus Kiefernstämmen gebaut. Es war klinisch sauber. Das gleiche Linoleum, das Alexeis Schlafzimmer besudelt hatte, breitete sich makellos in Sergeis Küche aus. Sein zwölfjähriger Sohn war der Klassenprimus. Und hier lernte ich auch die Hausfrau kennen, die ich erwartet hatte: die blonde Galina mit direkt blickenden, runden Augen und einem Kirschmund. Sie waren wie aus einem russischen Märchen. Sie besaßen ein Schwein und vier Kühe. Ein Schwarm weißer Hühner scharrte im Hof. In ihren Vorratskammern stapelte sich das selbstangebaute Gemüse – Säcke mit Mohrrüben und roter Beete – neben Fässern mit reifendem Honig und dem selbstgemahlenen Weizen, aus dem Galina ein mehliges Brot backte.

Unter ihrer Küche führte eine Klapptür in einen Keller knapp über Permafrostniveau. Vom Boden bis zur Decke war er mit Reihe um Reihe eingemachter Früchte und Gemüse gefüllt: in der Taiga gesammelte rote und schwarze Johannisbeeren, Himbeeren und Erdbeeren, Salat, Essiggurken, Pilze (die besten in ganz Rußland wuchsen hier, sagten sie), Sandkästen, in denen sie Mohrrüben lagerten, Kisten mit den einst verpönten Kartoffeln – alles eigene Erzeugnisse. Der Winter, sagten sie, könne bis weit in den Mai dauern.

Wir streiften über den halben Hektar, den ihr Garten einnahm, gingen ins Treibhaus, um an Tomaten zu schnuppern und Gurken zu pflücken, und hoben die schneeschweren Deckel von Bienenstöcken, um einen Blick auf die wimmelnden Waben zu werfen. Einmal zogen wir Wasser mit einem der hohen Schöpfgalgen hoch, die wie große Wasservögel im ganzen Dorf in die Brunnen tauchten. Sergei hatte sogar eine eigene Zimmerei und einen Schuppen voll landwirtschaftlicher Geräte. Aber die alten Holzpflüge seien zu Stalins Zeit alle zerstört worden, sagte er, und damit sei das Eisenverbot praktisch erledigt gewesen. Es klang wie eine neuerliche Lagebeurteilung, wenn er hin und wieder einfach sagte: »Tja, so leben wir, so leben wir.«

Den ganzen Tag über deckten sie mich mit Essen ein: Knödel, Schmorfleisch, Johannisbeersaft und frische Himbeermarmelade. Vor und nach jeder üppigen Mahlzeit verzogen sie sich ins Nebenzimmer, um sich dort, wie ich flüchtig sah, vor ihren Ikonen zu verbeugen und sich ein ums andere Mal mit vorschriftsmäßiger Fingerhaltung hingebungsvoll zu bekreuzigen.

Diese Ikonen hatten sie von ihren Eltern zur Hochzeit bekommen: antike, schöne Stücke, jede einzelne älter als die Kirchenspaltung. Sie schimmerten in weichen Rottönen und blankem Gold auf einem Bord. Ein Bild von Gottvater sprang einem direkt über dem Stromzähler ins Auge.

»Aber einige sind gestohlen worden«, sagte Sergei. »Bei uns sind sie viermal eingebrochen. Selbst die Kirche, ausgeraubt. Diese Räuber kommen aus Ulan-Ude, nicht von hier. Hier würde das niemand machen.«

Ich hatte vergessen, daß es Leute wie Sergei und Galina gab. Sie schienen zu einem älteren, halb mythischen Sibirien zu gehören, das unter neueren Einwanderungswellen versunken war. »Hier ist gut sein!« sagte er. »Im Dezember liegt der Schnee bauchhoch, und die Temperatur kann bis auf –45 °C fallen. Aber die Luft ist wunderbar –, ganz frisch und still, und der Schnee bleibt rein weiß. Du siehst nie so ein schmutziges Grau wie in Westrußland. Meine Frau kommt aus einer Altgläubigenfamilie im Ural, und dort, sagt sie, sind die Leute jung gestorben, weil alles verstrahlt war, und das Flußwasser war lebensgefährlich. Aber hier nicht! Dieses Land hier ist schön!« Nicht die Natur habe aus Sibirien eine Hölle gemacht, sagte er. Der Mensch sei es gewesen.

Ich dachte an seine gestohlenen Ikonen und erwähnte die von Alexei. Er lachte laut. »Ach, Alexei Akilowitsch! Den kenne ich! Er ist ein Trinker. Er kann kaum lesen. Ich weiß nicht, ob er bestohlen wurde oder nicht, bei seinen ganzen Wachhunden. Ehrlich gesagt, glaube ich, er ist ein bißchen verrückt.« Er drehte seinen Zeigefinger im Ohr. »Früher hat er im Wald gelebt und Zirbelkieferzapfen verkauft. Heute macht er alles mögliche.«

Stundenlang führte Sergei mich durchs Dorf, Freunde besuchen. »Niemand weiß, wann der Jüngste Tag kommen wird, aber hier sind alle dafür gerüstet. Die Leute haben Vorkehrungen getroffen, Essen, Kleider, denn eine Schreckensnacht wird ihm vorausgehen«, sagte er. »So leben wir.«

Sein zum Bersten voller Keller fiel mir ein, lediglich Vorräte für den Winter, hatte ich gedacht; aber er und Galina hatten einen schrecklicheren Winter im Auge. Einen Moment lang sah ich meine leere Londoner Küche vor mir. Ich fühlte mich irgendwie schutzlos.

In jedem Haus, das wir besuchten, begrüßte uns die gleiche Szene: peinlichste Sauberkeit, ein Geruch nach Kerzenwachs, unter einer Musselindecke aufgetürmte Bettkissen, der gemauerte Ofen bereits angefeuert und immer das Bord mit Ikonen, vor denen Sergei sich verbeugte – weil jedes Haus auf seine Weise eine Kapelle war. Bärtige Patriarchen und streng blickende Hausherrinnen lockerten sich, wenn wir kamen, und holten ihre geliebten Liturgie- und Gesangbücher hervor. Den Schutzhüllen aus Stoff entschlüpft präsentierten sich die Bücher in Einbänden aus brüchigem Leder und rissigem Holz und mit eingeleimten Pergamentblättern zur Verstärkung der Seiten. Eine Frau legte mir ein handgeschriebenes Gebetbuch aus dem Jahrhundert vor dem Schisma auf den Schoß, dessen Tinte durch Regen, Schnee oder Tränen verschmiert war. Die Seiten zitterten in meinen Händen. Ich fragte mich, warum die Ecken angekohlt waren, und stellte mir seine Reise nach Osten vor. Eine andere Frau hielt die bunten Röcke und Bernsteinhalsketten hoch, die ihre Großmutter getragen hatte, und seufzte ein wenig.

Manchmal ertappte ich mich in diesen frommen Häusern dabei, daß ich mit ketzerischer Wärme an Alexei Akilowitsch dachte, ich weiß nicht, warum. Mit seinem gefledderten Ikonenbrett und seinen aus dem Leim gehenden Büchern kam er mir wie ein Zeitgenosse jener Wanderer und Geißler vor, deren Mischung aus Unzucht und Glaube ein Sumpf war, von dem die Frommen Abstand genommen hatten. Es war leicht, ihn zu romantisieren. Die bäurische Schlauheit und Einfältigkeit, die trüben Strahlen religiöser Inbrunst, die ewig unerfüllten Sehnsüchte machten hinter der starren Fassade des Gläubigen den täuschenden Eindruck von Bewegung und Veränderung. Er war den Romanen Dostojewskis entsprungen, sie den Predigten Luthers. Sie waren auf den Tod und die Apokalypse vorbereitet, nahezu restlos. Er bestand nur aus ungelösten Problemen. Aber ich mußte immer wieder an ihn denken.

Draußen fing es an zu schneien, und die Leute saßen auf Bänken an der Straße und lachten. »Der Winter ist da! Der Herbst ist vorbei!«

Später spazierten Sergei und ich auf die Hügel und blickten hinab. »Es ist schön, mein Dorf!« Das war es. Es leuchtete in seinem Feldstecher wie ein Landschaftsgemälde: ein berittener Hirt unter seinem Vieh, ein über den Schnee gleitender Wagen. Doch der Ort zerfiel eigenartigerweise in zwei Hälften, mit Wiesen dazwischen, und lange Striche, an denen einst Häuser gestanden hatten, waren leer und verlassen.

»Diese Höfe sind verfallen. Zu Hunderten. Ihre Besitzer wurden in der Stalinzeit erschossen oder verbannt, weil sie zu reich waren. Es gab damals zwölfhundert Häuser in meinem Dorf, heute sind es nur noch dreihundert!« Die leeren Plätze machten ihm zu schaffen. Sie bedeuteten das Dorf, wie es eigentlich hätte sein sollen: die Heimat der Fleißigen und Genügsamen. Bei unserm Spaziergang wurden sie um uns herum traurige Gegenwart. Er erinnerte sich an ihre Daten und Namen wie an eine persönliche Verletzung.

Ein bescheidener Wohlstand war überall mit dem Alten Glauben gekommen, wo seine Anhänger sich niederließen. 1917 hatten sie noch 15 Millionen gezählt – ein Zehntel der russischen Bevölkerung – und über die Hälfte des Volksvermögens besessen. Nach der offiziellen Duldung hatten sie unter den Kaufleuten und Industriellen, den Kosaken und reichen Bauern einen raschen Aufschwung genommen. (Sergei selbst kam aus der donkosakischen Familie Pahle.) Sie waren reif für Stalins Sichel.

Zwei Männer in einem kaputten Pferch schnorrten uns mit dem kriecherischen Gehabe chronischer Trinker um Zigaretten an. Sergei lotste mich weiter. »Ja, sie waren früher Altgläubige.« Wir wateten eilig durch schienbeintiefen Schnee. »Die Verhältnisse hier sind nicht mehr so wie früher. Es gibt fünf Familien im Dorf, die ausgesprochene Säufer sind. Die Leute fangen an, nur noch für sich zu leben. Unser Vieh- und Weizenkollektiv bricht auseinander. Früher hatten wir siebzig Traktoren, heute sind es nur noch sechzehn. Die Traktoristen erhalten kaum jemals Lohn, daher stehlen sie. Was das Trinken betrifft: Wenn sie sich keinen regulären Wodka leisten können, brennen sie sich selber welchen – einfach Zucker, Hefe und Wasser vermischt. Das Zeug kann einen umbringen.« Er hob die Augen zum Himmel auf. »Über die Hälfte unserer Dorfbewohner sind Rentner. Die jungen Leute wandern in die Städte ab, nach Ulan-Ude, wo sie Arbeit zu finden hoffen. Wir werden zu einem Dorf der Toten.«

Die Kapelle ist ein geweihtes Bauernhaus. Sie steht auf der Asche ihrer Vorgängerin, die in den dreißiger Jahren zerstört wurde. Ihre Kirchenglocke wurde aus einem Museum des Atheismus zurückgeholt. Eifrig zeigt Sergei mir die alten Psalterien, weist mich auf die Erscheinungsjahre hin; er zündet eine Bienenwachskerze für den heiligen Sergius an und macht mich auf die Polster aufmerksam, die von den Gläubigen beim Gebet mit der Stirn angestoßen werden. Die Ikonostase ist in kräftigen Bauernfarben gehalten. Als die orthodoxe Kirche nach dem Schisma die Chorempore einführte, machten die Altgläubigen die Neuerung nicht mit. Chor und Gemeinde singen nach wie vor ungetrennt, und die vergeistigte Polyphonie der erhöhten Empore bekommt man nie zu hören. Sergei, der in dem Viererchor mitsingt, deutet auf die Stelle, wo sie stehen, nur einen Schritt von der Gemeinde entfernt.

»Wir lobpreisen mit einer Stimme«, sagt er. »Wir werden ein Volk.« Und plötzlich fängt er an zu singen. Sein Bariton ertönt in der strengen Monodie des älteren Gottesdienstes, die hier seit über drei Jahrhunderten weiter gepflegt wird. Seine Stimme ist frei und klar. Sie füllt den häuslichen Raum mit einer alten Gewißheit. Er zieht das Ende jedes Verses in ein langes, verbindendes Brummen aus, ähnlich dem Gesang der buddhistischen Mönche; es ist ein Ton des Wartens.

»So leben wir«, sagt er. Er scheint immer noch seine Leute, sich selbst erklären zu wollen. Wir leben so, will er damit sagen, in der Sicherheit der Gerechtigkeit.

Unsere Geduld ist nicht erschöpft. Zuviel steht auf dem Spiel. Also lagern wir unsere Baumstämme und unser Gemüse. Wir schneiden die Himbeersträucher und decken sie bis zum Frühling mit Erde zu. So leben wir. Vor dem Winter schlachten wir ein Kalb und bauen unsern Schlitten zusammen, zur Fahrt über die Schneefelder.

Samstags und sonntags singen wir die Liturgie. Die ganze Kirche singt wie ein Mann (merken Sie sich das), und unser geweihter Priester, der sogar selbst Ikonen malt, ist der Vorsänger. Und natürlich, alle können noch Kirchenslawisch und singen das zweifache Halleluja. Das ist der Weg, Gottes Vergebung zu erlangen. So leben wir.

Wir leben nicht wie Alexei Akilowitsch, fern der Gnade.

Der Rindfleischpreis ist derzeit im Keller, weil zu viele Rinder geschlachtet werden. Aber für Honig bekommt man einen guten Preis. Honig ist die Zukunft.

Wir warten auf das Ende des Lichtes. Überrumpeln wird das nur die andern. Manchmal beten wir für die Welt, manchmal für uns. Das Dunkel kann uns nur läutern.

Mein Bus fuhr 130 Kilometer nach Nowoselenginsk im Südwesten. Die Passagiere saßen zusammengedrängt und schwatzten munter, während draußen der Schnee wirbelte. Hinter dem Gänsesee, einem heiligen Ort des Buddhismus, quälten wir uns durch eine Wildnis schroffer Bergrücken und wieder hinunter zur Selenga. Über der einfarbig gewordenen Landschaft hörte es langsam zu schneien auf. Die Hügel waren aschgrau, und im Unterschied zu dieser plötzlichen Farblosigkeit strahlte der Himmel in einem krassen, geradezu künstlichen Blau.

Nowoselenginsk sah wie die Grenzstadt aus, die sie war. Ihre niedrigen Häuser säumten zu breite Straßen, durch die Schneeböen wehten. Es war kein Mensch zu sehen. Die Asbestdächer wurden überragt von der Ruine einer riesigen Kirche. Rußland ging hier zu Ende, und nichts Erkennbares trat an seine Stelle. Das Land schien sich aus dem schieren Fels herausgeschält zu haben.

An diesen Ort am Ende der Welt jedoch schickte die Londoner Missionary Society im Jahre 1818 drei Priester und ihre Familien. Der Zar stellte ihnen ein Stück Land am Flußufer gegenüber der Garnisonsstadt zur Verfügung, und hier bemühten sie sich zweiundzwanzig Jahre lang um die Bekehrung der widerspenstigen Burjaten und lernten unterdessen Russisch, Mandschurisch und Mongolisch. Die Stadt am andern Ufer wurde zu der Zeit vom Fluß unterspült und stürzte stückweise ins Wasser.

Doch die Missionsstation wähnte sich nahe dem Zentrum von Gottes Plan. Gleich hinter den mongolisch sprechenden Burjaten lag die Mongolei selbst, und die Priester übersetzten nach und nach die ganze Bibel aus dem Hebräischen und Griechischen ins Mongolische und druckten sie auf ihrer eigenen Presse. Und die Mongolei war nur ein Sprungbrett. Hinter ihr wiederum erstreckte sich das lohnendste aller Ziele, der Ozean wartender Seelen, der christliche Missionare schon seit Generationen in seinen Bann geschlagen hatte: China.

Der Hügel zwischen der Stadt und dem Fluß war ein Schrottplatz für landwirtschaftliche Maschinen – Traktoren, Mähdrescher, Bulldozer –, die unzerstörbar aus den Schneewehen ragten. Als ich ihn bestieg und Nowoselenginsk in geometrisch abgezirkelter Trostlosigkeit unter mir zurückblieb, schnitt vor mir die lange Klinge der Selenga durch die Hügel. Die ursprüngliche Stadt am andern Ufer war fort, weggefressen von der Strömung des Flusses. Nur die weiße Hülse ihrer Kirche erhob sich in der Ferne. Unter mir, wo Granitfelsen steil ins Wasser abstürzten, lag ein Palisadendorf oberhalb der verschwundenen Mission. Die Missionare hatten 1840 aufgegeben, und ein paar Jahre später waren nur noch ein paar Nebengebäude und eine Mauer übrig, die die Gräber einer Frau und dreier Kinder umschloß.

Die Briefe des leitenden Priesters Edward Stallybrass werden im Archiv des British Museum aufbewahrt, ein Zeugnis seines unerschütterten Glaubens. Seine Handschrift und die seiner Frau Sarah sind in ihrer schönen, vorwärts fließenden Art kaum zu unterscheiden. Beide scheinen niemals schwankend geworden zu sein, nur den Buddhismus der Einheimischen fatal unterschätzt zu haben.

Zum mongolischen Neujahrsfest besuchte Sarah den lamaistischen Tempel, »um«, wie sie dunkel schrieb, »meine Augen zu weiden und mein Herz zu rühren«. Das Schmausen und Feiern, die Maskenspiele und die ohrenbetäubende Musik in diesem »Großen Tempel der Götzenanbeter« ließen sie an die Hölle denken. Doch »ich dachte mir, der Tag ist vielleicht nicht fern, da werden die unter ihnen im Umlauf befindlichen Evangelien ihre Gebete ersetzen, ihre Instrumente das Lob des Allerhöchsten spielen und der große Thron als Kanzel von einem unserer treuen Missionsbrüder besetzt sein«. Diese Vision verwirklichte sich nie. Erst kurz vorher hatten die Burjaten zum Preis von zwölftausend Stück Vieh dreißig Wagenladungen mit buddhistischen Schriften aus Tibet herangeschafft.

Ich stieg in ein Dorf hinunter, das halb verlassen aussah. Der Fluß hatte sich ein wenig davon zurückgezogen und unberührte Sandbänke hinterlassen. Die Umfriedung und die Gräber waren verschwunden. Am Standort der früheren Mission befanden sich nur das lückenhafte Rindergehege einer eingegangenen Sowchose und versprengte Felsen. Ein schneidender Wind wehte auf. Dicht am Ufer kam ich an einen sechs Meter hohen Obelisken aus roh behauenem Stein, den eine dünne Schneeschicht bedeckte. Ich wischte den Reif von seiner eisernen Gedenktafel und las eine lateinische Inschrift für Martha Cowie, »Nata in Scotia in urbe Glasguae«, Frau des Missionars Robert Yuille. Sie war 1827 gestorben.

Auch Stallybrass verlor seine Frau durch eine nicht genannte Krankheit. Einen Moment lang bricht eine herzzerreißende Einsamkeit unter seiner Frömmigkeit hervor. »Ich kann es kaum glauben, daß sie niemals mehr ihre Augen zu mir aufschlagen wird«, schrieb er seinem Neffen. »Und doch ist es wahr, ich wischte ihr den letzten, kalten Schweiß vom Gesicht und schloß ihr die toten

Augen …« Aber statt mit den letzten Worten ihre Liebe zum Evangelium zu bekräftigen, schrieb er, habe sie nur ein wenig nach Luft geschnappt und sei dann verschieden.

Hinter dem Obelisken und der schützenden Felswand teilte sich der Fluß im Süden in mehrere Arme. Von meinem Blickpunkt aus brachen waldige Inselchen mit immer noch goldenem Herbstlaub seinen Lauf auf, doch irgendwann sah man nur mehr eine Linie zwischen runzligen Hügeln, die sich zuletzt Richtung Mongolei wandte.

In den zweiundzwanzig Jahren ihrer Tätigkeit tauften die Missionare keine Menschenseele. Selbst ihre burjatischen Dienstboten, schrieb ein kritischer Besucher, lachten sie hinter ihrem Rücken aus. Die russische Kirche haßte sie und forderte, jeder Bekehrte müsse den orthodoxen Glauben annehmen. Schließlich erzwang sie 1840 die Schließung der Mission. Schon nach wenigen Jahren glaubten die Burjaten, daß es an dem Ort spuke. Die Gebeine von Martha Cowie, sagten sie, säßen in ihrem Obelisken und warteten auf die Auferstehung.

So waren die Missionare als Geister wiedergekehrt, was auch ganz einleuchtend war. Sie hatten schließlich alles von Bedeutung hiergelassen: die frommen Toten, die unfrommen Lebenden, das blendende Lockbild Chinas.

8
ZUM PAZIFIK

Ein zwölfjähriger Junge wartet mit seiner Mutter am Bahnhof von Ulan-Ude. Er sitzt neben mir in der Halle und fragt: »Wohin fährst du?« Ich blicke in ein Gesicht neugieriger, leerer Freundlichkeit. Es ist sehr klar und blaß. Die Frau an seiner Seite berührt seine Hand, wie um ihn an etwas zu erinnern.

»Ich fahre nach Skoworodino«, sage ich. »Dann weiter zum Pazifik und nach Magadan.« Das ist mein letztes Ziel.

Die Frau sagt: »Ich war elf Jahre in Magadan.«

»Wieso?« Es ist eine Stadt grausiger Erinnerungen: einst das Tor zum Gulagreich von Kolyma.

»Ich bin als Mädchen dort hingegangen, um für den Komsomol zu arbeiten. Ich hatte es mir romantisch vorgestellt – nur Rentiere und Taiga!« Sie lacht über ihre Dummheit. »Aber die Menschen sind gut dort wegen der harten Bedingungen. Wenn du am Straßenrand im Schnee stehst, wird jemand anhalten und dich mitnehmen. Hier lassen sie dich sterben. So ist das heute überall in Sibirien – die Leute lassen dich einfach sterben.« Ihre Worte bekommen einen melancholischen Ton. Der Junge reagiert darauf mit einem traurigen Lächeln. »Ich war damals eine überzeugte Kommunistin. Meine Eltern auch. Sie nannten meine Schwester Stalina, weil sie am Tag von Stalins Tod zur Welt kam. Stalinka, Stalinuschka! Als dann Chruschtschow an die Macht kam, änderten sie den Namen in Tatjana ab. Als dann Chruschtschow in Ungnade fiel, machten sie wieder Stalina daraus; als dann … Ihr Paß war ein richtiges Kuddelmuddel.«

»Aber Sie sind aus Magadan weggegangen.«

»Ich habe dort meinen Glauben verloren. Ich habe geheiratet und zwei Kinder bekommen, dann sind wir als Lehrer nach Kysyl gezogen.«

Der Junge steht auf und geht los, sich ein Eis kaufen, und sie blickt auf seinen Rücken. »Dann ist er gekommen.«

»Ihr Sohn?« frage ich. Sie kommt mir ein bißchen zu alt vor.

»Ja, ein ungewollter Nachzügler. Er ist ein guter Junge, sehr lieb. Aber er ist nicht normal, wissen Sie.« Sie schaut auf die Stelle, wo er gestanden hat. »Er hat kein Gedächtnis.«

»Sie meinen, er hat Lernschwierigkeiten?«

»Nein, früher war er hochintelligent, seinem Alter zwei Klassen voraus. Als er sieben war, hatte er einen Fahrradunfall, als er einen Berg hinunterfuhr. Er ist auf den Kopf gestürzt. Seitdem kann er sich nichts länger als ein paar Minuten merken.« In ihre Stimme tritt eine leidende Zärtlichkeit. »Ihm entfällt einfach alles.«

»Haben Sie niemand, der Ihnen mit ihm hilft?«

»Er ist Sozialhilfeempfänger. Er bekommt jeden Monat etwas mehr als den staatlichen Mindestsatz.« Ich frage nach seinem Vater, aber sie antwortet nicht. »Kolja kommt zurück.«

Mit einem leicht wehmütigen Ausdruck reicht er auch mir ein Eis, dann fängt er an, mit einer Aufziehmaus zu spielen. Ab und zu blickt er seine Mutter mit der hilflosen Anbetung eines kleinen Kindes an. Während seine Altersgenossen, denke ich mir, sich für Sport oder Sex interessieren, kann er sämtliche Walt-Disney-Tiere imitieren.

Sie sind unterwegs nach St. Petersburg, sagt seine Mutter, in der Hoffnung auf ein neues Leben. »Manche Leute bleiben, wo sie sind, andere sind Zigeuner wie wir. So sind wir. Heutzutage sind alle bloß noch hinter dem Geld her, hinter dem eigenen Glück, etwas anderes gibt es nicht. Aber Gott wird für uns sorgen.« Ihr älterer Sohn lebt im Ausland, sagt sie, ihre Tochter hat sich mit ihr überworfen. Sie zaust Kolja die Haare. »Ich muß für ihn da sein. Er ist meine Zukunft.«

Sie stößt einen leisen Seufzer der Belastung oder der Zufriedenheit aus. Sie wird jetzt immer ein Kind haben.

2000 Kilometer weit hat irgendeine geologische Aktivität die Gebirgsketten jenseits des Baikal in nordwestlicher Richtung aufgefaltet, so daß sie die längliche Form des Sees wiederholen. Mit ihrer eigentümlichen Trockenheit und Kälte sind sie ein hartes Land des Bergbaus und der Schafweiden geblieben. Im Winter schneit es hier wenig, doch es wird bitter kalt. Als bestangepaßtes Tier war früher ein zottiges Kamel verbreitet, das auch gefrorenes Gras fraß. Ende Oktober berauben Graupelschauer die Bäume in den graubraunen Gebirgsausläufern ihres bunten Laubkleides.

Mein Abteil wurde von einem ukrainischen Schaffner monopolisiert, der hingelümmelt gegenüber von seiner Frau lag und manchmal einen tätowierten Arm ausstreckte, um ihr in die Backe zu zwicken. Die Betten um uns herum belegten schlafende burjatische Mädchen, wie Puppen gestapelt, dezentere Fahrgäste als die Russen. Ich hatte das Gefühl, für sie alle unsichtbar geworden zu sein: ein heruntergekommener Este. Meine Schuhe quietschten mittlerweile, als ob ich darin Mäuse hielte, aber meine schneefesten Hosen und meine Daunenjacke, dachte ich, verhalfen mir zu Anonymität.

Ich kannte diese Züge mittlerweile in- und auswendig: ihre herrischen diensthabenden Provodnizi, ihre klemmenden Fenster, ihren Gestank nach Urin, rohem Fisch, Schweiß. Auch ich weichte jetzt Nudeln in heißem Wasser aus dem Wagenboiler ein, brühte mir billigen Kaffee auf und nagte gesalzenen Omul, während der Zug und die Stunden dahinkrochen. Gegen Abend lag ich zusammengerollt auf einem oberen Bett und las eine Biographie von Koltschak. Dicht über meinem Kopf ließ mich ein dünnes Gekrakel wissen: »Alja + Aljoscha = Liebe«. Dann kam die Dunkelheit.

Ich versuchte zu schlafen. Irgendwo hinter Tschita ging die transmandschurische Linie der Chinesischen Ostbahn Richtung Südosten ab. Sie war den von Krieg und Banditen geplagten Chinesen 1896 vom Zarenreich aufgezwungen worden und war die erste Transsib-Verbindung zum Pazifik gewesen. Diese Linie wie auch die Strecke, die wir fuhren, hatte einst der weiße Söldnerführer Grigori Semjonow mit Horden von Kosaken, chinesischen Banditen und japanischen Freischärlern von gepanzerten

Zügen aus terrorisiert, die »Der Zerstörer« und »Der Schreckliche« hießen.

Lange nach Mitternacht hielten wir in Nertschinsk, in dessen Silberbergwerken Dekabristen und polnische Patrioten gestorben waren, und in der Dunkelheit verpaßte ich die Mündung des Onon, in dessen Tal der Geburtsort von Dschingis Khan liegt. Am Oberlauf des Flusses hatte der Eroberer nach einer in ständigem Kampf verbrachten Kindheit und Jugend ein schicksalhaftes Bündnis der Stämme unter seinem Oberbefehl geschmiedet, und in Krisenzeiten war er hierher zurückgekehrt, um auf dem Berg an der Quelle des Flusses zum Himmelsgott zu beten. Ich aber sah nur schwarze Nacht. Das Gespenst Dschingis Khans geht in ganz Zentralasien um; jahrzehntelang bestand ein striktes sowjetisches Verbot, seine Geschichte zu erzählen oder Bilder von ihm zu zeigen, und sein Ruf wirft noch heute einen dunklen Glanz über die vielen weitverstreuten mongolischen und türkischen Völker.

Die ganze Nacht hindurch zockelte der Zug die knapp 1700 Kilometer nach Skoworodino in so einem gemächlichen Bummeltempo, daß ich am Morgen, als sich ein anämisches Frühlicht in unsern Wagen stahl, den Eindruck hatte, wir hätten uns kaum von der Stelle bewegt. Ich blickte aus dem Fenster auf kahle Bäume, die gebrochene Hügelwellen überzogen. Es war eine unschöne, verbrannt aussehende Landschaft im Übergang in den Winter. Die Lärchen waren nur noch bleigraues Filigran und die Birken müde Gespenster. Den ganzen Tag über veränderte sich die Aussicht kaum, und mehr und mehr zog mich die Taiga in ihren Bann. Die schneebedeckte Öde schien ihre ungeheure Weite nur noch zu steigern: ein Fünftel des Waldbestands der ganzen Erde. Oft ist der Waldgürtel in nordsüdlicher Erstreckung 2000 Kilometer breit, und die erstickende Geschlossenheit der Bäume, die alle Entfernungen, jede Perspektive auslöscht, hat schon manchen buchstäblich verrückt gemacht. Auch einem geistig gesunden Wanderer können magnetische Anomalien zum Verhängnis werden, wenn seine Kompaßnadel nutzlos hin und her pendelt. Andere laufen wie wild los, um zu fliehen – das ist der »Taigawahnsinn« –, stoßen aber immer wieder auf ihre eigenen Spuren, bis sie erschöpft zusammenbrechen.

Als wir uns der chinesischen Grenze am nördlichen Bogen des Amur näherten, wurde meine sowjetische Landkarte leer, und offiziell existierte nichts mehr. Doch tatsächlich wußte ich, daß selbst die statische Reinheit der Taiga eine Illusion war. Holzeinschläge vor allem von Nordkoreanern sowie die Umweltverschmutzung und die Feuer um Gas- und Ölfelder herum hatten große Breschen in sie gerissen; die staatlichen Waldarbeitersiedlungen entlang der Strecke, berüchtigt für ihren Raubbau an der Natur, waren in fast so einem heruntergekommenen Zustand wie die Wirtschaft überhaupt. Jetzt gegen Abend wehte der Schnee in grauen, jagenden Wolken über die Wälder, verschleierte sie weitgehend oder ganz. Schon bald ging der eisige Sturm auch über den Zug hinweg, bis wir in blendender Weiße bergan stiegen, und erst Stunden später in der Nacht fiel mir ein, daß wir irgendwo über eine unmerkliche Wasserscheide hinweg die lange Pazifikabfahrt der Bahn begonnen haben mußten.

Ich stieg um Mitternacht in eine schneidende Kälte aus. Auf dem fast leeren Bahnhof sagte mir jemand, auf der andern Seite der Gleise gebe es ein Hotel, und ich überquerte eine baufällige Eisenbrücke und stand im Finstern. Skoworodino war ein unbekannter Punkt auf meiner Landkarte. Kein Mensch fuhr dorthin. Nach meinen letzten Informationen befand ich mich in einem militärischen Sperrgebiet. Ich tappte in pechschwarzer Nacht einen Weg zwischen geschlossenen Fassaden hinunter, auf dem Menschen gingen. Der Hall ihrer Stimmen umgab mich. Ich fragte sie, wo hier das Hotel sei, doch sie gingen kommentarlos weiter, betrunken, und schließlich fand ich es durch Zufall. Ein verschlafener junger Bursche blinzelte wortlos meine Papiere an und gab mir dann ein Bett unter einer Wand voll zerklatschter Mücken. Ich drehte die versiffte Matratze um und schlief.

Am Morgen erkannte ich an den Straßennamen – Sowjetstraße, Komsomolstraße –, daß ich im Stadtkern gelandet war. Skoworodino war ein zwischen den umliegenden Hügeln ausgeuferter

Eisenbahnknotenpunkt. Die Temperatur war nur wenig unter −20 °C, aber der Schnee und Staub vor sich herwehende Wind biß mir ins Gesicht wie kalte Säure. Gefrorenes Laub raschelte neben den Gleisen. An Straßenbuden verkauften rotgesichtige Händler mit hohen Wollmützen tiefgefrorene Fische und Hühner direkt vom Tisch. Ein Kriegerdenkmal war mit roten Namen beschriftet: Belagerung von Leningrad, Stalingrad, Einnahme von Berlin … Nichts schien seitdem geschehen zu sein.

Aber ich war des Amurs wegen hergekommen, der über 100 Kilometer weiter südlich die Grenze zu China bildete. Eine dünne Straße auf meiner Landkarte endete an dem verblaßten Namen Albasin, dem Schauplatz von Gefechten zwischen Chinesen und Kosaken, der heute eigentlich nur noch ein Dorf am Ufer des großen Flusses sein konnte. Der Amur! Er war einer jener Ströme wie der Oxus und der Nil, die jeder Geographie enthoben in das Land der Träume fließen.

In Skoworodino gab es keinen Treibstoff, aber jeden zweiten Tag fuhr eine Diesellokomotive auf einem Nebengleis Richtung Grenze, und am späten Nachmittag ratterte ich in einem Zug voll lustloser Soldaten über zugefrorene Flüsse hinweg. Wir brauchten vier Stunden für gut 90 Kilometer. Der Zugführer hielt an einem einsamen Bahnhof an, um Kerzen zu kaufen. Die Soldaten blickten durch mich hindurch, genau wie die Polizisten.

Als wir ankamen, war es Nacht. Ein paar Lastwagen standen wartend bereit, um die Soldaten in die Kaserne und andere in das nahegelegene Walddorf Rewnowo zu bringen, und bald war ich allein. Der Himmel war sternenlos. Ich wartete an der Stelle, wo nach Auskunft eines Soldaten ein Bus nach Albasin kommen sollte. Es fing an, große, spärliche Flocken zu schneien, was eine eigentümliche Gemütlichkeit hatte. Ächzend fuhr der Zug eine Schleife und machte sich auf den Rückweg nach Skoworodino. Als er an mir vorbeischnaufte, lehnte die Provodniza aus der Tür. Ich schrie: »Ist der Bus schon fort?«

Sie rief zurück: »Welcher Bus? Es gibt kein Benzin! Nirgendwo Benzin!«

»Komme ich zu Fuß nach Albasin?«

»Nein! Es sind 18 Kilometer! Und ...«, ihre Stimme verhallte zwischen den Bäumen, »... es gibt ... Wölfe.«

Ich sah dem zwischen den Kiefern davonrumpelnden Zug nach, bis seine schwachen Lichter verschwunden waren; sogleich kam es mir dunkler und kälter vor. Ich hatte keine Ahnung, was ich tun sollte, nur das nicht ungefährliche Vertrauen, daß sich irgend etwas ergeben würde. Ich wartete noch eine Weile schicksalsergeben auf den Bus, der nicht kommen konnte. Dann stapfte ich die Gleise entlang zum Stationshäuschen. Zwei dunkle Fenster blickten mich an, und ich überlegte, ob ich einbrechen sollte. Diese Posten waren manchmal stillgelegt und verwaist, einsam wie Leuchttürme standen sie da und regelten nichts mehr. Tolstoi war in einem gestorben, als er vor häuslichem Unfrieden floh. Der Schnee verdichtete sich vor meiner Taschenlampe zu einem leuchtenden Vorhang. Ich ging um das Häuschen herum und blieb überrascht stehen. Unter einer Tür schimmerte Licht.

Ich zögerte, dann drückte ich die Tür auf und trat in eine Heißluftglocke. Wolodja, der sich gerade die Hände am Ofen wärmte, strahlte freundlich. Er war der typische Russe, wie er jahrhundertelang verklärt oder verspottet worden war, der bäuerliche Prinz aus dem Bilderbuch: ein großer Junge, so stattlich wie hinterwäldlerisch, heil an Leib und Seele. Eine Stationsvorstehermütze saß zurückgeschoben auf seinen blonden Locken. Er fragte nicht, wer ich sei oder woher ich komme, sondern machte sich in seinem Nest aus Kursbüchern und Telefonen sogleich daran, Leute anzurufen, die mich nach Albasin bringen sollten. »Mischa ... kannst du heute abend noch fahren? Kein Benzin ... Juri, kannst du einen mitnehmen nach ...? Benzin aus ... Kolja ... nicht da ... Petja, Oleg, Wadim – kein Benzin, kein Benzin, kein Benzin ...«

»Eines Tages wird es wieder Benzin geben«, sagte er, »aber es wird teurer sein als vorher. So ist es mit dem Öl gegangen. Die Mafia manipuliert die Preise.« Er stand auf und klappte seine Fahrpläne zu. »Wir finden morgen jemand.«

»Aber wer ist diese Mafia?« Ich versuchte immer wieder, dieses Gespenst zu fassen zu kriegen. »Sind es alte Kommunisten?«

Wolodja prüfte mich mit seinem offenen, schlichten Blick. »Sie sind überall dort, wo die Macht ist.«

Sein Haus war ganz in der Nähe im Wald. Seine verwitwete Mutter, die ein Wolltuch nach Piratenart um den Kopf geschlungen trug, guckte im Fernsehen *Santa Barbara*. Die Serie lief seit fünf Jahren dreimal die Woche und beschäftigte sie innerlich sehr viel mehr als Rußlands wirtschaftliche Krise, das politische Chaos oder die vorbeikommenden Züge. Sie wirkte unnatürlich alt. Ihre Familie hatte von jeher bei der Eisenbahn gearbeitet, erinnerte sie sich, ihr Vater als Stellwärter, ihr Mann als Stationsvorsteher, sie als Fahrkartenverkäuferin, und jetzt hielt ihr Sohn diesen einsamen Posten am Ende der Linie. Es tat ihr nicht leid. In ihren Augen hatte sich die Bahn etwas vom Glanz der Pionierzeit bewahrt, war sie nach wie vor die Eroberin der Taiga und die Bringerin der Zivilisation.

Nach Salat und Brot zum Abendessen ließen wir uns wieder vor dem Fernseher nieder. Er beherrschte ihre Tage mit tyrannischer Gewalt. Das Haus hatte kein fließend Wasser, doch der Fernseher war riesig und neu. Wolodja verstummte davor. Sie bekamen zwei Kanäle aus Moskau und einen Abendsender aus Blagoweschtschensk. In ihrer Isolation ersetzte er ihr die Welt. »Zu Breschnews Zeit wurde uns immer erzählt, daß Amerika im Niedergang ist«, sinnierte sie. »Jetzt sind *unsere* Leute zur Hälfte arbeitslos, und die Amerikaner scheinen alle in Santa Barbara zu leben. Ich verstehe das nicht.«

Santa Barbara sei nicht typisch, sagte ich, in Europa und Amerika gebe es viele Arme. Doch sie schaute nur verwirrt und wandte sich wieder dem Sedativum des Bildschirms zu. Das flimmernde Rechteck, in dem amerikanische Seifenopern und Gangsterfilme sich mit Werbung für Autos, Schmuck, Reisen in die westliche Sonne mischten, saugte nach und nach die ganze Wirklichkeit in sich auf. Nicht daß sie sich ausmalte, selber auf Santa Luzia im Meer zu baden oder sich Diamanten aus Mirny um den Hals zu hängen. Nein. Sie schien alles mit demselben unverträumten Blick zu betrachten, ohne Neid, ohne Bezug zu sich, wie einen Zeichentrickfilm.

Nur Wolodja sagte: »Man sieht nie eine Sendung darüber, wie wir hier leben.«

Ich schlief auf ihrem Sofa in einem Zimmer, dessen mit Teppichen behängte Wände dicht unter der Decke aufhörten, so daß Wolodjas Träume im Nebenzimmer in Form unverständlicher Schreie in meine eindrangen.

Ein siebzig Jahre alter Bauer mit einer schiefen Pudelmütze und klug gehorteten Benzinvorräten erschien früh am Morgen, um mich nach Albasin zu fahren. Die Piste war schneefrei, und seine Moskwitsch-Limousine schlidderte Abgaswolken spuckend darüber hin. Er klagte über alles und setzte dann immer ein zynisches Grinsen auf, als ob es eigentlich keine große Rolle spielte. Auf dem Rücksitz saß sein beleibter Sohn, schon im fortgeschrittenen Alter und arbeitslos, und wollte zum Bahnhof von Skoworodino gebracht werden, in der Gegenrichtung. Er hatte einen schweren Mantel angezogen und eine Bisammütze aufgesetzt, um in Blagoweschtschensk im Osten auf Jobsuche zu gehen, doch seine Schnürsenkel waren ausgefranst, und er sah fertig aus. Im Vergleich zu dem straffen, nußbraunen Gesicht seines Vaters war seines schwammig und bleich. Er hätte einem andern Menschenschlag angehören können. In seinen schwerlidrigen Augen, die hoffnungslos durch eine dickrandige Brille blickten, schien eine ungenutzte Intelligenz zu schlummern.

»Alles ist furchtbar!« lachte der Vater. »Diese Felder haben früher von Weizen und Vieh gestrotzt, und jetzt schauen Sie nur!« Das Land ringsherum trug nur noch Gras und verkrüppelte Birken. »Es gibt keine Gelder von oben. Die Leute bauen nur für den Eigenbedarf an. In der guten Zeit, unter Breschnew, bekam man ein Brot für ein paar Kopeken. Und jetzt? Viertausend Rubel! Für *ein* Brot!« Doch er grinste dabei.

»Das war keine gute Zeit«, sagte sein Sohn.

»Bananen kosten heute vierzehntausend Rubel das Kilo«, lamentierte sein Vater weiter. »Fleisch kostet zwanzigtausend Rubel das Kilo!«

Sein Sohn tippte mir auf die Schulter. »Sie dürfen gar nicht hinhören.« Er wollte meine Aufmerksamkeit auf sich lenken; er schämte sich für den derben Bauern am Steuer. »Ich habe mich schon immer für Geschichte und Religion interessiert, wissen Sie, immer. Nach der Mittelschule wollte ich auf das Philologische Institut in Moskau gehen, aber dafür braucht man Geld, und bei Eltern wie meinen ...«

Sein Vater beachtete ihn gar nicht und preschte weiter mit hohem Tempo über den gefrorenen Schotter. Ich schloß die Augen.

»... also bin ich auf die Fachhochschule gegangen, und meine erste Prüfung habe ich gut bestanden, jawohl. Aber dann mußte ich zur Armee ...«

»Hätte dir gut tun sollen!« sagte sein Vater.

»... und danach konnte ich immer noch nicht nach Moskau gehen, also bin ich zurück auf die Fachhochschule in Ussurisk. Sie war nicht sehr gut, aber ich habe mein Diplom bekommen ... sehen Sie!« Er drückte es mir in die Hand. »Und dann bin ich nach Wladiwostok und habe bei der Fischereiflotte angefangen als eine Art ... Restaurantmanager.«

»Wir haben eine Kuh«, sagte sein Vater. »Das ist doch was.« Er molk einen imaginären Euter.

»Warum mußt du das jetzt sagen?« plärrte der Sohn. Er nahm seinen Faden wieder auf: »Meine erste Fahrt hat zwei Monate gedauert, und ich war jeden Tag seekrank, aber danach habe ich mich dran gewöhnt. Ich habe Sachalin und Kamtschatka gesehen, jawohl, das war interessant ...«

»Man kann Kartoffeln und Kohl anbauen, aber mehr ist in dieser Gegend nicht drin.« Der Vater zeigte mit dem Daumen auf die brachliegenden Felder. »Es wird bis zu –45 °C kalt.«

»... aber mein Schiff lag das halbe Jahr über still, deshalb habe ich an Land in ... Restaurants gearbeitet, und dann wurde die Fischereiflotte reduziert, und ich wurde ... na ja, sie konnten mich nicht behalten.« Seine Schilderung kippte in eine Litanei des Scheiterns um, ohne Sinn und Zweck, als ob er sich nicht mehr bremsen könnte. Sein schlaffer Mund schien jede Enttäuschung auszukosten. »Und dann habe ich alles gemacht, was kam, in Restaurants ... und zur Zeit habe ich gar nichts. Vielleicht finde ich was in Blagoweschtschensk. Ich bin jetzt schon zwei Jahre ohne Arbeit ...«

»Drei!« sagte sein Vater. Das Auto rutschte, fing sich. Er strahlte. »Keine Bange. Wir sind beide Rentner, ich und dieses Auto! Ich habe es vor achtzehn Jahren gekauft! Damals hat es nur fünfzehntausend Rubel gekostet. Und was bezahlt man heute dafür? Drei Millionen!« Er klatschte auf das Armaturenbrett. »Was soll man als armer Mensch machen? Einfach zuhause bleiben und schlafen? Während diese Parlamentsabgeordneten elf Millionen Rubel im Monat verdienen! Dann schaffen sie das Geld in die Schweiz und legen sich irgendwelche Püppchen als Geliebte zu!« In seinem Gesicht stritten Empörung und lüsterne Phantasie miteinander. Er gab auf spiegelglattem Eis Gas. Ich kniff wieder die Augen zu.

Sein Sohn sagte: »Die einzige Arbeit hier in der Gegend gibt es in dem Militärposten flußaufwärts oder im Holzfällerlager.«

»Du!« Sein Vater lachte schallend. »Holzfäller!«

Ich fragte: »Wie sieht's mit Fischfang aus?«

»Vor zwanzig Jahren konnte man die Störe noch dutzendweise herausholen«, sagte der alte Mann. »Heute fängt man so gut wie gar nichts. Das sind diese Chinesen. Sie haben große, feinmaschige Netze, ich habe sie gesehen. Und sie verschmutzen den Fluß mit ihren Fabriken ...«

Sein Sohn starrte mit gesenktem Haupt auf seine Stiefel. Er wurde schon kahl. »Wir können nicht mal richtig für unsere eigene Umwelt sorgen«, sagte er. »Sehen Sie sich den Baikal an. Wir verschmutzen ihn genauso wie die andern. Alle verschmutzen die Umwelt.«

Er fing an, mir leid zu tun. Er wäre so gern einer der Neuen Russen geworden, die in Moskau die Restaurants mit ihren dekorativen Mätressen und ihren Handys bevölkerten. Aber jetzt hätte er dort nicht einmal mehr Kellner werden können. Geprägt von dem immer stärker werdenden Gefühl der Niederlage, das ich auf vielen städtischen Gesichtern sah, mußte er immer wieder zu der bäuerlichen Familie zurückkehren, die ihn so erbitterte und zugleich ernährte.

»Du kannst Wassermelonen anbauen«, sagte der Vater. »Wassermelonen bleiben dir immer.«

Wir kurvten mittlerweile zwischen den verstreut stehenden Häusern von Albasin hindurch, und plötzlich lag unter uns der Amur. Stahlgrau und mächtig wand er sich durch das Niemandsland, teilte China und Rußland mit einer geradezu überirdischen Ruhe. Obwohl er bis zum Pazifik noch einen weiten Weg zurückzulegen hatte, war er an dieser Stelle bereits über 500 Meter breit, ein dunkler Spiegel, gefärbt vom Tannin gestürzter Bäume.

Wir hielten über ihm am Erdwall des Kosakenforts an. Der alte Mann wünschte mir alles Gute; sein Sohn lächelte und machte ein Foto von mir. Dann schlingerten sie in einer schwarzen Abgaswolke in die weiße Landschaft hinaus.

Der Schnee hatte das Rechteck der grasbewachsenen Wälle oben am Steilufer kaum bestäubt. Mitte des 17. Jahrhunderts war dieses Bollwerk der südöstliche Vorposten der russischen Besitzungen hart an der Nordgrenze des Mandschureiches gewesen, und hier waren die beiden Reiche aufeinandergeprallt, ohne viel voneinander zu wissen. Das von kosakischen Deserteuren gegründete Albasin wurde die Speerspitze der russischen Kolonisierung am unteren Amur; doch nach dem Wiedererstarken der Mandschus war es 1685 die letzte noch nicht gefallene Bastion. Ihr Kommandant Alexei Tolbusin war gezwungen, vor der großen Übermacht zu kapitulieren, und aus leichtsinniger Großzügigkeit gewährten die Mandschus seinen Truppen freien Abzug, schleiften die Festung und zogen sich wieder nach Süden zurück.

Kaum waren sie fort, kehrten die Russen mit über achthundert Mann und zwölf Geschützen zurück und bauten Albasin wehrhafter als zuvor wieder auf. Auf die Erdwälle, über die ich schlenderte, pflanzten sie Holzpalisaden mit Ecktürmen und sicherten die Anlage zusätzlich mit einem tiefen Graben und getarnten Fallgruben, in denen spitze Pfähle steckten. Ein hoher Geschützturm gab ihrer Artillerie freies Feuer in jeder Richtung, und auf den Brustwehren standen mit Harz gefüllte Kübel, die bei nächtlichen Angriffen für Licht sorgen sollten.

Doch im Juli 1686 kamen die Mandschus wütend und mit großer Streitmacht wieder. Ich überquerte das wellige Gelände, wo sie ihre schweren Geschütze in Stellung gebracht und die Festung mit drei Erdwällen eingeschlossen hatten. Ihre Kanonenboote hatten den Fluß abgeriegelt. Auf der Insel gegenüber war ihr einstiges Hauptquartier heute unter Sand, Sträuchern und den Ruinen eines überschwemmten Fischerdorfes begraben. Ein knappes Jahr lang ließen sie Kanonenkugeln und Brandpfeile auf das Fort hageln, griffen es hinter lederbespannten und auf Fahrgestelle montierten Holzschilden an und beschossen die Befestigungsanlagen mit brennendem Harz und Stroh. Einmal schickte die hungernde Garnison dem Mandschubefehlshaber zur Täuschung eine über 20 Kilogramm schwere Fleischpastete, um ihm weiszumachen, sie verfügten über reiche Vorräte. Er bat um weitere Lieferungen. Als Moskau schließlich um Friedensverhandlungen nachsuchte und die Belagerung aufgehoben wurde, war Tolbusin tot, und von seinen Männern lebten nur noch sechsundsechzig.

Der daraufhin geschlossene Vertrag von Nertschinsk legte fest, daß Rußland sich ganz vom Amur zurückziehen müsse und Albasin dem Erdboden gleichzumachen sei. Die kosakischen Kriegsgefangenen in China wurden zu einer Kompanie in der Leibgarde des Mandschukaisers; ihre Nachfahren vermischten sich mit den Chinesen und verloren das Aussehen und die Sprache der Russen. Einige wenige jedoch besuchten noch bis zur kommunistischen Revolution ihre Kirche im Nordosten von Peking und hoben ihre Schlupflidaugen, um vor den erhalten gebliebenen Ikonen von Albasin zu beten.

Mehr als anderthalb Jahrhunderte vergingen nach dem Fall der Festung, ehe die Russen unter Murawjow-Amurski zurückkehrten und mit einer Streitmacht von fünfundsiebzig schwerbewaffneten Kähnen den Amur hinunterfuhren. Als der Standort der einstigen Feste in Sicht kam, verstummten die Soldaten, die Militärkapelle spielte Kirchenlieder, und der Generalgouverneur ging an Land, um am Fuß der überwucherten Trümmerstätte zu beten.

Er hatte natürlich, in Anbetracht eines geschwächten China, den Vertrag von Nertschinsk gebrochen. Von da an sollte der Vertragstext verschiedentlich zerpflückt und neu interpretiert werden, wobei die Chinesen über die russische Rückeroberung erbost waren, während die Russen bis in die sechziger Jahre des 20. Jahrhunderts hinein behaupteten, der Vertrag sei unter Zwang geschlossen worden. Über viele hundert Kilometer schottete ein unter Strom stehender Stacheldrahtzaun die Sowjetunion gegen China ab. Er zog sich weitgehend unversehrt nach Osten hin, doch auf dem Steilufer, wo ich mich befand, war er nur noch ein rostiger Drahtverhau, und niemand machte sich die Mühe, ihn zu reparieren. Die kahlen Hügel Chinas ragten dahinter auf. Von einem Wachturm aus blickte ein Posten mit ausdruckslosem Gesicht und geschulterter Kalaschnikow über den Fluß. Jede Kommunikation mit den Chinesen war hier verboten, doch weiter im Osten waren die Sperren gefallen und passierten Händler die Grenzübergänge fast nach Belieben.

Ich lief einen Wall hinunter ins Innere der Festung. Hier und da war der Boden leicht aufgeworfen, wo einst eine Kirche oder eine Kaserne gestanden hatte. Ein paar viele Jahre später geborgene Tote lagen in einem Gemeinschaftsgrab unter einem schwarzen Kreuz. Ansonsten war nichts zu sehen als nackte Erde. Ein eisiger Wind blies über den Fluß. Im Innern der Anlage waren an den Erdwällen noch Reste steinerner Verstärkungen zu erkennen. Ihre Schichten enthielten die komprimierte Geschichte Albasins. Ich wühlte sie mit frostklammen Fingern auf und machte eine erstaunliche Entdeckung. Etwa 30 Zentimeter unter der Oberfläche stieß ich auf eine drei Zentimeter breite Ader aus schwarzer Asche; als ich sie berührte, fielen Holzkohlekörnchen heraus. Und nachdem sie über dreihundert Jahre zuvor ihr Ziel verfehlt hatte, kullerte mir eine winzige, zerfressene Musketenkugel in die Hand.

Das Haus interessiert sie nicht mehr. Die Laufbretter davor mäandrieren zwischen verwahrlosten Nebengebäuden hindurch zu einem Außenklo und einem zertrümmerten Gewächshaus. Zwei rote Sterne über dem Tor, beide schwarz umrandet, erinnern an zwei im Krieg gefallene Familienmitglieder. Agrippina Doroskowa sitzt in einem Hinterzimmer und schreibt. Sie wird bald neunzig. Das Fleisch unter ihren Backenknochen ist tief eingefallen, und ihr Mund ist dünn und lippenlos. Dennoch ging sie bis vor kurzem noch jeden Tag einen knappen Kilometer durch den Schnee zum Museum von Albasin, das sie mit eigenen Mitteln auf die Beine gestellt hat: eine Sammlung in der Gegend gefundener Waffen und Fischfanggeräte, aktualisiert mit Grammophonen, Samowaren und einer Singer-Nähmaschine.

Den ganzen Tag über arbeitet sie an ihrer vierbändigen Geschichte von Albasin. Ihre Familie ist altsibirisch, ansässig seit sieben Generationen. Sie hat das 19. Jahrhundert fertig und schlägt sich jetzt mit dem 20. herum. Es ist sehr schwer. Denn erst nach Lenins Tod, glaubt sie, sei das System abgeirrt. Aus ihrem verwelkten Gesicht funkeln mich zwei dunkelgeränderte Augen vogelartig an.

»Selbst hier wurden in den dreißiger Jahren sechzig Personen verhaftet. Anständige, normale Leute. Traktoristen und andere. Einige waren meine Freunde. Aber sie wurden der Geheimpolizei gemeldet, und die Polizei mußte ihr Plansoll erfüllen.«

Und doch kann sie Stalin nicht verurteilen. Die roten Sterne an ihrem Tor ehren das Andenken ihrer beiden einzigen Geschwister, Bruder und Schwester, die in dem von Stalin gewonnenen Krieg umkamen. Ihr gebrechliches Äußeres trügt. Sie war ihr Leben lang Lehrerin, und eine geballte didaktische Energie geht von ihr aus. »Stalin hat sich vielleicht manchmal geirrt, bei den vielen Verhaftungen. Doch selbst die werden übertrieben. Ich habe Solschenizyn gelesen, und er hat mich nicht beeindruckt. Er konnte nur über das schreiben, was er kannte, und das war begrenzt. Das gibt ihm keine Vollmacht, Zahlenspekulationen anzustellen. Sechzig Millionen Tote! Jetzt, wo die Archive geöffnet werden, stellt man fest, daß die Zahlen niedriger, viel niedriger sind, als er angibt ...«

Ich runzele die Stirn und sage nichts. Im Gegensatz zu ihr habe ich diese Greuel nicht selbst erlebt. An denjenigen, die sie erlebt haben, ist es, sie zu vergleichen, zu erklären, womöglich zu entschuldigen. 20 Millionen Tote sind für Agrippina Doroskowa weitaus verzeihlicher als 60 Millionen. Für mich heben beide Zahlen in unvorstellbare Dimensionen ab. Sie zieht Stapel vergilbter Manuskripte hervor. Ihr Stalin ist immer noch der Erbe Lenins. Die gesamte sowjetische Geschichte, die sie zu Papier bringt, erscheint ihr als ein langer, tragischer Abfall von einem reinen Sozialismus, den sie zeitlich nicht genau festmachen kann.

»Bis zu … na, den Zuständen, die wir heute haben!« Ein kurzes Abwärtszucken der Hand befördert die Regierung auf den Misthaufen der Geschichte. »Darüber habe ich schon geschrieben, über diesen Jelzin. Ich habe alles gesagt, was ich denke.«

»Zu Stalins Zeit wären Sie dafür erschossen worden.«

»Nein! Ich habe damals gesagt, was ich wollte! Und ich habe geschrieben, was ich wollte! Immer!« Ich wende den Blick von ihr ab. Hat sie schon vergessen? »1938 war die Sowjetunion gesäubert! Alles war in Ordnung! Für manche Leute mag es schlimm gewesen sein, aber für die meisten war es gut. Aber wer beschützt uns heute? Hier in Sibirien sind wir reich an Holz, an Gold. Und die Amerikaner und die Briten, die wünschten, es gäbe uns nicht, dann könnten sie alles an sich reißen. Das ist es, was sie wollen!« Sie hat vergessen oder gar nicht mitgekriegt, daß ich Brite bin. Ihre Augen blitzen zornig. Ihr Kinn schiebt sich zitternd vor. »Irgendwann werden unsere dummen jungen Leute begreifen, was ich sage. Im Westen rüsten sie auf, während unsere Waffen weniger werden. Was wir brauchen, ist eine neue Revolution. Aber wir haben Angst, daß der Westen einmarschiert. Wenn wir den politischen Kurs wechseln, werden die Amerikaner eine Armee losschicken und die Macht übernehmen, und wir werden Sklaven sein …«

Ich höre wie betäubt zu. Die Spanne ihrer Erfahrungen übersteigt meine bei weitem, ihr Reden von Macht und Sklaverei ist mir einfach zu fremd. Ich weiche innerlich vor ihr zurück, vor der ganzen Welt, die in ihr geistert. Ich bin erleichtert, daß sie so alt ist, so überlebt. Und schäme mich meiner Erleichterung ein wenig. Mir fällt auf, wie unpassend ihre Hände wirken: Hände, die einst einer größeren Frau gehörten und irgendwie auf ihrem Schoß liegengeblieben sind.

»Aber unser Volk bezwingt jede Not!« Ihre Stimme bekommt einen leicht hysterischen Ton. »Rußland wird siegen! Die einfachen Leute werden allem zum Trotz die Macht in die Hand nehmen. Rußland stirbt, und dann ersteht es neu!«

....

Als ich mich früh am Morgen aus dem Zugfenster beugte, sah ich ein anderes Land. Die ganze Nacht hindurch hatten wir uns ostwärts Richtung Chabarowsk und Ozean vorangekämpft, und jetzt war der Wald gewichen, und ebene Schneefelder schimmerten bis zum Horizont. Die weißen Häuser früher ukrainischer Siedler lösten sich in dieses größere Weiß auf, vereinzelte Lärchen glitzerten eisig schön in der Sonne, und die Kiefern standen da wie versilberte Weihnachtsbäume.

Unter mir in meinem engen Abteil war die Frühgymnastik in vollem Gange. Sechsmal in der Minute kamen neben meinem Kopf die verschwitzten Rückenmuskeln des Mannes hoch, der ächzend Klimmzüge am Bettgeländer machte, und der stämmige Jugendliche gegenüber setzte sich auf und ließ seine Schultern kreisen. Alle schienen hervorragend in Form zu sein. Ihre Brustmuskeln spannten sich unter T-Shirts, auf denen »Top Fit« und »Bulls« stand. Ein Sportlerteam war in der Nacht zugestiegen, dachte ich, oder vielleicht eine Zirkustruppe.

Dann begab ich mich nach unten, und die Phantasie löste sich in Luft auf. Der Mann, den ich mir als Kugelstoßer vorgestellt hatte, erwies sich als Ingenieur auf der Fahrt nach Belogorsk, und der junge Bursche mit den kreisenden Schultern studierte an einer Fachhochschule. Der Hagere in der Koje unter mir (ich hatte einen Marathonläufer aus ihm gemacht) war arbeitslos, und das Nymphchen, das wie eine Turnerin aussah, war die Tochter des Mannes, der kein Kugelstoßer war.

Um die Mittagszeit herum stiegen sie an verschiedenen Stationen aus, und andere füllten meinen Wagen und vertrieben den noch nachhängenden Geruch einer eingebildeten Durchtrainiertheit. Je weiter wir nach Osten kamen, um so voller und lauter wurde es. Ein Trupp Jugendlicher machte rüpelnd, strunzend, schnüffelnd, flirtend die Gänge unsicher, und Horden kahlgeschorener Matrosen tranken sich zum Pazifik durch. In meinem Abteil waren drei moldawische Zigeuner – gefährlich dreinblikkende Antialkoholiker – in unergründlichen Geschäften zwischen Belgien, der Türkei und Wladiwostok unterwegs, und eine Altgläubige mit mehreren Rockschichten pendelte zwischen ihren vierzehn Kindern hin und her. Zwei Betrunkene schwankten durch den Zug und schauten, wen sie anschnorren konnten. Sie legten es darauf an, einen Blick zu erhaschen, einen Moment der Kumpanei herzustellen, um sich daraufhin Zigaretten zu erbetteln. Zwei Bahnpolizisten marschierten durch die Gänge und führten einen ab.

Was hatte er getan? Keiner wußte es.

Ein junger tadschikischer Chemiker neben mir, der Arbeit im russischen Fernen Osten suchte, stellte mir mit freundlicher Beharrlichkeit Fragen. Seine Augen leuchteten aus einem feinknochigen, dunklen Gesicht. Ich schien ihn ein wenig zu verwirren. Wieso ich allein sei, fragte er. Ob ich keine Angst habe. Wieso ich Russisch lerne, wo Englisch doch die Sprache der Zukunft sei. Sibirien sei unbedeutend, nicht wahr? Wieso ich in Gegenden fahre, deren Geschichte vorbei sei. Wieso …

Erst eine Verrückte brachte ihn zum Schweigen. Sie drängelte sich zeternd zwischen uns. Sie hatte das ausgezehrte Aussehen vieler seelisch gequälter Menschen, dazu schöne, ganz zarte Hände. Doch aus ihrem Mund kam nur wütendes Gebrabbel. Mit ihren kurzgeschorenen Haaren und ihrer knielangen Strickjacke sah sie aus wie soeben aus der Anstalt geflohen.

Der uns gegenübersitzende Mann, ein Hüne mit einer Halbglatze, stieß ihr in die Rippen und schrie sie an: »Ich versteh dein Kauderwelsch nicht. Darum sag ich dir auf gut russisch: Verpiß dich!«

Da entspannte sich ihr erschöpftes Gesicht, und sie verstummte, als ob sie endlich den gesuchten Frieden gefunden hätte. Sie sank schlaff an meine Schulter.

Der Hüne war ein Nationalist der alten Sorte. Er fing an, mit ätzenden Sarkasmen lautstark über die Regierung herzuziehen, und erntete im ganzen Wagen Gelächter und Beifall. Selbst alte Leute, für die solche Worte einst Tod oder Gefängnis bedeutet hätten, rafften sich zu einem Lächeln oder einer Gegenrede auf, und unser Wagen wurde ein wild durcheinanderplapperndes Parlament. »Denken Sie an meine Worte!« Der Hüne hatte mich bereits aufs Korn genommen. »Die Sowjetunion wird wiederkommen! Sie wird sich wieder vereinigen. Erst dann wird alles besser werden. Und das wird es! Das Volk will es so. Schirinowski ist der richtige Mann. Was halten die Leute im Westen von ihm? Fürchten sie ihn?«

Ich sollte sagen, daß der Westen sich fürchtete. Er wollte Furcht sehen, so wie vor Stalin.

Doch der lächerliche Reaktionär Schirinowski löste in mir nur geringe Besorgnis aus. Ich sagte: »Im Westen halten wir Schirinowski für einen Hampelmann.«

Einen Moment lang war er still. Dann: »Also Jelzin ist euer Mann? Aber seine ganze Sippschaft ist eben erst aus der Taiga hervorgekrochen!« Er kratzte sich mit den Fingernägeln über die Brust. »Affen!« Ein gedämpftes Lachen ertönte. »Sie sind alle Agenten von Amerika! Marionetten des CIA! Stecken alle unter einer Decke. Wenn es soweit ist, befördern wir sie mit einem Fußtritt über die Grenze, weil sie doch den Westen so sehr lieben. Dann gehört Rußland wieder den richtigen Russen. Das Volk will die Wiedervereinigung ...«

»Woher wollen Sie wissen, was das Volk will?« Mir wurde das langsam zuviel.

Er wedelte mit seinem Paß vor meiner Nase herum und fixierte mich mit kleinen, wimpernlosen Augen, die nicht dumm waren. »Ich habe die gesamte Sowjetunion bereist, daher weiß ich das.« Ich fragte mich einen Moment lang, welcher Tätigkeit er wohl nachging. »Wenn Sie nach Tadschikistan oder in die Ukraine oder in irgendein Land aus der alten Union kommen, sagen die Leute: Was macht ihr so? Wie geht's euch? Sie fühlen sich alle wie Brüder, die man auseinandergerissen hat. Die Grenzen sollten abgeschafft werden! Die Leute wollen sie nicht.«

Ich sagte: »Manche schon. Sehr sogar.« Ich wandte mich an den Tadschiken. »Sie nicht?«

Aber er schaute nur freundlich verkniffen, und der Hüne platzte dazwischen: »Die haben da einen Krieg gehabt. Früher gab's da nie Krieg ...«

Auf dem Bett über ihm war ein zierliches usbekisches Mädchen bei alledem nur mit ihrem Schminkkoffer beschäftigt. Sorgfältig ummalte sie ihre Augen, schwärzte sich die Wimpern mit Kajal und runzelte dabei konzentriert die Stirn.

Doch der Hüne war jetzt auf Hochtouren, sprudelte über von Patriotismus und konnte sich gar nicht vorstellen, daß nicht jedermann seiner Meinung war. »Wir wollen nicht leben wie ihr im Westen. Wir wollen keine Welt, wo jeder nur für sich selbst sorgt, wo jeder sagt: Das ist *mein* Haus, das ist *dein* Haus! *Dein* Auto, *mein* Auto! Wir sind ein Volk, das miteinander teilt, das die Türen offen hat. Wir sind uns nahe, wir sind Brüder!«

Alle nickten dazu, vor allem ein gegenüber flezender Betrunkener. Sie blickten mich an, warteten auf eine Erwiderung, aber ich konnte nur murmeln: »Prima ... ganz prima ...« Ich kam gegen sein sentimales Rußland nicht an. Wenn ich es ablehnte, verurteilte ich damit nur mich selbst. Im ganzen Gang hatte es sich lächelnd umgedreht und hörte zu: Hausfrauen, Matrosen, Alte, Arbeitslose. Nur die Verrückte rekelte sich und spuckte aus.

Der Mann polterte weiter: »Unsere Bürger waren von jeher vereint! Rußland! Das Baltikum! Zentralasien! Georgien!« Bei jedem Namen hackte er mit der Handkante in die Luft. »Den ganzen Großen Vaterländischen Krieg hindurch! Wir haben Seite an Seite gekämpft. Wir waren Brüder.«

Ich sagte starrsinnig: »Meinen Sie, die wollten Ihre Union?«

Doch augenblicklich sah ich mich mit den Augen der Mitreisenden und bereute die Bemerkung. Der Westen erschien ihnen als protziger Triumphator und ich vielleicht als sein Sendbote und Spion. Und ihr Stolz, ihr letzter Stolz war der Krieg. Also stammelte ich davon, was der Westen ihnen zu verdanken habe, auch wenn nicht mehr als die Hälfte mir zuhörten. Die Gesichter wurden weicher, aber ich hatte nur Verwirrung gestiftet. Der Tadschike tätschelte mein Knie.

Über uns betrachtete sich die kleine Usbekin im Spiegel – die glänzenden Zöpfe mit Bändern durchflochten, die Augen mit Kajal vergrößert – und lächelte still. Draußen rieselte der Schnee und deckte das Land, sei es schonend, sei es gleichgültig, zum Schlafen zu.

An einem unbelebten Bahnhof stieg ich aus. Rings um Birobidschan waren die sumpfigen Ebenen vor den waldigen Hügeln zu glatten Schnee- und Eisflächen geworden. Ich sah durch die treibenden Flocken zum Bahnhofstor auf und erblickte dort den Namen der Stadt in hebräischer Schrift.

Doch dann kam ich in eine ganz normale sibirische Ortschaft mit klassizistisch angehauchten braunen und hellgrünen Straßenzügen, ein paar vereinzelten Holzhäusern und Plattenbauten am Stadtrand. Eis und Schnee häuften sich auf den Bürgersteigen und verstopften die Rinnsteine. Nichts bestätigte die Verheißung jener halluzinatorischen hebräischen Schriftzeichen, daß hier, in diesem Land verfolgter und Schutz suchender Minderheiten, der bizarre Traum einer jüdischen Heimstätte tätig umgesetzt worden war.

Was sich zugetragen hatte, war grotesk. Die Pogrome und das Chaos des Bürgerkrieges und die Öffnung des Ansiedlungsrayons, in dem die meisten russischen Juden seit der Zeit Katharinas der Großen gelebt hatten, schufen in den zwanziger Jahren ein »Judenproblem«, das sich einer raschen Lösung verweigerte. Es war eine Zeit, in der den unterworfenen Völkerschaften der Sowjetunion ein nominelles Selbstbestimmungsrecht eingeräumt wurde, die erste Stufe in ihrem Aufstieg zu einem vollkommenen, einigenden Kommunismus. Sowohl die Ukraine als auch die Krim wurden als geeignete jüdische Heimstätten ins Gespräch gebracht, doch die angestammten Bewohner wehrten sich dagegen. Daher wurde den Juden 1928 diese Wildnis an der Grenze zu China zugeteilt. Mit der Propaganda für dieses Gebiet, größer als Palästina, wollte man einen Schlag gegen den Zionismus führen. Man wollte jüdische Gelder aus dem Westen anlocken und gleichzeitig die Bevölkerung des sowjetischen Ostens gegen die japanische Expansion aufstocken. Vor allen Dingen wollte man die arbeitslosen und ungelernten Juden des europäischen Rußland als Kolchosbauern in einen vorgegebenen sowjetischen Rahmen versetzen, isoliert von ihren traditionellen Führern, mitwirkend am Bau der sozialistischen Zukunft.

Doch die Versprechungen eines nur auf sie wartenden reichen Landes zogen nur wenige Siedler an. Religiöse und integrierte Juden gleichermaßen mißtrauten ihnen. Ilja Ehrenburg geißelte das Projekt öffentlich als ein neues Getto. In den ersten zehn Jahren trafen 43 000 Siedler ein, darunter idealistische Gruppen aus Amerika, Europa, Argentinien, sogar Palästina. Sie fanden ein ödes Land mückenverseuchter Sümpfe, wilder Wälder und schlammiger Pisten vor. Häufig waren keinerlei Vorkehrungen für sie getroffen worden: keine Geräte, keine Scheunen, kein Vieh. Viele Einwanderer waren städtische Künstler ohne jede Erfahrung mit Landbau oder Bodenentwässerung. Ihre geringen Darlehen und Subventionen waren bald aufgebraucht. Mehr als die Hälfte von ihnen kehrten zurück oder gingen ihren alten Tätigkeiten in andern sibirischen Städten nach, wo es den Juden ein Jahrhundert lang ganz passabel gegangen war.

Nach und nach jedoch bauten die Hartnäckigen eine Stadt auf. 1934 wurde ihre Provinz zum Jüdischen Autonomen Gebiet Birobidschan erklärt, und die landwirtschaftliche Offensive wurde in industrielle Bahnen umgelenkt. Inzwischen war die Bevölkerung mehrheitlich russisch – die Juden machten 23 Prozent aus –, doch immerhin entstanden Textilfabriken, Möbelbaukollektive, jüdische Zeitungen und Schulen. Es war ein zaghafter Anfang.

Jetzt aber irrte ich durch eine Stadt, in der slawische Stille herrschte. Ich sah keine weiteren Schilder in hebräisch, hörte kein Jiddisch. Im Museum nahm die jüdische Nachkriegsgeschichte einen verschwindend geringen Teil ein. Der Empfangschef in meinem Hotel – auf der Scholem-Aleichem-Straße gelegen – sagte, es gebe keine Juden mehr. Ich wanderte bis zur Erschöpfung durch die Randbezirke. Die Hälfte der Gassen verliefen sich in einem von Buschwerk bewachsenen Land mit den grauen Hügeln im Hintergrund, deren Bäume sich schon entlaubt hatten. Nur vor der Konzerthalle war die Plastik eines Notenschlüssels geformt wie eine jüdische Menora; doch seine Neonlichter waren kaputt, und das auftretende Ensemble spielte laut Ankündigung im »fernöstlich-russischen Stil«.

Weiter weg von dem andern Gelobten Land konnte man kaum sein. Der Markt war fest im Griff chinesischer Händler, die bei Chabarowsk über die Grenze kamen. Während ich zwischen ihren Buden mit Trainingsanzügen und Strickjacken hindurchbummelte, verstand ich, warum die Russen sie fürchteten. Sie waren wachsam und ausgebufft. Sie brauchten kaum etwas zum Leben, stopften sich unter der Arbeit Nudeln in den Mund, logierten alle zusammen in billigen Mietwohnungen. Sie sprachen ein hartes, nuscheliges Mandarin. Ihre russischen Konkurrenten waren dagegen gemütlich und langsam. Vergeblich suchte ich unter ihnen nach einem jüdischen Gesicht. Selbst die älteren Straßenfassaden deuteten mit nichts auf die frühen Einwanderer hin. Diese Vision war im Eis, im Beton, in der Profanität gestorben.

Nach 1936 wurden die Führer von Birobidschan und die Mitglieder seiner Unterstützungsausschüsse in den Säuberungen liquidiert, die damals die ganze Sowjetunion erfaßten. In den Nachkriegsjahren gab es einen kurzen Aufschwung, als 10 000 Juden aus der verwüsteten Ukraine eintrafen, doch die 1948 einsetzenden Verfolgungen machten die Hoffnungen des Gebietes für alle Zeit zunichte. Eine nach der andern wurden die führenden Persönlichkeiten obskurer Verschwörungen angeklagt und verschwanden. Alle jüdischen Einrichtungen, Schulen, Theater, Zeitungen mußten schließen. Die einzigen Juden, die jetzt noch in das Gebiet kamen, waren Strafangesiedelte, und nur Stalins Tod verhinderte, daß es eine Zone von Massendeportationen, ja Massenmorden wurde.

Das Gebiet war natürlich nach leninistischen Prinzipien geführt worden, nicht nach religiösen – die ersten Siedler hielten ihre Gebetszusammenkünfte heimlich ab –, und die mißliebige Synagoge war 1956 niedergebrannt worden. Ihres Rabbis beraubt mieteten die dezimierten Gläubigen danach ein kleines Haus, in dem sie am Sabbat vielleicht die für den Gottesdienst erforderliche Mindestzahl von zehn Männern zusammenbekamen. Im Zuge der Emigration nach Israel und Amerika sank 1990 die Zahl der Juden auf unter 10 000, gerade einmal sechs Prozent der Bewohner, und das Jiddische verschwand von den Straßen. Ich wußte nicht, was seitdem geschehen war. Vielleicht waren sie in der slawischen Mehrheit aufgegangen. Vielleicht waren sie alle abgewandert.

Aber am nächsten Morgen verwies mich ein Passant, den ich ansprach, an ein bunt gestrichenes Holzhaus, vor dem Chrysanthemen durch den Schnee spitzten. Ich lugte hinein. Die Fensterläden waren zurückgeklappt, und Winterlicht flutete herein. Ein hübsches Mädchen in Wollstrümpfen und knöchellangem Rock streifte mich beim Hineingehen. Drinnen waren alle Wände und Bänke nach russischer Art erdbraun gestrichen, doch auf den Tischen stapelten sich hebräische Gebetbücher. Auf dem Lesepult lag eine aufgeschlagene Tora. Schränke waren voll mit Schriftrollen, die in roten Samt eingeschlagen waren, und an den Wänden hingen Mahnzeichen: eine gerahmte Fotografie von Jerusalem, eine Karte von Israel mit Grenzen, die das palästinische Westufer einschlossen, Wimpel mit dem Davidstern, dem Löwen von Juda.

In einer Nische versuchte ein kleiner, gebückter Mann, eine weinende Frau zu trösten. Er hatte irgendeine Rückgratverkrümmung, doch eine hohe Stirn und ruhige Augen verliehen seinem Gesicht mit den spärlichen weißen Haupt- und Barthaaren eine unzweifelhafte Autorität. Als ich mich auf eine Bank setzte, trat die Frau von ihm zurück, und er humpelte zu mir herüber. »Wer sind Sie?« Er trug blaue Latzhosen und orthopädische Schuhe.

»Ich hätte gern den Rabbi gesprochen.«

»Es gibt hier keinen Rabbi. Ich bin bloß ein Verwalter.« Seine Stimme war hoch und liebenswürdig. Er setzte sich neben mich. »Einen Rabbi gibt es schon seit Jahren nicht mehr.«

»Aber dies ist Ihre Synagoge?« Die Räumlichkeiten machten einen häuslich schlichten Eindruck.

»Es ist eigentlich keine Synagoge, nur ein Bethaus.« Er blickte mich fest an. »Wir bringen heute den Minjan von zehn Männern nicht mehr zusammen.«

Ich suchte nach Anzeichen von Traurigkeit, fand aber keine. »Dann können Sie keine Gottesdienste abhalten?«

»Wir haben unsere Bücher. Wir lesen Bücher.«

Ich blickte auf die Stapel vor den leeren Sitzen. »Sind zu viele weggegangen?«

»Ja, alle gehen weg. Und das ist auch gut so. Sie gehen nach Israel, manche auch nach Deutschland und Amerika. Über neuntausend, glaube ich, sind schon fort, und die meisten andern werden folgen.«

»Sie auch?«

»Ja.« Er deutete auf die Israelkarte an der Wand hinter uns, auf ein Dorf in der Nähe von Beer Sheva. »Dorthin. Mein Bruder und meine Schwester sind schon da. Sehen Sie es?« Er stand auf und legte den Finger darauf. Das bestätigte die Existenz des Ortes. »Es ist ein russisch sprechendes Dorf, Metevot. Ich bin dort jetzt schon mehr zuhause als hier. Nächstes Jahr …«

»Sie sind also schon einmal in Israel gewesen?«

»Nein.« Er mußte über die Vorstellung lächeln. »Sie?«

»Ja.« Ich versuchte ihm die gleißende Klarheit des Landes zu beschreiben, wo alles so anders war als hier, das Rauschen des Meeres, das er noch nie gehört hatte, die bittere Schönheit Jerusalems, und dazu zitterten seine Lippen in ihrem Bartkranz und notierten seine Finger Punkte, die er sich merken wollte. Ich begriff, daß er vor allen Dingen dort sterben wollte. Was aber würde mit Birobidschan geschehen, fragte ich, wenn die letzten Juden gegangen waren?

»Das weiß ich nicht, das kann ich nicht sagen. Ein paar Familien bleiben hier, weil sie es nicht besser wissen. Und dann gibt es noch die sehr Alten und die Kranken, die bettlägerig sind … Sie werden hier sterben.«

»Und Ihre Sachen?« Ich deutete auf die vollen Schränke.

»Alle wertvollen Schriftrollen sind uns gestohlen worden. Irgendwelche Leute sind nachts durch die Fenster eingebrochen. Leute aus Moskau. Juden.«

»Woher wissen Sie, wer es war?« Vielleicht wirkte bei ihm noch die Angst davor nach, Vorwürfe gegen russische Gojim zu erheben.

»Wir wissen es einfach. Nur Juden können ihren Wiederverkaufswert kennen. Doch die Polizei hat sie natürlich nicht gefunden, sie hat es gar nicht erst versucht.«

Die Frau war mit dem Rücken zur Tür stehengeblieben. Unter ihrem Kopftuch quollen die hennagefärbten Locken hervor, und in ihrem Mund wechselten sich Goldzähne mit schwarzen Lükken ab. Sie rief: »Wir können hier nicht länger bleiben! Alle wollen nach Israel! Seit dreißig Jahren arbeite ich hier, und jetzt bin ich entlassen worden, und was soll ich tun? Es ist sehr schwer jetzt, das Leben für mich. Mein Mann ist tot, und ich –«

»Beruhige dich, Klara«, sagte der Mann, als ob Hysterie ihr Normalzustand wäre. Er wandte sich mir zu. »Das jüdische Leben hier ist vorbei. Früher hatten wir Zeitungen in jiddisch, aber heute gibt es kaum mehr eine Seite. Die Redakteure sind alle Russen. Der Rundfunk genauso ...«

»Und Ihr Musikalisches Kammertheater?« fragte ich. Es war einst das kulturelle Aushängeschild von Birobidschan gewesen, mit einer vierzig Kopf starken Sing- und Tanztruppe.

Klara lachte höhnisch auf. Der Mann blickte verärgert. »Sie haben hier nie gelebt, diese Leute. Das war bloß Propaganda. Sie haben alle in Moskau gelebt. Vielleicht sind sie alle paar Jahre einmal auf einer Tournee hier vorbeigekommen. Sie haben einfach unsern Namen genommen. Viele waren nicht mal Juden.« Er schlug das Gebetbuch auf, das er in der Hand hatte. »Reine Juden gibt es hier nur noch sehr wenige. Manche führen Mischehen mit Russen, und ihre Kinder lernen nie ein jüdisches Gebet. Mit den Mischehen hat sich alles bei uns verändert, sie waren der Niedergang unserer Religion. Es gibt keinen jüdischen Bezirk in dieser Stadt. Selbst unsere Toten liegen mit den Russen vermischt.«

Klara platzte dazwischen: »Wir müssen alle zu Gott beten!«

Er fuhr fort: »Natürlich gibt es hier Juden, denen es geschäftlich gut geht, also warum sollten sie weggehen, außer nach Moskau? Sie sind reich. Wir nennen sie die Chinesenjuden.« Er lachte hart.

»Sie sind ein winziger Prozentsatz, aber es gibt sie. Also bleiben nur die ganz Armen und die ganz Reichen hier. Und die Armen bekommen eine Ausreiseunterstützung. Wenn einer ›Jude‹ in seinem Paß hat, hilft Israel ihm. Aber früher ließen sich Juden, die Angst vor dem Antisemitismus hatten, ›Russe‹ einstempeln, und jetzt ist es schwer für sie. Heute versucht jeder, ›Jude‹ in den Paß zu bekommen! Wir werden rasant mehr!«

Aus irgendeinem Grund machte mich die Aufgabe von Birobidschan trauriger als ihn. Die hier gebrachten Opfer hinterließen keine Spuren. »Gibt es Juden auf dem Land?«

»Nicht mehr, kaum mehr. Es gab eine Kolchose, die sich ›Lenins Wille‹ nannte, und sie wurde von Juden geführt. Aber sie sind alle nach Israel gegangen. Sie arbeiten in Kibbuzim.« Sein Lachen tönte jetzt heiter, musikalisch. »Lenins Wille ist nach Israel ausgewandert.«

Ich stand am Ende der Straße im Schnee, als Klara mit zwei Einkaufstaschen vorbeikam. Sie hatte sich das Kopftuch unter ihrer zersausten Haarfülle um den Hals gebunden, und sie sah mitgenommen aus.

»Meine Kinder zuhause haben Hunger«, sagte sie, »immer Hunger. Ich weiß nicht, was ich tun soll.« Obwohl sie zu alt aussah, um kleine Kinder zu haben, klangen ihre Worte nach einer gewohnten Klage. Ich begleitete sie in das nahe Geschäft, wo sie etwas Reis und Mehl kaufte, und ich verspürte das Bedürfnis, ihr etwas zu schenken. Ich kaufte ihr ein Hühnchen, doch sie schämte sich und wollte es zurückgeben. Dann lud sie mich bei sich zuhause zum Essen ein. »Kommen Sie, kommen Sie. Meine Kinder sind gute Kinder, sie glauben an Gott. Alexei wird auch da sein. Er hat Frau und Kinder, aber er verbringt seine Zeit bei mir.« Sie redete in aufgeregten Schlagworten und Notsignalen. »Wir wollen nächstes Jahr nach Israel gehen, hier weg. Und Alexei auch, er geht mit. Aber es ist schwer für ihn …«

Als wir uns einer seelenlosen Mietskaserne aus weißen Backsteinen näherten, zögerte sie und blieb stehen. »Sie müssen Nachsicht mit uns haben. Wir leben in sehr ärmlichen Verhältnissen.

Und Alexei ist oft krank. Er ist ... na ja, mein Geliebter ... Wir lieben uns, aber es ist schwierig. Der Altersunterschied zwischen uns ist groß. Er ist erst dreiunddreißig, und ich bin siebenundvierzig.« Ich hatte sie älter geschätzt, aber jetzt sah ich, daß ihr schlaffer Hals und ihre eingefallenen Wangen weniger dem Alter als der schlechten Ernährung und dem Kummer zuzuschreiben waren. Ihr Lächeln erweckte ein Gesicht zum Leben, das einmal hübsch gewesen war. »Er glaubt nicht an Gott, und das ist das große Problem zwischen uns. So sehr ich auch auf ihn einrede, ihm erkläre, wie dumm er ist, er will einfach nicht glauben. Er ist ein schwieriger Mensch.«

Sie wohnten im obersten Stock in zwei Zimmern, eingerichtet mit Eisenbetten und kaputten Möbeln. Die Zimmertüren hatten keine Füllungen mehr und waren nur noch leere Rahmen, und überall, wo die Bewohner zusammenkamen oder gewöhnlich standen, waren die braun gestrichenen Dielen blankgewetzt, so daß man die Bahnen, auf denen sich die Familie vom Bett zum Fenster zum Spülbecken bewegte, gut verfolgen konnte. Eine Kuckucksuhr ohne Kuckuck tickte in einem Schrank. Die Wände waren grün vor Feuchtigkeit, und frische Mörtelstreifen zeichneten den gewundenen Verlauf von Stromkabeln nach.

Als wir eintraten, rappelte sich Alexei vom Bett auf, wo er gelegen und geraucht hatte. Auf dem Fußboden neben ihm quoll ein Aschenbecher von Kippen über. Er sah aus wie ein kranker Hase, dessen zartes Knochengerüst jederzeit brechen konnte. Die Bartstoppeln auf seinen Backen waren grau – mit dreiunddreißig –, so daß er mir im ersten Moment älter vorkam. Er schwankte auf mich zu und reichte mir eine kraftlose, knochige Hand.

Als wollte sie ihn in seiner Abwesenheit entschuldigen, sagte Klara: »Alexei denkt an nichts anderes als an den Afghanistankrieg. Der Krieg läßt ihm keine Ruhe.«

Er fragte: »Wovon redet sie?«

»Vom Afghanistankrieg.«

Er trat dicht an mein Ohr. »Ich war noch ein Junge, im Wehrdienst ...«

Da erhob sich Klaras Tochter Julia vom Bett gegenüber. Mit

knapp sechzehn war sie eine temperamentvolle Schönheit. »Müssen wir uns das alles schon wieder anhören?« Ihre schwarzen Haare ringelten sich auf Backenhöhe wie zwei Hörner nach innen, aber hinter dieser Abwehr fixierte sie mich mit finsterer Aufmerksamkeit: sinnliche, rebellische Augen, die nicht blinzelten oder auswichen. Sie begrüßte mich flüchtig. Klara versuchte ihr in die Backe zu zwicken, doch sie warf ihr einen grimmigen Blick zu.

Alexei sagte: »Ich gehe. Ich muß jetzt gehen.«

»Du kannst nicht gehen«, sagte Klara. »Colin hat uns ein Hühnchen mitgebracht.«

»Ich muß gehen.«

Julia sagte: »Der Krieg quält ihn«, wieder als ob er nicht anwesend wäre, und folgte ihrer Mutter in die Küche, durch deren zersplitterte Tür augenblicklich lautstarkes Streiten scholl.

Alexei nahm seine Mütze, zerknautschte sie in den Händen. Aber er schien noch nicht gehen zu können. »Wissen Sie, ich wurde von den Afghanen gefangengenommen. Ich war in Pakistan im Gefängnis, zusammen mit fünfundvierzig andern. Ein halbes Jahr war ich dort. Wir wurden nicht wie Menschen behandelt. Einfach wie Tiere. Wir waren ihre Tiere … Manchmal dachte ich, sie würden uns erschießen.« Ich faßte seine Schulter. Sie zitterte. »Dann wurden wir gegen afghanische Gefangene ausgetauscht, gegen Duschmani, Banditen. Vier russische Soldaten gegen vier Banditen.«

Klara kam wieder ins Zimmer gestürmt. »Er wurde von einer Bombe getroffen«, sagte sie. »Bombenneurose. Im Schlaf träumt er die ganze Zeit vom Krieg. Er hat Albträume. Krieg! Krieg! Er träumt, wie Menschen sterben, wie er sie tötet.« Sie hastete wieder hinaus.

»Hier, schauen Sie«, sagte Alexei in kläglichem Ton. Er langte in einen Schrank und holte seinen Uniformrock heraus, befingerte die fünf Abzeichen daran. »Sie haben mir postum den Orden des Roten Sterns verliehen. Er wurde meiner Familie geschickt. Mein Vater bekam einen Brief vom Gebietskommandanten von Birobidschan, in dem stand, ich wäre tot, ein Held, und diesen Orden.

Furchtbar … furchtbar … Es hieß, ich wäre in Erfüllung meiner patriotischen Pflicht bei der Verteidigung der Demokratischen Republik Afghanistan gefallen. Meiner Meinung nach sollten die Leute, die diesen Krieg angezettelt haben, inhaftiert werden … Es ist schrecklich …« Seine Stimme war ein manisches, bebendes Flüstern geworden.

Ich fragte: »Was geschah bei Ihrer Rückkehr?«

»Meine Familie wurde lange Zeit nicht damit fertig. Mein Vater sagte einfach zu mir: ›Du bist ein Toter unter den Lebenden.‹ Nur das.« Seine Augen überflogen mich. Es war Wahrheit geworden, dachte ich. Er war nie richtig zurückgekehrt. Er sagte: »Dann habe ich eine Liste heimgekehrter Soldaten gesehen, die ausgezeichnet werden sollten, und ich war nicht darauf. Erst später habe ich den Orden der Roten Fahne erhalten. Und als ehemaliger Kriegsgefangener bekomme ich Vergünstigungen, Geld. Nicht nur eine freie Wohnung, auch eine Rente, Sozialhilfe. Ich bin ein Kriegsveteran. Schauen Sie …« Die Abzeichen klirrten unter seinen grabbelnden Fingern. Auf einem stand in russisch und persisch: »Mit der Dankbarkeit des afghanischen Volkes.« Aber keine Spur von Ironie bei ihm. »Da sehen Sie's, nicht wahr? … Ich habe eine Urkunde darüber, daß ich ein Armeeveteran bin, und da ist ein Stempel ›Afghanistanveteran‹ drauf. Ich bin … ich bin …«

Klara kam mit Julia im Schlepptau wieder ins Zimmer, doch ihr Gekeife brach an der kaputten Tür ab wie an einer unsichtbaren Schwelle.

Alexei zog sich die Mütze über den Kopf. »Ich muß gehen.«

Ich hatte mir ihre Verbindung platonisch vorgestellt, doch er trat hinter Klara wie ein junger Liebhaber und küßte ihre halb weggedrehten Lippen. »Ich komme wieder. Ich komme heute nachmittag wieder.« Er legte die Hand um ihre abgewandte Backe, zog ihren Kopf herum und drückte ihr einen Kuß auf. Dann ging er.

Sie seufzte und lachte. Er hatte einen zigeunerhaften Charme in ihr entzündet; ihr langes, verkniffenes Gesicht und ihre dunklen Augen wurden fröhlich. »Er will mit nach Israel kommen«, sagte sie. »Wir haben schon beschlossen zu heiraten. Aber seine Frau und seine Kinder machen mir Angst. Ich weiß nicht, was die Zukunft bringt. Sie haben es ja gesehen, Colin, er ist jung. Andererseits denke ich, das Alter spielt keine Rolle.« Jedes Alter erliegt der Liebe. »Stimmt das etwa nicht?«

Ich murmelte etwas Ausweichendes.

»Vielleicht wird er durch mich zu Gott finden. In Afghanistan hat er zuviel gesehen. Dort hat er Gott verloren.«

Mit dem irdischen Trost ihres Körpers wollte sie gern die Rolle der Erlöserin spielen. Doch der grausame Gedanke kam immer wieder hoch, sie könnte bloß Alexeis Fahrkarte ins Ausland sein: Wenn er eine Jüdin heiratete, würde Israel ihn aufnehmen. Sie wiederholte es wie eine Litanei: »Er will mit uns weggehen!«

Aber Julia schrie fast: »Er glaubt nicht an Gott! Er ist kein Jude! Kein Mensch weiß, was mal aus Alexei wird!«

Klara sagte traurig: »Es stimmt, daß er nicht gläubig ist. Aber vielleicht passiert ein Wunder.«

»Er denkt bloß immerzu an den Krieg.« Julias Stimme war bissig, älter als die ihrer Mutter. »Dabei ist der längst vergessen. Er ist aus. Vorbei.«

Klara breitete hilflos die Arme aus. »Sobald die Schulden für diese Wohnung abbezahlt sind, gehen wir nach Israel. Alle meine Verwandten sind schon dort. Wir sind die letzten hier. Ich habe keine Ahnung, wann wir loskommen, aber mein Bruder und meine Schwester sind in Hebron.« Sie wußte nicht, daß die Stadt eine jüdische Insel in einem arabischen Meer war. »Wir lernen derzeit Hebräisch, und mein Sohn Igor lernt Jiddisch. Es gibt hier noch eine kleine Schule dafür.«

Die Tür ging auf, und ein offen blickender Junge kam herein. Er hatte seine Jiddischlehrbücher unter den Arm geklemmt und grinste immer noch über einen in der Schule gehörten Witz. Igor war vierzehn, sah aber Jahre jünger aus. Die Teufel, die seine Schwester ritten, hatten ihn verschont. Seine Augen leuchteten blau in einem aufgeweckten Gesicht.

Klara rief: »Das sind meine guten Kinder! Wir sind alle gläubig!« Sie schob ihn vor. Mit gebleckten Goldzähnen und Lücken lachte sie, als ob ihre Welt vollkommen wäre. »Sehen Sie, was für wunderbare Kinder Gott mir gegeben hat!« Dann lotste sie mich in das Nebenzimmer. »Als ich vier war, hat meine Mutter mich zum erstenmal in die Synagoge mitgenommen, und da habe ich Gott ins Herz geschlossen. Da, sehen Sie!« Das Zimmer war genauso ärmlich wie das erste. Doch auf einem Hocker lag eine Tora, und an der Wand hing ein sentimentales Madonnenbild. Klaras jüdischer Glaube hatte sich in aller Unschuld in das Christentum verirrt, mitverschuldet durch Rußlands Isolation und ihre Neigung zum Gefühlsüberschwang. Ein Kalender mit jüdischen Gebeten hing über Julias Bett neben einem Bild von Jesus auf einem Esel.

Dann machte sich Klara an die Zubereitung des Hühnchens und den unerbittlichen Streit mit Julia, und ich blieb mit Igor allein. Aus der Küche drang Julias gnadenlose Kanonade: »Geht bei dir gar nichts rein? Ich kann mich nicht ständig wiederholen ... die Anleitung auf der Packung ist doch klar ... Lies sie selber! Ich hab's satt ...« Darauf ein Ausbruch von Klara: »Was machst du mit der Kascha? Hast du noch nie Buchweizen gesehen? Was ...?« Ab und zu hörten sie auf, um sich über etwas anderes zu kabbeln. Das Flicken von Julias Jeans oder das Kleben eines Pflasters auf den Hals ihrer Mutter verursachten größere Komplikationen und beiderseitige Wutanfälle.

Igor grinste mich nur an. »Immer Krach.« Er wirkte wunderbar unversehrt davon. »Nichts als Krach.«

Hin und wieder trampelte Klara in ihren schicken Schnallenstiefeln – der einzige Luxus, den sie zu besitzen schien – ganz außer Atem herein und alsbald wieder hinaus, wobei sie das Licht ausknipste und gar nicht mehr daran dachte, daß noch jemand da war. Häufiger war ihr Zorn nach einem stürmischen Wortwechsel schon verraucht, und sie kam herein, als ob nichts gewesen wäre. »Das sind meine Kinder! Ist Julia nicht schön? Gelt? Am 25. ist sie sechzehn geworden ... Und Igor, ein guter Junge! Und sie glauben an Gott. Alle beide. Wir sind alle gläubig!«

Igor durchstöberte die Wohnung nach Sachen, die er mir zeigen wollte. Mit unschuldigem Vertrauen auf mein Interesse schlug er auf meinen Knien zwei zerfledderte Alben mit Fotos von Fabriken und Instituten auf, in denen sein Vater und seine Großmutter gearbeitet hatten. Diese beiden Vorfahren beschäftigten ihn und beschäftigten bald auch mich, während wir über den Momentaufnahmen ihres Lebens hockten. Auf mehreren Schnappschüssen standen sie ziemlich steif in Parks oder an Straßenecken, Ende der vierziger Jahre. Der Junge trug einen schwarzen Anzug, seine Mutter ein geblümtes Kleid.

Sie waren 1933 aus Weißrußland gekommen, um in den Sümpfen von Birobidschan die Gelobte Stadt aufzubauen, und die junge Frau hatte den ersten Kindergarten am Ort geleitet. Für Igor bewohnten sie eine längst vergangene Welt, die erschreckend und zauberhaft zugleich war. Doch auf einem Bild nach dem andern schien die Frau von einer tiefen Schwermut bedrückt zu sein und wurde ihr Sohn ein verloren blickendes Gesicht auf den Klassenfotos staatlicher Schulen.

»Das ist sie da auf dem Teppich«, sagte Igor. Er deutete auf einen Wandbehang über Alexeis Bett, der der einzige Farbtupfer im Zimmer war. Bei diesen massenproduzierten Teppichen konnte man sein Porträt in die vorgegebene Szenerie einweben lassen, und die Kindergärtnerin hatte sich dafür entschieden, in einem Landschaftsgarten des 19. Jahrhunderts neben einem Kitschpostkartensee zu sitzen. Eine weiße Schärpe raffte ihr langes Kleid in der Taille zusammen, und ihre nichtssagende Hübschheit wurde von einem breitkrempigen Hut beschattet, zu dem sie mit affektierter Mattigkeit einen schlanken Arm emporhob.

»Ist sie nicht wunderschön!« rief Igor aus.

Es war ein beklemmender Blick in ihr Herz. Während sie im Sibirien der Stalinzeit daran gearbeitet hatte, das Bewußtsein der Massen zu heben, hatte die gelernte Lehrerin davon geträumt, eine englische Lady zu sein, die an einem See picknickte.

Aber Igors Vater war auf der Strecke geblieben. Er hatte in dem modernen Dalselmasch-Werk gearbeitet, das Traktoren herstellte, und es gab ein Foto von einer Brigade junger Mechaniker von vor seiner Zeit: ernst blickende jüdische Arbeiter mit Schirmmützen und Blaujacken. Ich fragte mich, was aus ihnen geworden war. Die Geißel von Stalins letzten Jahren hatte sie noch nicht getroffen, doch im Rückblick bekamen ihre Mienen etwas Unheilwitterndes, als ob sie Bescheid gewußt hätten. »Mit dem Werk ist es seither bergab gegangen«, sagte Igor. »Früher war es mal das beste.«

Je weiter die Fotos von seinem Vater in die sepiabraunen Breschnewjahre vorrückten, um so schiefer wurde das Gesicht des Mannes. Falls die Kamera log, tat sie es bei einem Bild nach dem andern. Zuerst sah er aus wie der junge Pasternak: die gleichen langen, feingeschnittenen Züge und vollen Lippen. (Julia war ihm wie aus dem Gesicht geschnitten.) Dann fing die Verzerrung an. Er stellte sich zynisch in Pose, doch seine Augen brannten. »Das ist mein Vater«, sagte Igor ständig, wenn er wieder eine neue Aufnahme entdeckt hatte, »und das ist auch mein Vater. Er war groß, so wie Sie.« Er starb mit zweiundvierzig. »Irgendwie war er im Kopf nicht mehr normal. Meine Mutter weiß nicht, was er hatte.« Das letzte Foto zeigte einen Mann mit dunklen Augenhöhlen und einem Blick vollkommener Gleichgültigkeit.

Da ertönte aus der Küche ein Johlen. Julia kam hereingestürzt, schnappte sich ihren Kassettenrekorder, und es ging mit Popsongs los. Igor schnitt eine Grimasse. »Nächstes Jahr sind wir in Israel!« sagte er. »In Israel wird alles gut!«

Ich hatte den Eindruck, das stimmte, wenigstens was ihn betraf.

Jemand trommelte an die Tür. Er sprang auf. »Das ist mein Freund Sascha! Mein guter Freund!« Er riß die Tür auf. »Mein bester Freund!«

Sascha war in Igors Alter, doch er wirkte viel älter: ein ernster Junge mit einem pubertären Schnurrbartflaum und einem Ausdruck unbestimmten Wartens. Seine Familie hatte bereits die Papiere für die Auswanderung nach Israel bekommen und wollte im folgenden Monat fahren. Nachdem er sich auf einen klapprigen Hocker gesetzt hatte, erzählte Igor ihm Witze, und Julia drückte sich an seine Seite. Er reagierte mit dumpfer Schüchternheit auf sie. Auf jede Bemerkung hin, die er machte, ergoß sich die Sonne ihres Lächelns über ihn, und Igor saß plötzlich allein da. In solchen Momenten, in denen seine Schwester und sein Freund von ihm abrückten, wirkte er verwirrt. Vergeblich zupfte er Sascha am Ärmel und schlug ihm manchmal auf den Rücken, während der andere unter Julias Lächeln schmachtete. Hin und wieder schüttelte Sascha Igor ab, doch er tat es freundlich, entschuldigend, wie in Erinnerung an ältere, klarere Gefühle, die noch frei gewesen waren von dieser befremdlichen Unruhe; dazu plärrte Musik von ihrer Kassette.

Ich brauch keinen außer dir …

Julia stand auf und schlängelte sich mit Blick auf ihn im Rhythmus der Musik. Sie hatte auf den Backenknochen und über den Augenlidern etwas Rouge aufgetragen, und wenn sie lachte, schien sie die Zähne zuviel zu haben, die ihrer Mutter fehlten. Sascha aber starrte nur auf seine Schuhe. »Ich habe viele Lieder!« quietschte sie. »Amerikanische! Englische!« Ihre Hüften wiegten sich immer schneller und leidenschaftlicher. »Viele!«

Ich brauch keinen außer dir,
Keinen außer dir …

Doch Sascha zog sich in seine frühere Phase zurück, in das jungenhafte Herumalbern mit Igor. Sie fingen erst mit Schattenboxen an, dann kam Armdrücken. Julias Tanzen wurde ekstatischer. Die Haare flogen ihr wie schwarze Sicheln vor der Stirn hin und her.

»Oh, schauen Sie nur meine Tochter an!« Klara trat mit einem Seiher voll Reis und dem angebrannten Hühnchen in die Tür. »Ist sie nicht wunderbar? Sie ist mir so eine gute Tochter!«

Julia hörte auf und warf sich auf ein Bett. Sascha zeigte Igor seine chinesische Digitaluhr, die einen blechernen Marsch spielte.

»Ich tanze auch gern.« Klara faßte mich ins Auge. »Sehe ich denn sehr schlecht aus?« Zwischen ihren geöffneten Lippen starrten mir die Zahnlücken entgegen. Sie sah schlecht aus. Doch dann ging sie hinaus, und als sie mit einer Rouge-und-Lippenstift-Maske wieder hereinkam, pflückte sie mich von meinem Hocker. Wir walzten durchs Zimmer. Meine quietschenden Schuhe und ihre klackenden Schnallen führten auf dem abgenutzten Fußboden ein gräßliches Duett auf. Sie war stabil gebaut, aber leicht auf den Füßen, und während ihr Gesicht sich vor Freude rötete, sah Julia ihr mit flammenden Augen zu. Ihre Kassette spielte weiter die aktuelle russische Hitparade durch – »Meine Liebe«, »Ich bin schuldig«, und Klaras Worte gingen bis auf einzelne Fetzen in dem Radau unter. »Er ist geschieden, wissen Sie ... Alexei ... plötzlich ... sich mit seiner Frau wieder versöhnen ... Ich weiß nicht ... er liebt mich ... Er will nach Israel gehen ...«

Als wir uns schließlich am Tisch um das Hühnchen versammelten, war es kalt. Und jetzt war es Igor, der rebellierte. Wir hätten zu lange auf Alexei gewartet, sagte er, und Alexei sei nicht gekommen. Deshalb wolle er nichts essen. Vielleicht hatten die Fotos irgendeinen Kummer in ihm aufgerührt, ich konnte es nicht sagen. »Alexei macht einfach, was er will«, murrte er und kehrte uns den Rücken zu.

Aber Klara faltete vor dem Hühnchen und der Kascha die Hände. »Und jetzt wird Julia das Gebet sprechen.«

»Wenn du eins haben willst, sprich es selber!« schrie Julia. »Hör auf, mich ständig herumzukommandieren!«

Also begann Klara stoisch: »Herr, wir danken dir ...«

....

An den Bahnfahrkartenschaltern fragen sie nach dem Fahrpreis: stämmige alte Frauen mit Kopftüchern und Filzpantoffeln und oberflächlich betrachtet so gleich aussehend, daß es leichtfällt, sie brüsk abzufertigen. Der Schalter bäfft eine Antwort, und sie können den Preis nicht fassen. Sie beratschlagen sich, kommen wieder und fragen: »Nur für einen Fahrschein?«

Bäff.

Sie setzen sich mit müden Gesichtern hin und überlegen, ob es andere Verkehrsmittel gibt. Als nächstes erkundigen sie sich nach Ermäßigungen. Bäff.

Du möchtest ihnen gern helfen. Aber ihr Stolz – oder daß du damit rechnest – verhindert es. Du weißt, daß der Westen den

Kalten Krieg gewonnen hat, daß seine Werte sich anscheinend durchgesetzt haben. Die Alten sind jetzt leichter zu verletzen, weil ihre Welt langsam dahinschwindet, alles, wofür sie gekämpft haben. Die Kriegsveteranen scheinen ihre Orden mit dem Trotz der Verzweiflung zu tragen. Und so lasse ich die alten Frauen abzockeln. Ich habe nie einer einzigen geholfen.

Ich habe nicht aufgehört, mich dafür zu schämen.

....

Es war fast November, und ich war auf der Baikal-Amur-Magistrale am Fluß entlang nach Norden bis auf 250 Kilometer an den Pazifik herangefahren, nach Komsomolsk-na-Amure. Mit Daunenjacke und Kapuze dick gegen die Kälte vermummt stapfte ich durch Straßen, angelegt für den starken Verkehr einer Zukunft, die niemals gekommen war. Komsomolsk war Stalins »Stadt der Jugend«, gegründet 1932 von jungen kommunistischen Pionieren weitab von der Transsib und ausländischen Augen: eine eigene Welt von Kampfflugzeugfabriken, U-Boot-Werften und Konzentrationslagern, in Fremdenfeindlichkeit großgeworden.

Ich hatte eine Stadt von heruntergekommener Häßlichkeit erwartet. Statt dessen sah ich schnurgerade Straßenzüge mit dunkelgelben Backsteinfassaden in einem leicht monströsen klassizistischen Stil. Die Durchgängigkeit der Stuckverzierung verlieh ihnen die Atmosphäre einer Theaterkulisse. In ihrer großmächtigen Schäbigkeit sahen sie älter aus, als sie waren. Es schneite schwere, nasse Flocken, die kleine stilistische Sünden (deplazierte Friese, funktionslose Säulchen), die bröckelnden Konsolen und absturzgefährdeten Balkons verhüllten und den beinahe schönen Eindruck puritanischer Einförmigkeit erzeugten.

Am Ufer des hier zwei Kilometer breiten Amur erinnerte ein Granitklotz an die Landung der ersten Komsomolzen. Sie waren im Mai 1932 als Freiwillige auf zwei Dampfern gekommen, der *Kolumbus* und der *Komintern*, um in der jungfräulichen Taiga ihre Stadt zu bauen, wobei sie den ersten Winter in Zelten verbrachten. Die sowjetische Presse hatte daraus eine Legende von jugendlichem Heldenmut gestrickt, und das städtische Museum stellte nach wie vor ehrfürchtig ihre erhaltenen Koch- und Eßgeschirre und Paraffinlampen aus und bewahrte Tagebücher und Briefe auf, in denen die bedrohlich schrumpfenden Vorräte oder ein frühes Skorbutopfer (»das erste Grab in unserer zukünftigen Stadt«) festgehalten worden waren.

Die hiesigen Häuser waren immer noch mit den alten sozialistischen Ikonen geschmückt: mit Getreidegarben und Fahnen und Leninköpfen und mit dem Stadtmotiv eines dem Meer entsteigenden Komsomol-Kadetten. Die Straße der Ersten Erbauer zog sich schier endlos hin bis zu einer Ansammlung erloschener Fabrikschornsteine, und ein Denkmal für diese Pioniere stellte sie dar, wie sie als windzersauste Avantgarde der Massen am Amurufer an Land stiegen. Doch sie kamen aus einer andern moralischen Welt anmarschiert, deren überschwengliche Hymnen auf Eisenhüttenwerke und Hochöfen und den immer kurz bevorstehenden Schritt, Amerika zu überholen, den Zynismus geradezu herausforderten. Sie war so rasch, so grausam gründlich untergegangen. Als ich das Denkmal betrachtete, sah ich anstelle der stereotypen Muskelprotze des sozialistischen Realismus ein Grüppchen ziemlich naiv und hilflos wirkender Jugendlicher. Hinter ihnen war der Anfang der Straße der Ersten Erbauer mehrere hundert Meter weit zu einer von Unkraut überwucherten Betonpiste durch verwildertes Gelände verkommen.

Das Gelände war ein altes Konzentrationslager. In der ganzen Stadt stieß man auf solche Orte. Die »Ersten Erbauer« waren kaum mehr als ein Brückenkopf für hunderttausend politische und kriminelle Gefangene gewesen, die zur eigentlichen Erbauung herangeschafft wurden und denen bald Tausende von japanischen Kriegsgefangenen folgten. Überall gibt es nicht gekennzeichnete Massengräber, dazu Denkmäler der Japaner für ihre Toten. Die älteren Einwohner von Komsomolsk sagen, ihre Heimatstadt sei gar nicht von Komsomolzen erbaut worden, sondern von Strafarbeitern.

Und jetzt, wo ihre Existenzberechtigung sich erschöpfte, leerte sich die Stadt. Ihre Entfernung von jedem industriellen Zentrum, die einst Geheimhaltungsgründe hatte, machte sie heute zu einem Anachronismus. Einige ihrer Rüstungsfabriken machten dicht oder exportierten U-Boote nach Indien und Flugboote nach China oder stellten um auf die Produktion von Gleitbooten, Trawlern und Yachten. Dennoch war ich mir nicht sicher, ob ich mich hier aufhalten durfte. Kein Ort auch nur in der Nähe von Komsomolsk war auf meinem Visum. Aber die Empfangsdamen in meinem Hotel, das in einem der von japanischen Kriegsgefangenen gebauten Straßenzüge lag, inspizierten meinen Paß fasziniert und füllten kein Anmeldungsformular aus. Ich bekam ein Zimmer mit einem abgesplitterten Türschloß, einem Gemeinschaftswaschbecken und ein paar schmuddeligen Decken. Doch die bulligen Heizkörper glühten förmlich, und drei Nächte hindurch schlief ich in der Stille des draußen stetig höher werdenden Schnees.

Bei Tag streifte ich durch die Stadt, anonym hinter dem weißen Schleier des Schnees, und hoffte darauf, daß etwas passierte. Eine schwindende Einwohnerschaft von Männern mit groben Gesichtern und lautstarken Frauen trottete in Vinylmäntel und Pudelmützen verpackt über die Bürgersteige. Ich war wieder im Rußland Breschnews. Jedes Café, in das ich wollte, war entweder geschlossen oder trostlos. Amtspersonen, Verkäuferinnen, Kellnerinnen, alle waren auf das sowjetische Klischee festgelegt: unfreundliche Miene, plumpe Figur, barscher Ton, blond oder kupferrot gefärbte Haare. Mein Erscheinen war immer eine feindliche Störung. Geschäfte waren für diejenigen da, die darin arbeiteten: Kunden waren nur lästig.

Auf meinem Stadtplan waren die früher geheimen Industrievorstädte weiß. Ich ging durch Straßen, deren überalterte Fabriken langsam ihre Dachziegel und Scheiben verloren. Manche hatten sichtlich ausgedient: die Seilbahnwagen tiefschwarz und festgerostet, die Wände mit Bildern und Sprüchen bemalt, die die Arbeit verherrlichten oder einen längst vergangenen Jahrestag feierten. Doch die meisten spuckten noch Qualm und Dampf, und die Luft stank nach Blei und Steinkohlenteer. Ich blieb in dem dichten Schneetreiben stehen, um meinen retuschierten Stadtplan zu konsultieren. Bei diesem großen Kraftwerk wies er nur eine Möbelfabrik und ein Zentrum für »experimentelle Mechanik« aus.

Boris verstand sich auf Heimlichkeit. Sie war jahrelang sein Beruf gewesen. Er lebte mit seiner Frau in einer Wohnung nahe der Stadtmitte und besuchte dreimal die Woche das Gefängnis, um dort Gottesdienste abzuhalten. Er war Kaplan in der erstarkenden Baptistengemeinde, und er empfing mich als Abgesandten eines baptistischen Brieffreundes in England, den er nie persönlich kennengelernt hatte.

»Vielleicht kommt es Ihnen so vor, als wäre dieses Gefängnis hoffnungslos«, sagte er. »Fern von Gott.«

So kam es mir allerdings vor. Zufällig war ich an dem Vormittag dort herumgestrichen: ein Backsteinklotz, von dessen zwölfhundert Insassen, wie man mir sagte, die Hälfte in unterirdischen Zellen zusammengepfercht war.

»Viele der Insassen haben eine langjährige Verbrecherlaufbahn hinter sich. Manche werden schon nach wenigen Wochen Freiheit wieder straffällig und kommen zurück, andere sind im Gefängnis regelrecht *glücklich* – so als ob sie hier wären!« Er schwenkte die Arme über seinem engen Wohnzimmer, das seine abwesende Frau noch saubergemacht hatte und das mit seinen abgenutzten Möbeln, seinen Büchern und Kassetten einen heimeligen Eindruck machte. Ich hatte ihm für seine asthmatische Tochter Inhalatoren aus England mitgebracht, und er hatte sie wie Vertrauenssymbole zwischen uns auf den Tisch gestellt. »Aber die meisten Gefangenen sind ganz normale Leute, und sie kommen hier mal einer, da mal einer zu mir zur Beratung. Und mit der Lautsprecheranlage kann ich Gebete und Lieder übertragen, die in jede Zelle, jedes Zimmer gelangen.«

Doch sein missionarischer Eifer war nüchtern, bodenständig. Mit siebenundfünfzig machte er sich keine überzogenen Hoffnungen. Ich fand ihn beruhigend. Sein hängender Schnurrbart über seinem sauber gestutzten Bart ließ ihn leicht kummervoll erscheinen, und er hatte eine jener volltönenden, halb verschluckten Stimmen, die in der russischen Oper und den orthodoxen Gottesdiensten den Baß singen. Doch die Lieder, die er über die

Anstaltsanlage spielte, kamen aus dem baptistischen Amerika. Sein Lieblingskassette hieß »He's Still in Business«, gesungen von einem frischfröhlichen Paar aus dem Mittelwesten.

Boris führte mit den Insassen auch Bibelkurse durch, bei denen ein ganzer Berg von Prüfungspapieren zu bewältigen war. Ich blätterte darin herum. Es waren Frage-und-Antwort-Tests von »The Source of Light School« in den USA. Ich las: »Was ist die größte Sünde, die ein Mensch begehen kann? Wählen Sie zwischen: a) Jemanden ermorden, b) Nicht an Jesus glauben, c) Ehebruch verüben.« Der ehemalige Räuber Viktor hatte richtig b) angekreuzt und die volle Punktzahl erhalten. Jetzt hatte er den ersten Kurs von »Neues Leben in Christus« mit Auszeichnung bestanden.

Ich versuchte mir vorzustellen, was das für einen Mann bedeuten mochte, der im Komsomolsker Gefängnis verfaulte: das Gefühl einer andern Obrigkeit, ein greifbares Ziel.

»Ein paar Gefangene nehmen die Bekehrung sehr ernst«, sagte Boris. »Sie bekehren sogar ihre Wächter. Bei andern weiß man nicht so recht. Vor einer Weile mußte ich einen jungen Mörder beraten. Er hatte sieben Menschen niedergeschossen, ich weiß nicht, warum. Er wurde zum Tode verurteilt. Ich habe ihm von den beiden Räubern erzählt, die neben Jesus gekreuzigt wurden, der eine reuig, der andere nicht. Und er meinte, er habe verstanden. Bald darauf wurde er weggebracht und erschossen.« Seine Melancholie war tiefer geworden. Eine vorsichtige, vorbehaltliche Freundlichkeit sprach aus seinem Gesicht. Ich mochte ihn gern.

»Ich dachte, in Rußland gäbe es keine Todesstrafe«, sagte ich.

»Sie wurde im selben Jahr abgeschafft.« Sein Gesicht wurde grimmig. »Vielleicht war er der letzte.« Dann reichte er mir eine Aufnahme von einem bärtigen jungen Mann mit unsicher schauenden Augen, der zwischen Boris und einem andern Pfarrer stand. »Aber der hier ist ein Erfolg! Ich habe ihn in einem Arbeitslager bekehrt. Nach seiner Entlassung ist er sofort schnurstracks zur Kirche gekommen!«

Ich fragte: »Was hatte er getan?«

»Das kann ich Ihnen nicht sagen. Wenn wir bekehrt sind, ist damit die Vergangenheit weggewischt.« Seine Hand schnitt emphatisch durch die Luft. »Er ist ein neuer Mensch in Christus geworden. Was er getan hat, vergißt man am besten. Er ist ein anderer als der Täter von einst.«

Ich sah mir mit leichten Zweifeln das Foto an. Den Blick gehetzter Verschlagenheit hatte Christus nicht weggewischt. Ich sagte: »Sie besuchen also auch Arbeitslager?« Es war mir leicht mulmig bei diesen Worten. Ich wußte, daß es die Lager noch gab, doch die letzten politischen Gefangenen waren 1992 entlassen worden, nach dem Sturz Gorbatschows. Jetzt waren sie nur noch von angeblichen Kriminellen bevölkert; doch die Vorstellung, daß es faktisch noch Todeslager gab, ließ mich nicht los.

»Ich habe in unserm ganzen Fernen Osten solche Lager besucht«, sagte Boris. »Allein in diesem Gebiet gibt es drei. Die Sträflinge sind immer noch in Baracken untergebracht, manchmal hundert in einem Raum, manchmal auch vierzig oder sechs oder einer, je nachdem. Die Gefangenen haben heute Toiletten, und die Baracken sind aus Ziegeln gebaut. Aber das Bettzeug und die Kleidung sind nach wie vor grauenhaft.«

Ich dachte an die tödlichen Zwangsarbeiten im Gulag, an die bis auf die Knochen abgemagerten Menschen. »Wie sieht es mit der Arbeit aus?«

»Es gibt keine. Sie sollten eigentlich in Fabriken arbeiten, aber in den letzten fünf Jahren hat alles dichtgemacht. Die Sträflinge schlafen und essen bloß – und die Verpflegung ist weniger und schlechter als vor fünf Jahren, und sie streiten untereinander. Es wäre besser, wenn sie arbeiten würden. Es wäre würdiger. Und man findet vierzehnjährige Jungen, die man mit den übrigen zusammengesteckt hat und die einfach am andern Ende der Baracke schlafen. Da können Sie sich vorstellen …«

Ich begann: »Aber Sie haben Zutritt in diese Lager bekommen …«

»Na ja, ich bin nicht immer Kaplan gewesen. Wie auch? Ich bin meinem Vater in die Armee gefolgt.« Er trat an einen Schrank und holte seine Uniform heraus. Ich beobachtete ihn, ohne mich zu wundern. Die Hälfte der Sibirier hatten anscheinend ihre sowjetische Identität auf diese Art in den Schrank gehängt, als ob sie sie noch einmal brauchen könnten. Aber Boris' Waffenrock war beeindruckend: eine dunkelblaue Galauniform, über und über mit Orden behängt. Auf der rechten Brust sah ich zwei separat hängende Auszeichnungen, und nur mit einem schwachen Schauder – als ob etwas Erwartetes eingetreten wäre – erkannte ich das Schwert-und-Schild-Abzeichen des KGB.

»Ja«, sagte er. »Ich habe für sie gearbeitet.« Er lächelte. »Ich war sieben Jahre in der Spionageabwehr tätig, dann elf Jahre für das Innenministerium in der Lagerverwaltung.« Er wandte sich abrupt ab und hängte die Jacke wieder in den Schrank. Ich starrte auf seinen Rücken, seinen gut frisierten Hinterkopf und fragte mich, worin genau seine Aufgabe bestanden hatte. Aber er glaubte an die Kraft der Bekehrung, kein Wunder. Er mußte sie an sich selbst erfahren haben. *»Was er getan hat, vergißt man am besten. Er ist ein anderer als der Täter von einst.«*

Als er sich wieder umdrehte, lächelte er immer noch ungezwungen. Der KGB bedeutete für ihn nicht das, was er ihn mir wachrief. Er sagte: »Meine Aufgabe bestand in erster Linie darin, die Armee von Spionen zu säubern, für die Amerikaner und Briten zum Beispiel.« Er berührte meinen Unterarm. »Aber wir haben nie einen einzigen gefunden!« Er sah mich mit einer eigentümlichen Fürsorge an. Er hatte bereits darüber gestaunt, daß mir bei meinen weiten Reisen nichts zugestoßen war. Ich müsse durch die Gnade Gottes zu ihm gelangt sein, sagte er. Er war es gewöhnt, daß es immer eine höhere Instanz gab. Mit nachdenklicher Erleichterung wiederholte er: »Nein, wir haben nie einen erwischt«, und dabei faßte er mich sinnierend ins Auge.

»Letztlich bin ich durch einen Unfall zu Gott gekommen. Meine Einheit transportierte Holz in der Taiga – die Armee macht auch solche Sachen –, und dabei ist mein Laster verunglückt, und ich habe durch den Aufprall das Bewußtsein verloren. Ich habe sechs Monate in Chabarowsk im Krankenhaus gelegen, völlig bewegungsunfähig. Ich habe über mein Leben nachgedacht und über die Zukunft. Und mit einemmal hat es mich ins Herz getroffen. Und zwar dadurch.« Er hielt mir ein kleines Solarradio hin. »Ich kannte die religiösen Sendungen bereits, weil ich sechs Jahre lang dafür zuständig war, ausländische Sender abzuhören. Wir waren technisch sehr gut ausgerüstet, und es war kein Problem, den amerikanischen Sender FEBC von den Philippinen zu empfangen.«

»Hat Ihr Chef das nicht mitgekriegt?«

»Niemand hat merken können, was wir gehört haben. Wir hatten Kopfhörer auf.« Er setzte sich gerade hin, als wäre er wieder im Dienst. »Im Krankenhaus habe ich meine Frau gebeten, mir ein Radio mitzubringen. Es war nicht schwer, den philippinischen Sender zu finden. Und so habe ich im Dunkeln dagelegen und mir Kirchenlieder angehört. Manchmal habe ich darüber nachgegrübelt, wie ich den Unfall überlebt hatte und warum. Dabei ist Gott in meine Seele eingezogen.«

Während die Sowjetunion sich in ihre einzelnen Bestandteile auflöste, hatte er die diskreditierte Gewißheit des Kommunismus gegen diese weniger erdenschwere Verheißung eingetauscht. Er war schon vorher auf eine Welt konditioniert worden, in der Träume Fakten verschleierten, und jetzt vollzog er ohne jeden Zynismus den Übergang von der weltlichen zur himmlischen Offenbarung. »Zuerst bin ich in die orthodoxe Kirche eingetreten. Aber sie hat meinem Herzen nichts gegeben. 1990 wurde ich dann Baptist. Und da war meine Suche zu Ende. Ich war als dienstuntauglich aus der Armee entlassen worden, denn mein eines Bein war jetzt vier Zentimeter kürzer als das andere. Schauen Sie.« Er streifte Schuhe und Strümpfe ab und streckte zwei ungleiche Beine aus. »Aber arbeiten mußte ich trotzdem etwas. Als Pfarrer verdient man nichts. Ich bekam eine Stelle als Wachmann. Ich gehe nachts herum und kontrolliere Fenster. Sie haben ja gesehen, daß in Rußland alle Fenster vergittert sind. Wir leben immer noch in einem Gefängnis!« Dann musterte er mich scharf. »Wie haben Sie unser Volk erlebt? Sie müssen den Eindruck haben, daß wir in einer großen Dunkelheit leben. Sie wissen, daß Sibirien früher ein besseres Land war, ehrlicher gegenüber dem Westen als Rußland. Wenden sich die Menschen Gott zu?«

Ich bemühte mich um eine Antwort. Sein Gott war nicht meiner. Vor meiner Reise hatte ich mich mit Definitionen für Sibirien leichter getan. Die Leute fänden Trost in den verschiedensten Dingen, sagte ich – genau wie im Westen –, oder gar keinen. Vielleicht trete Rußland zu guter Letzt in das nachreligiöse Zeitalter ein, wo Glaubenslehren keine Gültigkeit mehr haben oder nur für bestimmte Minderheiten. Das Kollektiv spalte sich in kleine Gruppen auf.

Boris runzelte die Stirn. Pluralismus behagte ihm nicht. Er war ihm zu wirr, ließ sich nicht überwachen. Er legte immer wieder bedächtig die Finger zusammen. »Die Zustände sind chaotisch geworden«, sagte er. »Wissen Sie, wie viele Kirchen es allein hier in Komsomolsk gibt?« Er zählte sie auf. »Die Baptisten haben zwei, die Siebenten-Tags-Adventisten zwei, die Pfingstler fünf, die Charismatiker eine, die koreanischen Methodisten zwei.« Dann lächelte er. »Aber wir Baptisten haben die ganze BAM entlang Kirchen. Wir haben jede größere Station in der Hand.«

»Und was ist mit den Orthodoxen?«

»Die haben zwei Kirchen und bauen gerade eine dritte. Aber denen ist alles lieber als protestantische Konkurrenz!«

Ich sagte: »Ich habe von einem neuen Gesetz gelesen, das protestantischen Missionaren Einschränkungen auferlegt.« Für mich wenigstens hatte das gerochen, als steckte die orthodoxe Kirche dahinter.

Aber Boris tat das Gesetz mit einem Achselzucken ab. »Ich denke, es ist bloß ein Gesetz. Niemand versteht es oder weiß, wie es umgesetzt werden soll oder was es damit überhaupt auf sich hat. Es hat sich schon erledigt. Präsident Clinton, nicht wahr, ist Baptist, daher bezweifle ich, daß man uns unter Druck setzen wird.« Er verschränkte die Hände über dem Bauch. Aus irgendeinem Grund stellte ich mir vor, daß sie so zusammengefaltet auf seinem Schreibtisch im Innenministerium gelegen hatten. Dann wurde sein Gesicht leicht verlegen. »Aber er ist ein merkwürdiger Baptist, denn er läßt Homosexuelle in der Armee zu und dergleichen mehr. In Schweden, habe ich gelesen, werden sie sogar kirchlich getraut – von einer Frau Bischof! Sie sagt, daß Tiere Seelen haben, darum sind Hunde und Ameisen zu ihren Gottesdiensten eingeladen. Na ja, wir haben zwei Katzen, die gute Mäusefänger sind, aber wenn sie anfangen, zwischen den Bänken herumzuflitzen, sperre ich sie in die Kapellenküche ein.«

Dann grübelte er doch noch etwas über das neue Gesetz nach. »Unsere Regierung kann man nicht lieben«, sagte er. »Sie ist lediglich die Regierung, die wir verdienen.« Er griff nach der neben ihm liegenden Bibel und las Römer 13,1f. vor. *»Wo aber Obrigkeit ist, die ist von Gott verordnet. Wer sich nun der Obrigkeit widersetzt, der widerstrebt Gottes Ordnung; die aber widerstreben, werden über sich ein Urteil empfangen.«* Sein Rumpelbaß intonierte die Worte mit lehrhafter Gemessenheit. »Wir glauben das. Und ich denke, wir Russen müssen die jetzige Regierung erdulden, weil wir 1917 Gott verstoßen haben. Das ist unsere Strafe. Diese gegenwärtige Zeit. Erst wenn wir wieder ein gläubiges Volk geworden sind, wenn wir umkehren, werden wir würdige Herrscher haben.«

Eine Fähre auf dem Amur setzt zum Dorf Piwan über. Die hohen Granitfelsen am andern Ufer tauchen nur hin und wieder durch den Schneesturm auf, und in einem Moment mit freier Sicht erspähe ich den Eisenbahntunnel weit oben in der Wand. Als wir schließlich den Landungssteg erreichen, peitscht der Wind uns den Schnee vom Ufer wie eisigen Staub entgegen. Die Fahrgäste pressen sich ihre Pelzmützen tiefer über die Ohren und stemmen sich lachend in den Sturm. Ihre Haut glänzt roh, ihre Augen sind zusammengekniffen. Sie sehen aus, als ob er ihnen schon seit Jahren ins Gesicht bliese. Bald waten wir durch schienbeinhohe Schneewehen. Die Sichtgrenze sinkt auf 50 Meter, so dicht schneit es. Ein drolliger Hund erscheint, Schnauze und Barthaare ganz weiß, und springt neben uns her, als wollte er uns veralbern. Nach einer Weile taucht ein Dorf mit zugeschneiten Datschas auf. Ich erkundige mich nach dem Weg, bevor die letzten Nachzügler im Nichts verschwinden, dann bin ich allein.

Der 1939 begonnene Tunnel und eine anschließende riesige Eisenbahnbrücke sollten Komsomolsk mit dem Pazifik verbinden. Hunderte von Sträflingen fanden bei den Sprengarbeiten den Tod. Doch der Krieg kam dazwischen, und hinterher wurde die Strecke weiter flußaufwärts verlegt. Ich gelange über einen abgebrochenen Durchstich zum Tunneleingang und weiß nicht so recht, was ich hier will. Die Betondecke läuft durch den Berg wie das segmentierte Innere eines Wurms. Die Schienen darin, zum großen Teil unter Geröll begraben, waren nur für die nicht mehr vorhandenen Loren der Erdarbeiter gedacht.

Hundert Meter weit drinnen, wo ein Landstreicher sich sein Sommerlager hergerichtet hat, versperrt ein Wall aus aufgeschütteten Steinen den Weg. Dahinter wird es vermutlich gefährlich. Ich krabbele über die Felsen und steige ins Dunkel ab. Die vom Halbkreis des Tunnels eingefaßte Außenwelt verschwindet hinter mir. Meine Taschenlampe streicht über nackten Granit. Erst höre ich Wasser tropfen, dann nichts mehr. Vor mir bohrt sich etwa einen Kilometer weit eine rohe Piste durch den kristallinen Berg. An manchen Stellen, wo die Decke höher ist, sehe ich schon die Züge pfeifend und donnernd angefahren kommen; häufiger wölben sich auf dem Weg Gesteinsbuckel auf, die niemals weggesprengt wurden, und glitzern dicht über mir scharfkantige Felsen. Verkohlte Balken liegen umgestürzt auf dem Weg oder halb versunken in rostfarbenen Pfützen. Alle paar Meter, mache ich mir klar, ist hier ein anonymer Arbeiter umgekommen.

Ein Lichtpünktchen taucht vor mir auf. Es scheint ganz nahe zu sein. Doch es dauert fast eine Stunde, bis ich auf Händen und Füßen aus dem eng gewordenen Tunnelausgang krieche. Sofort klammere ich mich von Schwindel erfaßt an der Wand fest. Ich stehe 100 Meter hoch an einem Steilabbruch. Der Schneesturm tobt immer noch. Ein Schwarm aufgeschreckter Rotdrosseln schwirrt vor meiner Nase aus dem Gebüsch. Unter mir rauscht das Wasser um schneebestäubte schwarze Felsen. Ich stelle mir die ungebaute Brücke vor, wie sie zweieinhalb Kilometer lang die graue Flut des Amur überspannt, wie sie nach dem Tunnel der vergeudeten Leben die Züge ins weiße Nichts befördert.

Ich stapfte mit dem ehemaligen KGB-Major und jetzigen Baptistenpastor durch den Schnee zu einer Kapelle, die mit amerikanischen Dollars in der kommunistischen Stadt der Jugend gebaut worden war. Sibirien wurde zunehmend surreal. Obwohl Boris selber am Stock ging, sorgte er sich rührend um mich und gebärdete sich, als ob ich mich ohne seine Hilfe nicht fortbewegen könnte. »Achten Sie auf das Eis ... nicht so schnell ... Der Schnee ist hier tiefer ...«

Vier Pfarrer warteten in der Kapellenküche auf uns. Der kindliche Ernst ihrer Mienen paßte zu ihren Anzügen und Krawatten. Sie wirkten erfreut, mich kennenzulernen. Mein Ausländertum verlieh mir die Aura einer exotischen Kirche. Sie waren so vertrauensselig, so erwartungsvoll, daß mir unbehaglich wurde. Meine Schuhe winselten nach wie vor, und mein orthodoxer Gebetsgürtel umgab meine Taille wie eine Häresie, war aber so abgewetzt, daß er einfach einer blauen Schnur glich. Als ich meinen Anorak auszog, sah ich, daß er die Daunenjacke darunter aufgescheuert hatte, wodurch ein feiner Federflaum ausgetreten war. Boris blickte besorgt. »Ich denke, es sind Hühnerfedern«, sagte er. Ich fürchtete, ihn damit zu enttäuschen. Bei unserm Einzug in die Kirche ging er hinter mir, pflückte mir die Federn vom Rücken und murmelte dazu: »Hühner ... Hühner ...«

Wir marschierten vor einer Gemeinde von zweihundert Seelen ein. Unter der Masse alter Frauen waren auch einige junge Büroangestellte, ein Häuflein Studenten, drei Soldaten. Die Kapelle war neu und luftig. Es gab keinen Altar. Die Pfarrer und der Chor saßen der Gemeinde auf erhöht stehenden einfachen Bänken gegenüber, im Hintergrund ein Fresko von Golgatha. Dann begann der Gottesdienst mit einer Flut von Gebeten und Liedern, begleitet von einem schwungvollen Harmonium. Alle beteiligten sich. Spontane Bittgebete ertönten, was bei einer alten Frau die Form eines tränenreichen Singsangs annahm, und zwei Kinder sangen ein Duett. Jemand legte ein persönliches Zeugnis ab, dem ich nicht folgen konnte. Und eine Frau, die nervös ihr Taschentuch umklammert hielt, wurde in aller Form unter die Gläubigen aufgenommen.

Nichts hätte weiter von der Liturgie der Orthodoxen entfernt sein können, ihren esoterischen Zeichen und Hierarchien und der mystischen Gegenwart ihrer geheiligten und gepeinigten Vergangenheit in den dicht an dicht hängenden Ikonen von Heiligen und Märtyrern. Anstelle dieser Mysterien verströmte die Kapelle demokratische Energie. Der Mensch kam zuerst. Gott wohnte vor allen Dingen im Menschen. Eine moralische Kraft ging um. Die Pastoren strukturierten die sorgfältig inszenierten Andachtsübungen mit vier Predigten. Zuerst kam ein schüchterner, jugendlicher Moralappell, als nächstes ein donnerndes Bombardement von einem auswärtigen Prediger, dann verlieh ein ehrwürdiger Alter dem Ganzen eine bescheidene Erhabenheit. Spontane Fragen kamen aus der Gemeinde: Jemand hatte Probleme mit der göttlichen Gnade, jemand anders wollte wissen, ab wieviel das Trinken eine Sünde sei. Und zuletzt löste der Pfarrer der Kapelle – ein begeisterter Optimist mit schwarzer Lockenpracht – alles weitere in die Bitte auf, unsere Herzen mögen sich öffnen, auf daß Christus einziehen könne.

Dann gab er zu meinem Schreck die Anwesenheit eines englischen Schriftstellers unter ihnen bekannt. Boris drängte mich, aufzustehen und etwas zu sagen. Ich durchforschte meinen Kopf nach den richtigen Gedanken, den richtigen Worten. Die Kapelle war verstummt. Ich stellte mich auf quietschende Sohlen. Mit warmem Gefühl und schlechter Grammatik stotterte ich meine Dankbarkeit und meine Freude heraus, bei ihnen sein zu dürfen. Doch neben mir in der Bank begann Boris, behutsam an meinem Rücken herumzuzupfen. »Hühner … Hühner …« Ich merkte, daß meine Beine zitterten. Ich kam mir gefiedert wie Papageno vor. Ich hoffte, daß mein Gebetsgürtel mit seinen allzu passenden Versen (»Mit seinem Fittig bedeckt er dich« usw.) nicht zu sehen war. »Hühner …« Aber die Masse der Gläubigen unter mir – alte Frauen und junge Männer – lächelte unverdrossen, während ich ihnen erklärte, ich werde sie nach meiner Abreise im Herzen behalten und wünsche ihnen alles Gute.

Vor Tagesanbruch klappert der Bus durch die erwachenden Vorstädte zum Bahnhof. Er ist mit Arbeitern voll besetzt, benommene Gesichter unter schwarzen Mützen. Draußen sehe ich Matsch und Schnee und einzelne Lampen. Die Flurbeleuchtungen von Mietskasernen gehen im Dunkeln an und aus wie die Scheinwerfer in einer billigen Quizsendung. Auf beiden Seiten sind die abflußlosen Straßen schwarzgraue Eisbahnen oder Schneematschpisten.

Vielleicht weil ich die Stadt verlasse – und bald auch Sibirien verlassen werde –, betrachte ich die Passagiere mit einer neuen Aufmerksamkeit und einer drückenden Ratlosigkeit. Wer sind sie? Ich habe ein Gefühl, als hätten sie sich mir entzogen.

Vielleicht ist es meine Konzentration, die sie derart zu Fremden macht. Manchmal schält sich ein Einzelner schärfer heraus und bleibt dabei doch fremd. Wer zum Beispiel ist der junge Bursche mit dem pockennarbigen Gesicht und der Himmelfahrtsnase? Oder der breiter gebaute Mann mit den verhauenen Zügen eines Boxers? Ich weiß es nicht. Mir ist, als könnte ich es niemals wissen. Iwan ist natürlich da; er lümmelt auf dem Platz neben mir und geht mich um eine Zigarette an. Er ist älter geworden, grauer. Und was ist mit der maskenhaft blassen jungen Frau, mit schwarzem Schultertuch wie eine trauernde Witwe, aber mit Kaugummi im Mund? Wer ist das Kind mit dem ausdruckslosen Gesicht neben ihr?

Die Zugräder bringen mich fort nach Chabarowsk. Ich weiß nicht ... Ich weiß nicht ... Ich weiß nicht ...

9
DER PLANET

Wo Amur und Ussuri zusammenfließen und die chinesische Grenze scharf nach Süden abbiegt, dehnt sich die Stadt Chabarowsk über drei fast parallele Hügelzüge aus. Sie wurde 1858 von dem kampflustigen Gouverneur Murawjow-Amurski im Zuge seines Vorstoßes nach Osten gegründet und nach seinem frühen Vorgänger benannt, dem Kaufmann und Abenteurer Chabarow, der zwei Jahrhunderte vorher eine barbarische Expedition den Amur hinunter unternommen hatte.

Flankiert von Boulevards, die durch grüne Täler mit Birken und Apfelbäumen führen, verläuft die Murawjow-Amurski-Straße auf dem mittleren Hügelrücken zum Fluß. Je weiter sie nach Westen kommt, um so abwechslungsreicher wird die Stadtsilhouette: Zwiebeltürme sprießen empor, daneben spitze Kreuzblumen, russische Holzgiebel, gemauerte Ziergiebel, Türmchenfenster, Kuppeln wie Tatarenhelme. Die Stadt wirkt alt, obwohl sie es gar nicht ist. Von Straßenbahnschienen durchschnittene Querstraßen ziehen sich schnurgerade talab und talauf. Die Menschen und die Geschäfte wirken ein wenig aufgemotzt. In der Philharmonie tritt der Popstar Mascha Rasputin auf. Zwischen den keuchenden Ladas und Schigulis sieht man Toyotas und Nissans auf den Straßen: Japan ist nur 500 Kilometer entfernt.

Und doch schlenderte ich mit dem Gefühl, in Europa zu sein, die flotte Straße in westlicher Richtung entlang. Ich aß in dem vergoldeten Räumchen eines Fin-de-siècle-Cafés, wo Arbeiter inmitten einer frischgebackenen Schickeria hastig ihre Pelmeni hinunterwürgten. Im Geologischen Museum betrachtete ich unterm Mikroskop kleine Stücke Mondgestein, die von Luna 16 aufgesammelt worden waren, Kügelchen aus konglomeriertem Kristall und Basalt, viereinhalb Millionen Jahre alt.

Die Murawjow-Amurski-Straße endet an einem Platz mit einem kaputten Charme, wo früher einmal eine Kathedrale stand. Dahinter passiert man ein Tor und gelangt durch den Stadtpark hinunter zur Flußschleife um die Weststadt. Am Ufer gegenüber qualmen weit auseinandergezogene Industrievorstädte vor sich hin und erhebt sich ein Ring weißer Berge. Ein paar Dampfer durchpflügen das Wasser. Neben dir steht Murawjow-Amurski mit Landkarte und Fernrohr auf einem hohen Sockel und blickt von der Steiluferpromenade Richtung Japan. Seine Statue wurde 1891 aufgestellt – vorbeifahrende Russen zogen den Hut davor –, und obwohl die Revolution ihn hinunterstieß, wurden die Gußformen zufällig aufbewahrt, und 1992 wurde ein steinerner Lenin gestürzt, und ein bronzener Murawjow kehrte zurück.

Du kommst zum Turm auf der Landspitze, wo ein Café einen weiten Blick über den Amur bietet und eine hübsche Kellnerin in hochhackigen Schuhen dir Eis und Kaffee serviert. Ein eisiger Wind weht über den mächtigen Strom. Beim Fortgehen blickst du auf und entnimmst einer Inschrift, daß im September 1918 sechzehn österreichisch-ungarische Kriegsgefangene, die einer Musikkapelle angehörten, hier niedergemetzelt wurden. Sie hatten sich geweigert, die zaristische Nationalhymne zu spielen.

Auf einmal wollte ich mein Ruhe haben. Bei einem kummervoll dreinblickenden Kundenfänger vor dem Hotel Sapporo mietete ich eine Wohnung und zog für drei Tage ein. In beiden Zimmern lag dick der Staub, und aus dem Wasserhahn dribbelte eine schmutzige Brühe. Dann wurde ich ein Opfer des Telefons – Ortsgespräche sind in Rußland immer noch gebührenfrei. Es fing spät am Abend an. Ich sagte zu der munteren Frauenstimme: »Sie müssen sich leider verwählt haben.«

»Wieso, du bist's doch, oder?«

»Ja, ich bin's … aber ich wohne hier nicht, ich bin bloß …«

»Du bist allein, nicht wahr? Bist du Japaner?«

»Nein. Wer bist du?«

»Ich bin Therese. Ich komm einfach mal vorbei. Einverstanden?«

Ich begriff sehr langsam. Dann sagte ich ihr, ich habe an meiner Freundin nichts auszusetzen.

»Oh«, sagte sie, »schon in Ordnung. Tut mir leid.« Dabei klang sie zum erstenmal anziehend.

Ich legte auf.

Chabarowsk ist eine Stadt mit 600 000 Einwohnern, doch sie hat eine Ausdehnung wie St. Petersburg. Ich fuhr mit dem Bus acht Kilometer in die Außenbezirke zum großen Markt, einer gitterartig angelegten Wellblechstadt. Es wimmelte von chinesischen Händlern. Sie waren über Land oder auf dem Fluß von Harbin gekommen, und unter den gewaltigen Lasten, die sie ans Ufer schleppten, brachen sie fast zusammen. Aufmerksam wartend saßen sie jetzt in den zahllosen Reihen überdachter Blechbuden, Männer und Frauen zusammen. Ihre Geldbeutel wölbten sich wie dicke Bäuche unter ihren Pullovern. Billige schwarze und braune Vinyljacken hingen an jedem Stand, dazu Jacken aus Kunstpelz und imitierter Schafwolle und T-Shirts mit Starletgesichtern aus *Dallas* darauf. Sie verkauften die ganzen Konsumgüter, mit denen die Russen sich so schwertaten. Die Chinesen stellten sogar die voluminösen russischen BHs her. Ein Schattenland von Traumstädten firmierte auf ihren unechten Markenprodukten: New York, Paris, Mailand. Reebok- und Adidas-Fälschungen wurden schamlos und massenhaft feilgeboten, neben »London Fog«, »New Trend« und orthographischen Rätseln wie »Aotive Sperts Line« und »CN Spcts«. Koreanische Mäntel waren als »Made in Italy« ausgewiesen, aber niemand bestand darauf, daß das stimmte. Die Behauptung allein verhieß Qualität. Gegen Abend schoben die Händler mit ihren Waren ab und schlossen sie in stählernen Schuppen ein.

Diese ausländische Präsenz war nichts Neues. Ende des 19. Jahrhunderts hatte jede Stadt im südöstlichen Sibirien ein wachsendes Chinesenviertel. Sie verdingten sich als Bauarbeiter, Verkäufer, Eisenbahnarbeiter und als Docker in Wladiwostok, wo sie die russische Zivilbevölkerung zahlenmäßig übertrafen. Es gab

200 000 Chinesen, die Pachtland östlich des Ussuri bewirtschafteten, und skrupellose Wildererbanden. Erst nach dem Bürgerkrieg gingen die Zahlen zurück, und 1937-1938 stürzten sie während einer ebenso grundlosen wie brutalen Säuberungswelle steil ab.

Doch seit 1989 haben sich überall an der Grenze die Schleusen wieder geöffnet, und die alten russischen Ängste vor der Gelben Gefahr sind wieder wach geworden. Die Sibirier sagen, daß vielleicht eine Million Chinesen illegal unter ihnen leben, darunter viele Kriminelle, und daß ein zielgerichteter Bevölkerungswandel im Gange ist. Chinesische Wilderer sind wieder da und jagen seltene Tiere zur Herstellung traditioneller Arzneien, und Händler beuten eine Region aus, die Moskau mehr oder weniger aufgegeben zu haben scheint.

China hat Japan hier 1992 als führender Handelspartner abgelöst. Für japanische Bedürfnisse gibt es besondere Einkaufszentren und Restaurants. Die Japaner belegen und besitzen die nobleren Hotels. Doch die Chinesen, so wird befürchtet, strömen herein und machen sich seßhaft. Für ihre Konsumgüter und manchmal ihre illegalen Arbeitskräfte importiert Peking im Gegenzug russische Rüstungsgüter, Lastwagen, Düngemittel und Maschinen. Es gibt Spekulationen, daß der russische Ferne Osten – vielleicht ganz Sibirien – sich eines Tages gänzlich vom Westen abkehren und sich den Pazifik-Anrainern anschließen könnte: die Zukunftsperspektive eines wirtschaftlichen Aufstiegs der Region mit Hilfe von russischen Rohstoffen, chinesischen Arbeitskräften und japanischem Know-how. Die Idee souveräner Nordasiatischer Vereinigter Staaten mit einer eigenen pazifischen Währung ist hypothetisch ins Gespräch gebracht worden, wobei die Hauptstadt diplomatisch an den Tatarensund verlegt wurde, weg von den alten Rivalen Chabarowsk und Wladiwostok. Eine gegenteilige, reaktionäre Furcht jedoch malt das Gespenst eines von Asien seiner Reichtümer beraubten Landes an die Wand: eines von chinesischen und koreanischen Einwanderern verdorbenen Sibirien, entartet, enteignet.

Doch wegen der unbeständigen russischen Wirtschaft wie auch der unternehmerischen Unfähigkeit und der Korruption sind die

Bedingungen für einen Aufschwung prekär. Schon vor einem Jahrhundert war die Rede von Sibirien als dem Land der Zukunft, aber trotz seiner riesigen Öl- und Erdgasvorkommen im Westen und seines Reichtums an Mineralien und Holz im Osten hat Sibirien sich als zu rauh, zu abweisend, zu unzugänglich erwiesen.

Alle wollen blond sein. In den Straßenkiosken mit Aufschriften wie »Olga« oder »Katja« (aber gewöhnlich von einer Mascha oder Valentina besetzt), die alle die gleichen Konserven, Schokoladen, Kondome und Fruchtsäfte verkaufen, ist die Hälfte der dösenden Köpfe von goldgelben Hochfrisuren gekrönt. Sekretärinnen mit wasserstoffblonden Nackenknoten werden von ihrem dunklen Teint, den schwarzen Augenbrauen, der schwarzen Körperbehaarung entlarvt, doch wenigstens für den Augenblick fühlen sie sich als Blondinen. Die hellen Haare sind eine Abkehr von Asien. Sie sind klassisch slawisch (vielleicht mit einem Anflug von Kalifornien). Sie verdrängen sogar die traditionellen roten Hennahaare der reiferen Jahrgänge oder machen einen rotgoldenen Kompromiß daraus. Alle imitieren offenbar die strahlenden Erscheinungen in Zeitschriften wie *Lisa* oder *Er und Sie* oder *Sie*. Die Kinderpuppen sind alle blond.

Aber Natascha war dunkel: eine gutaussehende Frau mittleren Alters mit schwungvoll zurückgekämmten schwarzen Haaren und stolzen, feinen Gesichtszügen. Sie nippte neben mir im Jugendstilcafé an ihrer Tasse. Sie witzelte, für eine Lehrerin, deren Mann seit sechs Monaten kein Gehalt mehr bekommen hatte, sei dies ein Luxus. Mit einem Fremden zu reden war, glaube ich, eine Erleichterung. »Wissen Sie, als ich jünger war, habe ich nie gedacht, daß es mal so werden könnte. Ich habe einfach an meine Arbeit gedacht und mich nicht um die Zukunft gesorgt. Aber jetzt ... jetzt habe ich Angst.«

Das Wort war wie ein Eishauch. Sie sah kompetent aus, gesetzt. Doch sie sagte: »Ich weiß nicht, wie wir leben sollen, wenn ich in Rente bin. Meine Mutter hat sechstausend Rubel für ihren Lebensabend gespart – zu ihrer Zeit hätte man sich dafür ein Auto kaufen können. Aber heute, nach der Inflation und den

Jelzinjahren, kriegt man dafür zwei Brote. Die Ersparnisse der Rentner wurden über Nacht einfach weggewischt. Also habe ich meine Mutter zu uns ins Haus geholt. Ich habe sogar selber zu sparen versucht, ein paar Aktien gekauft. Bestattungsgeld nenne ich es.« Sie lachte nicht. Sie sei typisch, meinte sie, für ihre ganze Generation. »Als Gorbatschow an die Macht kam, haben wir uns vor Hoffnung überschlagen. Dann haben wir langsam erkannt, daß es nur Gerede und Gerede war und daß alles außer Kontrolle geriet. Als dann Jelzin drankam, haben wir vorsichtig wieder Hoffnung geschöpft, doch die hat nur wenige Monate angehalten, und jetzt ... Ich glaube nicht, daß es zu meinen Lebzeiten nochmal besser wird.«

Ich warf einen Blick auf ihre noch dunklen Haare, ihre kaum von Falten gezeichneten Augen- und Mundpartien. Mir fiel keine Erwiderung ein.

»Selbst die Japaner ziehen sich aus Chabarowsk zurück«, sagte sie. »Es ist zu riskant, hier zu investieren, zu korrupt. Und aus Moskau kommt keine Hilfe. Alles, was in Moskau geschieht, geschieht im Grunde in sehr abgeschwächter Form in ganz Sibirien. In Chabarowsk gibt es nur wenige Reiche, alle im Sold von jemand anders. Aber in Moskau!« Sie machte einen Mund, als wollte sie ausspucken. »Wenn ich der liebe Gott wäre, würde ich es vom Erdboden vertilgen!«

Ich bestellte uns noch einmal Kaffee und hoffte dabei, es möge nicht nach einem Almosen aussehen. »Und es ist auch typisch für meine Generation«, bemerkte Natascha spitz, »alles Gott zu überlassen. Das ist es, was die orthodoxe Kirche predigt. Seit Jahrhunderten impft sie uns Gehorsam ein, immer Gehorsam. Immer liegen wir auf den Knien. ›Vergebung, Vergebung!‹ heulen wir. Wofür? frage ich. Wofür? Dafür, daß wir fünfunddreißig Jahre lang arbeiten und dann keine Rente kriegen? Die Leute, nicht wahr, gehen immer noch in die Fabriken und Büros zur Arbeit, obwohl niemand sie dafür bezahlt. Warum? Warum machen sie das? Es ist die reine Gewohnheit, Gehorsam. Mein Mann geht weiter arbeiten – und seit über sechs Monaten hat er kein Geld mehr gesehen. Im vorigen Jahr wurde sein halbes Gehalt einfach vergessen. Und jetzt im Frühjahr wurde er in *Glas* ausgezahlt. Können Sie sich das vorstellen? Einige Kunden hatten der Firma Flachglas als Bezahlung gegeben, und das hat sie einfach an die Angestellten weitergegeben. Ich bin fast geplatzt vor Wut. ›Können wir Glas essen?‹ habe ich gefragt. ›Können wir Glas anziehen?‹ Aber mein Mann hat es sich einfach gefallen lassen. Wir sind zu duldsam, wir Russen. Das ist unsere nationale Schwäche. In jedem andern Land wären die Leute auf den Barrikaden. Aber wir? Nein. Wir sitzen bloß rum und hoffen. Wir gewöhnen uns daran, weniger zu haben. Die Leute überleben, indem sie sich in ihre Datschas und Gemüsegärten zurückziehen, oder sie gehen in die Wälder und sammeln Beeren und Pilze. Alte Leute sind dem Tode nahe. Wenn meine Mutter ihre Miete bezahlt hatte, reichte ihr Geld nur noch für Brot. Und jetzt sieht man sie auf den Straßen betteln, diese alten Frauen. Die Männer in Rußland haben eine Lebenserwartung von siebenundfünfzig Jahren, und eigentlich können sie darüber froh sein. Aber die Frauen werden siebzig, zweiundsiebzig. Deshalb sind sie da draußen auf den Straßen, und dabei wäre es besser, tot zu sein. Besser tot, denke ich, als betteln gehen.« Sie hob die Hände und drückte sich mit den Fingerspitzen die Lider zu. »Besser.«

Sie hatte keine Kinder erwähnt, und so fragte ich zögernd: »Was ist mit Verwandten?«

»Ach, die junge Generation! Meine Tochter ist zwanzig, und wissen Sie, was sie gemacht hat? Sie ist irgendwo hingegangen in Chabarowsk und hat sich einen E-mail-Anschluß gekauft. Damit kann sie jetzt Informationen aus dem Ausland bekommen. *E-mail!* Als ich zwanzig war, habe ich mich kaum getraut, eine Briefmarke zu kaufen! Ohne Erlaubnis durfte man nirgends hin und gar nichts machen. Aber sie und ihre Freunde denken und fühlen einfach anders.«

Sie waren die erste Generation ohne Angst, dachte ich, die Kinder Gorbatschows. »Vielleicht schaffen sie ein neues Rußland.« Doch es schien noch weit weg zu sein.

»Ich hoffe es, ich hoffe es. Aber wenn sich die Verhältnisse nicht schnell genug ändern, werden sie den Mut verlieren, genau wie meine Generation während der Perestroika den Mut verloren hat. Sie werden verbittern oder zu trinken anfangen … oder sie gehen ins Ausland. Unsere Kinder tun sich im Ausland leichter als wir. Ich war einmal in Deutschland, und jedesmal wenn ich eine Birke sah, unsern Nationalbaum, habe ich sie gestreichelt und gefragt: ›Was machst du hier so fern der Heimat?‹ Selbst unsere alten Lieder, ich liebe sie. Doch die Generation meiner Tochter ist nicht so sentimental wie wir. Die Jungen lieben Rußland vielleicht, aber sie können weggehen.« Sie sah mich stirnrunzelnd an, als fragte sie sich zum erstenmal, warum ich eigentlich hier war, so fern der Heimat. »Können Sie das verstehen?«

Ja, sagte ich, sie gingen weg, weil die Zukunft woanders sei. Die Zukunft habe sich für sie nach Westen verschoben.

Sie fuhr fort: »Wenn meine Tochter hierbleibt, findet sie möglicherweise keine Arbeit. Aber wenn sie ins Ausland geht, wird sie ihre russische Art vollkommen verlieren. Sie wird sie verlieren und uns vergessen.«

Abrupt trank sie ihren Kaffee aus und wollte gehen. Es erschreckte sie, wohin diese Überlegungen sie geführt hatten: die Tochter fort, der Mann mit siebenundfünfzig im Grab und immer mehr von diesen alten Frauen auf den Straßen. Sie schüttelte ihre Haare zurück. »Gehen wir.«

Die Prostituierte Therese – oder eine andere wie sie – klopft gegen Mitternacht an meine Tür. Ich spähe durch das Guckloch und sehe eine Blondine, die im trüben Licht auf dem Treppenabsatz ihre Locken richtet. Dann merke ich, daß sie einen Begleiter hat. Er preßt sich flach neben die Tür, doch der Schatten seines Kopfes ist an der Wand zu sehen. Die Frau lächelt aufreizend in meinem Gesichtsfeld, öffnet den Mantel über der bloßen Brust. Während er wartet.

Ich gehe in die Küche zurück, doch aus irgendeinem Grund bringe ich es nicht fertig, die beiden zu ignorieren, und ich greife mir eine schwere Flasche. Später erfahre ich, daß diese nächtlichen Besuche eine gängige Masche sind. Jemand macht einem lockenden Mädchen die Tür auf, und wenn er wieder zu sich kommt, ist seine Wohnung ausgeraubt. Doch als ich die Tür aufreiße, sind Therese und ihr Schatten fort. Ich höre nur Schritte – leichte und schwere – die Treppe hinunter und zur Haustür hinaus eilen.

....

Eine Volkssage erzählt, daß zwei heilige Vögel, die von Norden und Süden angeflogen kamen, über dem Chor 80 Kilometer südlich von Chabarowsk zusammenstießen und die mitgeführten Samenkörner fallenließen. Deshalb mischt sich in Primorje, der Küstenregion, die Flora gemäßigter Regenwälder mit nordischen Kiefern und Birken. Ranken und Lianen schlingen sich um Nadelbäume, und Ahorn, Akazie, Walnuß und eine Unmenge anderer Laubbäume wachsen und gedeihen neben dem Jasmin und der Aralie. In diesen nebeligen Hügeln trifft man den großen, vom Aussterben bedrohten Sibirischen Tiger ebenso an wie den Kragenbär. Sibirien verliert sich. Für viele Geographen, die selbst seine Grenze am Ural in Zweifel ziehen, ist der ganze pazifische Küstenstreifen ein eigenständiges Gebiet. Sibirien verträgt sich anscheinend nicht mit Trauben und Rosen.

Also setze ich mich von dieser fast schon tropischen Region ab, wo die Pazifikflotte im Hafen von Wladiwostok verrottet, und fliege 2 000 Kilometer nach Norden in ein Land, das Fremden bis vor wenigen Jahren noch verboten war. Die Republik Sacha ist so groß wie Indien, hat aber kaum eine Million Einwohner. Ihre Küste zieht sich über 3 000 Kilometer weit am Nordpolarmeer hin. In ihrem Kerngebiet gründeten Kosaken 1632 eine Festung, in der später während des Goldrauschs an der Lena die Kneipen und Bordelle nur so aus dem Boden schossen und die heute die sachische Hauptstadt Jakutsk ist.

Ich lande in einer vereisten und dämmerigen Stadt. Die Luft ist frostklar und still. Die Wohnblocks schweben auf Betonstelzen als gelbe Klötze über dem Weiß und wirken wie kalte Aussparungen am Himmel. Die Sümpfe und Buchten der Lena sind unter einer geschlossenen Schneedecke zugefroren. Der Schnee läßt alles andere schwarz erscheinen. Die Leute schleppen sich in schwarzen Mänteln und schwarzen Hüten durch die Straßen wie wandelnde Schatten. Bei Tag schafft es die Sonne kaum über die weißen Hügel.

Zwischen den Mietskasernen verlaufen lange, holperige und von Holzhäusern gesäumte Straßen über den instabilen Grund. Wenn der Dauerfrostboden unter ihrem Gewicht nachgibt, fängt eine Seite zu sinken an, und bald verschieben sich die Fensterläden aus der Flucht. Der Permafrost kann bis zu 400 Meter in die Tiefe reichen. Zuletzt verziehen sich und reißen die Bohlen unter der unsichtbaren Spannung, und die Häuser brechen auseinander.

Die Jakuten, die diese Republik bewohnen, stehen der russischen Bevölkerung zahlenmäßig nur wenig nach und sind im Zunehmen begriffen. Überall auf den Straßen hört man ihre harte Sprechweise, sieht ihre drahtigen Erscheinungen und ihre klar geschnittenen, türkischen Gesichter, neben denen die der Russen roh wirken. Vor etwa tausend Jahren vertrieb irgendeine Katastrophe sie vom Baikalsee nach Norden in das karge Gebiet der mittleren Lena, und ihre Sprache ist immer noch von der Gegend und dem dort zurückgelassenen Leben überschattet. In ihr haben sich Worte für »schreiben« und »lesen« gehalten, die vielleicht noch aus der Zeit einer später untergegangenen Schriftkultur stammen, und sie verwahrt das Gedenken an Tiere und Landschaften, die die Menschen selbst vergessen haben. Ihre Epen sind von Tigern und Adlern bevölkert und singen von einem üppigen Land, wo die weißen Kraniche niemals fortfliegen.

Auf ihrem Zug nach Norden verloren die Jakuten ihre Schafe und Kamele, doch ihre Rinder und ihre zottigen Pferde paßten sich der Kälte an und verschafften ihnen einen Vorteil gegenüber den versprengten Völkerschaften ringsumher. Mit der Zeit gerieten diese »Pferdemenschen« wie alle andern unter die Knute der Kosaken, doch statt von Pocken und Syphilis dahingerafft zu werden, wuchsen ihre Tatkraft und ihr Erfindungsgeist. Als einziges unter den sibirischen Völkern verstanden sie sich auf die Töpferei und auf das Schmelzen von Eisen. Sie schlossen Mischehen mit den Russen und assimilierten diese manchmal. Ihre Anführer machten sich Hoffnungen, in den zaristischen Adel erhoben zu werden. Im Jakutsk des 19. Jahrhunderts wechselten sich russische Holz- und Steinhäuser mit jakutischen Blockhütten ab, die außen mit Lehm und Dung verschmiert waren und die Fenster aus Glimmer, Eis oder durchsichtigen Rinderblasen hatten. Ihre Frauen ritten auf Ochsen durch die Straßen. 1922 waren sie bezeichnenderweise das erste sibirische Volk, das sein Gebiet zur Republik ausrief, und einen kurzen, rauschhaften Moment lang hißten sie sogar die grünweiße Fahne der sibirischen Autonomie. 1990 erklärten sie ihre Unabhängigkeit innerhalb der russischen Föderation und den Vorrang ihrer Gesetze vor den gesamtrussischen.

Die Jakuten sind die eisernen Kerle des russischen Nordens. Früher kam es vor, daß ihre Alten darum baten, neben dem offenen Grab getötet zu werden. Von Scheiben gefrorener Milch und Lärchenbast gekocht in saurer Milch konnten sie zehren und überleben. Aus ihnen rekrutierten sich die härtesten Stoßtruppen des Zweiten Weltkriegs, und sie verloren fast ein Viertel ihrer Soldaten und viele Frauen. In Jakutsk leben sie auf einem kargen Salzboden, und doch bauen sie in dem kurzen, nachtlosen Sommer Gemüse an. Sie bewohnen ein Land der Diamanten und des Goldes – Sacha ist der zweitgrößte Diamantenproduzent der Welt, mit größeren Vorkommen als Südafrika –, doch sie profitieren so gut wie gar nicht davon.

Als ich am Abend vor die Tür gehen will, versucht die russische Etagenfrau in meinem überall bröckelnden Hotel mich daran zu hindern. »Nein! Nein, gehen Sie nicht!«

Ich sage: »Aber es ist gar nicht kalt.« Es sind nur –30 °C, was für die Gegend nicht kalt ist, und es geht kein Wind. Außerdem habe ich mehrlagige Thermounterwäsche, Fleecejacke und Fleeceweste sowie eine dicke Daunenjacke an. Ich nehme doppelt so viel Raum ein wie sonst, schiebe mich seitlich durch Türen und stoße ständig irgendwelche Sachen um.

»Natürlich ist es nicht kalt!« ruft die Frau. »Aber es ist Samstagabend! Überall sind Betrunkene! Sie kennen doch die Jakuten – sie brauchen nur einen Schluck zu nippen, und schon sind sie sturzbetrunken. Gehen Sie nicht!« Ihre Stimme erstirbt hinter mir im Dunkel. »Nicht ... Nicht ...«

Auf den halb erleuchteten, unter festgetrampeltem Schnee und Eis liegenden Bürgersteigen glitzern weggeworfene Wodkaflaschen. Hunde schießen aus düsteren Ecken hervor und sausen über den Schnee wie Wölfe. Doch als ich zur Leninstraße komme, strahlt sie im hellen Lampenschein. Jakutenmädchen mit riesigen Pelzmützen, an denen hinten freche Silberfuchsschwänze baumeln, gehen lachend und schwatzend Arm in Arm spazieren. Sie sehen eigentümlich hübsch aus mit ihren offenen, im künstlichen Licht fahl wirkenden Gesichtern. Alles macht einen fröhlichen Eindruck. Ein junges Paar hat den Schnee von einer Parkbank gekratzt und küßt sich im Schatten der Bäume. Auf dem Leninplatz ist die noch stehende Statue mit ihrem steif erhobenen Arm von Silberstaub überzogen, der dem schütteren Haarkranz und dem Bart etwas Onkelhaftes verleiht. Die wenigen Betrunkenen singen in der beinahe stillen Abendluft harmlos vor sich hin. Es gibt keine Geräusche von Autos oder Schritten. Ein Restaurant, das jemand empfohlen hat, ist geschlossen. Das Jakutische Schauspielhaus ist geschlossen. Das Russische Theater ist geschlossen. Doch auf den Straßen hält die dezente Karnevalsatmosphäre an, als komme sie von der dünnen Luft. Ein paar Gläubige verlassen gerade eine wiedergeweihte Kirche, in der sich zwischenzeitlich das Parteiarchiv befand. Um uns herum zeichnen sich die Häuser auf ihren Stelzen vage im Dunkeln ab wie überdimensionale Schränke. Dies ist der Samstagabend in Jakutsk. Und die Temperatur sinkt weiter.

Ich fragte mich, wo das Zentrum der jakutischen Identität liegen mochte, der innerste Kern eines Volkes mit einem alten heidnischen Glauben, das in der Zarenzeit oberflächlich christianisiert, dann zu einem eifernden Kommunismus bekehrt und schließlich in der Wildnis sich selbst überlassen wurde. Ich konnte mir keine eindeutige geistige Heimat für diese Menschen vorstellen. Und doch wurde davon gemunkelt, das Haus der Volkskunst in Jakutsk sei weniger das Museum für Heimatkunde und Ethnographie, das es zu sein vorgab, als vielmehr die treibende Kraft einer heidnischen Erneuerungsbewegung. Mehrere Leute hatten davon gehört, aber niemand schien zu wissen, wo es sich befand. Erst nachdem ich stundenlang durch die Straßen gestapft war, traf ich endlich eine Frau, die mich hinbrachte.

Tanja war eine robuste Jakutin. Das Volkskunstzentrum sei ihr so fremd wie mir, sagte sie. Sie begleitete mich hinein. Ein schweigender Wärter schloß uns eine Tür auf, und unversehens befanden wir uns in festlich anmutenden Räumen. Der erste war in Pastellfarben mit Fresken von Jurten und Pferden in einem idyllischen Tal bemalt, der Geburtsstätte eines legendären Ahnen. Auf den Bänken an den Wänden lagen Tierfelle, und darüber hingen Roßschweife und holzgeschnitzte Pferdeköpfe, während gegenüber der Flügeltür eine gemalte Schamanin sich in einer blumenprangenden Aufwallung von Heiligkeit zur Sonne emporstreckte. Das Ganze sollte ein Heiligtum in der freien Natur wiedergeben. Doch die Fenster waren mit Brettern abgedichtet, die die wirkliche Sonne aussperrten, und mit Tulpen bemalt. Es sah aus wie im Kindergarten. Zwei runde Steinscheiben in einer Ecke dienten zum Mahlen von Getreide für rituelle Mahlzeiten, und aus ihrem Geräusch, sagte der Mann neben mir, könne man die Zukunft deuten.

Er war schmächtig und reserviert, dem Aussehen nach ein Ästhet und Bücherwurm, ein »Erforscher des Heidentums«, wie er sagte. Er war hier angestellt. »In diesem Raum halten wir Zeremonien ab. Und in diesem auch …« Wir traten in einen Flur mit einer Feuerstelle, die einen spitz zulaufenden Rauchabzug über einem primitiven Wandbild tanzender Flammen hatte. Weiter weg hörte ich Gesang. Die Zimmer über uns knarrten von Schritten, aber hier unten waren nur zwei lustlose, kettenrauchende Putzfrauen und Tanja, die uns schweigend folgte.

»Was sind das für Zeremonien?«

»Das Ritual wechselt. Jeder Monat hat für uns eine andere Bedeutung.« Der Mann bot Tanja und mir bemalte Stühle an, und als wir uns gesetzt hatten, zog er ein Blatt Papier hervor und fing an zu zeichnen. »Unser Jahr beginnt im Juni, dem Monat des Pferdes …«

Er unterteilte ein Jahresrad in die einzelnen Monate: für die Traubenernte, für die Seen, für den Gott der Frauen. Tanja hatte eine ausdruckslose Geduldsmiene aufgesetzt; hinter ihren dicken Gläsern fixierten ihre Augen ihn mit einem unergründlichen Blick.

Er gab seine Erläuterungen mit sanfter Stimme, wohlformuliert. Ein dünner Bart verstärkte den zerbrechlichen Eindruck, den er machte, und seine ergrauenden Haare fielen über eine bleiche, hohe Stirn. Der Wiederaufschwung des Heidentums, sagte er, habe zehn Jahre zuvor mit der Arbeit eines jakutischen Philologen begonnen. Aus der Masse der erhaltenen Überlieferungen seien neun Moralvorschriften und ein neuheidnischer Kalender herausdestilliert worden. In den höheren Schulen gehörten sie bereits zum Lehrstoff. »Bei uns gibt es neun überirdische Götter in verschiedenen Himmeln. Das ganze Jahr über beten wir zu diesen Göttern, selbst im Winter, wenn die dunklen Regionen näher sind. Im Sommer gehen wir beim Beten in Uhrzeigerrichtung. Doch im Winter gehen wir gegen die Sonne ...«

Unter seinen Händen entfaltete sich ein verästeltes, fischgrätig aussehendes Diagramm. Vom Schöpfergott an der Spitze stieß es durch viele Himmel hinab in eine von Dämonen wimmelnde Unterwelt, und am tiefsten Punkt wohnte der »Schreckliche Feuermann«. Eine Seitenleiter war voll weißer Geister, die man anrufen konnte, damit sie die unterirdischen schwarzen angriffen oder abwehrten. Es war kompliziert.

Ab und zu schaute der Volkskundler mich kurz von der Seite an, doch er wirkte geistesabwesend, als kämen seine Worte gar nicht von ihm. Ich hätte gelesen, sagte ich, daß nach dem alten jakutischen Glauben die Welt eine horizontale Scheibe sei. Der Schöpfer sitze im äußersten Westen, vor sich in Reih und Glied seine Götter und Geister; das Böse wohne im Osten.

Doch unser Führer sagte nur: »Das ist auch richtig«, und fuhr fort. Jeden Monat gebühre einem andern Gott eine eigene Zeremonie. Der Januar gehöre den Geistern, die an den Stellen, wo Jäger fischten, durch Löcher im Eis heraufkämen. Der Februar sei dem Gott geweiht, der über die Zukunft entschied, der März der

Geburt der Fohlen. Das einzige durchgehende Element sei das Feuer. »Durch das Feuer werden alle Götter und Geister erreicht. Zuerst muß es das Feuer geben.«

Ich drehte mich mit gemischten Gefühlen zu dem Wandbild der Feuerstelle um. Tanja erinnerte sich daran, wie ihre Eltern früher immer den Feuergott gefüttert hatten. »Sie haben vor den Mahlzeiten etwas in den Herd geschüttet«, teilte sie mit. »Wodka, glaube ich.«

»Im Mai«, fuhr der Mann fort, »feiern wir die individuelle Seele.« Er zeichnete ein neues Diagramm. Die jakutische Seele sah sehr vielschichtig aus, heikel. Es gab die materielle Kut und die geistige Sür sowie Tyn, das Prinzip des Atems. »Gott gibt sie dem Mann«, sagte er, »und der Mann gibt sie der Frau.«

»Wie?« fragte ich. »Wie kann ein Mann einer Frau die Seele geben?« Frauen waren bei den sibirischen Völkern traditionell nicht sehr hoch angesehen. Keine Burjatin durfte eine heilige Stätte betreten oder an einem Opfer teilnehmen; die Jakuten hatten den Frauen das Erbrecht abgesprochen; bei den Samojeden war der Tod eine Frau.

»Der Mann gibt der Frau die Seele bei der Zeugung«, sagte der Volkskundler nüchtern. »Durch die Gabe seines Samens.«

Tanja sah ihn an wie ein schwarzer Stein.

Ich fragte: »Verbreiten Sie diese Lehre in der Taiga?«

»Ja, in den Dörfern. Doch an vielen Orten wissen die Leute nichts mehr von ihrer eigenen Vergangenheit. Alte Leute reden manchmal darüber – sie erinnern sich, aber sie tun nichts. Es gibt keinen Kult, keine Riten. Wir sind die wahren Aktiven.« Er seufzte. »Aber wir sind sehr wenige.«

Die Dorfbewohner hatten es vermutlich leid, belehrt zu werden, sie wollten etwas zu essen haben. Vor dem Hintergrund des einst von Geistern übervölkerten Landes und des Reichtums der mündlich überlieferten Sacha-Epen wirkte diese gesäuberte und geordnete Version eines einst so vielfältigen Polytheismus arm und blutleer. Nebenan wurde der Chorgesang lauter: ältere Stimmen, die die traditionellen Tojuk-Lieder mit ihren Trillern und Knacklauten rezitierten.

Vier Jahre zuvor, sagte der Volkskundler, nachdem die Republik Moskau neue Freiheiten abgetrotzt hatte, hätten sich die neuen Heiden große Hoffnungen gemacht. Doch diese anfängliche Euphorie sei mit der zunehmenden wirtschaftlichen Verelendung verflogen. Der halbrussische Präsident der Republik sei auf Einheit bedacht, und Anträge auf einen symbolischen Schamanenbaum mit Tempel im Herzen der Stadt seien abgelehnt worden. Die neuen Heiden warfen dem Präsidenten vor, dort, wo seine Kut sein sollte, ein Loch zu haben.

»Das waren hoffnungsvolle Zeiten damals«, sagte der Volkskundler zum Abschied. »Aber sie werden wiederkommen. Und der Tempel wird kommen. Und der heilige Baum wird kommen.«

Tanja und ich standen draußen unter einem violetten, schneeschwangeren Himmel. Sie zog ihre Fellkapuze zu; ihre Brillengläser leuchteten daraus hervor wie riesige Augen. Wir gingen um die nachgebaute Jurte im Hof herum. Sie sagte: »Ich sehe die Notwendigkeit dieser neuen Religion nicht ein. Es gibt hier schon genug Religionen. Dieser Mann da hat mir nicht gefallen. Er war so zugeknöpft. Und so viele Götter! Als ich ein Kind war, nannten wir die Hälfte davon Geister, aber jetzt sind sie aufgestiegen. Als kleines Mädchen habe ich von den Kobolden gehört, die durch das Eis heraufkommen. Es sollte einen ganzen Schwarm davon geben, sehr kleine Wesen. Und jetzt sind sie Götter!«

Ihre Ironie erleichterte mich. Doch ich hatte das Gefühl, daß sie schon frühzeitig desillusioniert worden war. Mit achtundzwanzig war sie arbeitslos und ledig. Als wir auf die Straße hinaustraten, fragte ich sie direkt: »Will Ihr Volk die volle Unabhängigkeit?«

Sie schnaubte. »Wozu soll das gut sein? Wir sind weniger als eine halbe Million und gegenüber den Russen immer noch in der Minderheit. Wenn wir billigere Lebensmittel und einen reelleren Gegenwert für unsere Bodenschätze bekämen, wäre das schon genug. Kein vernünftiger Mensch träumt von der Abspaltung. Wir wären allein. Es hat in der Vergangenheit Unruhen gegeben, ich weiß, und wenn russische Arbeiter unsere Traditionen nicht respektieren, sind die Leute gegen sie aufgebracht. Doch die

Hälfte unserer sogenannten Nationalisten sind in Wirklichkeit gar keine. Es sind Egoisten. Und jetzt sind die meisten Leute sowieso zu arm, zu niedergedrückt, um sich groß dafür zu interessieren. Und was dieses … dieses Heidentum betrifft, das kann nie die Staatsreligion werden.«

Natürlich nicht, dachte ich. Es wurzelte zu sehr im Verborgenen, in der ländlichen Abgeschiedenheit. Man konnte es nicht öffentlich lehren, staatlich damit renommieren. Dennoch fragte ich: »Warum nicht?«

Sie lachte. »Weil es zu viele wie mich gibt!« Doch gleich darauf überkam sie ein leises Schuldbewußtsein, und ihre Lippen zitterten. »Trotzdem ist es … irgendwie anrührend.«

Im Museum für Geschichte und Kultur kommt einem eines der vollkommensten Mammutskelette der Welt entgegen. Die winzigen Augenhöhlen in seinem Schädel, der Brustkasten mit den Rippen, die an abgebrochene Stöcke erinnern, und die grazil gespreizten Fußknochen verleihen ihm eine melancholische Verletzlichkeit. Es sieht aus, als hätte es sich in einem der Korridore verlaufen. Seine gewaltig vorragenden Stoßzähne krümmen sich nach innen, als wollten sie etwas umschlingen, und müssen einzeln mit Stangen gestützt werden. Es sieht hoffnungslos lebensuntüchtig aus. Seine wuchtige Vorderseite paßt nicht so recht zu den zaghaft auftretenden, stelzenartigen Hinterbeinen und dem kurzen, ziemlich lächerlichen Schwanz. Ein Haut- und Wollrest klebt immer noch am Schädel.

Dies ist Mammuthus primigenius, der vorgeschichtliche Bewohner Sibiriens. Während der letzten Eiszeit vor zwanzigtausend Jahren, als zwischen Asien und Alaska eine Landbrücke bestand, trampelten riesige Herden zottiger Mammute über die ganze nördliche Hemisphäre. Ihre Gebeine fand man in den Tälern des Mississippi und der Themse, an den Küsten des Atlantik und in den Geröllterrassen Mexikos. Als dann das Eis zurückging, verschwanden sie rätselhafterweise, bis sie schließlich überall dort, wo der Alluvialboden an den sibirischen Küsten und Flüssen taute und wegrutschte, zu Tausenden wieder an die Oberfläche kamen.

Postum stifteten die Mammute Verwirrung. In Sibirien glaubten die Einheimischen, sie lebten weiterhin tief in der Erde oder lauerten in Gebirgsspalten und weideten sich an den Toten. Die Chinesen hielten sie für erderschütternde große Maulwürfe, die starben, wenn sie das Tageslicht erblickten. In Europa mutmaßte man, ihre Fossilien stammten von Riesen oder Einhörnern, und bewahrte sie manchmal in den Reliquiaren der großen Klöster auf. Ein mächtiger Backenzahn wurde in Valence als Reliquie des heiligen Christophorus verehrt, und der wunderwirkende Oberschenkel des heiligen Vinzenz, von Mönchen 1781 zur Schau gestellt, war ein guterhaltener Mammutknochen.

In Rußland setzte ein außergewöhnlicher Handel ein. Schon im 9. Jahrhundert soll der Kalif Harun al-Raschid Karl dem Großen einen Mammutstoßzahn zum Geschenk gemacht haben. Der Khan der Goldenen Horde saß auf einem Mammutelfenbeinthron. Bis zum Ende des 19. Jahrhunderts waren die Stoßzähne von etwa fünfundvierzigtausend Mammuten – jeder mit einem Gewicht von bis zu zwei Zentnern – aus Sibirien gekommen und zu Schatullen, Pulverhörnern, Messergriffen und Halsbändern verarbeitet worden. Ein russischer Beamter hatte vor, das Knochenmark zu gewinnen und unter dem Namen *Pommade à Mammouth* als Parfüm auf den Markt zu bringen. Doch sein Glück zerrann, als er seine Fossilienvorräte in einem überheizten Haus lagerte.

Mittlerweile waren Mammute mit Fleisch und Behaarung aus dem Dauerfrostboden geholt worden, wenn auch von Wölfen angefressen und häufig von Einheimischen zerstückelt. Im Jahre 1900 entdeckte man an der Beresowka ein Exemplar, das in eine Gletscherspalte gestürzt und vom Eis konserviert worden war. Als Wissenschaftler sich daran machten, es zu bergen, waren ihm schon von wilden Tieren Herz, Lungen und Leber herausgerissen und der Rüssel abgefressen worden, doch der übrige Körper war so gut wie unversehrt. Zwischen den Zähnen des Tieres steckten immer noch Nahrungsreste, und als die Wissenschaftler den Magen öffneten, fanden sie dort etwa 15 Kilogramm Gräser, Thymian, Mohn, Enzian und Hahnenfuß, die 20 Jahrtausende alt waren. Beim Nahen des Winters bauten sie eine Schutzhütte über dem Kadaver und tauten ihn auf; sechs Wochen lang arbeiteten sie so im Ammoniakgestank seines verwesenden Fettes, bis sie ihn zerlegt hatten und in einzelnen Stücken nach St. Petersburg schafften konnten.

Ich suchte im Jakutsker Institut für Frostbodenkunde – das heute an mangelnder Förderung krankt – nach weiteren Mammuten, doch es gab sonst keine mehr. Sie waren größtenteils in das Zoologische Museum der zaristischen Hauptstadt gewandert, ein umgebautes Lagerhaus an der Newa, wo ich sie in dem Sommer gesehen hatte. Mit ihren helmartigen Schädeln, ihren spatelförmigen Füßen und ihren aberwitzig eingerollten Stoßzähnen stehen sie dort im Halbdunkel aufgereiht. Ihre Gebeine sind vom Alter und Frost ganz schwarz. Die Durchschnittshöhe dieser harmlosen Pflanzenfresser beträgt gut drei Meter. Doch wie bei dem Jakutsker Mammut werden ihre Brustkästen, die an die Gerippe umgedrehter Schiffe erinnern, nach hinten zu schmäler und laufen in steif wirkende Hinterbeine und dünne Stummelschwänzchen aus.

Das Beresowka-Mammut befindet sich ebenfalls dort, genau wie es gefunden wurde, mit Haut und Haaren. Es hockt auf dem Boden, die gebrochenen Hinterbeine nach vorn gestreckt, während es sich mit den Vorderbeinen vergeblich an dem Felsen vor ihm emporzustemmen versucht. Es sieht eigentümlich zahm aus, als vollführte es gerade ein Zirkuskunststück. An Flanken und Beinen sieht man noch die rötliche Behaarung. Auch eines der Augenlider ist vorhanden, desgleichen die Zunge und die von schwarzen Borsten starrende Unterlippe.

Nach seiner Ankunft in St. Petersburg wurden die Einzelteile wieder zusammengesetzt und ausgestellt. Eine Woche danach statteten Zar Nikolaus II. und seine junge Gemahlin ihm einen Staatsbesuch ab. Doch der Gestank in der dampfgeheizten Halle war so stark, daß die Zarina stehenblieb und sich ihr Taschentuch vors Gesicht preßte. Von Übelkeit und Langeweile befallen bat sie darum, weggebracht zu werden, »so weit weg davon wie möglich«.

Die neue Etagenfrau in meinem Hotel brüllt mir im Flur zu: »Gehen Sie zum OWIR! Alle Ausländer sind meldepflichtig! Melden Sie sich sofort an!«

Aus Interesse begebe ich mich zu dem scheußlichen Siegesplatz mit dem Panzer, der dort erhöht auf einem Sockel steht, und betrete die halb ausgebrannte Marineschule, in der sich das Meldeamt befinden soll. Seit nunmehr 25 000 Kilometern habe ich angesichts des Vorschriftendschungels, der an die Stelle der sowjetischen Gesetze getreten ist, sämtliche Amtskontakte vermieden und meine Anmeldung den Hotels überlassen, wo sich niemand dafür interessierte, oder mich gar nicht darum gekümmert. Jemand sagt mir, die OWIR-Büros befänden sich im fünften Stock. Schilder sind nirgends zu sehen. Ich steige an den dumpfigen Räumen eines halb verlassenen Wohnheims vorbei. Das Meldeamt ist mit Rattenkot besudelt. Die einzige Diensthabende ist eine Russin, die mir befiehlt, morgen wiederzukommen, und dann weiter in ihren Akten blättert. Auf einen zweiten Besuch verzichte ich.

Marfa und Sergei waren Zirkusartisten: er Jongleur und Musikant, sie Tänzerin und Obertonsängerin. Sie waren aus Jakutendörfern tief in der Taiga gekommen. Einige Jahre zuvor hatten sie beim Präsidenten den Bau eines Nationalzirkus beantragt, doch dann war das Geld ausgegangen, und geblieben war nur ein gespenstisches rundes Betonfundament nahe ihrer Wohnung in der Oktoberstraße und ein Defizit von 20 Millionen Dollar. Sie hatten sogar zwei Bärenjunge gekauft, die inzwischen erwachsen und nicht ganz ungefährlich waren. Marfa fragte: »Kennen Sie vielleicht jemanden, der zwei Bären haben möchte, ganz liebe?«

Sie und Sergei waren inzwischen über vierzig, doch sie hatten sich das typische jugendliche Zirkusstrahlen bewahrt. Ihre Wohnung hing voll mit Souvenirs von Auslandstourneen, und auf ihren Kommoden häuften sich Fotos, Spielsachen und Trophäen, die sie im Lauf von zwanzig Jahren angesammelt hatten. Sie hatten keine Kinder. Marfas kastanienbraune Haare rahmten ein hübsches, freches Gesicht ein. »Der Zirkus ist unser Kind«, sagte sie.

Sie zeigten mir Fotos von ihrer heimatlosen Truppe auf Tournee – in Nizza, in Moskau, in Alaska. Auf einem wand sich Sergei in einem stilisierten Schamanenkostüm zum Rhythmus seiner Trommel, und dazu demonstrierte Marfa in einem gestreiften Hosenrock, der sie wie einen Pagen aussehen ließ, ihren Obertongesang – schwarze Augen und rote Lippen in einem Mondgesicht. In einer Sequenz von Aufnahmen posierten sie alle vor winterlicher Kulisse auf einem zugefrorenen Arm der Lena, als ob sie etwas Älteres, Reineres feierten. Doch bei genauerem Hinsehen erkannte man die Affereien des Nägel biegenden Muskelmannes und das Plastikgeweih, das Sergeis Schamanenstirnband zierte.

Es war vermutlich eine verkäufliche Version der Kultur, die sie verloren hatten. Vielleicht konnten sie nur dadurch etwas davon bewahren: durch diese Kostümierungen und durch die uralte Magie von Marfas Gesang, die halb unwillkürlichen Töne wandernder Hirten und Jäger.

Ich hatte diesen Kehlgesang vorher noch nie gehört. In Tuwa kann die Stimme sich selbst mit einer flötenartigen Melodie begleiten, so daß es sich anhört, als sängen zwei oder sogar drei Leute gleichzeitig. Die Technik dieses Gesangs ist noch nicht restlos erforscht; man weiß, daß die an den Gaumen gelegte Zunge Rachen- und Mundraum in zwei tönende Kammern unterteilt und so eine Monodie von unheimlicher Reinheit erzeugt. Diese Lieder verwandelten Marfa. Sie schloß die Augen, ihr Gesicht wurde schlagartig eindringlich. Die ganze falsche Zirkusatmosphäre fiel von ihr ab.

Zunächst klang ihr klagender Gesang seltsam für meine Ohren. Die Töne beschrieben lange stählerne Bahnen ohne Tremolo und brachen dann plötzlich ab. Sie schienen von einem unbekannten Instrument zu kommen. Sergei hatte ebenfalls die Augen geschlossen. Dies war doch etwas anderes als Kunst: Es war der Ausdruck eines verlorenen Volkes, ein wenig heilig. Das Lied verlieh ihr etwas Einsames und Herbes. Sie war in den Tempel ihrer Stimme eingetreten.

»Meine Eltern haben mir nie jakutische Sachen beigebracht. Ich weiß nur noch, daß Furcht die Orte umgab, an denen Schamanen begraben lagen. Die Leute haben sich an diese Stellen erinnert und sie gemieden.«

Tanja sitzt in dem jakutischen Restaurant am Leninplatz. Sie hat sich zurechtgemacht. Die Augen unter ihren schwarzglänzenden Fransen liegen in dunklen Mascarahöhlen, und ihre Lippen sind knallrot. Ein grinsender jakutischer Kellner umschwänzelt uns. Die Speisekarte führt trügerisch viele einheimische Gerichte auf. Elch ist aus, sagt er. Rentierhornsülze mit Zirbelnüssen auch.

»An jakutisches Essen kann ich mich nicht erinnern«, sagt Tanja. »Meine Eltern waren Akademiker, sie liebten russische Sachen. Nur manchmal habe ich meinen Vater singen gehört, wenn er fröhlich war, dann hat er diese fremdartigen, alten Lieder gesungen.«

Ich überfliege die Karte, entscheide mich aber gegen Pferdeblutwurst oder gekochtes Rentier. Ich spiele eine Weile mit dem Gedanken, einen Krug Kumyß zu bestellen, die vergorene Stutenmilch der Steppe, und ringe mich dann halbherzig zu Pferdefleisch in Pilzsahnesoße durch; Tanja nimmt kurzgebratene Pferdeinnereien.

Ich sage: »Aber die jakutische Kultur ist doch wieder im Kommen, oder? Jakutisch als Amtssprache, jakutische Feste.«

»Die Feste sind künstlich, sie haben nichts zu bedeuten. Vor einer Weile kam so jemand wie dieser Volkskundler da im Museum auf den Gedanken, man sollte die Sommersonnenwendszeremonie, geleitet von einem weißen Schamanen, wiederaufleben lassen. Ich hatte überhaupt noch nie davon gehört. Und jetzt feiern alle sie wie bescheuert auf den Straßen.«

»Wo nehmen sie den Schamanen her?«

»Ach, das ist kein Schamane. Das ist ein Schauspieler. Die Schamanen sind alle tot.«

Mein Pferdefleisch ist leicht und wohlschmeckend. Ich fühle mich irgendwie schuldig. Tanja nicht. Die Jakuten lieben ihre Pferde, sagt sie, aber manche züchten sie auch zum Essen. Ihre Goldfischlippen schmatzen zufrieden, und sie hat Tongber als

Beilage bestellt, rohe, gefrorene Pferdeleber, die hart an meinem Ellbogen steht. Um uns herum sitzen eßfreudige Jakuten und Russen bunt durcheinander.

Später necke ich sie ein wenig. »Heißt das, daß vom Heidentum gar nichts mehr übrig ist? Nichts, was noch irgendwie heilig wäre?«

»Nur einzelne Versatzstücke.« Der Johannisbeerwein steigt ihr in den Kopf. Sie kichert. Er schmeckt wie süßer Portwein. »Ich kann mich an Kindergeschichten von den weißen sibirischen Kranichen erinnern, die für uns Jakuten etwas Besonderes sind, heilig irgendwie. Mir wurde erzählt, wenn man tief in den Wald geht und die Kraniche tanzen sieht, wird man zeitlebens glücklich sein.« Sie schiebt sich das nächste Stück Pferdeleber in den Mund. »Ich kriege langsam einen Schwips … Aber später wurde mir natürlich klar, daß die weißen Kraniche eine gefährdete Art sind und daß man ein Jäger sein und weit, ganz weit in den Norden gehen muß, um sie zu finden, und dann kann es sein, daß sie nicht tanzen.«

Schon lange vor den Lobeshymnen des Akademiemitglieds auf die Arbeit von Juri Motschanow hatte ich vorgehabt, den einzelkämpferischen Archäologen kennenzulernen, der die Ansicht vertrat, die Kultur habe ihren Anfang in Sibirien genommen. In Rußland war er ein einsamer Gigant. Im Westen war er so gut wie unbekannt. In seinem Institut an der Jakutsker Akademie der Wissenschaften wartete ich stundenlang auf ihn und betrachtete mir währenddessen die dunkelroten Quarzite von seinen Ausgrabungen. Sie lagen auf Sortiertellern wie Blutklumpen. Zuletzt geleitete mich ein junger Assistent leicht nervös zu seiner Wohnung.

Vor mir in der Tür stand ein robuster Mann mit einem angenehmen, offenen Gesicht. Ein dichter Schopf rabenschwarzer Haare machte ihn jünger, als er war, und seine Breschnewschen Augenbrauen gaben seinem Blick etwas durchdringend Forschendes. Mit seinem breitkarierten Hemd sah er mehr wie ein Holzfäller als wie ein Wissenschaftler aus. Seine Hände streckten sich mir zur Begrüßung entgegen, als würde er mich bereits kennen.

»Aus England! Treten Sie ein! Es sind nur ich und Paula da. Aber treten Sie ein!«

Seine Wohnung war mit Krimskrams vollgestopft und mit Büchern und Zeitschriften wie ummauert. Paula war eine hemmungslos verfressene Schäferhündin. Ihre Freßnäpfe voll Fleisch und Hundekuchen standen auf dem Treppenabsatz, im Flur und in der Küche. Überall lag Staub. Verstreute Aschenbecher begegneten einem auf den Stühlen, dem Schreibtisch, dem Toilettenfußboden. Das Arbeitszimmer war eine einzige Rauchwolke.

Alle Räume verrieten die lange Abwesenheit der Hausfrau. »Sie ist sehr krank. Sie ist bei unsern Kindern in Kiew. Sie hat irgendwelche Probleme mit den Lymphdrüsen im Hals.« In der grellen Küchenbeleuchtung sah er blasser aus. »Ich glaube, sie hat zu viele Expeditionen mit mir gemacht. Fünfunddreißig Jahre lang haben wir zusammengearbeitet, immer. Und genau wie ich kann sie nicht mit dem Rauchen aufhören.« Er zündete sich die nächste Zigarette an. »Ich bin erst dann froh, wenn sie wieder da ist. Wenn sie da ist, fange ich wieder an zu arbeiten.«

Wir saßen in seiner engen Küche auf die alte russische Art zusammen, so wie ich sie von vor zwanzig Jahren in Erinnerung hatte, als ich mich mit Moskauer und Leningrader Dissidenten in hochfliegenden Abstraktionen ergangen und dazu Wodka oder Kaffee aus kaputten Tassen getrunken hatte. In Jakutsk war die Zeit stehengeblieben.

Es sei hart, hier allein zu sein, sagte er. Nach sechzehn Jahren in Diring Juriach, der Grabungsstätte an der Lena, die ihn bekannt gemacht hatte, hatte er gerade seine letzte Grabungssaison dort abgeschlossen. Er wollte nicht mehr weitermachen. Er war jetzt fünfundsechzig. Seine Arbeiter waren mit ihm gealtert, Väter und Großväter geworden. Das Geld war knapp. »Jetzt möchte ich alles dokumentieren.«

Er hatte viertausend Artefakte über dem alten Grundgestein des Flusses geborgen – hauptsächlich Hau- und Schabewerkzeuge aus Quarzit –, und er glaubte, daß sie zu einer über zwei Millionen Jahre alten Kultur gehörten. Den Anthropologen kam diese These verwegen, geradezu undenkbar vor. Sie stellte die menschliche Evolution auf den Kopf. Die Anfänge der Menschheit lagen nicht im Ostafrikanischen Graben, behauptete Motschanow, sondern in den wüsten Weiten Sibiriens.

Er zeigte mir viele Tabellen und Fotografien. Er klang verärgert und ratlos. »Die westlichen Archäologen weigern sich, meiner Arbeit zu glauben. Ich weiß nicht, warum. Sie kommen von überall, aus Frankreich, Amerika, Großbritannien, Deutschland, Schweden. Sie klopfen mir auf den Rücken, und wir betrinken uns zusammen, und sie benehmen sich wie Freunde. Doch wenn sie die Arbeit sehen, sagen sie einfach: ›Das kann nicht sein!‹ Und sie werden ganz still. Ich sage: ›Wenn ihr es nicht glauben könnt, erklärt mir, warum nicht. Wo habe ich mich geirrt?‹ Die Artefakte, die Steingeräte, sie sind über jeden Zweifel erhaben. Die Erdschicht ist es, die zur Debatte steht. Doch sie ist die älteste Schicht über dem Grundgestein der Lena. Geologen haben das bestätigt. Das heißt, die Geologie stimmt, die Archäologie stimmt – aber sie glauben mir trotzdem nicht! Und diese Kultur könnte zweieinhalb Millionen Jahre alt sein! Älter als der Mensch in Afrika oder vielleicht gleich alt.«

Ich fragte: »Aber wer waren diese Menschen? Wo sind sie hergekommen?«

»Ich weiß es nicht. Das weiß niemand.« Er wurde mürrisch und vage. »Wer kann schon das Alter des Menschen auf der Erde wissen? Das weiß nur Gott, oder vielleicht auch nicht. Vielleicht entstanden diese Kulturen durch irgendwelche Einwirkung aus dem Kosmos.«

Mit ungutem Gefühl erwähnte ich das Akademiemitglied.

»Ja, er ist ein Freund von mir. Ein sehr intelligenter Mann … er hat diese Theorien … und es ist schwer, die Welt ohne sie zu verstehen.« Ein Schweigen trat ein, während dessen seine Erbitterung und meine Skepsis im Raum hingen. Dann sagte er: »Ich war überrascht, als ich 1982 zu graben anfing. Ich hatte nichts dergleichen vorhergesehen. Ich dachte, ich werde verrückt. Ich sagte mir immer wieder: ›Nein, das kann nicht sein. Irgendwas wird passieren. Wir werden etwas entdecken, wodurch das widerlegt wird.‹ Aber 1983 war es das gleiche: Werkzeuge auf Grundgesteinniveau. Und

1984 fanden wir eine sehr schöne Schichtung. Und da habe ich es geglaubt. Da habe ich es geglaubt.«

Er kochte fast über vor gebremster Energie. Er war ein Feldarchäologie bis in die Knochen. Doch jetzt wollte er Zeit, um zu lesen, nachzudenken. Was diese abgelegene Stadt an wissenschaftlicher Literatur zu bieten hatte, war längst veraltet. Auf seine Lektüre war er oft zufällig gestoßen. Er sprach von Teilhard de Chardin ... »Und die Werke von Moritz Wagner, einem Zeitgenossen Darwins, haben mich damals vor dem Verrücktwerden gerettet. Er hat die Möglichkeit erforscht, daß der Mensch in einer kalten statt in einer tropischen Umwelt entstand, und mehr als Knochen waren ihm Steingeräte sehr wichtig, genau wie mir.«

Aber Stein, dachte ich grausam, ließ keine Radiokarbondatierung zu. Man konnte Träume darum spinnen.

»Manche sagen, daß Diring Juriach bis zu drei Millionen Jahre alt sein könnte. Andere dagegen«, er schlug die Augen nieder, und ich ahnte, daß diese andern die Maßgebenden waren, die großen Tiere aus dem Westen, »na ja, andere sagen, daß es fünfhunderttausend Jahre alt ist. Oder weniger, noch weniger.« Paula stieß ihm ihre Schnauze in die Hand. Er schien sie für ihre Treue zu streicheln. »Möchten Sie das Ausgrabungsvideo sehen?«

Wir gingen in sein Wohnzimmer; genau wie das des Akademiemitglieds war es mit Kitsch überfüllt, mit chinesischen Siegeln, aus Mammutelfenbein geschnitzten Mammuten, billigen Buddhas, einer Büste Peters des Großen. Er verdunkelte den Raum, und das Video flackerte los. »Es ist ein schöner Platz«, sagte er.

Der Platz lag 120 Meter über dem Ostufer der Lena und sah aus wie ein Sandstrand. Die Bulldozer hatten 26 000 Quadratmeter der Uferterrasse abgetragen, doch der Permafrost fange schon in sechs Meter Tiefe an, sagte er, und die Arbeit sei mörderisch gewesen. »Aber wir haben Schächte vierzig Meter tief abgesenkt, und immer haben wir die gleichen Sachen gefunden. Es gab keinen Zweifel. Sehen Sie die Haufen dort?«

Ich sah ovale Ansammlungen von Steinen: einen Amboßstein, Hammersteine, Splitter, fertige Hauwerkzeuge. »Die haben wir immer wieder gefunden. Sie deuten auf kleine Werkstätten hin.

Der Platz war eine Stadt, ganz bestimmt, eine Art Stadt. Er lag damals auf einer Höhe mit der Lena. Und sehen Sie, da ist mein Hund!« Paula war oft zu sehen, wie sie über die Dünen trottete. Dann strich die Kamera wieder über die Kreise der kostbaren Steine, während im Hintergrund die Bulldozer wühlten. In den Ausgrabungsschächten schloß der Permafrost Flecken aus rotem Sand ein, die wie an die Wände gespritztes frisches Blut aussahen. »Ein schöner Platz«, sagte er, »und er ist schon dabei einzufallen, zu verschwinden. Das war unser letzter Tag.«

Arbeiter marschierten von der verlassenen Terrasse nach unten, und er stand in Pantoffeln neben mir und beobachtete sie schweigend. Manchmal schwenkte die Kamera wackelnd zur Seite, angezogen von der nassen Schlammzone am Westufer der Lena, von einem den Fluß durchschwimmenden Elch, von den umgebenden Hügeln im Abendlicht. Er hatte Angst, das alles könnte in Vergessenheit geraten. Schließlich sagte er: »Jetzt, wo es vorbei ist, würde ich gern eine Weltkonferenz einberufen. Denn was könnte wichtiger sein als das Auftreten des Menschen auf der Erde? Wie kam es dazu? Der Mensch ist kein Tier.« Er streichelte Paula abbittend. »Darwin war ein hervorragender Wissenschaftler, der sich mit Physiologie gut auskannte, aber Völkerbewegungen waren nicht sein Ressort. Genau darüber müssen wir heute diskutieren. Über den Ursprung des Menschen.«

Er war kein russischer Chauvinist, spürte ich, nur von seinen Kollegen schmerzlich abgeschnitten. Ich versprach, ihm Artikel aus England zu schicken, um die er bat: über Ausgrabungen in Pakistan, die anscheinend zu ähnlichen Ergebnissen kamen wie er. Ich sollte ihm auch, wiewohl schweren Herzens, die Befunde amerikanischer Geoarchäologen schicken, die in Diring Juriach Tests vorgenommen hatten. Sie hatten sich der neuen Thermolumineszenztechnik bedient, mit der man durch Elektronenmessungen abschätzen kann, wie lange Quarzit im Boden gelegen hat, und sie hatten für die Stätte ein Alter von etwa dreihunderttausend Jahren ermittelt. Vielleicht wußte Motschanow bereits davon und konnte sich nicht damit abfinden. Er schrieb nicht zurück.

Dennoch war die Grabungsstätte auf ihre Art einmalig. Motschanows Ergebnisse schoben das Datum für menschliches Leben am Rande der Arktis viel weiter zurück, als man bisher angenommen hatte. Hier hatte allem Anschein nach ein unbekannter Menschenschlag mitten in der Eiszeit eine Nische zum zeitweiligen Überleben gefunden.

Bevor ich ging, machte Motschanow linkisch ein Foto von mir und schenkte mir seinen Zwischenbericht über Diring Juriach, veröffentlicht 1992. Er blieb noch ein Weilchen in der Tür stehen. Bei dem Zustand, in dem sich die russische Wirtschaft befand, wußte er, daß seine Konferenz über den Ursprung des Menschen ein Luftschloß war. Aber eine Sache wolle er noch machen, sagte er, solange er noch die Kraft dazu habe. Er wolle mit seiner Frau nach Kenia fliegen – »wir sind früher immer zusammen geflogen« – und zu guter Letzt hinabblicken auf den Ostafrikanischen Graben.

....

Die einzigen andern Passagiere in meiner zweimotorigen Antonow waren drei Soldaten, gegen die Kälte in dicke Mäntel gehüllt, die Mützen über die Ohren gezogen und zugeknöpft. Unter uns schob sich die langsam von Ufer zu Ufer zufrierende Lena immer noch stahlgrau durch das Eis. Doch alle ihre Nebenflüsse lagen bereits unter einer geschlossenen Eisschicht, und die in ihrer Strömung treibenden Schollen blieben an verschneiten Inseln hängen. Ich hatte gehofft, einen ostwärts nach Magadan und zum Pazifik fahrenden Lastwagen aufzutreiben, aber die einzige Straße war vom Permafrost aufgerissen und unpassierbar, und diese altersschwache Antonow war die einzige Transportmöglichkeit. Während sie sich über Jakutsk in die Kurve legte, bildeten die feinen Randlinien von Tausenden und Abertausenden im Schnee versunkener Holzhäuser und die dunklen Fahrspuren dazwischen eine wild verschachtelte Collage. Einmal meinte ich, das leere Rund von Sergeis und Marfas Zirkus ausmachen zu können, dann kam die Spielzeugfigur von Lenin auf seinem Platz, dann das

Schachbrettmuster der Wohnblocks, in denen Tanja sich eine Zukunft erhoffte und Motschanow sich den Kopf über die Entstehung des Menschen zerbrach. Zuletzt schlossen sich die Wolken darüber, und wir flogen unter einem dunkel werdenden Himmel nach Osten.

Das ständige leise Vibrieren des Flugzeugs hielt mich wach, in unbestimmter Alarmbereitschaft. Wenn die Wolkendecke aufriß, glitzerte hin und wieder eine kahle, eisige Gebirgslandschaft ohne eine Spur von Leben auf. Und diese Wildnis erstreckte sich über 1000 Kilometer. Siebzig Jahre zuvor hatten Kaufleute aus Jakutsk auf der einzigen Verbindungsstrecke Ziegeltee und Schmuggelwodka zu den geschrumpften Stämmen gebracht und dafür Mammutelfenbein und Felle mitgenommen, dazu ein paar Mädchen für die Bordelle in Jakutsk, die ihre Sippen zum Preis eines schlechten Rentiers pro Stück verkauften.

Die Täler unter uns mit den wie erstorben daliegenden Flüssen waren schwarz von Krüppellärchen. Bald darauf schienen wir über reines Gletschergebiet mit schroffen Gipfeln und Spalten zu fliegen. Seine eisige Stille griff auf unsere Kabine über. Die Soldaten schliefen dicht eingemummelt, und ich starrte stumpf in die Tiefe.

Zu Lebzeiten der heutigen alten Generation war diese Wüstenei ein Kontinent von Todeslagern geworden. 1931, wenige Jahre nach der Entdeckung riesiger Goldvorkommen, fiel ein Gebiet, das ganz Nordostsibirien jenseits der Lena umfaßte, größer als Mexiko, unter die Verwaltung einer Behörde namens Dalstroi, die bald zu einem Arm des Innenministeriums und der Geheimpolizei wurde. Der Dalstroi hatte seine eigenen Gesetze. In seiner Zone war die sowjetische Verfassung aufgehoben. Dort herrschten albtraumhafte Zustände.

Dieses Kolymagebiet wurde alljährlich auf dem Seeweg mit Zehntausenden von Gefangenen bevölkert, die meisten davon Unschuldige. Am Ort ihrer Landung bauten sie einen Hafen, dann die Stadt Magadan, dann die Straße ins Landesinnere zu den Bergwerken, in denen sie umkamen. Anfangs waren die Sträflinge Kulaken und Kriminelle, später mit Stalins zunehmender

Paranoia angebliche Saboteure und Konterrevolutionäre aus allen gesellschaftlichen Schichten: Parteifunktionäre, Soldaten, Wissenschaftler, Ärzte, Lehrer, Künstler.

Sie starben in Bergwerksstollen an herabfallenden Steinen und reißenden Kabeln, an Sprengstoffgasen und Staublunge, an Skorbut und hohem Blutdruck, Blut und Lungengewebe spukkend. Im Winter, wenn der goldführende Boden mit Eisenrohren aufgetaut wurde, die heißen Dampf ausstießen, karrten sie bei Temperaturen von bis zu –50 °C den Abraum aus den heißen Goldwaschschuppen, und binnen eines Monats machten Lungenentzündungen und Hirnhautentzündungen ihrem Leben ein Ende. Nach weniger als zehn Jahren kam ein Drittel des weltweit geförderten Goldes aus Kolyma. Jedes Kilogramm, hat man errechnet, kostete ein Menschenleben. Doch tatsächlich kennt keiner die Zahlen der Toten. Die Schätzungen belaufen sich auf über zwei Millionen.

Als wir schließlich 80 Kilometer vom Pazifik entfernt in Sokol landeten, war es Nacht, und ich schlief in einer leeren Herberge. Zwei Fernbusse, teilte man mir mit, fuhren immer noch ins Hinterland, sofern der Schneefall es zuließ, und mit diesen Bussen – streckenweise auch per Anhalter – gelangte ich in die Berge von Kolyma.

Sie hatten die Monotonie des Ewigen. Abgerundet, so daß sie alten Grabhügeln glichen, umlagerten sie die Straße wie einander vervielfachende Echos oder Reflexionen. Manchmal hatte der Wind ihre Gipfel bis auf den braunen Fels blankgescheuert. Das ganze Land wirkte ungeformt, wie aus einem andern geologischen Zeitalter. Und es wurde nur halb hell. Die Sonne erklomm mühsam ein Viertel des Himmels und sank wieder ab.

Die Straße, auf der ich an stillen Dörfern vorbeifuhr, hatte ursprünglich auf einer Länge von 500 Kilometern Magadan mit einem Archipel von Goldgrubenlagern verbunden. Die Leute sprachen immer noch von der »Straße der Knochen«. Tausende von Gefangenen wurden am Anfang zu ihrem Bau aufgeboten, doch erst wurde sie vom Schlamm verschlungen, dann vom Frost zerrissen. Allein auf einem Kilometer waren über 50 000 Knüppel zur Befestigung erforderlich. Bei Beginn der Schneefälle 1932 lebten die Sträflinge immer noch in Zelten und aus Ästen gebauten Hütten. Es war einer der mörderischsten Winter seit Menschengedenken. Schneestürme tobten wochenlang unablässig. Ganze Lager erfroren – Gefangene, Wächter, sogar Hunde. Von vielen tausend Arbeitern kehrte im nächsten Frühjahr kaum einer von hundert nach Magadan zurück.

Die ersten Leiter des Dalstroi wurden 1937 als Spione erschossen. Von da an regierte eine noch nacktere Grausamkeit. Die Pelzjacken und Stiefel der Gefangenen wurden gegen Schuhe aus Sackleinen und einfache wattierte Jacken ausgetauscht, die bald in Fetzen hingen. Der Vorsatz war jetzt, sie umzubringen. Die Verpflegungsrationen wurden unter das Lebensnotwendige gesenkt: 800 Gramm Brot, dazu gelegentlich etwas gesalzener Fisch oder eingesäuerte Kohlblätter. In ihrer Not aßen sie Tierkadaver, Rentierflechte, Schubkarrenschmiere. Ihr Arbeitstag betrug bis zu vierzehn Stunden, ihr Strafmaß bis zu fünfundzwanzig Jahre. Ihr Ende wurde durch die Aufstellung unerfüllbarer Arbeitsnormen beschleunigt. Arbeitsbrigaden ackerten wie verrückt, um sie zu schaffen, doch die ausgehungerten Körper konnten nicht durchhalten. Wenn die Leistungen nachließen, wurde zur Strafe die Verpflegung abermals reduziert – eine tödliche Abwärtsspirale. Bei den Morgen- und Abendappellen wurden regelmäßig lange Listen mit Erschießungsbefehlen verlesen, und vor und nach jedem Befehl spielte eine aus Kriminellen bestehende Kapelle einen Tusch; der verlesende Funktionär wischte den Reif und die Schneeflocken vom Blatt, um die Namen entziffern zu können. Die Gruben hatten die Gesundheit eines Mannes nach drei Wochen zerstört und töteten ihn binnen weniger Monate. Manchmal wurden ganze Brigaden aus dem Stollen kommandiert und kurzerhand erschossen. Die Kriminellen darunter wurden zu Aufsehern ernannt und mit Knüppeln bewaffnet und durften die Politischen ungestraft ermorden. (Ein beliebtes Hinrichtungsverfahren war, einen Mann hochzuheben und ihn auf den Boden zu schmettern, bis seine ohnehin schon ganz kalkarmen Knochen brachen.) Doch in den meisten Fällen bedurfte der Tod keines besonderen Aufwands mehr. Nur wenige Kommandanten genossen ihre Aufgabe und ballerten mit freudigen Schreien wahllos in die Arbeiterkolonnen hinein. Es gab Lager, wo niemand überlebte.

Du verlierst hier den eigenen Blick und fängst an, durch die Augen der Toten zu schauen. Du hast kein Recht, in diesem Land zu sein. Es gehört ihnen. Ist es manchmal schön? Du kannst es nicht sagen. Du siehst nur Wegweiser nach entsetzlichen Orten: Schturmowoi, Urtschan, Oimjakon. Die Lager an der Straße sind geplündert worden und so gut wie verschwunden. Nur ein paar Baracken werden noch als Lagerhäuser genutzt oder sind zu Schutthaufen mit einzelnen Betonpfosten an den Ecken verfallen. Die Wachtürme sind umgestürzt. Wälle und Gräben zeichnen sich unter dem Schnee und dem farblosen Buschwerk ab.

Im Dunkeln hält mein Bus zwischen den in Flutlicht getauchten Wohnblocks von Orotukan: Sechzig Jahre früher wurden hier die langwierigen Verhöre durchgeführt und lagen die erfrorenen Leichen derjenigen herum, die zu lange hatten warten müssen. Ein Mädchen in einem unbeleuchteten Kiosk verkauft dir Fruchtsaft. 60 Kilometer weiter führt ein Seitental nach Elgen, dem Frauenlager, wo die neu eintreffende Jewgenia Ginsburg sich in eine Kolonne von Robotern mit ziegelroten Gesichtern einreihte und darüber weinte, was sie erwartete. Selbst die Lageraufseher verschmähten es, die Frauen zu vergewaltigen.

In Jagodnoje griffen mich vier freundliche Herren von der Mafia auf und kutschierten mich in einem Nissan-Jeep in der Stadt herum. »English! Not really? Then why here? Here is shit. Are you doing some kind of business? Then why, why?« Es war nach Mitternacht, und sie waren auf der Suche nach Prostituierten, doch die Stadt war wie ausgestorben. Sie trieben für mich ein Bett in einem Arbeiterwohnheim auf, bezahlten den Pförtner – »Russian gift!« – und verschwanden in der Dunkelheit.

Als ich in der frühmorgendlichen Kälte aufwachte, leuchteten die Berge unter einem porzellanblauen Himmel. Doch, es war auf eine herbe Art schön. In dieser halbverlassenen Stadt war meine Ankunft nicht unbemerkt geblieben. Kein vernünftiger Mensch kam nach Jagodnoje. Zwei einheimische Journalisten fuhren mit mir den Pferdefluß entlang und Richtung Süden nach Serpantinka. Die Straße war mit schwarzem Eis gelackt, und die Nebenflüsse der Kolyma waren von den Buckeln alter Abraumhalden verschandelt, die sich an ihnen entlangzogen wie die Zeugnisse der Wühlarbeit eines großen Maulwurfs. Die höheren Buckel der Berge wiederholten ihre Formen weiter oben. Zurückgelassene Eimerbagger standen am Ufer. Sträflinge waren seit vierzig Jahren keine mehr da, dafür waren Goldsucher gekommen. Doch in den letzten paar Jahren war die Hälfte davon abgewandert, sagten die Journalisten. Hier und da blickte eine leergeräumte Siedlung auf uns herunter oder die nackte Hülse einer Fabrik oder einer Ziegelei.

Auf einer Anhöhe über der Straße, die sich zum Fluß hinunterschlängelte, lag Serpantinka. Pawlow und Garanin, die neuen Herren des Dalstroi, hatten es als ein Folter- und Exekutionszentrum gebaut. Es war das schwarze Herz von Kolyma. Unter einem Überhang neben den Isolationszellen drehten zwei Traktoren den Motor auf, um die Schüsse und die Schreie der Opfer zu übertönen. 1938 starben hier 26 000 Gefangene, Hunderte von Garanin eigenhändig umgebracht. Ihre Leichen wurden auf Motorschlitten hinter den Hügel geschafft, oder sie wurden dort noch lebendig und mit verbundenen Augen neben Gruben aufgestellt und durch Kopfschuß getötet. Da Stalin die Manie hatte, die Mitarbeiter der Staatssicherheit gelegentlich zu liquidieren, wurden irgendwann auch Garanin und mit ihm die gesamte Mannschaft von Serpantinka erschossen und der Ort dem Erdboden gleichgemacht.

Wir knirschten durch den Schnee über das leere Gelände. Unsere Stimmen waren in der Stille zu laut. Ein mit Stacheldraht und einer Plastikblumengirlande umwundener Granitklotz trug eine Inschrift zum Andenken an die »Zehntausende«, die man hier von Staats wegen ermordet hatte. Er glitzerte von Eis. Dahinter zeichnete eine Spur von Erdhügeln und tot aussehenden Sträuchern das Gespenst einer Piste ins Nichts nach.

Du blickst mit ihren toten Augen und siehst keine Hoffnung. Niemand entkam. Sie nannten Kolyma »den Planeten«, abgeschnitten von jeder Zukunft, von jeder Wirklichkeit außer der eigenen. In ihrem verzweifelten Bemühen, ins Krankenhaus zu kommen, spritzten sich die Gefangenen Petroleum unter die Haut, rieben sich Blaustift und Säure in die Augenlider, hackten sich Finger ab, täuschten Wahnsinn vor. Nach und nach wurden sie vom Hunger und den grausamen Bedingungen entmenscht. Sie wurden zu den Tieren, als die sie verurteilt worden waren, so daß ihr Tod niemandem Gewissensbisse machte. Sie gesellten sich zu den wandelnden Toten, die mit minimalen Rationen ihr Dasein fristeten und schließlich in einen Zustand dumpfen Vergessens versanken. Geschwächt von dem typischen hohen Blutdruck sehnten sie sich nur danach, vor dem Tod noch einmal ihre Familien zu sehen. Die einzige Zwangsarbeit dieser Invaliden bestand darin, sich gegenseitig zu begraben. Manchmal wußte niemand, wessen Leiche sie gerade zu fassen hatten. Junge Männer wurden in wenigen Monaten alt. Ihre Zahnfüllungen ergaben unter Umständen mehr Gold, als sie im Leben geschürft hatten. Sie wurden in Massengräber geworfen.

Unweit westlich von dort, wo ich die Nacht darauf verbrachte, liegt der kälteste bewohnte Ort der Erde. In Oimjakon sind schon –72,1 °C gemessen worden. Bei viel geringerer Kälte bricht Stahl, platzen Reifen und sprühen Lärchen bei einem Axthieb Funken. Wenn die Temperaturen weit genug sinken, erfriert der Atem zu Kristallen und klimpert mit einem leisen Geräusch zu Boden; sie nennen es »das Flüstern der Sterne«.

Bei den einheimischen Völkern gibt es einen Mythos, wonach in der extremsten Kälte selbst die Worte erfrieren und zur Erde fallen. Im Frühling erwachen sie wieder zum Leben und fangen an zu sprechen, und plötzlich ist die Luft erfüllt von altem Tratsch, ungehört gebliebenen Witzen, Schreien vor vergessenem Schmerz, Worten längst verflossener Liebe.

Die Schreie, die von dieser Erde aufsteigen könnten, sind gar nicht auszudenken.

Der Dichter Ossip Mandelstam, der auf dem Weg nach Kolyma in einem Transitlager bei Wladiwostok starb, stellte sich einmal verzweifelt vor, daß seine Worte im Abgrund von Rußland verhallten. Keine Zukunft würde sie hören.

Was wir sagen, verklingt nach zehn Schritten im Wind ...

Doch die Worte – von Mandelstam, Schalamow, Ginsburg, Babel –, sie kehrten wieder und durchgeisterten und untergruben das froststarre Reich auch dann noch, als ihre ursprünglichen Sprecher schon nicht mehr unter den Lebenden weilten.

Als mein Bus vor Tagesanbruch nach Magadan hinunterfuhr, in die Hauptstadt der Leiden, stieg mir die Stadt mit ihren weit verteilten Lichtern vor dem noch unsichtbaren Pazifik entgegen, und voll Widerwillen mußte ich ihr, zwischen Meer und Hügel gesetzt, eine eigene Schönheit zugestehen. Ihre Hauptstraße führte auf und ab zwischen Stuck-und-Stein-Fassaden hindurch, bis sie schließlich zum Hafen abfiel und den Blicken entschwand.

Nachdem ich ein Hotel ausfindig gemacht und mich wegen meines Visums herumgestritten hatte, marschierte ich in den beißenden Wind hinaus. Alles hier war in Ordnung, oder fast. Die Fahnen in der Leninstraße ratschten steifgefroren an ihren Masten, und Lenin selbst (die Hände in den Taschen, nichts hergebend) starrte mit dämonischer Autorität hinüber auf die Goldgrubenbüros an der Stelle des einstigen Dalstroi-Gebäudes. Das höchste Bauwerk der Stadt – die zehn Jahre zuvor mitten im Bau aufgegebene Zentrale der alten Kommunistischen Partei – ragte als leere Ruine hinter ihm auf. Der Wind heulte durch die offenen Fenster und Türen.

Entlang der Hauptstraße sahen die hochgiebeligen, hochsäuligen Büro- und Wohngebäude mit ihren Fahnen und Hämmern in Stuck aus, als wären sie zu dem Zweck gebaut, die Erde und ihre Erinnerungen ein für allemal niederzupressen. Daneben erhoben sich die von japanischen Kriegsgefangenen gebauten klassizistischen Klötze mit ihren Zuckerbäckerfassaden. Der ganze Stadtkern war Sträflingswerk. Das alte Telegrafenamt stand noch, desgleichen das Theater (heute ein Kaufhaus), wo verurteilte

Diven und Ballerinas für ihre Peiniger gesungen und getanzt hatten.

In jenen Jahren wies man Gefangenen, die bis zum Ende durchgehalten hatten, in dieser Vorhölle von Magadan Arbeit zu. Es kam zu eigenartigen Begegnungen und tief verstörenden Erinnerungen. Die Überlebenden, schrieb Jewgenia Ginsburg, hatten den allwissenden Blick von Schlangen. Und die Furcht blieb. Sie wußten, daß sie beim nächsten politischen Erdbeben alle wieder verhaftet werden konnten. Keiner traute dem andern. Die Männer waren bei weitem in der Überzahl. Der Frauenmangel verführe Ehefrauen zur Treulosigkeit, sagten Männer, und locke Prostituierte an. »Kolyma ist das Land, wo die Sonne ohne Wärme, die Blumen ohne Duft und die Frauen ohne Herz sind.« In den achtziger Jahren war Magadan immer noch die Scheidungshauptstadt Rußlands.

Jetzt hatte es weniger als 150 000 Einwohner, mit sinkender Tendenz. Viele Arbeiter waren auf Zeit gekommen, um den »langen Rubel« der hohen Löhne in Ostsibirien zu verdienen, und kehrten nach Westen zurück. Bergbau und Fischwirtschaft waren im Niedergang. In der schneidenden Kälte war fast niemand auf den Straßen. Der Wind peitschte den Schnee von den Hügeln. Ich folgte der Transportstraße, auf der die Sträflingskolonnen vom Hafen bergan gestapft waren. Sie war furchtbar normal. Ein paar Leute räumten Schnee vor den Türen. Ein Rudel Hunde stöberte in den Abfällen herum. Im Norden rückten lange Hügelzüge gegen die Randbezirke vor, und weiter weg qualmten Fabrikschornsteine, als ob direkt hinter den Hügeln ein Dampfer vorbeifahren würde. Rings um die Bucht herum türmten die Berge und Vorgebirge eine schneegekrönte Barriere am Meer auf. Das Wasser war schieferblau und so still, daß die Fahrspur eines bereits entschwundenen Schiffes noch zu sehen war.

Ich ging die Straße hinunter, die Zwangsarbeiter an der Landzunge vom Kai aus gebrochen hatten. Ganz oben standen ein paar erhöhte Hütten mit baufälligen Treppen. Die aufgerissene Fahrbahn war mit Betonplatten eingefaßt. Kein Mensch war darauf. Nur in meiner Vorstellung kamen sie mir entgegenmarschiert.

Ich tauchte meine Hand hinter dem Eisrand ins Wasser. Eine eigenartige Euphorie überkam mich. Alles, was hier geschehen war, schien unendlich lange her zu sein. Es konnte niemals wieder geschehen (oder?). Der Uferstreifen war mit Eisenteilen und Kabeln, Betonbrocken, alten Tauen, rohen Steinen vermüllt. Ein paar Frachtschiffe lagen weiter draußen vor Anker. Da drangen auf einmal andere Schiffe in meine Gedanken: »die Todesschiffe des Ochotskischen Meeres«, wie Sacharow sie genannt hatte, die ihre menschliche Fracht von 8000 oder 12 000 Sklaven unter Deck eingesperrt befördert hatten. Als sie Japan passierten, wurden die Luken dichtgemacht, und sie fuhren ohne Licht durch die Nacht. 1939 versank der Dampfer *Indigirka* mitsamt seiner Gefangenenfracht. 1933 hatte die *Dschurma* die Fahrzeit schlecht gewählt und war neun Monate im Packeis eingeschlossen: Ihre 12 000 Gefangenen erfroren alle, und die Hälfte der Besatzung wurde wahnsinnig.

Wenn die Schiffe anlegten, wurden die Kranken und Toten nebeneinander auf den Kai gelegt, wo ich jetzt stand. Jewgenia Ginsburg war eine davon. Sie wurde von einer Ärztin gerettet, die sie gesundpflegte und damit vielleicht die Greuel sühnen wollte, die ihr Mann als Untersuchungsrichter des NKWD beging. Ginsburg verstand. In Kolyma, sagte sie, war das Unerträglichste die Erinnerung an die Menschen, die man liebte.

Vielleicht weil Fjodor ein russischer Jude war, waren die Arbeitslager bei ihm zu einer Manie geworden. Seine Wohnung war voll von politischen Zeitschriften und alten Samisdatpublikationen. Seine Spiegel hingen an Schnüren. In der Küche standen überall leere Flaschen moldawischen Weines herum, und Sachen für Bergsteiger und Höhlenforscher blockierten den Flur. Seinen Bart, denke ich, hatte er sich nur aus Nachlässigkeit wachsen lassen, und die Beschäftigung mit dem Terror, vielleicht auch etwas anderes, verlieh ihm etwas leicht Melancholisches.

Er war es, der wußte, daß in dieser Stadt, deren dunklere Vergangenheit stillschweigend ausradiert worden war, eines des Haupttransitlager als Kaserne der Sicherheitspolizei überlebt hatte. »Sie haben sie erst vor fünf Monaten aufgegeben. Sie wird wahrscheinlich bald mit Bulldozern platt gemacht. Hier wird alles platt gemacht. Jetzt ist sie natürlich zugemauert.« Seine sanften Augen taxierten mich. »Aber ich weiß, wie man reinkommt.«

Also begaben wir uns wieder auf die Transportstraße und folgten ihr über einen Fluß in Richtung der nördlichen Minen. In der Stacheldrahtmauer, die das totenstille Gelände umschloß, hatte Fjodor ein bröckelndes Loch gefunden. Wir quetschten uns hindurch. Auf der andern Seite waren keinerlei Spuren im Schnee. Einen Moment lang blieben wir mit Zementstaub bedeckt stehen und schauten uns um. Ich hätte gern Zeit gehabt, Eindrücke festzuhalten, um mich später besser erinnern zu können. Ich sei der erste Auswärtige, der das sehe, sagte er, und ich werde der letzte sein. Dann liefen wir geduckt los. Wenn ich jetzt meine flüchtig hingekritzelten Notizen betrachte, die von der Kälte ganz krakelige Schrift, blitzt der Ort in grellen Schnappschüssen vor mir auf.

Ich erinnere mich an die Kantine (wir krabbelten unter einem kaputten Fenstergitter hinein), die von Häftlingen in Pastelltönen mit naiven Szenen bemalt worden war, einem Traum von ländlichem Frieden. Die Fußbodendielen waren nur noch Bruch.

Ich erinnere mich an die Schlafsäle und an die Räume, in denen (in meiner Vorstellung) die Ausgabe der gesteppten Khakijacken oder der wattierten Jacken stattgefunden hatte.

Dann erinnere ich mich, daß Fjodor auf den dreistöckigen Block vor uns zeigte. Als wir durch die offene Tür auf die Steintreppe dahinter traten, holte er aus seiner Tasche hohe Gummistiefel und Helme mit Lampen daran hervor, und wir stiegen in eine stinkende Dunkelheit hinab. Ungefrorenes Wasser ging uns bis an die Knie. Unsere Worte hallten und raunten. »Dies war der Strafblock.«

Wir wateten die Gänge hinunter wie durch eine Kloake. Ich verlor den Überblick über die Eisentüren, aus denen uns üble Gerüche entgegenschlugen, die vergitterten Fenster mit Blick auf das schwarze Nichts. Jede Zelle enthielt immer noch je zwei hölzerne Podeste mit Eiseneinfassungen und mochte vierzig Häftlinge gefaßt haben. Allein im Keller gab es zwanzig solcher Verliese. Ihre Wände waren von Eis überzogen. Die Gefangenen hier, sagte Fjodor (er kannte einen), legten die Körper der Toten als Schutz gegen die Kälte an die Wände. In den Stein hatten sie mit ihren Löffeln schwache, unleserliche Worte gekratzt. »Ser… olenko … 1952 … Pant …« Unsere Lichter strichen darüber. In diesen Höhlen ohne Hoffnung, sagte er, kamen die meisten Leute um. Sein Freund habe überlebt, weil er jung gewesen sei.

»Was hatte er getan?« fragte ich.

»Er weiß es nicht mehr«, antwortete Fjodor. »Er hat das Gedächtnis verloren.«

In Kolyma verliere man leicht das Gedächtnis, schreibt Schalamow. Es sei entbehrlicher als Lungen oder Hände. Eigentlich brauche man es überhaupt nicht.

Eine Stunde vor Tagesanbruch fahre ich zum letztenmal in die Hügel hinaus. Ein junger Geologe, Juri, sagt, er kenne den Weg nach Butygitschach und sein Laster mit Doppelachsantrieb schaffe es dorthin. Doch es sei kein Ort, wo man sich länger aufhalten solle. Bei den Ewenken heiße er »der Ort, wo die Rentiere krank werden«, und ihre Hirten spürten, daß etwas dort nicht seine Richtigkeit hat. Die Erde ist mit radioaktivem Uranium verseucht.

Sobald wir in die Berge kommen, umfängt uns der Schnee wie ein dichter Vorhang. Er wirbelt wie Bodennebel über die Straße, verdeckt Spalten und schwarzes Eis, und der Motor stottert und röhrt. Juri wird immer stiller, je dicker die Flocken fallen. Der Strahl unseres Nebelscheinwerfers scheint sie in einer silbernen Lichtröhre anzusaugen. Kurz vor Morgengrauen halten wir auf einem Paß mitten im heulenden, peitschenden Schneesturm an. Wir warten das fahle Frühlicht ab, während Polarhasen sich Schutz suchend an unsere Räder ducken.

Juri sagt einfach: »Es wird vorbeigehen.« Er hat ein träges, offenes Gesicht. Er lächelt nie. Seine blonden Haare und seine gelbliche Haut sind rein russisch. Nach einer Weile kriechen wir im ersten Licht das Tages in ein Tal hinunter, und der nachlassende

Schneefall hört schließlich ganz auf. Vor uns erkennen wir ferne Berge, keine abgerundeten Formen mehr, sondern dünne Striche wie die Adern riesiger, am Himmel hängender Blätter. Abraumhaufen wölben sich am Fluß auf, und manchmal tauchen die weißen Wände einer Goldwäschersiedlung auf, wirken sauber und ordentlich, bis wir die klaffenden Fensterlöcher sehen. Unter uns zeichnen die erstarrten Bäche durchscheinende Bahnen in die Wildnis.

»Diese Gegend leert sich zusehends. Die Arbeiter wandern nach Magadan ab.« Juri hat noch eine Anstellung, aber er hat nichts zu tun, und sein Gehalt steht seit zehn Monaten aus. Er weiß nicht, was er machen soll. Er ist fast dreißig. »Und von Magadan aus gehen die Arbeiter nach Westen.«

Plötzlich biegt er von der Straße auf eine kaum sichtbare Piste ab. Es hat wieder angefangen zu schneien, und die Flocken stieben in schlingernden Säulen über die Berge. Er sagt: »Dies hier war der schlimmste Ort, Butygitschach. Schlimmer war es nirgends. In den Gruben haben 25 000 Gefangene gearbeitet, Politische und Kriminelle zusammen. Sie hatten keine Ahnung von der Verstrahlung. Selbst die Wächter wußten nichts.«

Wir sinken bereits bis zu den Achsen in Schneewehen ein, hüpfen auf und nieder, als ob unser Fahrgestell elastisch wäre. Die Land-Rover-Spuren eines Jägers füllen sich vor uns mit Schnee. »Wenn der es schafft, schaffen wir's auch.« Einmal brechen wir durch das Eis eines Baches, und das befreite Wasser schwappt gegen unsere Türen, doch wir rumpeln hindurch und am andern Ufer hinauf. »Dafür sind diese Maschinen gemacht! Für russische Straßen!«

Noch weitere 15 Kilometer quälen wir uns neben einem vereisten Flüßchen durch Schneewehen und über die halbverfallenen Brücken der Goldsucher. Ein Schwarm weißer Schneehühner mit schwarzen Schwanzspitzen flattert fast unter unsern Räder auf und streicht wie ein Düsenjägergeschwader über die Büsche. Die Spuren des Land Rovers verschwinden jetzt, und bald klettern wir in ein Tal hinüber, wo sogar die licht stehenden Lärchen aufhören. Die steilen Wände der Berge stürzen aus dem weißen Himmel hernieder, riegeln es ab. Als wir höher steigen, wird das Gelände vernarbt und unnatürlich. Die schwarzen Scharten der Stolleneingänge klaffen hoch oben, und die Tragseile und kaputten Stützen von Seilförderanlagen ziehen sich bis hinunter zur Talsohle über die Schneefelder. Unter den Stollenöffnungen ist der Abraum nach unten gerutscht und hat die Hänge geglättet. Und die Luft um uns herum hat sich verändert. Der Schnee hängt wie ein überirdisch leuchtender Schleier im Tal, und eine verwaschene Sonne ist aufgegangen.

Rechts von uns erhebt sich hinter einem kaputten Stacheldrahtzaun die Ruine einer dreistöckigen Fabrik, weiße Mauern am weißen Fluß. Das sei die Anreicherungsfabrik für Uran gewesen, sagt Juri, sie strahle immer noch gefährlich; eine Belegschaft konnte nach wenigen Monaten tot sein. Er gibt grimmig Gas, und die Mauern bleiben hinter uns zurück. »Auch wenn sie schon weg waren, sind sie noch daran gestorben.«

Zwei Kilometer weiter scheitert der Laster an einer Uferböschung, und wir gehen zu Fuß durch die helle, kalte Stille. Manchmal sinken wir bis über die Knie im Schnee ein. Juri stapft unbekümmert voraus, die Mütze in den Nacken geschoben. Ich folge in seinen Fußstapfen, und mein Herz schlägt auf einmal schneller, als wollten wir eine Kathedrale oder ein Leichenschauhaus betreten. Statt dessen kommen wir an niedrige gelbe Verwaltungsgebäude. Sie liegen alle in Trümmern, die Dächer eingestürzt, die Türen aus den Angeln gerissen, manche schon verrottet. Die Fensterrahmen sind vom Schnee versilberte leere Rechtecke. Stufen führen zu einer Veranda hinauf und durch eine Tür zu einem sechs Meter tiefen Loch.

Der Dichter Anatoli Schigulin, der dieses Lager in den fünfziger Jahren überlebte, beschrieb brutale Verstümmelungen, Unfälle, Morde unter den Gefangenen, verzweifelte Streiks. Ein Gefangener hatte keinen Namen, keine Persönlichkeit. Er durfte nur mit seiner Nummer angeredet werden. Einige waren in Ketten. Sie kletterten sechs Kilometer, bevor sie die Gruben erreichten; und von ihrem Lager auf der andern Seite des Berges aus mußte eine Gruppe weiblicher Gefangener täglich die doppelte Distanz laufen, um die kalten Essensrationen herbeizuschaffen.

Der eiserne Rahmen des Lagertores steht nutzlos im Schutt der Wachtürme. Unsere Füße bleiben an zugeschneiten Gegenständen hängen, die wir nur vermuten können, und zerren Stacheldraht hervor. Rostige Gerätschaften durchstoßen die weiße Decke. Dann stolpern wir durch die Ruinen von Baracken und Gefängniszellen. In den dachlosen Räumen stehen noch die Bänke der Wächter, darüber eine Zeile von Haken für die Mäntel. Der Schnee liegt in harten, kristallenen Haufen auf den Schlafgestellen. Ein Stiefelpaar verrottet neben einem Ofen. Alles sieht nach äußerster Primitivität und Armseligkeit aus. Nackte Eisentüren hängen immer noch vor winzig kleinen Isolationszellen in den Angeln. Man sieht die Luken, durch die den Gefangenen die Grütze zugereicht wurde, und die Fenstergitter sind ebenso erhalten wie der Ofen in der Sauna der Wächter.

Die Luft wirkt dünn. Aber Juris Backen glänzen rosig. Er tritt den Schnee von einer Reihe eingekerbter Holzstümpfe weg, die einmal als Unterbau dienten. »Da haben die Zelte gestanden«, sagt er. »Da haben sie geschlafen.«

In weiten Teilen von Kolyma war es das gleiche. Die Gefangenen lebten und starben in Zelten. In ihrer Verzweiflung preßten sie zur Isolierung Moos und Torf zwischen die zwei Zeltplanen, dichteten sie mit Sägemehl ab und verschalten sie mit Brettern. Drinnen gab es einen einzigen Eisenofen.

Und jetzt rieselt wieder sanft und beständig der Schnee. Er weht über die niedrigen Stümpfe und deckt die Gebäude mit weißem Vergessen zu. Er treibt durch die dachlosen Flure, die Wächterstuben, die Zimmer der Lagerverwaltung, der herzlosen Langeweile. Er füllt das Tal mit einem milchigen Schleier.

Juri tritt weiter auf die Zeltböden ein, dann schaut er zu mir auf. »Wissen Sie, mein Großvater war ein Dorfpostbote, der jahrelang im Lager saß, weil er einen Witz über Stalin gemacht hatte.«

»Einen Witz?«

»Ja. Er war für das Telefon im Dorf zuständig, und eines Tages sagt er im Vorbeigehen zu jemand: ›Übrigens, Stalin ist für dich am Telefon.‹ Dafür hat er fünf Jahre Lager gekriegt. Meine Eltern müssen auch zu leiden gehabt haben.« Er biegt mit dem Stiefel eine Latte zurück. »Man wurde mit dem Schweigen der Eltern groß.«

Wir gehen weiter bergan zu der Stelle, wo seiner Erinnerung nach der Friedhof liegt, doch er ist völlig zugeschneit. Das flirrende Licht über dem Tal ist heller geworden. Die Bäume und Sträucher um uns herum sind schwer beladen, als trügen sie weiße Früchte. Sie zittern unter kleinen Bachstelzen. Ich pflücke ein paar Zirbelkiefernadeln, die die Gefangenen in der müßigen Hoffnung kochten, damit den Skorbut abzuwenden.

Ich sage: »Es mag heute sein, wie es will, aber besser als früher ist es auf jeden Fall.«

Juri gibt zunächst keine Antwort. Bei ihm braucht alles viel Zeit. Er stottert ein wenig. Er sagt: »Das waren irgendwie religiöse Zeiten damals. Die Leute haben an etwas geglaubt.« Er scheint darauf neidisch zu sein.

Das Leid kam also vom Himmel herab, so zwangsläufig wie Regen oder Hagel. Man kann niemandem die Schuld geben. Niemand ist nahe genug dran, Fleisch und Blut genug. Wie Hitlers Reich sollte auch Stalins Imperium in alle Ewigkeit bestehen. Die Vergangenheit war ein für allemal umgestaltet worden, die Zukunft stand fest.

Ich weiß es nicht, aber ich sage: »Es gibt für euch kein Zurück mehr.«

Juri sagt: »Wir sind nicht so wie ihr im Westen. Vielleicht sind wir eher so, wie ihr vor ein paar hundert Jahren wart. Wir sind hier mit unserer Geschichte hintendran. Bei uns läuft die Zeit noch im Kreis.«

Ich will das nicht hören, nicht hier im Herzen der Dunkelheit. Ich will, daß er diesen Ort grauenhaft und unbegreiflich nennt. Ich will, daß er es nicht versteht. Mit seinem blonden Schnurrbart und seinen tatarischen Backenknochen habe ich ihn mir zum archetypischen Russen erkoren, an dem sich die Zukunft entscheidet. Die Bergluft ist mir zu Kopf gestiegen.

Doch seine Hand, die einen Kreis beschreibt, kommt jetzt zögernd höher. »Vielleicht bewegen wir uns in einer Spirale«, sagt er, »ein klein wenig nach oben.« Er blickt zu den schlaffen Tragseilen hinüber, die eine gespenstische Prozession hoch an den Hängen bilden. »Ich wünschte, mein Großvater hätte länger gelebt. Er hat gern Witze gemacht, und heute können die Leute über alles Witze machen. Das haben wir immerhin noch. Witze.«

Ich fasse ihn an der Schulter, aber wir sind zu dick in unsern Daunenjacken, und meine Hand rutscht von ihm ab. Er lächelt zum erstenmal mit gelblichen Zähnen, dann macht er kehrt.

Und auf diesem eisigen Hang fängt er zu singen an.

Zur Klärung sachlicher Probleme bei der Übersetzung haben beigetragen Manfred Bauschulte, Ilja Brustein, Werner Höpfner, Hans-Jörg Möhring und Berend Wispelwey. Vielen Dank.

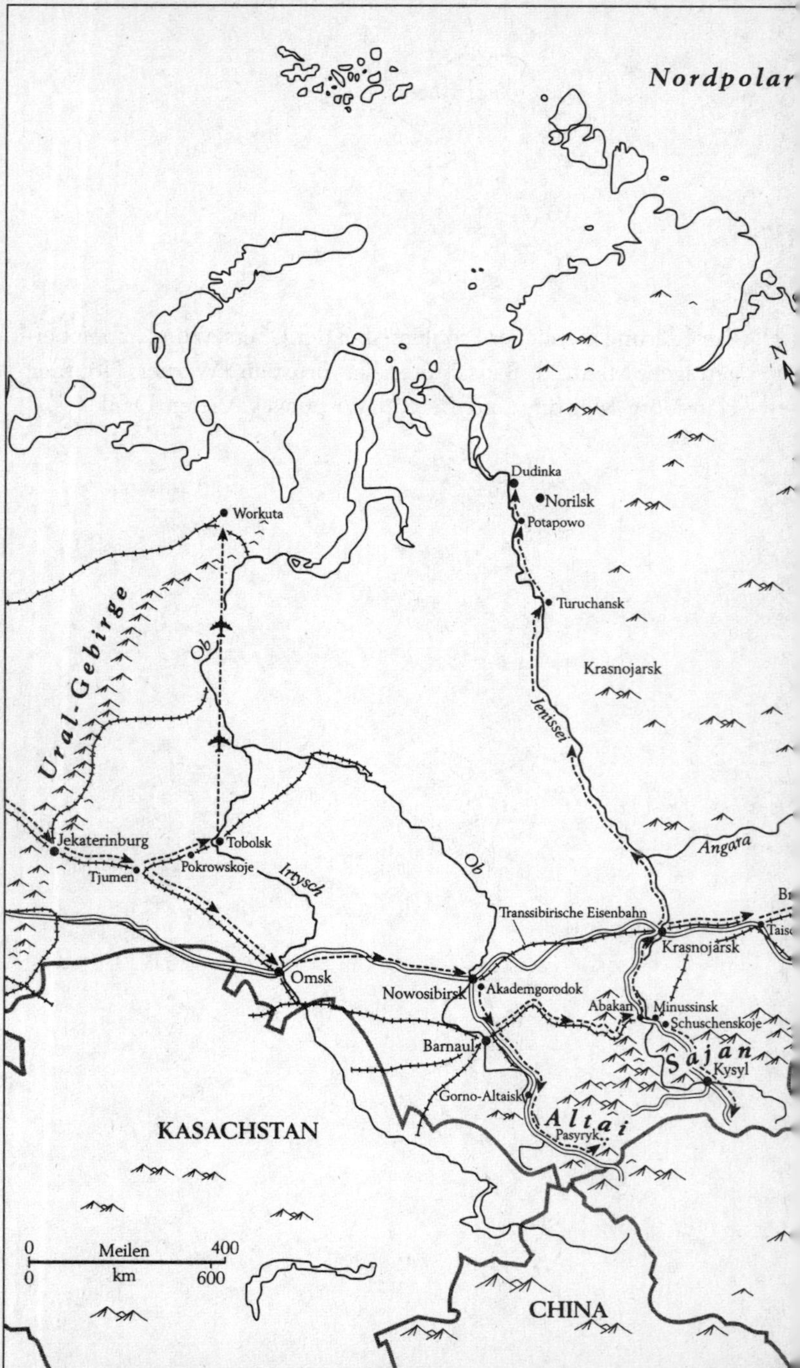
Nordpolar
Workuta
Dudinka
Norilsk
Potapowo
Turuchansk
Krasnojarsk
Ural-Gebirge
Ob
Jenissei
Angara
Jekaterinburg
Tobolsk
Tjumen
Pokrowskoje
Irtysch
Transsibirische Eisenbahn
Krasnojarsk
Omsk
Nowosibirsk
Akademgorodok
Abakan
Minussinsk
Schuschenskoje
Barnaul
Sajan
Kysyl
Gorno-Altaisk
Altai
Pasyryk
KASACHSTAN
0 Meilen 400
0 km 600
CHINA

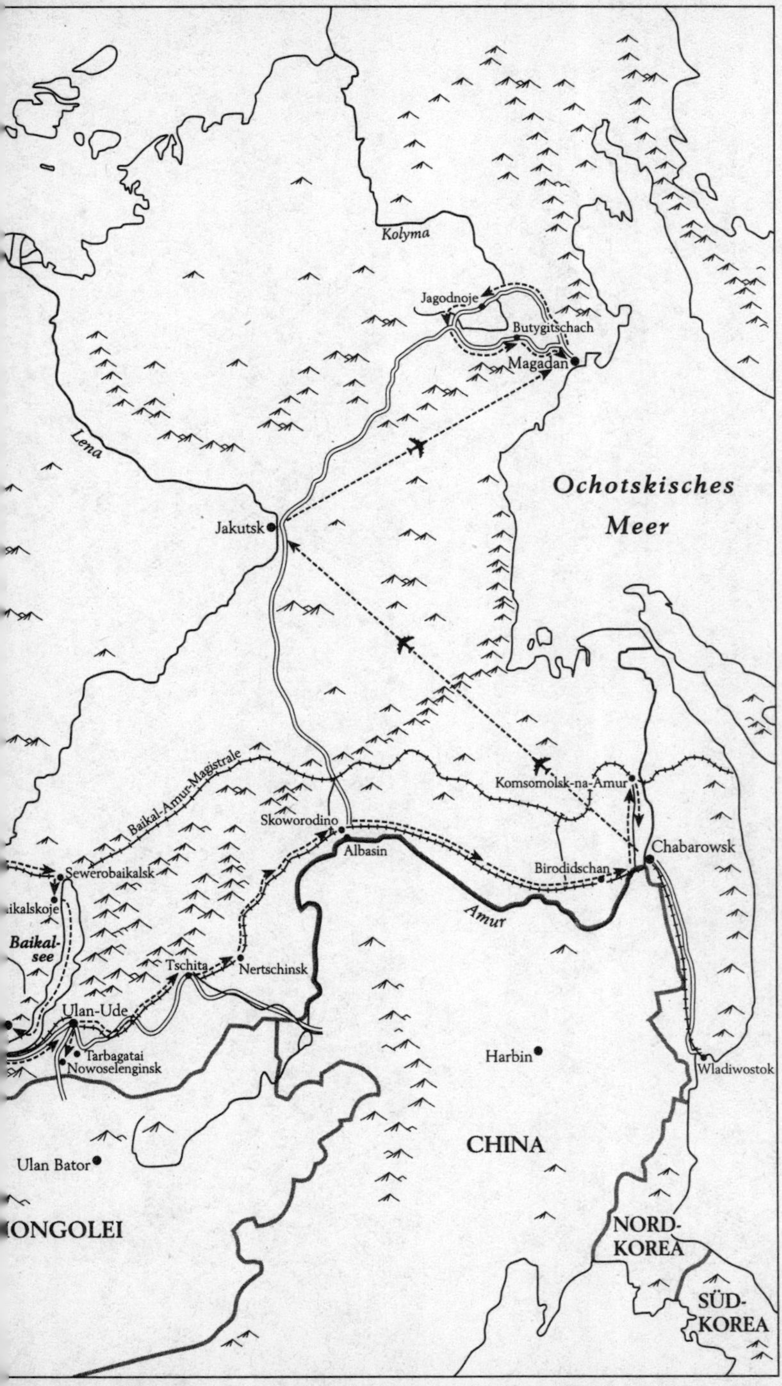

Kolyma
Jagodnoje
Butygitschach
Magadan
Lena
Ochotskisches Meer
Jakutsk
Baikal-Amur-Magistrale
Komsomolsk-na-Amur
Skoworodino
Albasin
Chabarowsk
Sewerobaikalsk
Birodidschan
ikalskoje
Amur
Baikal-see
Tschita
Nertschinsk
Ulan-Ude
Tarbagatai
Nowoselenginsk
Harbin
Wladiwostok
CHINA
Ulan Bator
ONGOLEI
NORD-KOREA
SÜD-KOREA

Gerd Ruge

Sibirisches Tagebuch

Weites Land – Gerd Ruge unterwegs in Sibirien

Während der Dreharbeiten zu einer TV-Reihe entstand 1997 auch dieser persönliche Reisebericht. In Gerd Ruges Gesprächen mit Politikern, Ökonomen und einfachen Menschen wird das wahre Sibirien erkennbar, das fernab des boomenden Moskau einen eigenen Weg durch die Ära des Umbruchs sucht.

Der bekannte Fernsehkorrespondent arbeitete viele Jahre für die ARD in Moskau. Er verfasste mehrere Bücher, darunter den Bestseller »Weites Land«.